本书编委会

（人名排序不分先后）

主　编

曹阳辉

副主编

关婷允

成　员

江保国　何火日　彭惠英　张志洪　邹　荷

编　辑

梁淑娴　陈向荣　张志钰　劳倩仪

序　言

粤港澳山水相连，文化相通，自改革开放以来一直为我国对外开放和经济活跃度最高的区域，向来以务实有为、敢闯敢干而名闻天下。由最初的“前店后厂”模式至当前的粤港澳大湾区建设，粤港澳三地共同演绎了由制度自发型变迁到诱致型变迁的典范，持续为实现中国式现代化的路径提供种种设想和可能性。粤港澳合作因此超越了区域协同发展的层次而具有了全局性意义。

粤港澳间频密的人员、资金、货物、服务、信息等要素流通往来，急切地呼唤民商事交往规则的确定性和可预期性，也即韦伯所称的“形式理性”的法。然而“形式理性”的法往往源于法律体系的内在一致性和同质性，这与粤港澳三地法域区隔、规则各异的现状之间存在着明显的张力关系，如何推动三地规则衔接、体制对接遂成为大湾区建设的重要课题。

首先，需要明确的是，规则衔接、体制对接绝非要求僵化的整齐划一，而是规则和体制的各美其美、美美与共。“一国两制”方略的精髓在于固守一国之本，发挥两制之利，由此而生的法律生态的多样性是大湾区一项独特的制度资源。在珠江口一片不大的区域内汇聚了世界上几大最具代表性的法系，云集了近10万名使用各种语言的法律服务从业者，散布着多个全国甚至全球知名的纠纷解决机构，这在世界范围内也是绝无仅有的法律现象。这种多样性为大湾区奠定了市场化、国际化、法治化营商环境的良好基础，也为不同制度间的互学互鉴、推陈出新提供了不可多得的素材和机会。

其次，规则衔接、体制对接不是抽象空洞的宣传口号，而是由一系列具体而微的制度建设组成，需要我们拿出历史耐心，也需要三地人民特别是法律界人士的勠力同心。与基础设施的硬连通相比，规则和体制的软连通意义更加深远，需要做大量的比较研究、交流协作、人才培养等基础性工作。律师作为专门从事法律服务的专业人士，对三地规则衔接、体制对接有着最前沿、最直观的感受，而其专业训练和职业素养也往往有利于对具体制度建设问题进行思考构建。事实上，律师制度和法律服务市场的融通本身就是大湾区规则衔接、体制对接的重要组成部分，粤港澳联营律师事务所和大湾区律师制度的生动实践也促进身处其中的人们不断反思自身及所处行业的发展定位。

呈现在读者面前的这本书，就是广州律师界的一个小小尝试。在广州市律师协会的指导下，粤港澳大湾区及自贸区法律专业委员会（以下简称大湾区专委）全体同仁，铭记大湾区建设的宗旨与使命，不断举办各类会议、培训、研讨等交流活动，设立了大湾区及自贸区法律政策观察站，持续追踪大湾区内不同法域的法律法规实务，数年间取得了相当可观的积累，也形成了一个热切关注大湾区法治建设的法律人共同体。本书系大湾区专委成员们在主业之外进行延伸思考的副产品，或许笔法拙朴，深度有限，但其独特价值也恰恰在于它的原生鲜活性，它是广州市第一部涵盖大湾区“9+2”城市和地区以及全国22个自贸区的有关广州市律师推进大湾区建设高质量发展的案例、论文、法律解析等智慧结晶的汇编，与目前类似出版物相比也颇具特色。当然，其中一定存在不少不足之处，也有赖诸君不吝赐教。

广州市律师协会

粤港澳大湾区及自贸区法律专业委员会

2024年8月20日

目　　录

第一篇　大湾区法律制度建设相关研究

第二篇　大湾区争议解决的理论及实务问题

第三篇 大湾区对外贸易及投融资并购问题

第一篇　大湾区法律制度建设相关研究

《取消外国公文书认证要求的公约》适用范围解读

曹阳辉

《取消外国公文书认证要求的公约》（The Convention of 5 October 1961 Abolishing the Requirement of Legalisation for Foreign Public Documents）（Apostille Convention，以下简称《海牙认证公约》），是海牙国际私法会议于 1961 年在海牙通过的国际公约。《海牙认证公约》的批准书（Instrument of Ratification）和加入书（Instrument of Accession）均交由荷兰外交部保管。至 2023 年 10 月 9 日，《海牙认证公约》有包括中国在内的 125 个成员国（不包括埃及、约旦、马来西亚、斯里兰卡、泰国、越南、赞比亚等国家），2023 年 11 月 7 日对中国生效。[①] 本文将简要介绍《海牙认证公约》的背景、内容及适用范围。

一、《海牙认证公约》的背景

（一）传统领事认证的不便

公民要去国外学习、工作、居住，或是在国内办理出国签证时，通常需要使用某些国内公证处出具的涉外公证书，如出生公证、未受刑事处分公证、授权委托书公证、合同公证等。企业因境外经贸活动需要，常需向中国国际贸易促进委员会申请原产地证、发票、装箱单等，或向出入境检验检疫

① 《海牙认证公约》2024 年 1 月 11 日对加拿大生效，2024 年 6 月 5 日对卢旺达生效；印度为成员国，但对中国加入《海牙认证公约》提出异议，故《海牙认证公约》在中国与印度之间不生效。

机构申请原产地证明、动植物出口检疫证明书等。传统上，一国（来源国）的文书需要经过一系列的认证过程，最后由目的国大使馆认证，才能满足目的国对文件的形式要求，在目的国使用。连锁认证的存在，给国际交往带来相当大的不便。

笔者在办理涉外业务中，发生过形成于巴拿马的文书，由中国驻墨西哥大使馆对巴拿马外交部的印章和官员签字进行认证。

还有一个案件，其领事认证路径更复杂：当事人签署→东京公证员公证→东京法务局认证→日本外务省认证→巴拿马驻日本大使馆认证→巴拿马外交部认证→中国驻墨西哥大使馆认证。

笔者还办理了一个案件，涉及的一方当事人注册在马绍尔群岛。因中国和马绍尔群岛之间没有外交关系，中国法院不认可马绍尔群岛当事人办理的授权手续，当事人因此丧失了抗辩的机会，法院最终进行缺席审理和判决。

（二）《海牙认证公约》的核心目标

《海牙认证公约》的核心目标为各国放弃领事认证要求，由文书来源国主管机关签发附加证明书（Apostille，法语单词，发音为“ah - po - steel”），以证明文书签署人履职行为的身份、签字和印鉴的真实性。

海牙认证在保持与领事认证同样效力的情况下，有着显著的便利之处：

1. 简化了办证程序。《海牙认证公约》用简便的一步式证明手续取代了传统领事认证链，大大简化了办证程序，缩短了办证时间，例如我国香港地区办理附加证明书的时间为 2 个工作日。

2. 降低了办证费用。《海牙认证公约》没有规定收费，是否收费以及收费标准均由各成员国自行决定。据各成员国反馈，办理附加证明书的平均收费金额为 15 欧元或 20 美元。我国香港地区办理附加证明书收费 125 港元/件，我国澳门地区则免收费用。我国内地办理商业类文书的附加证明书费用为 100 元/件，民事文书为 50 元/件，如需加急办理则加收 50 元/件的加急费用。

3. 扩大了适用范围。经领事认证的文件只能在所办理的当国使用，而经海牙认证的文件可以在任何一个《海牙认证公约》成员国使用。

4. 保持了相当的灵活性。《海牙认证公约》将相关事项交由《海牙认证公约》成员国根据自己的法律和政策自行决定，比如公文书的范围、办理附加证明书的收费标准、缔约国的保留内容等（下文对此进一步说明）。

《海牙认证公约》对我国生效后，我国送往成员国使用的公约范围内的公文书将不再办理中方的领事认证，改为办理附加证明书；我国驻外使领馆也将停办领事认证业务，对于境外出具的拟送往我国内地使用的文书，向当地主管机关申办附加证明书。

（三）我国的主管机关

根据我国加入《海牙认证公约》时的声明，外交部对全国范围内的公文书签发附加证明书，各省（自治区、直辖市）外事部门（第一批为31个省、市外事部门）对各行政区域内的公文书签发附加证明书，我国香港地区的政务司司长、高等法院司法常务官、高等法院高级副司法常务官以及高等法院副司法常务官，我国澳门地区的行政法务司司长、法务局局长与副局长分别为指定的主管机关。

二、《海牙认证公约》的主要内容

《海牙认证公约》由序言、正文和附件3部分组成。

序言阐明《海牙认证公约》的目的是“愿意取消外国公文书需经外交或领事的认证”。

正文共15条，分别就公文书的定义，认证的定义，附加证明书制度，《海牙认证公约》与其他有关条约，《海牙认证公约》或协定的关系及《海牙认证公约》的批准、生效、加入等问题做了具体规定。对于与实务相关的《海牙认证公约》适用范围等问题，下文将进一步介绍。

附件为附加证明书的示范格式，以便各缔约国参照使用。《海牙认证公约》要求附加证明书包括一个边长不小于9厘米的正方形，正方形内必须满足最低要求，即标题必须为法语“APOSTILLE（Convention de La Haye du 5 octobre 1961）”，内容必须列明全部10项要素。正方形外可附加其他说明，比如相关的公文书的信息、附加证明书效力的说明（仅证明公文书的来源而非内容）、在线核验的网址（中国的核验网址为：https：//consular. mfa. gov. cn/VERIFY/）等。缔约国可因附加证明书不满足最低要求而拒绝承认其效力，但不得以缺乏附加说明为由拒绝承认附加证明书的效力。

《海牙认证公约》提供了附加证明书的英语、“英语＋法语”、“英语＋法语＋其他语言”3种语言的示范文本，列举如下（部分为我们在处理业务过程中收到的文件）见图1至图5。

APOSTILLE

（Convention de La Haye du 5 octobre 1961）

1. Country: ....

This public document

2. has been signed by ....

3. acting in the capacity of ....

4. bears the seal/stamp of ....

....

Certified

5. at .... 6. the ....

7. by ....

....

8. No ....

9. Seal/stamp: 10 . Signature:

....

图1 英语示范格式

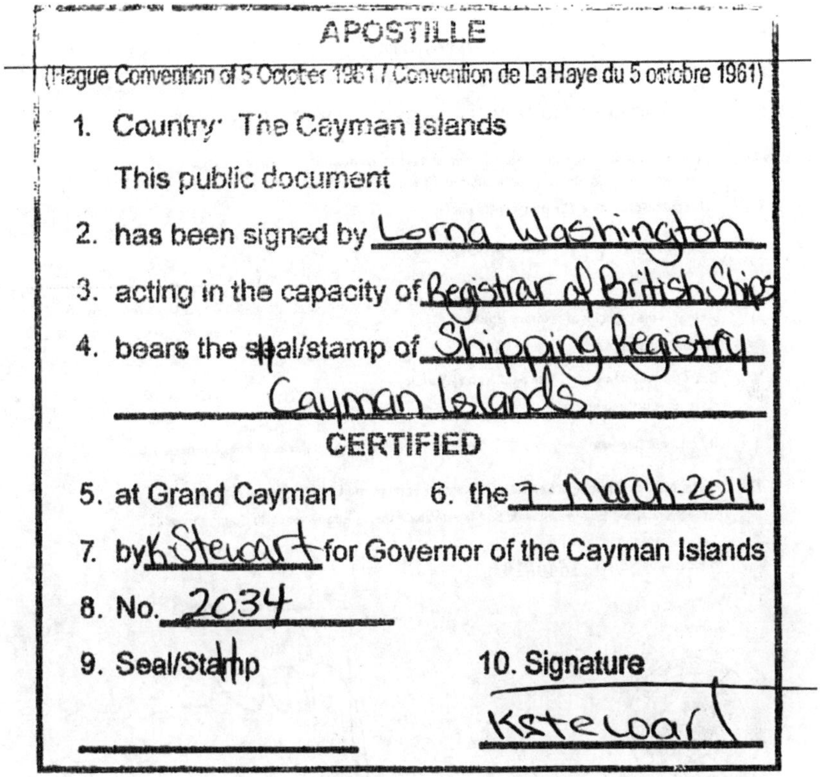

APOSTILLE

(Hague Convention of 5 October 1961 / Convention de La Haye du 5 octobre 1961)

1. Country: The Cayman Islands

This public document

2. has been signed by Lorna Washington

3. acting in the capacity of Registrar of British Ships

4. bears the seal/stamp of Shipping Registry Cayman Islands

CERTIFIED

5. at Grand Cayman 6. the 7 · March · 2014

7. by K Stewart for Governor of the Cayman Islands

8. No. 2034

9. Seal/Stamp 10. Signature

KStewart

图 2　开曼群岛签发的英语证书

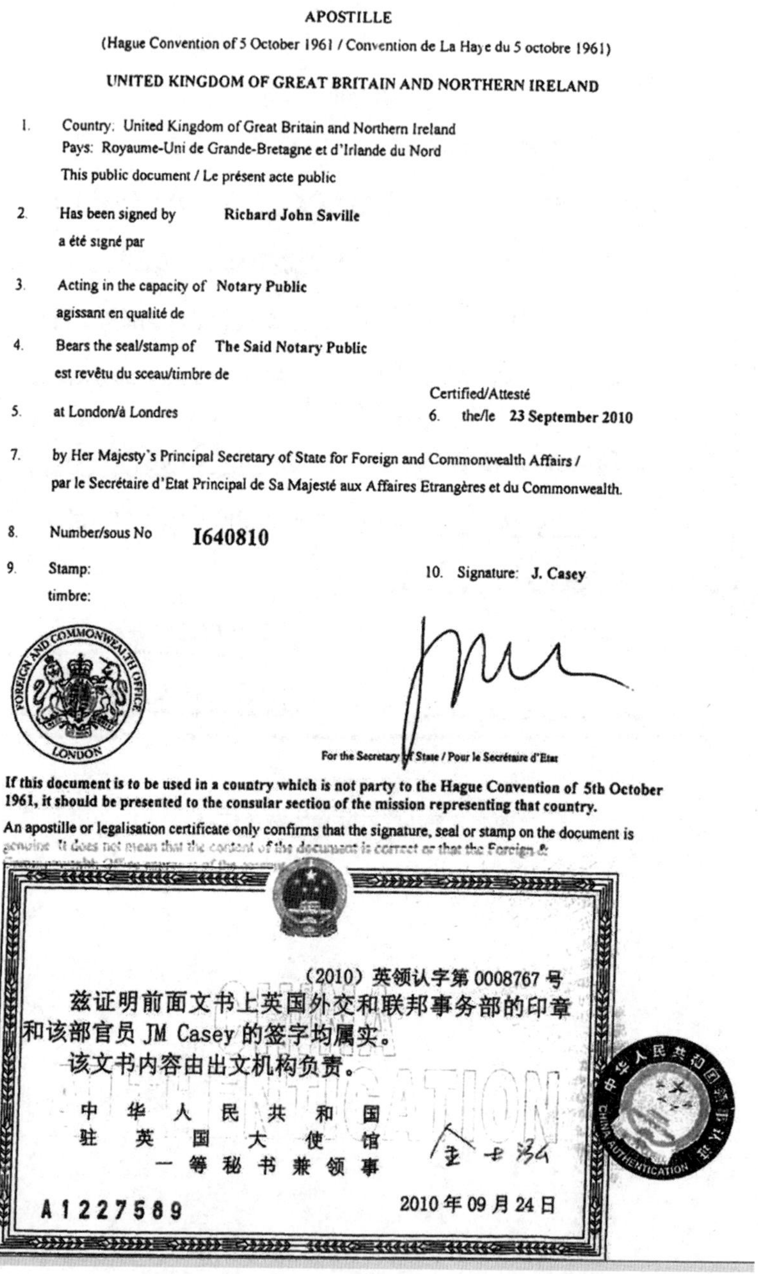

APOSTILLE

(Hague Convention of 5 October 1961 / Convention de La Haye du 5 octobre 1961)

UNITED KINGDOM OF GREAT BRITAIN AND NORTHERN IRELAND

1. Country: United Kingdom of Great Britain and Northern Ireland
Pays: Royaume-Uni de Grande-Bretagne et d'Irlande du Nord
This public document / Le présent acte public

2. Has been signed by **Richard John Saville**
a été signé par

3. Acting in the capacity of **Notary Public**
agissant en qualité de

4. Bears the seal/stamp of **The Said Notary Public**
est revêtu du sceau/timbre de

Certified/Attesté

5. at London/à Londres

6. the/le **23 September 2010**

7. by Her Majesty's Principal Secretary of State for Foreign and Commonwealth Affairs /
par le Secrétaire d'Etat Principal de Sa Majesté aux Affaires Etrangères et du Commonwealth.

8. Number/sous No **I640810**

9. Stamp:
timbre:

10. Signature: **J. Casey**

FOREIGN AND COMMONWEALTH OFFICE LONDON

For the Secretary of State / Pour le Secrétaire d'Etat

If this document is to be used in a country which is not party to the Hague Convention of 5th October 1961, it should be presented to the consular section of the mission representing that country.

An apostille or legalisation certificate only confirms that the signature, seal or stamp on the document is genuine. It does not mean that the content of the document is correct or that the Foreign &

（2010）英领认字第 0008767 号

兹证明前面文书上英国外交和联邦事务部的印章和该部官员 JM Casey 的签字均属实。

该文书内容由出文机构负责。

中华人民共和国
驻英国大使馆
一等秘书兼领事

A1227589

2010 年 09 月 24 日

图3 英国签发的“英语＋法语”证书，由中国大使馆认证

<table>
<tr><td colspan="4">APOSTILLE
(Convention de La Haye du 5 octobre 1961)</td></tr>
<tr><td>1. Country:
Pays / País:</td><td colspan="3"></td></tr>
<tr><td colspan="4">This public document
Le présent acte public / El presente documento público</td></tr>
<tr><td>2. has been signed by
a été signé par
ha sido firmado por</td><td colspan="3"></td></tr>
<tr><td>3. acting in the capacity of
agissant en qualité de
quien actúa en calidad de</td><td colspan="3"></td></tr>
<tr><td>4. bears the seal / stamp of
est revêtu du sceau / timbre de
y está revestido del sello / timbre de</td><td colspan="3"></td></tr>
<tr><td colspan="4">Certified
Attesté / Certificado</td></tr>
<tr><td>5. at
à / en</td><td></td><td>6. the
le / el día</td><td></td></tr>
<tr><td>7. by
par / por</td><td colspan="3"></td></tr>
<tr><td>8. N°
sous n°
bajo el número</td><td colspan="3"></td></tr>
<tr><td>9. Seal / stamp:
Sceau / timbre :
Sello / timbre:</td><td></td><td>10. Signature:
Signature :
Firma:</td><td></td></tr>
</table>

图 4　“英语 + 法语 + 西班牙语”示范证书

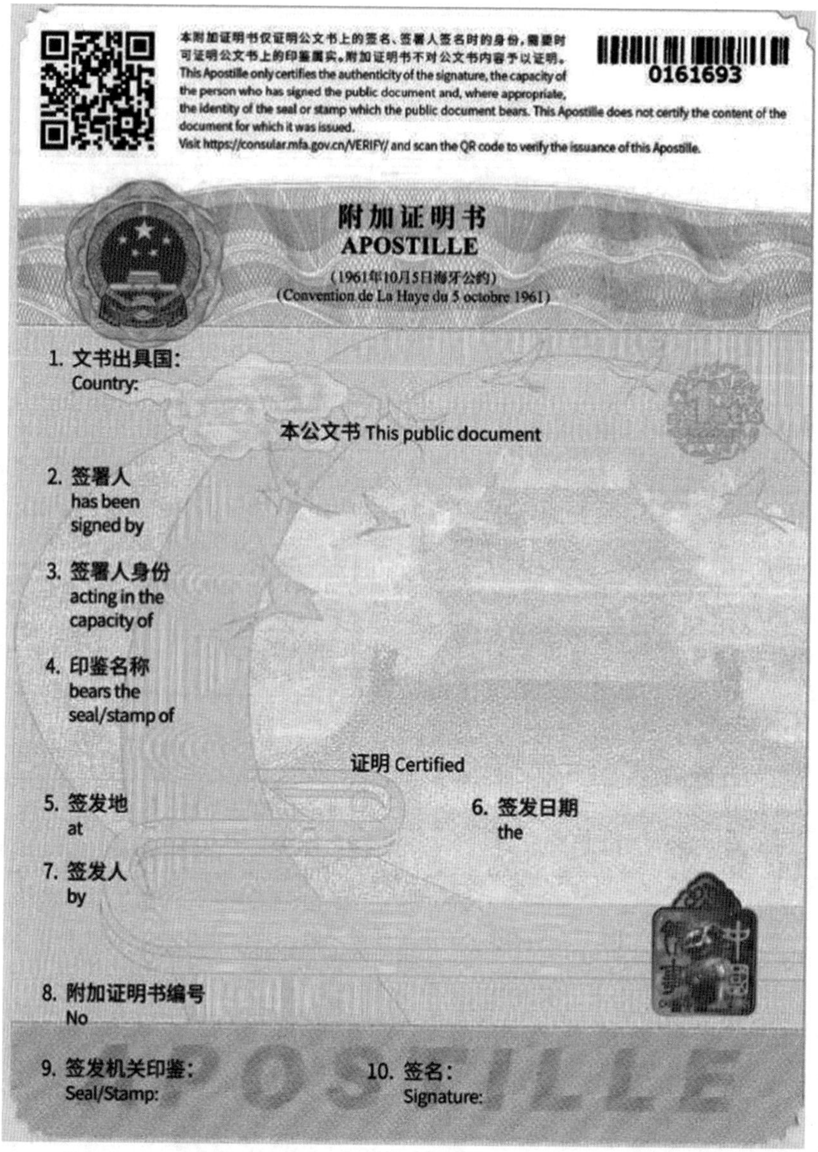

图5　中国签发的附加证明书式样

三、《海牙认证公约》适用的地域范围

《海牙认证公约》第1条第1款规定：“本《海牙认证公约》适用于一缔约国领土内作成，但需在另一缔约国领土内出示的各种公文书。”（“The present Convention shall apply to public documents which have been executed in the territory of one Contracting State and which have to be produced in the territory of another Contracting State. ”）《海牙认证公约》在地域上的适用范围内容包括。

1. 限于缔约国之间。《海牙认证公约》所适用的文书是在缔约国之间流通的文书。在缔约国使用但在非缔约国作成的文书以及在缔约国作成但在非缔约国使用的文书，均不属于《海牙认证公约》可适用的文书。

2. 《海牙认证公约》所指的“缔约国”（Contracting State）应做广义理解，指《海牙认证公约》已经生效的任何国家，包括原始缔约国，以及事后批准或加入《海牙认证公约》的国家。

3. 《海牙认证公约》所指的“领土”不仅包括一国的领陆、领水和领空，还包括其声明扩展的由其负责国际关系的领土。《海牙认证公约》第13条规定：“任何国家在签字、批准或加入时，可声明本《海牙认证公约》应扩展适用于其在国际关系上负有责任的所有领土，或仅扩展适用于其中一处或数处。这类声明于本《海牙认证公约》对有关国家生效之日起生效。”

4. 我国的声明。我国加入《海牙认证公约》时，对《海牙认证公约》的地域适用范围做了声明，即对于我国不承认的主权国家，即便其为缔约国，《海牙认证公约》在我国（包括我国香港地区和澳门地区）和该国之间不适用。我国的声明未涉及与我国未建交的国家，《海牙认证公约》应可适用。

四、《海牙认证公约》适用的文书范围

（一）一般原则

《海牙认证公约》仅适用于“公文书”（public documents），不适用于“私文书”（private documents）。《海牙认证公约》没有明确界定何为“公文书”，而是确定由当局或以公职身份（按照官方授权）行事的人签署的文件均为公文书。一个人是以私人身份还是以公职身份行事，一份文书是否为公文书，均取决于文书来源国法律规定。据《海牙认证公约》对成员国的调

查问卷反馈，有64%的反馈成员国在国内法对公文书进行了定义。

我国香港地区规定，政府公职人士签发的文件（如结婚证书、无结婚纪录证明书、出生/死亡登记证明书、登记事项证明书、商业登记证、公司注册证书等），香港法律公证人（notary public）签署的授权书（power of attorney）、核证副本（certified true copy）等，以及监誓员（commissioner for oaths）签署的宣誓书等，均属于可办理附加证明书的公文书。

送往《海牙认证公约》非缔约国使用的文书不能办理附加证明书。此外，申请办理附加证明书的文书有下列情形之一的，签发机构不予办理：（1）文书的印鉴、签名不属实的；（2）文书的印鉴、签名未进行备案，或者与备案不相符的；（3）文书的印鉴、签名、装订、时效等不符合出文机构、用文机构规定和要求的；（4）可能损害我国国家利益和社会公共利益的；（5）附加证明书签发机构认为不应办理的其他情形。

《海牙认证公约》的目的是便利当事人在国外使用公文书。本着这一精神，《海牙认证公约》对公文书的概念做了广义解释，以确保各项文书尽可能受益于《海牙认证公约》规定的简化认证程序。一份文书如果在来源国是公文书，则目的国不得以其在目的国不是公文书而拒绝接受附加证明书；对于在来源国不是公文书的，即便其在目的国是公文书，来源国也不应通过《海牙认证公约》的程序签发附加证明书。

需要注意的是，《海牙认证公约》中译文所述的“公文书”与我们日常使用的“公务文件”（通常亦简称为“公文”）含义相差较大。例如，中共中央办公厅、国务院办公厅发布的《党政机关公文处理工作条例》对“党政机关公文”的定义为：“党政机关实施领导、履行职能、处理公务的具有特定效力和规范体式的文书，是传达贯彻党和国家的方针政策，公布法规和规章，指导、布置和商洽工作，请示和答复问题，报告、通报和交流情况等的重要工具。”《海牙认证公约》所适用的“公文书”的范围不仅限于该等公务文件。在《海牙认证公约》起草过程中，对使用“公文书”（public document，法语为acte public）还是“官方文书”（official document，法语为document officiel）进行过讨论，最终前者因其含义更广泛而被采用。为行文方便，本文除非另有列明，否则一律使用“文书”指代各类文件。

（二）列举情形

《海牙认证公约》第 1 条列举了几个属于公文书的情形，分别解释如下。

1. 法院文书。

与一国法院或法庭有关的机关或官员发出的文书，包括检察官、法院书记官以及执行员发出的文书（documents emanating from an authority or an official connected with the courts or tribunals of the State，including those emanating from a public prosecutor，a clerk of a court or a process - server，“huissier de justice”），均为《海牙认证公约》所涵盖的“公文书”。

此处的“法院或法庭”应做广义解释，涵盖司法法院和法庭、行政法庭、宪法法庭、官方宗教法庭等。至于某一机关或者个人是否与“法院或法庭”相关，则由来源国法律规定。如在某些国家，律师被视为公共机关或者官员，可签署“公文书”，该等“公文书”即可按照《海牙认证公约》办理附加证明书；在另一些国家，律师没有这样的身份，其发出的文书需在公证之后，对公证书进行办理附加证明书。

2. 行政文书（administrative documents）。

行政文书是由行政机关（administrative authority）签发的文书，通常包括公民身份文件、官方登记册摘录、许可证和专利授予证书以及行政当局的证书等。一个人或机构的工作是否具有行政性，由来源国法律决定。在一些缔约国，宗教机关属于行政机关。

3. 公证书（notarial acts）。

公证书是由公证员签署的文书或证明，可以完善、记录或验证某一义务、事实或协议。经公证员签名和公章认证后，该公证书即为《海牙认证公约》第 1 条规定的公文书。在有的国家“notarial act”指公证员被授权行使的一项职能，如证明签名的真实性，该职能不属于第 1 条所指的“notarial acts”，而是属于“私文书上的官方证书”。应注意，根据《海牙认证公约》的解释，英文版本中的表述“notarial acts”的中译文应为“公证书”，而不是“公证行为”或者“公证法”。

4. 私文书上的官方证书（official certificate on private document）。

一份文书即便不属于《海牙认证公约》适用的公文书，如根据来源国法律，公职人员（official）可签署证书证明该文书上签字的真实性，或者证明该文书为另一份文书的真实副本等，则该证书属于《海牙认证公约》第1条规定的公文书，主管机关可对该证书办理附加证明书。关于出具官方证书的公职人员的资质要求，《海牙认证公约》没有规定，由文书来源国法律规定。在实践中，这种官方证书是公文书的一个重要类别，间接地将《海牙认证公约》的便利之处扩大到私文书，有利于私文书在国外的流通和使用。

官方证书所证明的文书不必在该公职人员或者主管机关所在国形成。对形成于他国的文书所出具的官方证书是否可办理附加证明书，则由办理国家法律规定。

（三）除外情形

《海牙认证公约》列明了两类不属于《海牙认证公约》适用范围的文书（外交或领事机构签署的文书、直接处理商务或海关事务的行政文书），目的是避免不必要的手续。然而，根据海牙国际私法会议特别委员会的指引，对该两类文书应做狭义的、限制性的解释，《海牙认证公约》鼓励目的国尽量接受对该两类文书所做的海牙认证。

1. 外交或领事机构签署的文书。

A国驻B国（东道国）的外交机构或领事机构出具的文书（documents executed by diplomatic or consular agents），通常视为A国发出的文书，对B国（东道国）来说属于外国文书。如果要求对该类文书进行海牙认证，则需将文书送回A国的主管机关进行处理，反而令程序更复杂而不是更简化，故《海牙认证公约》不适用于该类文书，即不取消对这类文书（如一国派驻另一国的使领馆通常代表派出国为本国公民签发出生证、死亡证明和结婚证书等）的领事认证。

大使馆和领事馆可协助文书使用人从其派出国获取公民身份文件，例如派出国主管机关保存的公民身份登记文件摘录。这些文件实际上不是由大使馆或领事馆签署（execute）的，而只是由大使馆签发（issue）或调取（retrieve）的。在这种情况下，由派出国法律确定该等文书是否属于《海牙认证公约》适用的公文书。一些缔约国不要求对由位于其领土内的外国使领馆形成的外国公文书的摘录进行海牙认证。

然而，为了应对日益增加的人员流动和公文书流动，一些缔约国也会为其驻外使领馆签发的文件颁发附加证明书，而且技术的发展也令国家的主管机关与其驻外使领馆之间的联系和核实文件更加便捷，可线上申请、签署和校核附加证明书。

2. 直接处理商务或海关事务的行政文书。

《海牙认证公约》不适用于直接处理商务或海关事务的行政文书（administrative documents dealing directly with commercial or customs operations），是因为当初起草该公约的主要是欧洲国家，这些国家并不要求对该等文书进行领事认证，或者已有其他简化认证的安排［如按照1947年《关税及贸易总协定》第Ⅷ（1）（c）条，缔约国承认“有必要尽量减少进出口手续的发生率和复杂性，并减少和简化进出口文件要求”］。这些国家并不想对这类文书引入本没有的认证手续。起草国家也不希望这项除外情形被解释得过于宽泛，故加了“直接”和“行政”两个限定词。

然而，自《海牙认证公约》缔结以来，情况发生了巨大的变化：许多成员国当初并未参加该公约的起草和磋商；有的成员国将公约适用于此类文书（尤其是关于跨境贸易和商业的重要文件，如进口/出口许可证、原产地证明、健康安全证书等），因为该等成员国规定该类文书属于公文书，且要求进行领事认证。将《海牙认证公约》适用于这类文书，符合公约取消领事认证的目标，因而为海牙国际私法会议特别委员会所确认。

对于自由贸易协定适用的国家，与海关操作相关的文书通常无须进行领事认证。在大多数情况下，进口国的海关可直接和出口国海关确认有关文书。

总之，确定是否对某类公文书办理附加证明书的标准，应是该类文件在《海牙认证公约》对文件执行国生效之前是否需要领事认证。如无须领事认证，则不应要求进行海牙认证。

（四）特定类型文书

在日常业务和操作中经常遇到的文书是否属于《海牙认证公约》所述公文书，分别说明如下。

1. 民事身份文书。

民事身份文书包括出生、死亡和结婚证明，属于《海牙认证公约》第1条规定的行政文件，亦属于公文书。

2. 复印件/副本。

（1）经核实的公文书副本（certified copies of original public documents）。

缔约国对经核实的公文书的副本有不同做法。根据所在国法律规定的副本的性质（如副本被视为“复制的正本/duplicate original”），主管机关可签发与证书或副本本身有关的附加证明书，也可基于公共政策原因拒绝办理。

（2）简单复印件（simple photocopies）。

在大多数国家，简单复印件（未经认证的副本）不属于公文书，需先行认证才能办理附加证明书。但是，如果该等复印件根据来源国法律属于公文书，则《海牙认证公约》可适用。

（3）打印件（printed copies）。

如果来源国法律认为电子公文书的打印件属于公文书，则《海牙认证公约》可适用于该等电子公文书的纸质简单复印件，否则，可能需要先行核实（certify）才可办理附加证明书。

（4）扫描件（scanned copies）。

如果一份公文书的扫描件本身属于公文书，则《海牙认证公约》适用于该扫描件，否则该扫描件需要进行电子认证（如线上公证），核实后的扫描件属于公文书。公文书如何扫描或者数字化，由来源国决定，例如有的国家规定只有公职人员或者机关可进行扫描、数字化。

3. 刑事、警察记录。

刑事、警察记录可能属于《海牙认证公约》第1条规定的法院或者法庭等出具的文书，也可能属于第1条规定的行政文书，均属于公约所适用的公文书。

4. 教育文书。

教育机构签发的文书包括文凭、上课记录、成绩证书以及学习成绩摘录等，有的国家视为公文书，可直接办理附加证明书；有的国家则视为私文书，需要先进行证明程序才可办理。

应该注意到，如果公证的是伪造的教育机构文书，则《海牙认证公约》的机制无法避免为公证书进行海牙认证。海牙认证不审查基础文书的内容，也不足以令伪造的文书变得真实合法。尽管如此，海牙国际私法会议特别委员会鼓励主管机关采取适当措施处理欺诈或者其他违法行为。

5. 电子文书。

许多国家的法律规定可签署附有电子/数字签名的电子文书，这种电子文书应与通过扫描纸质公文书所形成的扫描件相区别。电子文书只有在来源国已实施电子应用程序电子附加证明书（e－Apostille）的情况下才能使用，可以原始格式为电子公文书办理附加证明书以保留电子文书的便利。

6. 失效的文书。

有些公文书载明了有效期，可能因为有效期届满而在来源国失效，但除非来源国法律另有规定，否则失效的文书并不因此丧失“公文性”，仍然可以办理附加证明书，但附加证明书只认证基础公文书的来源而不是内容。

7. 引渡事项。

《海牙认证公约》并不排除对与引渡和引渡请求相关的文书的适用。缔约国之间的引渡条约或缔约国的法律可取消领事认证手续，或规定引渡请求和证明文件的具体认证形式。部分缔约国在引渡请求中使用附加证明书。

8. 形成于外国的公文书。

缔约国的主管机关可仅仅对形成于本国的公文书办理附加证明书，拒绝对外国公文书办理。一国驻他国使领馆签发的公文书，尽管形成于东道国“领域”之内，但仍然属于外国文书。除非缔约方要求适用《海牙认证公约》第1条所述除外情形，否则《海牙认证公约》可适用于该等公文书。

一国主管机关可对在另一国签发的文件进行核实（certify），出具证书

(certification)以及对该证书办理附加证明书，只要该证书在前者国家属于公文书。

9. 外文文书。

在一国中以非该国官方语言签署的文件是否属于公文书，取决于该国法律规定。缔约国可将公文书的范围限于以其官方语言签署的文件。主管机关无须知道和理解外文公文书的内容，能够核实公文书的来源即已足够。主管机关可能要求提供翻译，以评估文件是否存在欺诈性、冒犯性或非法性。

10. 国际组织文件。

《海牙认证公约》没有直接涉及国际组织签发的文件。有些国际组织签发的文件（如）具有一定的公文书性质。海牙国际私法会议下设的工作组对这类文件附加证明书的办理提出以下建议方案：(1) 由持有国际组织相关公职人员的签名、印鉴、印章样本的东道国主管机关直接对该国际组织的公文书办理附加证明书；(2) 先由东道国的公证员对该文件或者文件的副本进行公证，再由东道国的主管机关对公证员出具的证书办理附加证明书；(3) 持有国际组织相关公职人员的签名、印鉴、印章样本的政府部门和机构，可被东道国指定对该等文件进行认证，再由主管机关对认证的证书办理附加证明书。

一个缔约国办理附加证明书的公文书，另一缔约国必须承认，尤其不得仅以与附加证明书相关的是国际组织的文件为由拒绝。

11. 医疗文件。

如果依据来源国法律，医生或机构以官方身份行事，则该医生或机构签署的文件可为《海牙认证公约》下的公文书。

12. 多份文件、多个签名 (multiple documents / signatures)。

原则上，一份附加证明书证明一个官员或当局的签名、印鉴、印章的真实性。对于多份公文书或者单份公文书载有签名、印鉴、印章的，应为每个需要认证的签名、印鉴、印章单独办理附加证明书。主管机关可减免费用，而不是对每份附加证明书均收取标准费用，也可对同一公职人员或者机构签发的多份文件签发一份附加证明书。如果公证员就多份文件进行公证并出具一份公证书，则主管机关可对该公证书签发一份附加证明书。

13. 含有冒犯性内容的文书（offensive documents）。

除非来源国法律另有规定，否则文书内容的冒犯性并不足以令其丧失公文书性质。

14. 老旧文件（old documents）。

除非来源国法律另有规定，否则一份文书不因签署/形成时间太早而丧失公文书性质。在实践中，一国主管机关可能难以确认一份老旧文件的出处。在这种情况下，该文书的签署方或者其承继方如能核实该文件的真实性并出具证书（certification），则该证书可属于《海牙认证公约》适用的公文。

15. 护照和其他身份证明文书。

护照和其他身份证明文书是否为公文书，须依据来源国法律确定。在身份证明文书的原件上办理附加证明书通常无法操作甚至不合法，缔约国可采用其他方法签发副本用于核实。有的国家的主管机关以违反公共政策（如欺诈或者其他非法目的使用身份证明文件）为由，拒绝为经过核实的身份证明文件副本办理附加证明书。

16. 知识产权文书。

授予专利等知识产权的文书属于《海牙认证公约》第 1 条下的行政性文书，构成《海牙认证公约》下的公文书。这类文书尽管对跨境商业很重要，但并非直接处理商业或海关操作（dealing directly with commercial or customs operations），因而不属于《海牙认证公约》第 1 条的排除范围。

17. 私文书。

《海牙认证公约》仅适用于公文书，而公文书包括除以私人身份签署的文书之外的所有文书，私文书显然不在《海牙认证公约》的适用范围之内。一个人是以官方身份还是以私人身份行事，由来源国法律规定。一般来说，如果一个人单独以自己的名义行事，或代表一个私人主体行事（例如，作为公司的董事），他就不是在以官方身份行事。

有的来源国法律规定，一份私文书必须满足某些形式和内容上的要求才具有法律效力。一份原本是私文书的文件不会仅仅因为满足该法律规定而被视为公文书。

18. 宗教文书（religious documents）。

来源国法律认为宗教文书以及官方的宗教法院签发的文书具有公文性质的，该等文书属于《海牙认证公约》规定的公文书。

19. 翻译文书。

翻译文书的性质在不同的国家有不同的规定。在有的国家，官方的（还可能包括宣誓的、受官方认可的或者认证的）译员签署的翻译件具有公文性质。哪些人是官方译员，对翻译件的形式要求，该等翻译件是否为公文书等事项，均由来源国法律规定。

一份翻译文书即便本身不是公文书，也可能办理附加证明书：译员在公证员面前宣誓确认译文的准确性后，公证员为此签署的公证书属于《海牙认证公约》适用的公文书，官方机构对译文进行核实后出具的证书也属于公文书。这两种公文书均可办理附加证明书并在其他缔约国使用。

20. 未经签署的文书。

一份未经签名，或者虽签名但未盖章的文书，如果根据来源国法律的规定具有公文性质，则可属于《海牙认证公约》下的公文书，前提是主管机关可核实该文书的来源。

五、小结

《海牙认证公约》对我国生效之后，在个人的跨境旅游、留学、工作、婚姻和移民等事项，企业和机构的跨境贸易、投资和销售等业务，以及跨境争议解决尤其是法院诉讼中，对有关文书、证据等材料的认证程序将大为简化和便利。

应注意的是，该等便利是建立在对公约内容和精神的准确、全面理解和执行的基础上。除《海牙认证公约》本身的条文之外，还应注意公约鼓励适用的精神、对除外情形的限缩性解释原则，尤其是私文书经过一定程序出具的证书可属于公文书并可对该证书进行海牙认证。

《海牙认证公约》对我国生效之后，我国即承担严格执行的义务，尤其应按照《海牙认证公约》第 9 条的规定，采取必要步骤和措施，防止外交和使领馆机构在可适用《海牙认证公约》进行海牙认证的情况下进行领事认证，防止接收文书的部门和机构不适当地拒绝所做的海牙认证。

粤港澳大湾区建设中的法律问题

关婷允

一、引言

粤港澳大湾区（大湾区）包括我国香港、澳门两个特别行政区，以及粤（广东省）属广州、深圳、珠海、佛山、惠州、东莞、中山、江门、肇庆九城市（以下简称粤属九城市），总面积约5.6万平方千米。粤港澳大湾区的建立与发展，一直受到习近平总书记和党中央的高度关注。2017年7月1日，在习近平总书记的见证下，国家发展和改革委员会和粤港澳三地政府在我国香港地区共同签署《深化粤港澳合作推进大湾区建设框架协议》，粤港澳大湾区建设正式启动；几个月后，粤港澳大湾区建设被写入党的十九大报告；之后，习近平总书记在中央经济工作会议等不同场合多次对粤港澳大湾区建设作出重要指示；① 2019年2月，《粤港澳大湾区发展规划纲要》正式公布，对粤港澳大湾区的战略定位、发展目标、空间布局等作了全面规划；在"十四五"规划和2035年远景目标纲要中，均提出了要"高质量建设粤港澳大湾区"的重要战略发展目标。②

粤港澳大湾区区位优势明显，经济实力雄厚，创新要素集聚，国际化水平领先，合作基础良好，是我国开放程度最高、经济活力最强的区域之一，

---

① 2017年12月18日，习近平总书记在中央经济工作会议上指出，粤港澳大湾区建设要科学规划，加快建立协调机制；2018年5月10日、31日，习近平总书记先后主持召开中央政治局常委会会议和中央政治局会议，对规划纲要进行审议；2018年10月23日，习近平总书记来到珠海，宣布港珠澳大桥正式开通。习近平总书记在广东考察时强调，要把粤港澳大湾区建设作为广东改革开放的大机遇、大文章，抓紧抓实办好。

② 参见程龙：《粤港澳大湾区综合实力显著增强，近5年经济总量增长约2.4万亿元——潮涌大湾区 风劲好扬帆（谱写新篇章）》，载《人民日报》2022年5月26日，第6版。

在国家发展大局中以及在对“一带一路”建设提供重要支撑方面，均具有重要的战略地位，并同时具备建成国际一流湾区和世界级城市群的基础条件。粤港澳大湾区的建设，丰富了“一国两制”实践内涵，促进了对港澳繁荣稳定的长期保障，探索了与国际接轨的开放型经济体制的新路径，并对国家实施创新驱动发展和坚持改革开放具有重大意义。基于上述内容，对粤港澳大湾区建设过程中所涉及的法律问题，进行深入探讨，并在此基础上，提出解决法律问题的可行性建议，以便为粤港澳大湾区的建设提供可靠的法律制度上的保驾护航，意义重大，势在必行。

二、粤港澳大湾区境内外主体之“一个国家”与“遵循宪法”的共同属性

作为粤港澳大湾区境内外参与建设之主体，无论是粤属九城市，还是我国港澳特别行政区，均具有同属于一个国家，并须以我国宪法为最高法律来构建自身法律制度之共同属性。

（一）“一国两制”中的“一个国家”及与其相适应的法律制度

根据我国《宪法》第30条规定，“中华人民共和国的行政区域划分如下：（一）全国分为省、自治区、直辖市……”基于此，广东省属于中央政府之下的一级地方行政区域；又根据《香港特别行政区基本法》第1条、第12条和《澳门特别行政区基本法》第1条、第12条的规定，香港特别行政区和澳门特别行政区是中华人民共和国不可分离的部分，是享有高度自治权并直辖于中央人民政府的地方行政区域。因此，粤港澳大湾区尽管拥有独特的地理，横跨3个一级地方行政区域，并且区分为“共同实施‘一国两制’，遵循宪法并实施‘特别行政区基本法’的我国香港与澳门特别行政区”及其法律制度，以及“实行中国特色的社会主义制度，实施社会主义法治的大湾区内属于广东省的九个内地城市”及其法律制度，但它们仍然处于同一个国家内。

在党的十九届四中全会审议通过的《中共中央关于坚持和完善中国特色社会主义制度　推进国家治理体系和治理能力现代化若干重大问题的决

定》（以下简称党的十九届四中全会《决定》）中，再次强调了“一国两制”中“一国”的重要性：“必须坚持‘一国’是实行‘两制’的前提和基础，‘两制’从属和派生于‘一国’并统一于‘一国’之内。”因此，对于粤港澳大湾区政治与法律制度的理解，必须以“一国”为前提和基础，即指粤港澳大湾区的法律均处于同一个主权国家的法律体系之下。我国香港特别行政区和我国澳门特别行政区享有的立法权和相对独立的司法权，并不影响宪法和基本法赋予的中央对香港、澳门的全面管治权。[①]“一国两制”中“一个国家”的原则，意味着粤港澳大湾区内的三个行政区域具有共同的国家利益，“相互之间不存在根本性利益冲突，三地可尽最大可能与最大努力推进深度合作”[②]；与此同时，“一国”也是粤港澳大湾区建设被纳入国家发展战略、相关指导性文件以及政策支持和合作协议得以通过，区域之间法律协调与合作得以实现的基本前提。

因此，作为粤港澳大湾区参与建设的主体，无论是粤港澳大湾区的粤属九城市，还是粤港澳大湾区的我国港澳特别行政区，其共同属性是：它们同属于一个中国，并均须以宪法为最高法律来构建自身的法律制度，这是境内外法律制度所共同拥有的“公分母”以及“求同”之处，并因此构成了在粤港澳大湾区内制定统一、平衡、协调之“粤港澳大湾区法律制度”的政治与法理学上的坚实基础。

（二）粤港澳大湾区境内粤属九城市法律体系构成的一般特性

根据我国《宪法》和《立法法》的相关规定，粤港澳大湾区内粤属九个城市的法律体系的构成，均应与全国其他境内城市一样，必须遵循与我国境内社会主义市场经济相适应的法律调整机制的要求，贯彻实施宪法、法律、行政法规、部门规章以及广东省所制定的地方性法规和地方政府规

---

① 参见蒋永清：《坚持和完善“一国两制”制度体系推进祖国和平统一》，载中国人大网，http：//www. npc. gov. cn/npc/c2/c30834/201912/t20191218_ 303465. html。

② 张淑钿：《粤港澳大湾区城市群建设中的法律冲突与法律合作》，载《港澳研究》2017 年第3 期。

章;[①] 根据2023年《立法法》修正后之第81条第1款的规定:“设区的市的人民代表大会及其常务委员会根据本市的具体情况和实际需要，在不同宪法、法律、行政法规和本省、自治区的地方性法规相抵触的前提下，可以对城乡建设与管理、生态文明建设、历史文化保护、基层治理等方面的事项制定地方性法规……”这又赋予了包括粤属九城市在内的所有设区的境内城市对于特定事项制定地方性法规的立法权；这是大湾区内粤属九城市与其他境内城市在法治建设过程中的共同点或一般属性。

在我们对粤港澳大湾区境内外主体之“一个国家”与“遵循宪法”的共同属性有了基本的了解之后，我们还需要对粤港澳大湾区建设过程中的特殊法律问题：在粤港澳大湾区境内外主体所施行的“两种制度”与“三种法系”背景下所呈现出的法律调整的特殊性，进行进一步的探讨。

三、大湾区境内外主体施行“两种制度”与“三种法系”引起的特殊法律问题

由于粤港澳大湾区所独具的，与“一个国家”原则相适应的“两种制度”与“三种法系”的立法格局，故其区域内的法律体系构成及对于各类对象的法律调整，不可避免地呈现出多元、复杂的特点。

（一）粤港澳大湾区境外主体所施行的“两种制度”与“三种法系”

1. 从上文所述可见：粤港澳大湾区法律体系最显著的特征，即为复杂性和多元化，这是由“一国两制”中的“两种制度”与“三种法系”决定的。具体而言，不仅包括立法主体及其权限的多样，还包括法律规范的种类和法律调整形式的多样。

(1) 粤港澳大湾区内的粤属九城市要遵循与社会主义的市场经济相适应的境内立法体制，即中央统一领导和一定程度分权、多级并存、多类结合的立法体系。这一立法体系兼具传统的大陆法系以及现代的中国特色社会主

① 参见《我国现行立法体制》，载中国人大网2020年10月23日，http://www.npc.gov.cn/npc/c2/c30834/202010/t20201020_308418.html。

义法治体系之"制定法"特点。在立法主体上，既包括全国人大及其常委会、国务院及其部委等，也包括地方各级人大及其常委会和人民政府；此外，粤属九城市既要实施全国性法律，也要实施地方性法规、规章以及规范性文件。

（2）我国香港和澳门特别行政区则享有着高度的特别行政区自治权，均要遵循与资本主义的私有制市场经济相适应的境内立法体制，并分别具有英美"判例法"法系与葡萄牙式的"制定法"法系的立法传统。根据两部基本法的第18条，在特别行政区实行的法律为基本法以及基本法第8条规定的香港/澳门原有法律和香港/澳门特别行政区立法机关制定的法律，除了列入基本法附件三所须执行的全国性法律清单的法律外，凡是未予列入的法律，在原则上不可在港澳实施。①

（3）粤港澳大湾区不同行政区域内的立法主体所享有的立法权限之范围，是很不相同的。我国香港与澳门特别行政区的立法权相对最大，可以制定除中央管理事务之外的，属于自治范围内的所有法律；而广东省作为普通的一级地方行政区域，根据《立法法》第80条的规定拥有的立法权较为有限，②"大多属于执行性立法，只能对上位法作出细化"③；深圳、珠海作为经济特区，根据全国人大及其常委会的授权，享有比一般设区市更大的立法权限；大湾区内的其他城市，作为普通的设区市，根据《立法法》第81条第1款的规定，立法权限仅限于"城乡建设与管理、生态文明建设、历史文化保护、基层治理等方面的事项"。在法律种类上，不仅包括法律、行政法规、地方性法规和规章、特区立法等正式法律渊源，在我国香港地区还包括普通法等非成文法，以及规划纲要、区域协议、指导文件、政策等"软法"。

2. 粤港澳大湾区内部多元的法律体系，具有明显的积极与消极两方面的属性。

（1）参与粤港澳大湾区建设的境内外主体，能够充分发挥内地与我国

---

① 参见《香港特别行政区基本法》第18条以及《澳门特别行政区基本法》第18条。

② 《立法法》第80条："省、自治区、直辖市的人民代表大会及其常务委员会根据本行政区域的具体情况和实际需要，在不同宪法、法律、行政法规相抵触的前提下，可以制定地方性法规。"

③ 王春业：《将清单式批量立法授权引入粤港澳大湾区法治建设》，载《法学杂志》2021年第7期。

港澳特区之间不同制度的优势，并形成互补，从而能够发挥我国香港和澳门地区作为内地与世界“超级联系人”的作用，借助广东省在内地多项政策措施先行先试的试验田优势，保障并推进粤港澳大湾区建设。[①] 无疑，这属于大湾区内多元法律体系的积极属性。

（2）大湾区内境内外主体自身所携带的复杂的法律结构，也导致了不同主体之间的相应的法律冲突，这使“大湾区治理在不同的法律体系中还不能高效地转换协同，由此产生了额外的交易成本”。

（3）大湾区内所存在的3个法系：内地的具有“社会主义特色的市场经济法律制度”，以及我国香港与澳门地区所推行的“资本主义的市场经济法律制度”，三者之间拥有着不同的法律价值观和法律传统，“这种差异使得港澳与内地的合作时常出现迟疑徘徊的杂音”[②]。在立法方面，由于立法主体与权限的不同，大湾区的内地城市与我国香港和澳门特区在立法层面可能产生区域间的横向冲突，难以按照“上位法优于下位法”的原则处理；[③] 此外，与大湾区相关的规划纲要、指导性文件以及合作框架协议等“软法”的制定，缺乏统一的标准，规范之间效力层级不清。[④] 在司法方面，根据两部基本法的第19条，我国香港和澳门特别行政区拥有独立的司法权和终审权，而粤属九城市则要遵循我国内地的司法体制。总的来说，粤港澳大湾区内3个行政区域之上目前没有统一领导的立法机关和统一协调的司法机关，从而导致法律的冲突在所难免。[⑤]

---

① 参见张淑钿：《粤港澳大湾区城市群建设中的法律冲突与法律合作》，载《港澳研究》2017年第3期。

② 吴成鹏、张衔春、胡映洁：《粤港澳大湾区治理框架比较研究：基于制度环境视角》，载《热带地理》2022年第2期。

③ 参见李贺巾：《粤港澳大湾区建设进程中的法律冲突及路径选择》，载《中共珠海市委党校珠海市行政学院学报》2019年第6期；张淑钿：《粤港澳大湾区城市群建设中的法律冲突与法律合作》，载《港澳研究》2017年第3期。

④ 参见石佑启、陈可翔：《粤港澳大湾区治理创新的法治进路》，载《中国社会科学》2019年第11期。

⑤ 参见李贺巾：《粤港澳大湾区建设进程中的法律冲突及路径选择》，载《中共珠海市委党校珠海市行政学院学报》2019年第6期。

（二）粤港澳大湾区建设过程中的特殊法律问题

从总体上来说，在“一国两制”的原则下，我国香港与澳门特别行政区在回归祖国后，仍然被允许长时期保留原有的社会制度；而大湾区内粤属九城市，则实行中国特色社会主义制度。与此同时，由于广东省内还拥有深圳、珠海2个经济特区，以及南沙、前海和横琴3个自由贸易试验区，所以，相较其他内地省份，广东省的法律体系也更加具有多元化立法调整的特点。这就使粤港澳大湾区境内与境外之参与建设的主体所各自拥有的法律制度以及相互之间交往时所适用的法律调整，均呈现出各具特殊性的鲜明特点。

1. 在粤港澳大湾区内，粤属九城市，呈现出法律调整的特殊性，其具体体现在以下方面。

（1）大湾区内粤属九城市要遵循国家针对粤港澳大湾区建设所拟定的各类专门的法律法规或规章；

（2）深圳、珠海两城市作为经济特区，它们亦拥有全国人民代表大会及其常务委员会所授予的特区城市立法权，均可以“根据具体情况和实际需要，遵循宪法的规定以及法律和行政法规的基本原则，制定法规”，并在各自的特区范围内实施；①

（3）在大湾区内粤属九城市中，南沙、前海和横琴属于在广东境内所设立的3个自由贸易试验区，根据全国人民代表大会常务委员会《关于授权国务院在中国（广东）自由贸易试验区、中国（天津）自由贸易试验区、中国（福建）自由贸易试验区以及中国（上海）自由贸易试验区扩展区域暂时调整有关法律规定的行政审批的决定》等法律文件的相关规定，自由贸易试验区片区的创新需要暂时调整或者停止适用法律、行政法规的部分规定的，有关部门应当及时提出意见，依法定程序争取国家支持先行先试；自

① 参见《全国人民代表大会常务委员会关于授权深圳市人民代表大会及其常务委员会和深圳市人民政府分别制定法规和规章在深圳经济特区实施的决定》以及《全国人民代表大会关于授权汕头市和珠海市人民代表大会及其常务委员会、人民政府分别制定法规和规章在各自的经济特区实施的决定》。

由贸易试验区片区的创新活动需要暂时调整或者停止适用本省或者片区所在市制定的地方性法规的，省、片区所在市人民政府可以提请省、片区所在市人民代表大会及其常务委员会作出决定；需要暂时调整或者停止适用本省或者片区所在市制定的规章的，省、片区所在市人民政府应当及时作出相关规定；[①] 自由贸易试验区还可以“借鉴国际惯例探索适合片区实际的治理模式”[②]。此外，根据广东自由贸易试验区五年规划，广东省正在积极争取拓展自由贸易试验区实施范围，佛山、三龙湾有望纳入新的广东自由贸易试验区联动发展区。[③]

2. 在粤港澳大湾区内，我国香港与澳门特别行政区，呈现出法律调整的特殊性。我国香港和澳门特别行政区，均享有高度的自治权，这同样表现在两个特别行政区同时具备制定法律与实施法律的高度自治权。

（1）根据我国香港与澳门地区两部基本法的规定，除了两个特别行政区必须在一个中国原则下，遵循《宪法》的相关规定外，它们还要实施与“两种制度”相适应的特别行政区基本法，以及根据基本法所规定的我国香港与澳门地区原有法律，和我国香港与澳门特别行政区成立之后，其所属立法机关行使立法的自治权所制定的特别行政区内的新法律。

（2）除此之外，凡未被列入基本法附件三的全国性法律，原则上不在港澳实施。

（3）在立法主体上，除了由全国人民代表大会常务委员会行使限于国防、外交和基本法规定不属于特区自治范围的立法权外，则由港澳的立法会行使立法权。[④] 根据两部基本法第 17 条的规定，特区立法机关制定的法律须报全国人民代表大会常务委员会备案，全国人民代表大会常务委员会对其

---

① 参见《中国（广东）自由贸易试验区条例》第 13 条第 2 款。

② 《中国（广东）自由贸易试验区条例》第 15 条第 1 款。

③ 2014 年 12 月，国务院决定设立中国广东自由贸易试验区。广东自由贸易试验区涵盖三个片区：广州南沙新区片区（广州南沙自由贸易试验区）、深圳前海蛇口片区（深圳蛇口自由贸易试验区）、珠海横琴新区片区（珠海横琴自由贸易试验区），总面积 116.2 平方千米。为论文合题的需要与写作的方便，以下部分有时直接把“中国（广东）自由贸易试验区”称呼为“南沙、前海和横琴三个自贸区”。根据《中国（广东）自由贸易试验区发展“十四五”规划》，佛山、三龙湾有望纳入新的广东自由贸易试验区联动发展区。

④ 参见《香港特别行政区基本法》第 18 条以及《澳门特别行政区基本法》第 18 条。

享有备案审查权，以及解释基本法的释法权。[①]

3. 在粤港澳大湾区内，由于域内外主体均须共同完成粤港澳大湾区建设的总目标，并须共同执行调整大湾区的综合性法律制度，所以，粤属九城市及我国香港与澳门特别行政区都必须为了实现大湾区所设立的各项共同目标而携手共进，并必须统一接受大湾区法律制度的调整与保护，必须共同维护大湾区法律制度的尊严，切实保障大湾区法律制度的科学制定与顺利实施。故粤港澳大湾区所普遍适用的综合性法律制度，亦呈现出法律调整的特殊性。

（1）在粤港澳大湾区建设中，中央的全面管治权是解决区域法律冲突，开展法律合作和整合协调的法治基石与法律基础，必须充分行使中央的全面管治权，协调处理境内外主体之间可能存在的立法冲突；[②]

（2）在立法方面，中央与粤港澳地方政府应在签订合作框架协议和制定规划纲要的基础上，构建常态化合作机制；

（3）通过法定程序拓展内地行政区域制度创新的空间，并规范化大湾区治理中的先行先试与体制创新。[③]

四、关于进一步完善粤港澳大湾区未来法治建设的几点建议

笔者以为，在进一步完善粤港澳大湾区未来法治建设方面，应该进行如下几个方面的工作。

（一）要对粤港澳大湾区的立法与法律适用进行纵横协调

为了提高粤港澳大湾区一体化法律调整的水平，以便更好地实现区域协同发展，故需要针对大湾区内法律调整的复杂多元的特点，对其进行立法与执法的综合协调。具体的做法是：

1. 参与粤港澳大湾区建设的境内外主体在对我国上下位纵向法律的执

---

① 参见《香港特别行政区基本法》第 17 条以及《澳门特别行政区基本法》第 17 条。

② 参见王禹：《全面管治权理论：粤港澳大湾区法治基石》，载《人民论坛·学术前沿》2018 年第 12 期。

③ 参见石佑启、陈可翔：《粤港澳大湾区治理创新的法治进路》，载《中国社会科学》2019 年第 11 期。

行上必须坚定不移地坚持“一国两制”中的“一个国家”的基本原则，必须坚持与维护《宪法》作为国家的根本法在中华人民共和国的领土范围内（包括粤港澳大湾区法治建设中）所具有的最高地位和最高法律效力。

（1）粤港澳大湾区内粤属九城市，必须与全国其他境内城市一样，根据我国《宪法》和《立法法》的规定，严格遵循与我国境内社会主义市场经济相适应的法律调整机制的要求，切实贯彻实施宪法、法律、行政法规、部门规章以及广东省所制定的地方性法规和地方政府规章。

（2）对于粤港澳大湾区内的我国港澳特别行政区来说，必须强调维护宪法和基本法所确立的特别行政区宪制秩序，强调宪法和基本法共同构成特别行政区的宪制秩序，强调宪法是根本法、最高法，基本法是根据宪法所制定的基本法律，[①] 并在严格遵循“一国两制”的政治前提下，在“一国两制”中的“一个国家”的基本原则基础上，全面贯彻实施党的十九届四中全会《中共中央关于坚持和完善中国特色社会主义制度　推进国家治理体系和治理能力现代化若干重大问题的决定》所提出的“健全中央依照宪法和基本法对特别行政区行使全面管治权的制度”的政治方针；与此同时，在健全我国港澳特别行政区维护国家安全的法律制度和执行机制方面，还要采取全国人民代表大会及其常务委员会“决定 + 立法”的方式，作出部署。[②]

2. 在对参与粤港澳大湾区建设的境内外主体相互之间关系的横向法律调整上，则需要在注意到法律调整对象具有 3 个方面的特殊性的基础上，来进一步做好粤港澳大湾区的综合性法治建设，并做好各方面法律调整机制相互间的协调工作。

（1）应把“以清单式批量申请授权方式”，应用于粤港澳大湾区“先行先试”的法治建设中。根据中共中央、国务院《关于支持深圳建设中国特色社会主义先行示范区的意见》中第 18 条“以清单式批量申请授权方式”

① 参见《完善“一国两制”制度体系，落实“爱国者治港”根本原则》，载人民网，http：//hm. people. com. cn/n1/2021/0225/c42272 – 32036157. html。

② 参见沈春耀：《全面准确、坚定不移贯彻“一国两制”方针（深入学习贯彻党的十九届六中全会精神）》，载人民网，http：//opinion. people. com. cn/n1/2021/1215/c1003 – 32308098. html。

的规定精神，将该种方式应用于粤港澳大湾区“先行先试”的法治建设中。[①]

（2）应在我国统一的立法与法律调整机制下，对在粤港澳大湾区内所出现的规划纲要、指导性文件以及合作框架协议等“软法”类别的规范及其效力层级，作出明确的规定，并借以“避免粤港澳各地制定的规范性文件与之相冲突”，从而在法律实践中进一步“建立软法、硬法转换机制，推进粤港澳三地及时将规划纲要、合作协议等规范中难以落实的内容以及社会自治章程中有效的规范及时转化、吸纳为地方立法”。[②]

（3）在执法方面，中央也应对在粤港澳大湾区建设中所出现的地方政府无法处理或没有权限决定的具体事项进行协调（如针对全国人大常委会作出的《关于批准〈内地与香港特别行政区关于在广深港高铁西九龙站设立口岸实施“一地两检”的合作安排〉的决定》，以及在珠海市横琴岛设置澳方口岸的《关于授权澳门特别行政区对横琴口岸澳方口岸区及相关延伸区实施管辖的决定》等）。

（4）在粤港澳三方主体相互关系的法律调整与关系协调方面，要加强粤港澳各地方政府之间的立法协调，充分利用已经构建的大湾区治理、协调机制，重点围绕区域合作中需要立法的事项，三地共同商讨制定推动粤港澳大湾区建设的立法规划；在形成立法规划的框架后，三地立法机关要严格按照立法规划分别进行立法。广东省及内地城市的立法若需要中央的特别授权和协调处理，亦需及时提出申请。粤港澳大湾区内三地的立法机关应对现行立法的有效性进行及时评估与清理，并需在不断完善自由贸易试验区法律制度的基础上，通过联络与协商机制，来解决可能存在的立法冲突。[③] 此外，还要加强粤港澳大湾区内的执法协同机制，提高内地城市的执法水平，积极推进粤港澳大湾区内各地政府之间法治建设的均衡发展，营造一体化的法治

---

① 参见王春业：《将清单式批量立法授权引入粤港澳大湾区法治建设》，载《法学杂志》2021年第7期。

② 石佑启、陈可翔：《粤港澳大湾区治理创新的法治进路》，载《中国社会科学》2019年第11期。

③ 参见王春业、丁楠：《论粤港澳大湾区合作中法治壁垒及其消解》，载《天津行政学院学报》2019年第3期。

营商环境。[①]

（二）要对粤港澳大湾区的法律服务工作进行资源整合

“从英国、新加坡、迪拜等地的经验可以看出，建立与经济发展水平相适应的商事争议解决中心，是营造良好的法治化营商环境的必备条件和必然要求。”[②] 粤港澳大湾区内的法律服务十分多元，在商事争议解决方面除了传统的司法诉讼手段外，还有仲裁和调解等替代性纠纷解决方式。对粤港澳大湾区内法律服务的整合与分工应从以下 3 个方面着手：

1. 要加强粤港澳大湾区内的司法交流与协作。要建立粤港澳三地司法人员的常态化交流机制，通过沟通与交流消弭因粤港澳大湾区内“两种制度、三种法系”所产生的不同法律传统、价值观之间的分歧，努力形成共识。[③] 此外，还要继续加强粤港澳三地之间区际司法互助，相互承认与执行民商事判决。

2. 要加强粤港澳大湾区内的仲裁合作，充分发挥大湾区内仲裁行业的优势。从总体上来考察，大湾区内的仲裁行业拥有良好的发展基础，机构数量多，受案量大；[④] 我国香港地区在仲裁领域优势明显，“香港国际仲裁中心（Hong Kong International Arbitration Centre，HKIAC）凭借三十多年的经验，成为亚洲领先的争议解决中心”[⑤]。但事实上，粤港澳大湾区的仲裁业的发展，仍拥有较大的空间。以 2020 年为例：广东全省审结涉民营企业民商事案件 66.9 万件，[⑥] 同年全省 19 家仲裁机构办结仲裁案件量为 47,693

---

① 参见石佑启、陈可翔：《粤港澳大湾区治理创新的法治进路》，载《中国社会科学》2019 年第 11 期。

② 谢雯、丘概欣：《粤港澳大湾区建设中司法合作与司法保障的路径——以涉港澳民商事审判为视角》，载《法律适用》2019 年第 9 期。

③ 参见宋锡祥、张贻博：《论粤港澳大湾区多元纠纷解决机制的构建》，载《上海大学学报（社会科学版）》2020 年第 2 期。

④ 参见江保国：《现实、愿景与问题：粤港澳大湾区建设中的仲裁合作》，载《理论月刊》2021 年第 5 期。

⑤ 宋锡祥、张贻博：《论粤港澳大湾区多元纠纷解决机制的构建》，载《上海大学学报（社会科学版）》2020 年第 2 期。

⑥ 参见《广东省高级人民法院 2020 年工作报告》，载广东法院网 2021 年 8 月 13 日，https：//www.gdcourts.gov.cn/gsxx/fygzbg/content/post_1047166.html。

件,[①] 可见司法审结案件与仲裁办结案件的比例悬殊。“表明与仲裁相比，司法仍然是大多数当事人在解决纠纷时的优先选择”[②]；“仲裁方式在解决我国澳门地区与内地以及与葡语国家的经贸投资纠纷中的作用和功能没有得到有效发挥”[③]。因此，粤港澳应抓住大湾区建设的契机，合作建设国际仲裁中心，充分发挥三地各自的潜力和优势；保障仲裁裁决的自由流通，为仲裁行业的发展提供良好的制度基础。例如，在“布兰特伍德公司申请承认和执行仲裁裁决案”中，广州市中级人民法院首次明确境外仲裁机构在我国内地所作仲裁裁决的性质，并确认此类仲裁裁决能够在我国内地直接申请执行。[④]

3. 要进一步健全粤港澳纠纷调解机制。要在内地—香港联合调解中心的基础上，成立粤港澳联合调解中心，充分总结前海“一带一路”国际商事诉调对接中心的经验，推动粤港澳形成统一的调解机制，并由三地法院对调解结果的效力进行司法确认,[⑤] 从而推动建立共商、共建、共享的多元化纠纷解决机制，为粤港澳大湾区建设提供优质、高效、便捷的法律服务和保障，着力打造法治化营商环境。[⑥]

（三）要对于粤港澳大湾区内法律冲突的解决构建新路径

1. “从欧盟和美国解决法律冲突的实践经验来看，区域协同发展的重要前提是建立一个和谐的法律环境”。为解决粤港澳大湾区因特殊格局和多

---

① 参见《2020 年度仲裁工作统计数据》，载广东省司法厅网 2021 年 1 月 20 日，http：//sft. gd. gov. cn/sfw/zwgk/sjfb/tjsj/content/post_ 3573079. html。

② 江保国：《现实、愿景与问题：粤港澳大湾区建设中的仲裁合作》，载《理论月刊》2021 年第 5 期。

③ 宋锡祥、张贻博：《论粤港澳大湾区多元纠纷解决机制的构建》，载《上海大学学报（社会科学版）》2020 年第 2 期。

④ 参见《广东高院发布第三批粤港澳大湾区跨境纠纷典型案例》，载微信公众号“最高人民法院”2021 年 3 月 2 日，https：//mp. weixin. qq. com/s? _ biz = MzA3MjEwNzYzOQ = = &chksm = 872b909cb05c198aa4ea352a95c3ec93401a973317e8abec1e44ce94cd92b634aff0d97ffd24&idx = 2&mid = 2650563460&sn = 9e2f3ed6524018d1f92ed01990b24b4d。

⑤ 参见谢雯、丘概欣：《粤港澳大湾区建设中司法合作与司法保障的路径——以涉港澳民商事审判为视角》，载《法律适用》2019 年第 9 期；石佑启、陈可翔：《粤港澳大湾区治理创新的法治进路》，载《中国社会科学》2019 年第 11 期。

⑥ 参见《粤港澳大湾区发展规划纲要》第 39 页。

元法律调整所可能带来的宪法与法律适用的传统问题，除了建立协调和联络渠道，加强双向沟通交流与认同，推进法律领域各方面的合作外，更需要建立行之有效的常态化长效解决机制，以充分应对粤港澳大湾区建设当前和未来可能产生的各种法律冲突，并为其提供法治化的解决途径。

2. 综合法学界关于粤港澳大湾区法律冲突的研究成果，可以认定：对法律制度进行完善的路径，可从规则层面与执行层面这两个方面出发。

（1）在规则层面，为实现上述对粤港澳大湾区立法的纵向及横向的综合协调，以及对法律服务的有效分工和整合，需要以正式法律的形式对相应的规则、举措和机制予以明确，为法律冲突的解决提供法律基础和指引，并在此基础上，形成系统的制度性解决机制。

（2）在执行层面，可以考虑以人大常委会立法的形式，制定“粤港澳大湾区区域合作法”。由于粤港澳大湾区作为国家发展战略，其区域内的法律和社会事务的合作与冲突的解决，已经超出了我国港澳特别行政区自治立法权的授权范围，属于中央政府的管理事项，故应将该立法加入我国香港、澳门地区两部特别行政区基本法之附件三所列举的“适用于特别行政区的全国性法律”清单中。[①]

（3）还要进一步明确粤港澳大湾区的法律地位和各参与主体的权限范围，规范地方政府之间行政协议的签署，以及指导性文件和政策的制定，明确各类规范性文件的效力层级，并为大湾区内法律服务的分工和整合提供制度支持。

（4）虽然我国当前尚未制定相关的区域合作法，但可以中共中央、国务院《关于建立更加有效的区域协调发展新机制的意见》、国家发展改革委《关于进一步加强区域合作工作的指导意见》等规范性文件作为参考，总结合作和建设经验，研究制定粤港澳大湾区区域合作法。

由于粤港澳大湾区在我国区域合作中既具典型性，也具特殊性，所以，其区域合作立法的经验也能够为我国京津冀协同发展，为长江经济带及“一带一路”建设提供经验和指引。

---

① 参见荆洪文：《粤港澳大湾区法律冲突的解决路径》，载《广西社会科学》2019 年第 10 期。

3. 除了为粤港澳大湾区法律冲突的解决，提供法律规则和制度基础之外，还需要完善具体的执行机制，以便使可能产生的冲突，得到高效妥善的解决。

（1）应当充分利用粤港澳大湾区当前已经形成的协同治理和联络合作机制，在对职能部门的权限予以明确的基础上，构建起完善的立法授权、立法规划、效果评估、规则对接等机制，“并由中央与粤港澳三地构建相应的合宪合法性审查机制”，预防并及时有效发现、解决法律冲突。

（2）应在巩固当前司法、仲裁和调解合作安排和机制的基础上，增加合作领域的广度和深度，并及时将合作内容转化为立法成果；在坚持“一国两制”原则和尊重我国港澳特区独立审判权的基础上，考虑设立由三方共同构成的争端解决机构，统一协调处理粤港澳大湾区内可能产生的管辖权、判决或裁决的承认与执行等问题，尽量避免“平行诉讼”“同案不同判”等现象的出现，实现大湾区法治水平的平衡发展。①

① 参见石佑启、陈可翔：《粤港澳大湾区治理创新的法治进路》，载《中国社会科学》2019 年第 11 期。

论粤港澳大湾区规则衔接中的软法之治

官隆清　江保国

一、问题的提出

习近平总书记在党的二十大报告中提出“全面准确、坚定不移贯彻‘一国两制’”“坚持依法治港治澳，落实中央全面管治权”的明确要求。[①]法治是保证“一国两制”行稳致远的重要力量，依法治港治澳是最可靠、最稳定的治理，也是党的二十大的重要精神内涵之一。粤港澳大湾区发展战略作为支持我国香港、澳门特别行政区融入国家发展大局的重要举措，推进大湾区区域法治建设是实现全面依法治国方略和中央全面管治权的有效措施。构建大湾区软法治理体系，完善软法实施路径，推动粤港澳规则衔接，既是顺应大湾区发展实际需要，促进大湾区经济包容性增长的重要举措，也是推动大湾区法治体系完善，加强涉法治体系建设，利用法律保障大湾区建设稳固发展的有力措施。

区域规则衔接是市场高水平互联互通，各类资源要素高效便捷流动，区域协调发展的客观要求。[②] 粤港澳三地法律制度的差异，法治水平的差距和分化，既加深了三地规则衔接的困境，也加剧了规则衔接的迫切性。此种迫切性在粤港澳大湾区的相关文件中被不断凸显，《粤港澳大湾区发展规划纲要》明确了“加强粤港澳司法交流与协作，推动建立共商、共建、共享的

① 参见习近平：《高举中国特色社会主义伟大旗帜　为全面建设社会主义现代化国家而奋斗——在中国共产党第二十次全国代表大会上的报告》，载求是网 2022 年 10 月 25 日，http：//www. qstheory. cn/yaowen/2022 – 10/25/c/129079926. htm。

② 参见朱最新：《粤港澳大湾区规则衔接的现状、困境与路径完善》，载《法治论坛》2021 年第 63 辑。

多元化纠纷解决机制，为粤港澳大湾区建设提供优质、高效、便捷的司法服务和保障，着力打造法治化营商环境”的法治化建设要求。[①] 在中共中央、国务院针对横琴、前海、南沙三个合作区出台的文件中进一步明确要加强粤港澳司法交流协作，探索不同法系、跨境法律规则衔接，搭建共商、共建、共管、共享的法律规则供给机制，以更好为合作区建设提供高效便捷的法律服务和保障。[②]

粤港澳大湾区建设是在“一国、两制、三法域、三关税区”的制度语境下的区域合作，各法域硬法规范存在较大差异，导致三地正式的区域法律规则协作存在一定困难，缺乏正式法律制度供给。相反，软法作为公共治理模式中的重要手段，与区域治理现代化存在高度契合性，[③] 在大湾区发展进程中释放出强大的活力，以软法规则的灵活性协调区域一体化发展的矛盾，在大湾区法治治理和规则衔接中具有独特的优势和功效，可有效弥补正式法律制度的不足。

二、软法治理的理论探析

作为一种理论创造规范，软法缺少实在法基础，因而仍是模糊的、具有争议的。[④] 软法的界定与阐释是粤港澳大湾区规则衔接的首要问题，为大湾区规则衔接研究提供了学理前提，并对大湾区法治实践具有基础意义。

一般认为软法萌芽于国际法领域，[⑤] 被用于概述不具有法律约束力的规

---

① 参见《粤港澳大湾区发展规划纲要》。

② 《横琴粤澳深度合作区建设总体方案》提出：“在遵循宪法和澳门特别行政区基本法前提下，逐步构建民商事规则衔接澳门、接轨国际的制度体系。研究制定合作区条例，为合作区长远发展提供制度保障。”《全面深化前海深港现代服务业合作区改革开放方案》提出：“在‘一国两制’框架下先行先试，推进与港澳规则衔接、机制对接，丰富协同协调发展模式，打造粤港澳大湾区全面深化改革创新试验平台，建设高水平对外开放门户枢纽，不断构建国际合作和竞争新优势。”《广州南沙深化面向世界的粤港澳全面合作总体方案》提出：“加快建设科技创新产业合作基地、青年创业就业合作平台、高水平对外开放门户、规则衔接机制对接高地和高质量城市发展标杆。”

③ 参见陈洪超、张春杨、王琳：《软法视野下粤港澳大湾区合作治理机制研究》，载《特区经济》2018 年第 3 期。

④ 软法主要被用作硬法概念的对称，目前学界尚未对软法作出统一的、权威性的概念。

⑤ 亦有观点认为软法现象早已存在，20 世纪中后期才进入法学尤其是国际法的视野，例如有学者对软法进行源流考证，认为软法理论的知识来源可追溯至古希腊及先秦的法治思想。参见梁建兵、张新华：《软法的一般原理》，法律出版社 2012 年版，第 26 页。

范性义务，[①] 或未明确规定权利义务的、不具有约束力的规则及条文，[②] 例如国际组织决议、意见、行业准则等，此为传统国际法语境下的软法概念。[③] 这些规则虽非具有约束力之国际法律规范，但仍对各国行为产生了一定的法律效果。[④] 亦有学者在弱化法律和非法律明确分界的基础上，将软法定义为介于法律与非法律之间的“灰色地带”，影响并反作用于法律的“白色地带”。[⑤] 随着软法理论的发展，软法概念从国际法范畴延伸至区际和国内法范畴，[⑥] 并在以“公共意志”为视角对法概念进行重新界定后，软法便以法律制裁力与救济力为依据，与硬法进行分割，即凡不具有正式法律制裁后果的法律文本，以及承载着无法进行公力救济的权利的法律规范，均属于软法范畴。[⑦] 而由国家作为创制主体，以国家强制力保障实施的法律规范则为硬法。

尽管学者提出多种路径以廓清软法内涵，但具有公理性的是，约束力始终是区别软法与硬法的核心因素，也正因为刚性约束力的缺失，软法的实践功效始终备受质疑和否定。随着软法理论与实践的不断发展，对软法约束力

---

① See Guzman & Meyer, *International Soft Law*, 2 Journal of Legal Analysis 171 (2010).

② 其解释并体现了对具有约束力的法律规则的理解，或创造了对未来预期行为的承诺。See Guzman & Meyer, *International Soft Law*, 2 Journal of Legal Analysis 171 (2010).

③ 具体而言，在国际公约等硬法创制越发艰难的情况下，国际社会通过行为准则、宣言、一般原则、行动计划等形式创设某种“义务”（通常由国际组织在其决议中提出），允许各国在解释和履行“义务”方面保留一定程度的自由裁量权，从而缓和并拖延各国间潜在的利益冲突，直至这些冲突及其诱因淡化或消失。See Chris Ingelse, *Soft Law*?, 20 Polish Yearbook of International Law 75 (1993).

④ 我国部分学者也持有该观点，如王铁崖认为软法意指在严格意义上不具有法律拘束力，但又具有一定法律效果的国际文件。参见王铁崖主编：《国际法》，法律出版社 1995 年版，第 456 页。

⑤ See Chris Ingelse, *Soft Law*?, 20 Polish Yearbook of International Law 75 (1993). 此观点得到我国部分学者的肯认，如陈安便认为国际软法是趋向于形成但未形成的规则和原则。参见陈安：《国际经济法专论（上编　总论）》，高等教育出版社 2002 年版，第 170 页。

⑥ 西方学者弗朗西斯最早在国内法中引入了软法的概念，他认为软法是“原则上没有法律约束力，但是却有实际效力的行为规则”。参见刘小冰等：《软法原理与中国宪政》，东南大学出版社 2010 年版，第 8 页。

⑦ 此观点的提出建立在对传统“法”概念，以及“硬法及法”的理论主张的批判和更正之上，对法的内涵及外延进行了修正与扩张，按此标准划分，软法的范围将非常庞大，诸如宪法及其相关法、表明国家政策导向和态度官示的法律、公法领域中的大量规范性文件均会被划入软法之范畴。参见罗豪才、宋功德：《软法亦法：公共治理呼唤软法之治》，法律出版社 2009 年版，第 1 – 5 页；梁建兵、张新华：《软法的一般原理》，法律出版社 2012 年版，第 34 – 35 页。

的偏颇限定亦在逐步修正，特别是在国际法领域，这种限定与其发展的走向大相径庭，呈现“由硬向软”转变的态势，[①] 越来越多的与国际法相关的声明是以软法的形式作出的，而许多所谓硬法上的义务却相当之“软”，[②]“我们正在目睹传统监管体系的衰落，并逐渐被一套无定形的、不断发展的非正式‘软法’治理所取代”[③]。因此，有学者提出了“硬法力的强度表现为削弱，软法则是增强”的软法之力发展轨迹，出现了“内在硬法化的软法”。[④]亦有学者认为，软法是迈向更具约束性的法律的第一步。[⑤] 在国内法层面，软法约束力也逐渐得到肯定认可，区别于国家强制力，软法的约束力大多来源于公共认同，通过引导性或激励性的行为规则实现社会的普遍接受和认可，形成自愿遵守的实际效力。[⑥] 一言以蔽之，软法是区际合作的治理工具之一，是在粤港澳大湾区法治化建设进程中发挥事实约束作用的法类型。[⑦]大湾区软法是不具备法律拘束力，但具有实际效力的规范性文件，其实施通常依靠人们的承诺、诚信、纪律或舆论，在大湾区规则衔接建设中发挥了实际约束作用。[⑧]

三、软法治理的功能优势

目前粤港澳三地呈现硬法立法上的“封闭”状态，这种封闭性一方面来源于《宪法》和港澳基本法对我国港澳特别行政区立法权的赋予和限制；

---

① See Steven L. Schwarcz, *Soft Law as Governing Law*, 104 Minnesota Law Review 2471 (2020).

② Marcel M. T. A. Brus, *Soft Law in Public International Law: A Pragmatic or a Principled Choice? Comparing the Sustainable Development Goals and the Paris Agreement*, 122 Legal Validity and Soft Law 243 (2018).

③ Ryan Hagemann, *Soft Law for Hard Problems: The Governance of Emerging Technologies in an Uncertain Future*, 17 Colorado Technology Law Journal 37 (2018).

④ 该观点认为，国际软法的这种约束力主要来自于软法的硬法化，通过国际软法发展硬法并使之获得源于国家赋予的强制性。参见何志鹏、申天娇：《国际软法在全球治理中的效力探究》，载《学术月刊》2021 年第 1 期。

⑤ See Fabien Terpan, *Soft Law in the European Union: The Changing Nature of EU Law*, 21 European Law Journal 68 (2015).

⑥ 参见石佑启、郑崴：《区域府际合作中软法的效力保障》，载《求索》2022 年第 6 期。

⑦ 参见石佑启、黄喆：《论法治社会建设中的软法之治》，载《法治社会》2016 年第 1 期。

⑧ 参见罗豪才、宋功德：《认真对待软法——公域软法的一般理论及其中国实践》，载《中国法学》2006 年第 2 期。

另一方面，《立法法》对地方立法权的限制也加重了这种封闭性。[①] 因此，国家主义的法范式显然已不能满足大湾区规则衔接的迫切性。较之于硬法，软法以其自治、共治、合意之特征，[②] 发挥着独特的优势和功效，可有效弥补硬法在大湾区法治治理和规则衔接中的不足。

（一）治理功效的灵活衔接

我国传统国家治理的主要路径仍是硬法，硬法路径在功能定位上侧重于制裁与惩罚，内容具有确定性和稳定性，[③] 致使硬法在区域治理中存在僵化、封闭等问题，常陷入硬法规制不充分，法治发展滞后的困境，亟须软法的支持与协同。软法作为一种非正式制度，具有治理上的灵活性。一方面在区域法治中，软法通过其柔性约束力发挥着显著的规制功效。软法的效果是不确定的、具有弹性的，可通过具体制度设计安排、措施，以及舆论、媒体、道德压力等手段予以干预。另一方面，软法的内容广泛，形式多样，既可原则亦可具体，既可繁复也可扼要，具有硬法所不具备的文本效力上的开放性、灵活性等优势，可有效弥补硬法规制的失灵，对既有大湾区法治体系的真空地带进行补足和发展，从而在静止和运动、不变与变化、保守与创新中谋求平衡点，与硬法协同保障大湾区的共同治理。

（二）衔接成本更具优越性

硬法治理模式下，通过制度更新达到法域间规则的有效衔接的成本较高，而软法可极大降低该成本。[④] 在“一国两制”方针指导下，全国人大以基本法的形式确定了我国香港、澳门特别行政区的高度自治权，这致使广东

---

① 不仅广东省地方立法仅具有地域性效力，同时广东省提供粤港澳大湾区法律供给还面临《立法法》不抵触原则的限制，使得地方立法目前普遍呈保守倾向，没有充分发挥地方立法的作用。

② 参见刘小冰等：《软法原理与中国宪政》，东南大学出版社 2010 年版，第 94 页。

③ 参见吴太轩、周珊珊：《算法正义软法保障的理论证成及具体路径》，载《政法学刊》2023 年第 1 期。

④ 硬法的制定既受到主体、权限、内容、程序等方面的严格限制；同时还要受到立法监督、违宪审查、司法审查等合法性监督。参见王健运、艾鹏远：《软法之于公共治理的作用和规制》，载中国法院网 2013 年 8 月 30 日，https：//www. chinacourt. org/article/detail/2013/08/id/1057187. shtml。

省和港澳特别行政区在日益密切的经济往来中，直接面临宪制地位和立法权力不对称导致频繁的实体和程序硬法衔接冲突。相比于硬法，软法则不以实际调整法律关系之效果为目标，并非通过立法者施以强制手段加以普遍适用的保障，故而不会受到现实中复杂的法律程序的限制。软法多采用共同体全体成员参与协商的立法形式，其内容可根据实际情况的需要随时修改和替换，兼具协商、程序和修订3个层面的衔接成本优势，并通过循序渐进的方式发挥先行先试的功能优势，可降低后续硬法规则衔接的试错成本，缓解粤港澳三地法域差异和制度冲突导致的规则协调局限。

（三）治理主体的广泛衔接

人民是依法治国的主体和力量源泉，区域法治主体应具备多样性。传统概念的硬法秉持国家中心主义，其唯一创制主体是国家，法治实践的重要参与者民间主体被排除在外。软法的创制主体则以其多样性著称，以更好地全面反映各种共同体的利益诉求，[①] 因而大湾区法治治理主体的包容性与衔接性有赖于软法发挥作用。具体而言，一方面，软法创制主体兼具官方性、半官方性的机构、民间机构或者法律专家，具有广泛性、平等性和中立性的特点；另一方面，软法的制定更注重各方主体参与的深度、广度及个人利益、意志的充分体现，更易取得三法域合作各方的价值认同，形成对规则的自觉性服从，以社会约束力构成软法的“强制”要素，可突破硬法体系下大湾区治理主体单一的结构性问题，建立更符合三法域实际情况的多元化、统一化的规则体系。

四、软法治理的基础框架

自2003年起，内地便与我国港澳特别行政区陆续签订诸多合作文件。其后，粤港澳大湾区立足于顶层设计，不断出台各类软法性文件。此种软法模式已成为处理大湾区区域治理与规则衔接问题的特色与共识，目前三地初

---

① 参见杨海坤、张开俊：《软法国内化的演变及其存在的问题——对“软法亦法”观点的商榷》，载《法制与社会发展》2012年第6期。

步形成了软法实践的基础框架。

（一）国家层面

软法在国家层面的具体表现形式多以各类规划、纲要、意见、方案为主。自大湾区的概念被提出以来，[①] 国家将粤港澳大湾区的发展，提升至全国发展的大战略高度来制定和推动，并以解决三地不同法系间的法治认同差异为发力点，先后出台了一系列大湾区法治合作与规则衔接的相关政策。2019年2月，中共中央、国务院印发了《粤港澳大湾区发展规划纲要》，作为指导大湾区现下与未来一个时期建设、发展的纲领性文件，是典型的软法性文件。《粤港澳大湾区发展规划纲要》明确了“加强粤港澳司法交流与协作，推动建立共商、共建、共享的多元化纠纷解决机制，为粤港澳大湾区建设提供优质、高效、便捷的司法服务和保障，着力打造法治化营商环境”的法治化建设要求，[②] 确立了大湾区的发展方向和奋斗目标。为确保《粤港澳大湾区发展规划纲要》的贯彻落实，解决三地不同法系间的法治认同差异，中共中央、国务院随后针对横琴、前海、南沙3个合作区出台建设方案，探索不同法系、跨境法律规则衔接。[③] 这些软法性质的文件为大湾区法律规则供给及制度对接提供了宏观上的理据。

（二）区域层面

根据主体的不同，大湾区区域软法可分为4种类型：即内地与我国港澳特别行政区、广东省政府与我国港澳特别行政区、广东省政府直属部门与我

---

① 粤港澳大湾区的概念首次提出于2017年3月时任国务院总理李克强代表国务院所作的政府工作报告之中，随后被上升为国家战略。

② 参见《粤港澳大湾区发展规划纲要》。

③ 《横琴粤澳深度合作区建设总体方案》提出：“在遵循宪法和澳门特别行政区基本法前提下，逐步构建民商事规则衔接澳门、接轨国际的制度体系。研究制定合作区条例，为合作区长远发展提供制度保障。”《全面深化前海深港现代服务业合作区改革开放方案》提出：“在‘一国两制’框架下先行先试，推进与港澳规则衔接、机制对接，丰富协同协调发展模式，打造粤港澳大湾区全面深化改革创新试验平台，建设高水平对外开放门户枢纽，不断构建国际合作和竞争新优势。”《广州南沙深化面向世界的粤港澳全面合作总体方案》提出：“加快建设科技创新产业合作基地、青年创业就业合作平台、高水平对外开放门户、规则衔接机制对接高地和高质量城市发展标杆。”

国港澳特别行政区部门，以及广东省辖下的地方行政区域与我国港澳特别行政区签署的诸类合作安排、框架协议、合作协议等。

2003 年商务部与两特别行政区分别签署了《内地与香港关于建立更紧密经贸关系的安排》，《内地与澳门关于建立更紧密经贸关系的安排》（Closer Economic Partnership Arrangement，CEPA），从贸易投资、知识产权、法律服务等多领域诠释了法律治理、法律合作的重要性，为大湾区法律规则供给机制的探索提供了有益思路。CEPA 在一定程度上发挥了衔接三地法律制度的重要功效。在 CEPA 基础上，商务部与两特别行政区政府分别签署了《服务贸易协议》《投资协议》《经济技术合作协议》《货物贸易协议》，使内地与两特别行政区 CEPA 内容更加充实和完善。此后，大湾区各合作方通过平等协商陆续达成了双边、多边大湾区合作框架协议、粤港澳区域合作协议等形式多样的软法规范，如 2010 年、2011 年，广东省政府与我国香港、澳门特别行政区政府分别签署了《粤港合作框架协议》《粤澳合作框架协议》，从贸易投资、知识产权、法律服务等多领域诠释了法律治理、法律合作的重要性，为大湾区共商、共建、共管、共享法律规则供给机制的探索提供了有益思路。2017 年，国家发展和改革委员会、广东省政府、两特区政府签订的《深化粤港澳合作推进大湾区建设框架协议》（以下简称《大湾区框架协议》）提出了要“加强政策和规划协调对接，推动粤港澳间双向合作”①，使区域协议在法制框架下得到有效实施，并以此为基础，建立了粤港、粤澳合作联席会议制度等。此外，在香港、澳门回归后，内地与两特别行政区之间的民事和商事交往日益频繁，所涉民商事法律关系亦越发复杂，自 20 世纪 90 年代起，最高人民法院便分别与我国香港、澳门特别行政区政府签订了多项司法协助安排，在送达、取证、判决互认等领域达成规则的协同与衔接。上述规范性文件在相当程度上勾勒出大湾区软法治理的基本架构，为后续大湾区软法规则供给谋篇布局，形成了软法治理体系构建的前期探索实践。

---

① 参见《大湾区框架协议》。

（三）评价

虽然大湾区以国家和区域为轴心形成的软法框架成为三地规则衔接的基础，但并不意味该模式是完美的，具体而言存在如下3方面的问题：

其一，软法主体缺乏多元化。基于公共性的特点，民间力量是软法创制的重要主体，大湾区软法治理亦强调政府、社会组织和私人的多主体合作，如《大湾区框架协议》便提出要扩大公众参与，支持工商企业界、劳工界、专业服务界等社会各界深化合作交流，共同参与大湾区建设。① 该理念在《粤港澳大湾区发展规划纲要》中得到了进一步重申。② 而现阶段大湾区软法架构一方面多依赖政府推进，软法性文件大多经由国务院、商务部、最高人民法院、粤港澳三地政府审议并发布，民间主体参与度不足，忽视了社会和民间的创制力量；另一方面政府与民间在软法建设中缺乏交流，各利益主体间互动衔接不足，无法满足“善治”的要求。因此，民间主体对大湾区法治的推动力量应在发展“一国两制”的语境得到进一步的增强和释放，形成由民间推动中央，上下互动地吸收多元意志协同立法机制。③

其二，软法内容缺乏操作性。鉴于粤港澳三法域的特异性，大湾区现行软法体系普遍呈现出政府主导的政策性、纲领性、程序性的特点，软法的内容覆盖不足，缺乏实体性规范以明示大湾区各方的权利义务，确定权责分配，难以为区域间实体性规则的衔接提供法律实践，进一步加剧了软法的内部矛盾，弱化了实践效果。

其三，软法效力缺乏确定力。软法最大的缺陷即软法的法律约束力存在不明确性。④ 由于大湾区在区际合作中已形成较为成熟的自上而下的软法合作路径，而硬法多局限于以《宪法》和港澳基本法为主的自我规制范畴，

---

① 具体参见《大湾区框架协议》。

② 《粤港澳大湾区发展规划纲要》提出“支持粤港澳工商企业界、劳工界、专业服务界、学术界等建立联系机制，加强交流与合作。扩大大湾区建设中的公众参与，畅通公众意见反馈渠道，支持各类市场主体共同参与大湾区建设发展”。

③ 参见韩春晖、陈吉利：《社会主义法治体系中的软法之治——“党的十八届四中全会精神与软法之治”学术研讨会的延伸思考》，载《行政管理改革》2015年第2期。

④ 参见罗豪才、宋功德：《认真对待软法——公域软法的一般理论及其中国实践》，载《中国法学》2006年第2期。

因此大湾区也多被诟病为“软硬失当”，这导致具体规则衔接在实践中缺乏强制力的支撑和保障。效力保障机制不足，不仅体现在软法与硬法的协调和位阶问题上，同时反映在内容合理的软法经由实践检验后如何与国家强制力挂钩的问题中，致使软法在大湾区的实施中具有较大的不确定因素，软法效力缺乏确定力和保护力。因此，如何将软法“硬化”，完善其实施保障机制，成为粤港澳规则衔接的重要议题。

五、软法治理的制度设计

“法律是治国之重器，良法是善治之前提”，大湾区软法治理应以追求“善治”作为其运行的价值导向，以构建软法为先导的区际法制民间整合路径为核心，与硬法相协同，以硬法为辅助，打破国家自上而下的垄断立法模式，提高大湾区法律体系的完整性与开放性，实现粤港澳大湾区规则自下而上的衔接。[①]

（一）建构理念

1. 以坚持和发展“一国两制”为原则

习近平总书记在党的二十大上发言强调“坚持和完善‘一国两制’，推进祖国统一”，并提出“‘一国两制’是中国特色社会主义的伟大创举，是香港、澳门回归后保持长期繁荣稳定的最佳制度安排，必须长期坚持”。作为实现国家和平统一的基本国策与优选模式，“一国两制”通过转化为港澳基本法消弭了“一国”和“两制”间的内在矛盾，并逐步构建了稳定的制度体系，[②] 是被实践证明行之有效且具有强大价值整合与制度沟通能力的宪制安排，是国家治理我国香港、澳门特别行政区的最佳制度。

---

① 参见洪晓文：《专访香港城市大学法律学院教授王江雨：大湾区应探索更多行业“软法”，促进规则衔接》，载21世纪经济网，https：//www. 21jingji. com/article/20230614/5c52165e69aad855c55b7901695e3c68. html。

② 参见李志永、袁正清：《“一国两制”规范创新的中国智慧》，载《太平洋学报》2018年第1期。

基于“一国两制”下保持着原有的法律制度基本不变的法治精神，[①] 内地与香港、澳门特别行政区不同的法律制度、法律体系与法律管辖权的差异化法律形态形成了三地独特的法治架构，一定程度上纵容并激化了三地法律衔接冲突的产生。[②] 因此，坚持“一国两制”不动摇并不完全等同于固守现状，相反进一步凸显了完善和发展“一国两制”，释放其更大创造力的重要性。特别是粤港澳大湾区建设进入“深水区”，对坚持和完善“一国两制”提出了新要求，“一国两制”制度须与时俱进，及时调整，使其适应新时代的发展。

首先，坚持和发展“一国”和“两制”，协调与整合是必经之道。[③] 一方面，“两制”依存于“一国”，“一国”应始终处于统领和主导地位，这也是大湾区软法体系的构建的先天优势。与国际软法或区域经济组织的区际软法不同，大湾区并不存在主权国家之间的利益冲突，大湾区软法体系是在一个国家主权下存在的区际法律冲突的协调机制，因此三方更易于达成合意。另一方面，应在“两制”并存前提下形成“一国”之软法体系的整全和融合，即在不影响我国香港、澳门特别行政区相对独立的立法、司法和终审权，探索软法法治的发展空间和机遇。其次，坚持和发展“一国”和“两制”，应遵守《宪法》和港澳基本法的约束。以《宪法》和港澳基本法为约束是大湾区软法规范正当性的保证。遵守并强化《宪法》和港澳基本法权威，维护《宪法》和港澳基本法确定的特别行政区宪制秩序，确定《宪法》和港澳基本法在大湾区规则衔接中的根本法地位，在“一国两制”的框架下，以民间力量的协商模式作为主要选项，三地之间充分交流、相互礼让，自下而上达成一致意见。

---

① 邓小平提出“一国两制”50年不变，即两种法律制度在一国之内长期共存，该法律思想体现于港澳基本法第5条，特别行政区不实行社会主义制度和政策，保持原有的资本主义制度和生活方式，50年不变。

② 参见庄伟光、刘棉春：《“一国两制”下的当代中国法治协调建设》，载《广东省社会主义学院学报》2022年第2期。

③ 参见郑磊：《“一国”整全“两制”——以基本法解释制度构建为例看作为整全原则的“一国两制”》，载《浙江学刊》2015年第5期。

2. 以尊重法律制度差异性为前提

秉持“一国两制”的核心理念，尊重法域间的差异性，这是粤港澳大湾区软法体系构建的前提和根本。虽然区际间的法律冲突对“一国两制”产生了反作用力，但不意味着对多法域法律制度的完全否定和改变，故而在协调或统一大湾区软法规则时，首先要尊重港澳特别行政区的现行法律体制，认同法制差异及法治水平的不均衡。一方面要充分考虑港澳特别行政区对法律规则衔接的态度。由于长期的殖民统治，港澳已形成了完整和成熟的法律体制，对自身法制较为珍视，因此认可并尊重三地的法律冲突和法制差异是三地软法协商的先决条件；另一方面，要充分意识到粤港澳三地法治水平的差距。三地内部法治水平暴露出参差不齐的发展态势。因此，在承认差距的前提下取长补短，吸收各地法治优势，才可以不断缩小三地法律规则裂隙，确保规则的精准衔接。

（二）制度框架

建构粤港澳大湾区软法体系，须解决 3 个框架性问题，即软法应由谁通过何种模式创制，软法的形式及内容为何，软法的效力如何。

1. 制定主体及模式

软法的制定与实施具有更高程度的民主协商性，故而应在民主参与的基础上，具备适应社会需求、上下互动的弹性。具体而言，在主体选择上可形成以下两种模式：

其一，官方主导和监督模式，即由三地立法机关为主导，充分发挥其组织、领导和监督之效用，对民间力量进行引导和激励。首先，三地立法机关作为组织者，可牵头组成粤港澳软法起草小组，充分协调和联合大湾区三地法学院系、法学研究团体、律师协会、法律专家学者以及其他非政府间的民间组织，在官方主体和民间主体层面实现衔接。其次，通过软法立法项目、立法指导等手段引导民间力量的作用领域。关注粤港澳各方对软法适用的不同态度以及应用领域，紧扣粤港澳大湾区建设发展规划，精准锁定并同步设置立法主题，指引软法的发展趋势，减少软法立法的主观性、随意性和偶然性成分，避免碎片化、分散化立法。再次，“不以规矩，不能成方圆”，鉴于软法缺少相对严格的立法程序、确定的解释机制和健全的实施体系，因此，可建立有效的软法立法规制机制，在不影响软法自治性的基础上，发挥官方的他律属性，对软法“创制—实施”的全过程进行把控，一方面确保软法体系不违背宪法、基本法以及国家政策；另一方面避免软法的创制与实施过程不够严格或过于烦琐，影响软法公信力。最后，三地立法机关对软法有最终的审定权，审定后的软法规范须同步颁布实施，避免在粤港澳区域内出现软法实施的人为时差。

其二，民间主体主导模式。首先，可发挥商事主体的驱动力量。一方面，商事主体及其商事行为都具有明显的经济利益导向，因此商事主体有跨越区际阻隔，追求和构建统一商事秩序的需求，以利益导向激发了制度供给的内在自觉和动力，具有强大的规则整合力量。另一方面，大部分调整商事关系的规范与特定时期的实际经济状况相挂钩，具有较强的技术性，通常缺少绝对的正当性，而以商事主体主导形成的软法可通过普遍性的合意提升规则的正当性。① 故而应强化各级各类民间协会，以企业为代表的私人经济组织、行业商会等各类非政府组织的协商沟通与统一力量，在民间主体层面实现衔接和融合，逐步实现商会等协会的统一，通过民间力量对区域商事法律冲突进行自我矫正。例如有学者提出，可探索建立区域性商事法律合作委员会，构建多元化软法性商事纠纷救济手段。② 值得注意的是，无论何种模式，大湾区的软法创制始终应以协商合意为主要路径，这是由软法的内在属性所决定的，经由沟通和共识形成的规则才具备共同性和正当性基础。其次，激发学术主体的智识力量。大湾区的复合型法治环境为专业人才的培养和学术机构间的交流提供了得天独厚的契机，为大湾区软法体系建设提供了充分的智力支持。例如珠海经济特区法治协同创新中心积极开展粤港澳大湾

---

① 大部分的商事规范并不像伦理性规范那样是对自然形成的公理或者社会约定俗成的规则的基本评价，技术性的硬法可能会引发一些意识形态或思想观念方面的抵制。参见季奎明：《商事“软法”价值论——一个解释、适用立法的视角》，载王保树主编：《中国商法年刊：法治国家中的商法思维与商法实践》，法律出版社2013年版。

② 参见陈洪超、张春杨、王琳：《软法视野下粤港澳大湾区合作治理机制研究》，载《特区经济》2018年第3期。也有学者提出，可设立一个统一的委员会或其他类似机构，专门负责或起草粤港澳大湾区内部的多领域纠纷解决规范。参见李蕤、张庆元：《多元共治与软硬兼施：粤港澳大湾区纠纷解决机制的演进及展望》，载《地方法制评论》2021年第6卷。

区法治研究课题研讨会，探索制定大湾区统一示范法等的必要性、可行性和具体制度设计，尝试通过中心为不同领域的法律发展提供诸如粤港澳大湾区统一调解示范法、统一仲裁示范法等多种示范法，供粤港澳三地选择。[①] 软法制定者具有权威性，所起草的软法文本更具专业上和质量上的保证。这种由权威主体参与，在各方沟通和认同基础上作出的制度安排是正当且符合公共利益要求的，故而可最大限度地激发其自律的实施特性，对各方主体持续性地发挥引导力和规范力，形成软法自律、他律和互律的激励机制，促成软法效力的实现，保障其规则衔接功能的充分发挥。

2. 主要内容及形式

大湾区软法体系的构建应在内容上重点把握3个方向：第一，回应当前粤港澳法治实践的迫切需求。在国家硬法不能及时回应，不能有效规制的领域，发挥软法“前法律”之功能。如2023年5月“互换通”正式上线后，随之产生对内地与香港相关金融市场监管需求，两地须尽快在监管规则上进行协调并共同制定监管原则。[②] 此时便可通过软法先行予以规制，由实践检验后或可转化为硬法。第二，纾解原有规则遗留的历史问题。在国家硬法存在模糊或疏漏的领域，发挥软法“后法律”之功能，对硬法进行解释，解决某些领域因硬法“过时”而产生的出法问题。第三，解决现行规则与相关法律之间的衔接问题。重点围绕大湾区相关规划、纲要等现行软法规则落实具体法治实践，完成“现行规则—软法—法律”的衔接与转化。[③]

在内容与形式上，粤港澳大湾区三地的规则衔接之道在于推动区域示范法的制定。大湾区应制定以统一实体法为主，以统一程序法为辅的区域统一

---

① 参见珠海经济特区法治协同创新中心：《专家学者建言粤港澳大湾区法治建设——粤港澳大湾区法治研究课题研讨会综述》，载中国法学网，http：//iolaw. cssn. cn/xshy/201908/t20190827_4962915. shtml。

② 参见洪晓文：《专访香港城市大学法律学院教授王江雨：大湾区应探索更多行业“软法”，促进规则衔接》，载21世纪经济网，https：//www. 21jingji. com/article/20230614/5c52165e69aad855c55b7901695e3c68. html。

③ 对此，也有学者提出可将部分现行软法直接转化为硬法。例如，参照《全民健身计划纲要》上升至《全民健身条例》的做法，将《粤港澳大湾区发展规划纲要》“硬化”为《粤港澳大湾区发展规划条例》，赋予其以法律强制力。参见王万里：《从域外经验看粤港澳大湾区的法治统合问题》，载《港澳研究》2018年第3期。

示范法，从实体和程序两个层面共同推动区域软法立法，其目的为促进大湾区民商事法律趋同，适应粤港澳区域经济一体化发展的迫切需求，而非改变大湾区现有法律制度。[①] 一方面，大湾区区域示范法，应当着眼于实体法，把示范法与实体法相结合，演化成区域实体示范法；另一方面，大湾区实体示范法应以先易后难的理念为指引，以相对易于达成合意的私法领域为先，形成以统一实体私法示范法和统一商事交易惯例为主的统一实体私法的路径。首先，考察制定区域统一示范法的具体制度设计，借鉴大湾区三法域的民间法或习惯法，同时通过跨法域实践、国际统一示范法、共同适用的国际条约、各法域普遍适用的国际商事惯例等的共同合力，推动民间机构、非政府间组织先行推出所涉领域的各法域间的统一示范法和必要的商业惯例，为法域间统一实体立法衔接的最终构建做好铺垫。其次，以大湾区统一市场的力量为根据，挖掘和利用市场机制，推动该领域内跨法域交往的示范章程、技术标准、行动指南等软法的衔接和统一。以该领域内统一或趋同的软法为根据，为相关司法实践、行政执法和正式立法衔接奠定统一化的基础。最后，从程序层面推动形成大湾区程序法示范法，可率先从与调解、仲裁等机制相似的领域入手，出台三法域统一调解示范法、仲裁示范法，建立多元化的纠纷解决机制，更好地为大湾区商事交往提供法律服务。

3. 实施保障与路径

虽然软法对硬法的积极补缺作用为软法发展提供了持续的动力，但也因其具有实在约束力，须进一步予以保障并谨慎加以监控。有学者提出，粤港澳大湾区要实现高效法治实施与搭建规则衔接体系须建立软法硬法的协调共治机制，避免因对软法的不适当提倡而削弱硬法的地位，对法治建设造成不

---

① 目前学界对大湾区区域示范法存在两种态度：其一，以韩德培、黄进教授为主，认为应借鉴国际法两种途径：一种是通过统一实体法来解决，另一种是通过冲突法来解决。其二，大湾区区域示范法，应当着眼于实体法上，形成区域实体法示范法。本文赞同后者。参见韩德培：《论我国的区际法律冲突问题——我国国际私法研究中的一个新课题》，载《中国法学》1988 年第 6 期；荆洪文：《区域示范法：作为湾区民商事法律冲突解决路径的追问》，载《暨南学报（哲学社会科学版）》2019 年第 251 期。

良影响。[①] 因此，大湾区应建立相应的软法与硬法规则衔接机制，从软法转向产生更高制裁的硬法，确保软法的有效实施，实现软法与硬法的互动衔接。第一，妥善处理软法与硬法的关系。一方面进行功能分工，在制定与完善硬法时需考虑规划纲要等宏观性软法框架，并在既定软法的基础上，采用相同或类似的实体法，将软法转化、吸纳为地方立法；另一方面协调冲突，当二者产生矛盾时，硬法法律效力优先于软法，从而在规则内部形成软法和硬法的互动衔接。第二，有条件、有限制地“硬化”软法。对全局产生重大影响的软法或具备同质性、可操作性的软法，由社会各方逐步接受、采纳后，可将其部分或全部通过立法程序上升为硬法法律规范，获得法律效力，从而在立法形式上实现软法与硬法的互动衔接。[②] 第三，规范大湾区软法的制定和实施。软法的制定和修改须在硬法规定的权限和范围内进行，发挥立法程序的开放性、协商性和公正性，不得随意更改软法，赋予软法规则一定的稳定性，也就赋予了其执行的约束力；同时须对现有软法进行整理、审查，确保软法在宪法、法律和行政法规的框架内运行，及时修订与宪法、法律和行政法规相抵触的软法，以保障制度的稳定性，不断积累执法公信力，促使软法内容的持续执行。第四，在软法的发展过程中，特别是在商事领域软法形成后，若缺乏可执行性将会极大地削弱软法可预测性。因此可在尊重当事人意思自治的基础上，一定条件下（如该软法由权威民间机构颁布，且得到了社会普遍认同，具有合理性）允许当事人选择软法作为商事合同

---

① 参见杨海坤、张开俊：《软法国内化的演变及其存在的问题——对“软法亦法”观点的商榷》，载《法制与社会发展》2012 年第 6 期；李蕤、张庆元：《多元共治与软硬兼施：粤港澳大湾区纠纷解决机制的演进及展望》，载《地方法制评论》2021 年第 6 卷。

② 例如，香港特别行政区新修订的《仲裁条例》便是以联合国国际贸易法委员会《国际商事仲裁示范法》为模板。参见李蕤、张庆元：《多元共治与软硬兼施：粤港澳大湾区纠纷解决机制的演进及展望》，载《地方法制评论》2021 年第 6 卷。以及在区际司法协助领域，内地与港澳特别行政区分别通过区域内硬法立法的方式（内地以司法解释的方式，香港通过制定或修改立法，澳门通过行政长官公告）执行区际司法协助安排，形成了“软法安排——区域硬法”的软硬衔接模式。参见江保国、赵蕾：《粤港澳大湾区纠纷解决机制的设计理念与实施策略论纲》，载《理论月刊》2019 年第 4 期。

的准据法，推动法官在判案时将相关规则纳入考虑。①

此外，在大湾区城市群中包括深圳、珠海两个经济特区，具有软法体系发展与实施的先天培育土壤。② 随着大湾区建设的不断推进，深圳、珠海经济特区“先行先试”的品质在新的时代环境下被赋予了新的内涵，两经济特区不仅要为大湾区建设的实质推进提供先行经验，更要为大湾区其他城市的法治跟进提供示范模本。在经济特区充分发挥“先行先试”作用的情况下，对大湾区软法体系创新进行有益尝试，让特区立法进入广阔的、实质性的创新创制空间，履行“立法试验田”的特殊使命，从而为大湾区其他城市提供有效示范，形成“跟随”效应，开辟新时代的又一块“试验田”，先行探索大湾区软法规则供给和规则衔接。

六、结论

粤港澳大湾区的规则衔接有赖于区域软法的发展。随着粤港澳大湾区建设进入加速发展期，针对大湾区特殊情况的立法需求也呈现出灵活性、多元性特征。粤港澳法治合作的制度条件仍然停留在以区域政府协议、区域行政规划为主的政策导向型机制，缺乏立法先行的法治推进型合作方式。鉴于软法与硬法存在着良性的互动关系，具有新秩序的构建功能，故软法可作为粤港澳三地规则衔接的试验场和大湾区法治化的稳固根基。软法体系的形成是一个系统和动态的过程，需要大湾区官方与民间主体的共同合力，同时兼顾各方具体利益诉求。但软法的先天缺陷也应当警惕，应合理调整软法与硬法的立法分工，让二者在功能定位上各得其所，同时有条件地赋予软法强制力，软硬并举，形成大湾区规则衔接的中国方案。

---

① 目前国际上已有不少仲裁案例，国际仲裁机构会选择适用通常被认为具有软法性质的规范性文件。参见石亚莹：《论软法的优势和作用——以国际法为视角》，载《法学杂志》2015 年第 6 期。

② 深圳、珠海享有由全国人民代表大会授予的、经济特区法规的制定权。根据经济特区的具体情况和实际需要，在遵循宪法的规定、法律和行政法规的基本原则的前提下，深圳、珠海市人民代表大会及其常务委员会可制定法规，在经济特区内实施，并报全国人民代表大会常务委员会、国务院和广东省人民代表大会常务委员会备案。

香港居民之内地遗产继承的法律适用问题

司徒维新　陈　雯

在涉及香港居民之内地遗产继承的案件中，无论是当事人、公证人或其他专业人士，还是遗产处理部门（如不动产登记中心、银行等）的工作人员，所面对及衍生的法律及实务问题，千头万绪皆从《涉外民事关系法》第31条而起。

为更有效及集中地讨论笔者所关注的主要问题，在此先假设，本文所指的被继承人仅限于香港居民，且该居民的经常居所地皆为香港。至于被继承人的经常居所地位于内地之情形，或是经常居所地与居籍、税务居民、常住地的区分等内容，暂不在此讨论范围之列。

一、在处理继承问题时，香港居民位于内地的不动产，是否理应被默认为“夫妻共同财产”?

笔者认为，香港居民位于内地的不动产不应当被“一刀切”地默认为“夫妻共同财产”。

在实践中，我们经常收到当事人的反馈，提出登记在被继承人个人名下的不动产，只有50%的份额为遗产，另50%为配偶所有。原因便在于，《涉外民事关系法》第31条规定“不动产法定继承，适用不动产所在地法律”。因此，香港居民位于内地的不动产，应当视为与配偶的夫妻共同财产。

普遍达成统一意见的是，在分割遗产之前，需先对被继承人的遗产范围进行认定。那么，登记在香港居民名下的个人财产，究竟是不是夫妻共同财产？有一种误解，认为在处理位于内地的不动产继承时，对不动产的处理按不动产所在地法律原则，当涉及夫妻财产因素时，立即联想到夫妻共有财产的概念。但这种处理方法，忽略了《涉外民事关系法》第 24 条：夫妻财产关系，当事人可以协议选择适用一方当事人经常居所地法律、国籍国法律或者主要财产所在地法律。当事人没有选择的，适用共同经常居所地法律；没有共同经常居所地的，适用共同国籍国法律。

在目前的实践中，大多数被继承人在生前并未与配偶签订协议选择夫妻财产关系的适用法律。最常见的，则是在没有协议选择的情形下，适用共同经常居所的法律。简言之，香港居民位于内地的不动产，是否属于夫妻共同财产，应当适用的是香港法律。

在香港法下，有无夫妻共同财产的概念？

1. 香港没有夫妻共同财产制度。夫妻可于婚姻关系存续期间持有及处置各自的资产。

2. 当夫妇因关系破裂而办理离婚的时候，香港的法庭可根据《婚姻法律程序与财产条例》（香港法例第 192 章）检视夫妇的所有财产（无论是双方共同名下财产，还是个人名义持有的财产），并有酌情权作出合适的分配。

3. 根据《婚姻法律程序与财产条例》第 6 条，香港法庭可作出的命令包括但不限于：

（1）命令婚姻的一方须将指明的财产转让给另一方或任何家庭子女，或为该子女的利益而转让给在命令中指明的人；

（2）命令对所指明的财产作出令法庭满意的授产安排；

（3）命令将任何向婚姻双方作出的婚前或婚后授产安排（包括借遗嘱而作的授产安排）更改；

（4）命令出售指明的财产并分配出售收益及就该等出售收益的运用作出命令。

4. 在决定根据《婚姻法律程序与财产条例》第 6 条作出何种命令时，《婚姻法律程序与财产条例》第 7（1）条要求法庭须顾及婚姻双方的行为和案件的所有情况，包括：

（1）婚姻双方分别拥有的或在可预见的将来相当可能拥有的收入、谋生能力、财产及其他经济来源；

（2）婚姻双方各自面对的或在可预见的将来相当可能面对的经济需要、

负担及责任；

（3）该家庭在婚姻破裂前所享有的生活水准；

（4）婚姻双方各自的年龄和婚姻的持续期；

（5）婚姻的任何一方在身体上或精神上的无能力；

（6）婚姻双方各自为家庭的福利而作出的贡献，包括由于照料家庭或照顾家人而作出的贡献；

（7）如属离婚或婚姻无效的法律程式，则顾及婚姻的任何一方因婚姻解除或废止而将会丧失机会获得的任何利益（例如退休金）的价值。

5. 香港终审法院在 LKW v. DD（2020）13 HKCFAR 一案中，就应该如何考虑该条例第 7（1）条的事宜，确立了 4 个基本原则并订立了包括 5 个步骤的处理方法。

4 个基本原则为：

（1）《婚姻法律程序与财产条例》第 7 条所述各事项的隐含目的是要达到在双方之间公平的资产分配；

（2）法庭须排除一切性别或角色的歧视，例如不应偏袒赚钱养家的一方，而对持家和照顾子女的一方有偏见；

（3）为了消除潜在的歧视和确保公平，法庭就如何分配资产有初步构想时，应该以“平均分割准则”检查这些构想，并且必定要有充分的理由才能不依从“平均分割准则”，而上述理由亦必须要被清楚表达出来；

（4）及法庭不应让任何人试图费钱耗时地去审查某段失败婚姻的往事。这样的审查往往徒劳无功，且很可能大大消耗双方（和法庭）的资源，以及增加敌意和阻碍和解。

5 个步骤依次为：

（1）确定资产；

（2）评估双方的经济需要；

（3）决定运用分享原则；

（4）考虑有没有充分理由不作出平均分割，例如双方的行为及案件的所有有关情况；

（5）决定结果。

二、无遗嘱继承位于内地的动产，是否应当适用香港法律？而在香港法下，该法律规定为何？

对于《涉外民事关系法》第31条前半句的适用，基本没有什么争议，即涉及动产的法定继承，适用被继承人死亡时经常居所地的法律。

在香港法下，无遗嘱继承（法定继承）的规定为何？

1. 若被继承人并未留下遗嘱，其遗产的继承受《无遗嘱者遗产条例》（香港法例第73章）（以下简称《无遗嘱条例》）规管。

2. 根据《无遗嘱条例》第4（3）条，无遗嘱者的剩余遗产在他遗下丈夫或妻子以及后嗣的情况下，该尚存的丈夫或妻子须享有取得非土地实产的绝对权益；此外，该无遗嘱者的剩余遗产（不包括非土地实产）在扣除死亡税（如有的话）及费用后，须拨出500,000港币的净款额，连同其利息记在该尚存丈夫或妻子名下。在作出上述款项或应付利息的拨款后，该剩余遗产（不包括非土地遗产）须按以下规定持有：

（1）其中一半为该尚存丈夫或妻子的绝对权益而以信托形式持有；

（2）其余一半则为该无遗嘱者的后嗣而以法定信托形式持有。

3. 根据《无遗嘱条例》第2（1）（b）条，非土地实产不包括金钱或贷款抵押物。

4. 在该条例的框架下，一旦无遗嘱者遗下妻子及后嗣，则无遗嘱者其他所有亲属（包括但不限于无遗嘱者的父母、兄弟姐妹等）均无继承权，只有妻子及后嗣可以继承遗产。

5. 又根据香港的衡平法（common law），动产的继承适用身故人士去世时的居籍法律、不动产则根据不动产所在地的法律继承。在香港继承层面上，最常见的银行存款属于动产，应根据死者去世时的居籍法律（香港法律）继承。因此，死者遗留的所有银行存款亦属动产，应根据香港法律继承。

6. 除此之外，根据香港的衡平法和案例，任何根据香港法律可以继承无遗嘱者遗产的人士均可作出声明放弃其于遗产的权益，而在这样的情况下，该放弃的人士将来不会获分配遗产，遗产将直接由剩下同等类别的继承人平均继承（例如无遗嘱者遗下妻子及子女，根据《无遗嘱条例》，在作出上述款项或应付利息的拨款后，妻子可继承1/2遗产，子女可继承剩余1/2遗产。妻子声明放弃后，无遗嘱者的遗产管理人可排除妻子而将遗产只分配给子女）。除了放弃继承外，继承人之间亦可共同协商更改各自继承的比例/金额。

在实践中，当涉及香港居民位于内地的动产继承时，似乎也会遇到公证人或是遗产处理部门直接适用内地法下关于法定继承的规定，来决定继承顺序及继承权的情况。例如在只涉及第一顺序继承人时，由仍在世的父母、配偶及子女办理继承公证后，便可获分配遗产。

笔者认为，此做法从实务便利的角度，存在一定的必要性和合理性。在香港法下，针对无遗嘱下的动产继承，其继承人范围在某种程度上稍微窄于内地法下的继承人范围。根据香港法律，既然继承人均可作出声明放弃其于遗产的权益，且继承人之间亦可共同协商更改各自继承的比例/金额。那么，只要由仍在世的父母、配偶及子女办理继承公证，作出愿意继承或者愿意放弃继承的表示，日后存在争议的风险还是相对较低的。

三、香港居民拟订立遗嘱，以便过身后按照其意愿分配位于内地的遗产，这份遗嘱应当适用香港法律还是内地法律订立？

笔者认为，应当适用香港法律去草拟及订立该份遗嘱。

在实践中，许多当事人认为，若想在过身后按照其意愿分配位于内地的遗产，应该在内地订立一份遗嘱，最是直接和简单。不少公证员以及专业人士亦是持上述观点。而笔者认为，此做法忽略了《涉外民事关系法》的其他规定，即第32条：遗嘱方式，符合遗嘱人立遗嘱时或者死亡时经常居所地法律、国籍国法律或者遗嘱行为地法律的，遗嘱均为成立；及第33条：遗嘱效力，适用遗嘱人立遗嘱时或者死亡时经常居所地法律或者国籍国法律。

无论是遗嘱方式还是遗嘱效力，香港居民所订立的遗嘱，最应当适用其立遗嘱时或是死亡时经常居所地的法律，通常情况下，为香港法律。故此，即便这位香港居民是在内地立下遗嘱，该遗嘱亦应符合香港法下关于遗嘱方式成立及遗嘱有效的相关法律规定。

那么，在香港法下，遗嘱如何视为成立及有效？

（一）《遗嘱条例》第 5 条——遗嘱的签署及见证

1. 除第 6 条另有规定外，遗嘱须符合以下规定，否则无效——

（1）以书面订立，并由立遗嘱人签署，或由其他人在立遗嘱人面前并依其指示签署；

（2）看来立遗嘱人是欲以其签署而令该遗嘱生效的；

（3）立遗嘱人是在 2 名或 2 名以上同时在场的见证人面前作出该签署或承认该签署；及

（4）每名见证人在立遗嘱人面前（但不必在其他见证人面前）——

①作见证并签署该遗嘱；或

②承认其所作的签署，但无须符合任何见证的格式。

2. 任何看来是体现立遗嘱人遗愿的文件，即使未有按照第 1 款所述规定订立，但只要有人提出申请，而法庭在无合理疑问的情况下信纳该文件是体现立遗嘱人的遗愿的，则该文件须当作已妥为签立。

（二）《遗嘱条例》第 19 条——遗嘱自立遗嘱人去世时生效

除非有关遗嘱显示出相反的意愿，否则每份遗嘱就其所涵盖的遗产而言，须解释为在犹如该遗嘱是在紧接立遗嘱人去世前签立的情况下表达其意思和生效。

《遗嘱条例》亦对未成年人所立的遗嘱、遗嘱的更改及撤销、遗嘱执行人及见证人的身份等其他内容进行规定，在此不一一赘述。

香港居民于内地公证处所立下的公证遗嘱，一定符合内地法下关于遗嘱成立及生效的规定，但是否符合遗嘱人立遗嘱时或者死亡时经常居所地的法律？

在《民法典》实施前，根据《继承法》第 20 条规定：遗嘱人可以撤销、变更自己所立的遗嘱。立有数份遗嘱，内容相抵触的，以最后的遗嘱为准。自书、代书、录音、口头遗嘱，不得撤销、变更公证遗嘱。由此可见，适用该规定的，公证遗嘱的效力优先于其他形式的遗嘱。

自《民法典》实施后，根据第 1142 条：遗嘱人可以撤回、变更自己所立的遗嘱。立遗嘱后，遗嘱人实施与遗嘱内容相反的民事法律行为的，视为对遗嘱相关内容的撤回。立有数份遗嘱，内容相抵触的，以最后的遗嘱为准。自此，公证遗嘱的效力不再优先，立有数份遗嘱，内容相抵触的，以最后的遗嘱为准。

香港居民的特殊处境在于，其可能同时在内地及香港拥有财产，从而在两地立有不同遗嘱。彼时，内地公证遗嘱的成立及生效、最后一份遗嘱的认定、遗嘱的优先效力，便交织在一起，需谨慎处理。

实际上，当事人所面临的问题非仅如此。根据香港中国委托公证的办证规则（以下简称办证规则），继承人或者被继承人任何一方为香港居民，都必须先办理香港的继承公证（《亲属关系及遗嘱状况声明书》），方可于内地办理其他手续。

根据现行的办证规则，被继承人立有香港遗嘱的，必须先经过香港高等法院检定，获得遗嘱认证。如被继承人未立有香港遗嘱或遗嘱未经/不能由香港高等法院检定（例如遗嘱于内地设立），则负责该公证的香港中国委托公证人须向香港高等法院查察是否有知会备忘。若是，在有关的知会备忘被撤回或失效之前，不能办理涉及该被继承人的亲属关系声明书。若否，则继续进行：

1. 向香港律师会查询被继承人在其他律师行是否有另立遗嘱；

2. 在香港特别行政区政府指定可以刊登有法律效力公告的报纸公告 1 次，提出意见的期限为 3 个月。

试想，若被继承人生前同时在内地及香港设立遗嘱，分别处理位于两地的遗产分配，这样的内地遗嘱很可能与香港遗嘱存在效力冲突；或者仅在内地设立一份遗嘱，处理位于内地的遗产分配，但该遗嘱未经/不能经过高等法院检定而需另行办理上述办证规定所要求的审查程序。

因而，无论是从法律规定还是从实务操作的角度来看，香港居民的遗嘱都应当适用香港法律去订立，这样较为妥当。而前往香港律师楼所立的遗嘱，一般都能确保符合《遗嘱条例》的规定从而在日后获得认证。

构建粤港澳大湾区法律服务互通共融平台

翟彩娟

2019年2月18日，中共中央、国务院印发了《粤港澳大湾区发展规划纲要》，这是把我国港澳特别行政区以及广东省主要城市，从过去的区域合作上升到国家战略，以这种国家规划的方式，使粤港澳三地作为“一国两制”下的三个独立关税区之间的区域合作，有更多的制度创新。粤港澳三地合作发展的着眼点也由“互通”开始转变为“融通”。在构建粤港澳大湾区法律服务互通共融平台过程中，互通是基础，但达到共融，才是真正的目标。我们作为法律共同体的一员，始终应该坚持“以习近平法治思想为指导，推进涉外律师人才的培养”的首要原则，只有这样，才能在构建粤港澳大湾区法律服务互通共融平台过程中，始终保持政治定力，激发创新活力，才能更好地服务国家战略，服务重点领域、新兴领域、涉外领域，为提升我国在国际法律事务的话语权和影响力作出积极贡献。

一、《粤港澳大湾区发展规划纲要》为法律服务业带来的机遇和挑战

（一）从“涉外”到“CEPA”再到“粤港澳大湾区”

1. 在香港和澳门回归之前，港澳同胞及企业到内地来投资，一直是被视为境外资本来华投资。港澳资本来内地投资也基本上和其他外资一样，公司设立、管治、争议解决等，都是走着一般涉外业务的道路。

2. 回归祖国后，香港和澳门作为我国的特别行政区，内地和香港、澳

门在2003年分别签署了关于建立更紧密经贸关系的安排，即CEPA①，此后，CEPA经多次补充修订。鉴于我国港澳地区的特殊地位以及CEPA下的特殊安排，港澳投资者虽然仍被作为外资看待，但比起其他的境外投资者，港澳投资者有着一些更为优惠的准入政策。在司法领域，内地与港澳采取的是区际司法协助协议模式，实现了灵活便捷的合作。② 该模式的具体操作是由最高人民法院代表内地与港澳签署司法协助安排，然后通过最高人民法院发布司法解释，香港、澳门直接刊宪或完成本地立法来确保司法协助安排与本地法律的衔接。自港澳回归以来，总共有9个涉及诉讼规则衔接的司法协助文件，其中包括内地与香港签署的6个文件③以及内地与澳门签署的3个文件④。这些司法协助文件的内容主要涵盖相互委托送达文书、调取证据等诉讼程序方面的协助，以及相互认可和执行诉讼结果。上述文件的实施，极大地提升了律师涉外服务的便捷性，更加有利于涉外业务的展开。

3.《粤港澳大湾区发展规划纲要》共分11章，⑤ 对基础设施、科技创新、环境保护等都提出了具体的要求。过去的改革开放，粤港澳的合作更多是在投资方面、产业方面的合作，政府之间的合作；现在的发展规划，很大篇幅都与惠民相关，也就是与老百姓的生活、粤港澳的优质生活圈直接相

---

① CEPA英文全称是Mainland and Hong Kong Closer Economic Partnership Arrangement及Mainland and Macao CloserEconomic Partnership Arrangement，中文全称是《内地与香港关于建立更紧密经贸关系的安排》及《内地与澳门关于建立更紧密经贸关系的安排》，先后签订于2003年6月29日及10月17日。

② 参见司艳丽：《粤港澳大湾区法律规则衔接疑难问题研究——以多元化纠纷解决机制为切入点》，载《中国法律评论》2022年第1期。

③ 分别是《最高人民法院关于内地与香港特别行政区法院相互委托送达民商事司法文书的安排》《最高人民法院关于内地与香港特别行政区法院就民商事案件相互委托提取证据的安排》《最高人民法院关于内地与香港特别行政区法院相互认可和执行当事人协议管辖的民商事案件判决的安排》《最高人民法院关于内地与香港特别行政区法院相互认可和执行婚姻家庭民事案件判决的安排》《最高人民法院关于内地与香港特别行政区法院相互认可和执行民商事案件判决的安排》《最高人民法院与香港特别行政区政府关于内地与香港特别行政区法院相互认可和协助破产程序的会谈纪要》。

④ 分别是《最高人民法院关于内地与澳门特别行政区法院就民商事案件相互委托送达司法文书和调取证据的安排》以及修改文本、《最高人民法院关于内地与澳门特别行政区相互认可和执行民商事判决的安排》。

⑤ 《粤港澳大湾区发展规划纲要》11章分别为：规划背景，总体要求，空间布局，建设国际科技创新中心，加快基础设施互联互通，构建具有国际竞争力的现代产业体系，推进生态文明建设，建设宜居宜业宜游的优质生活圈，紧密合作共同参与“一带一路”建设，共建粤港澳合作发展平台，规划实施。

关。《粤港澳大湾区发展规划纲要》不只是从战略高度上进行部署，而且进行了很多切实、具体的安排。因此，针对这一情况，我们在进行相关服务时的要求也进一步提升，就是需要对港澳及广东九市之间的经济、生活的法律需求，从一般涉外、CEPA 的角度，进一步分析在《粤港澳大湾区发展规划纲要》下的更多具体应对措施，为客户提供更好，更切合需求，更优的服务。

（二）法律服务的需求不断扩大，边界逐渐重叠

正如上文所提到的，涉港澳的法律服务需求，从最早集中体现在外商投资和争议解决方面，经过这些年的经济、生活上的互动互通，越趋紧密、复杂、多元，早已覆盖到投融资中更为深入细分的不同投资方式、资本市场、借贷担保、基金等范畴。在产业方面，从外商投资产业指导目录的多次修订到后来被负面清单取代，产业投资分析和规划也成为一个重要需求；在个人需求方面，从早期可能只是一些涉港婚姻家事的纠纷，到后来不断的财产安排、置业、就业、生活保证、人身损害等的非诉讼及纠纷处理需求，可见涉港澳法律服务的市场在不断扩大和深化。同时，这些需求本身大量牵连投融资顾问、商业战略、企业管理、流程代办、财务税务分析和安排等范畴，这些方面往往和法律服务需求有所区别但又难以完全划清界限，因此，对于作为法律服务提供者的我们来说，对于客户需求的考虑、分析和安排，就不可能再是单线条的了。

（三）从专业互补型合作到资源整合型共同发展

既然我们看到了市场的广阔，也意识到客户需求的广度和深度，那么曾经的单一个体服务显然是要淘汰的，但目前大部分人所意识到的专业上的互补合作，我认为仍然有所欠缺。现在大部分的专业服务者知道，扩大交流圈子，打开更多的合作渠道，便有机会获得更多的业务转介、业务合作的机会，但同时我们会发现，这样的个案式的，靠不同人员或团队本身的专业经验获取机会往往也是有所局限的，最大的问题在于如果我们需要整合更庞大的队伍、更多专业范畴团队，往往在时效上难以保障。因此，构建一个具备

不同专业、不同地域法律服务人士，不同专业范畴法律服务团队，长期、稳定且在不断扩张的合作平台才更为理想。在这样的平台上，我们有着不同专业、不同地域的团队资历的积累和叠加，有丰富的服务数据支持，有更深入的互信基础，有更畅通的沟通渠道，也有已经得到验证的利益分配机制，其组合速度、融合程度、服务全面性的优势都将是明显的。

二、从“互通”到“共融”到底有多远

（一）我们的“互通”不等于“共融”

这些年随着我们“引进来”和“走出去”，港澳和内地，特别是和广东省的各种专业服务交流越发频繁。我们可以看到，港澳和省内不管是企业还是个人，不管是经济活动还是生活，已经有了很好的互通机制。但是，在笔者从事涉外业务的这些年里，笔者发现，实际上，有很多的“通”，并不代表“融”。我们可以看到，在最早的经济交易、投资活动中，制度不一样，信息不对称，发展程度差异等因素，造成各方面沟通上的不顺畅，这一现象的深层次原因是不理解、不信任、不包容。虽然口岸开放了，来往自由了，各种法律政策更优化了，语言上也毫无障碍，但笔者相信，做涉外律师的同行一定有此感受，港澳客户很难理解内地专业服务和其他商业环境的规则，很多内地客户对于港澳专业服务的思维模式也无法理解。因此，我们发现，涉外业务较其他境内业务来讲，沟通上的能力要求和成本相当高。也就是说，自改革开放和港澳回归以来，正如《粤港澳大湾区发展规划纲要》所提到的，[①] 实际上我们与港澳还有一些经济上、生活上、制度上的尚未融合之处。以笔者的理解，互通水平进一步提升，实际上就是要体现在更好的融合程度上，打造更加互信、包容、和谐的环境。

（二）尊重法律体制与文化的差异

作为涉外律师，我们对于司法区域的概念应该是很清晰的，因此在讨论

---

① 参见《粤港澳大湾区发展规划纲要》第一章第二节：“在一国两制下，粤港澳社会制度不同，法律制度不同，分属于不同关税区域，市场互联互通水平有待进一步提升，生产要素高效便捷流动的良好局面尚未形成。”

粤港澳大湾区法律服务时，我们不得不首先看到，在“一国两制”下，粤港澳三地，是3个司法区域、3个不同关税区，存在着成文法和案例法的冲突，同时，对于专业机构的服务方式、沟通方式、收费模式、机构分工等问题，都存在明显差异。究其原因，资本主义和社会主义制度下不同的生活方式，造就了非常根深蒂固的文化差异。这些，我们都必须承认和正视。我们作为涉外律师，实际上很重要的一项工作，是真正能够将三地之间司法和文化差异导致的不理解、不包容、不信任化解，这才是在粤港澳专业服务合作中我们作为统筹人和牵头人应该去发挥的重要作用。

1. 法律体制与文化的特点

现代法律制度的差异需要通过历史法律文化进行解释，因为法律是法律文化的表现形式。法律文化受制于整个社会化环境，其中包括社会的经济和政治的作用。① 以我国香港地区为例，由于历史原因，香港的法律文化融合了英国传统、中华传统和香港本土传统等多种因素，形成了一个既中西又古今兼容的复合体。但是从总体上来讲，香港的法治是在英国普通法的基础上发展而来的，普通法仍然是香港法律文化的主流，并由此存在以下的特点。

（1）对理性思维和科学分析方法的重视。

现代英国普通法系以西方文化中理性、科学思辨和真理的理念为基础，强调运用理性思辨方法来区分案件的法律事实和其他相关事实。其组织和结构具有内在的逻辑性。普遍认为，在适用法律时，理性和科学的分析对于查明案件的事实是起决定性作用的。

（2）程序公平。

西方法文化传统是以法律形式合理性为特征的。形式法律源自罗马法中的形式主义审判原则，由一整套明确意义的法律条文组成。它赋予每个诉讼当事人在法律上平等的人格地位，只依据法律条文对确凿无疑的法律事实作出解释和判定，不考虑其他伦理、政治、经济的实质正义原则，同时排除宗教礼仪、情感和巫术因素的影响。普通法系强调程序公平，并认为没有程序公平，实质公平就无法得到保障。因此，普通法系要求有详细的法律程序规

① 参见刘学灵：《论法律文化》，载《社会学研究》1988年第1期。

定，这些客观程序在法制要求下平等地适用于每个人。香港居民普遍接受这种法治传统，非常重视法律的力量和法律程序制度。[①]

但是从总体上来讲，尽管香港在受英国殖民统治期间接受了英国的资本主义普通法体系，导致香港与内地拥有不同性质的法律制度，但这并不意味着两地法律没有共性。相反，香港与内地文化同源，根据德国历史法学派代表人物萨维尼的观点，法律是文化的一部分，与语言、风俗和政治制度一样，源自民族的历史传统和民族的发展，且具有必然的有机联系。文化的共同渊源为两地法律文化的交流提供了思想契机。通过两地法律文化的交流，我们可以为协调两地法律冲突创造条件，便于进行磋商和协调。[②]

2. 文化差异在律师合作实务中的具体体现

（1）关于语言。

在香港回归前，香港的成文法是没有官方中文版本的，律师不论是日常工作、书信、文件还是开庭、会议等都以英语为官方语言，只有和客户当面或电话交流时会用到中文。因此和香港律师沟通需要一定的英语语言基础。虽然随着回归多年来的融合，已经有相当部分的香港律师能够以中文文字进行文件往来，但是，由于司法区域和文化背景不一样，实际上很多时候，香港律师仍然认为，在需要进行严谨表述时，尤其是关于实质性问题，英语是最能准确表达他们意思的语言。因此，时至今日在涉及专业性问题的沟通时，香港律师大多仍会使用英语进行书面表达。

（2）关于沟通方式。

①关于电邮。

随着社交软件的日益发达，特别是在内地，律师的工作早已离不开社交软件。内地的许多律师都有这样的经验，有的客户即便是已被告知以电邮通讯的方式更便于存档，仍然喜欢以微信聊天的方式，向律师咨询问题，传递待审核的合同，传输案件材料照片等。但是，当和香港律师进行合作时，不

---

① See Ann D. Jordan, *Lost in the Translation: Two Legal Culture, the Common Law Judiciary and the Basic Law of the Hong Kong Special Administeative Region*, Corneli International Law Journal, p. 30 (1997).

② 参见米也夫：《澳门民商法》，中国政法大学出版社1996年版，第97页。

宜用社交软件发送实质性的业务沟通内容，特别是文件传输。涉及项目合作，从启动到结束，香港律师相当注重沟通档案的存储记录，从准备合作时的相互介绍、合作意图、报价，到启动时的计划安排，再到项目进行中的各种文书传送、业务问题沟通等，都必须以电子邮件方式进行。

②关于社交软件。

基于对两地合作便利性的适应，大部分香港律师已经会使用社交软件，例如微信，来和内地客户与律师联系，但一般仅限于提示已经发送了邮件，初步沟通会议时间和同步进度等非紧急、非正式的话题。因此，上述社交软件并不承担实质性的沟通作用，基于对风险意识、程序意识的重视，香港律师在与客户及内地律师的沟通中，会采取更加审慎的态度。

③关于电话。

电话沟通在沟通的效率与质量上，相较于电邮等方式，确实具有很大的优势。但是，香港律师对电话沟通的态度更加地谨慎，其倾向于认为电话沟通应适用于私人领域（香港中介机构一般不在通讯清单中提供手机号码）及特别紧急的情形，且在一般情况下，电话沟通需要通过电邮或社交软件信息进行预约，以便确定具体时间及沟通的主题。

（3）关于利益冲突检索。

当内地律师代表客户向香港律师咨询某方面的法律问题或者表达委托意向时，内地律师通常不是得到“热情的接受”，而是会先被要求提供客户和利益相对方的名称等信息以便进行利益冲突检索（conflict check）。这一点与内地律师的工作习惯存在不同，内地律师对于客户的咨询和委托意向，往往一开始就先展开实质洽谈，到了真正要签委托合同时才通过律所的检索系统进行利益冲突的检索，导致在部分情况下，由于发现存在利益冲突而不能提供代理服务。

在客户服务理念成熟于百年之前的香港，律师通常只有在确认没有任何利益冲突后，才会继续洽谈。一方面可以避免耗费互相的时间精力而无成果；另一方面更为重要，是要最大限度避免提供任何对已有客户造成不利影响的法律意见，哪怕只是最基础的法律解释，香港律师也会尽量避免。而且，越是历史悠久和知名的律所对此管理越严格，即使试图以“A 公司和 B

公司如何如何”之类的方式去咨询，可能得到的回复仍然是：请提供意向客户和利益相对方名称，以便进行利益冲突检索。这一现象更多的是普通法体系程序要求的折射及法律成熟化的体现。

（4）关于计时收费。

律师计时收费，目前在内地已经不是很少见的收费方式了，在香港，计时收费更是主流的收费模式。对于很多的外企、大型企业、高新企业或者是曾经有涉外业务经验的客户来说，计时收费已经司空见惯。但从总体上来看，计时收费仍然不是内地主流的收费方式，由此部分内地客户会对香港律师的计时收费方式存疑，即会对香港律师是否会如实记载时间存疑，质疑其计时收费的准确性。这种质疑在香港及其他域外的律师看来，实际上是在质疑其专业操守和诚信，是一种极不尊重的行为。对于香港司法法律这种根深蒂固地依赖于诚信系统运作的法律服务体系，询问律师如何保证计时准确性往往是不被接受的。

内地律师在此种情况下，合适的做法是，首先给客户解释香港律师的行业规范和惯例操作模式；也可以尽量聘请业内美誉度高、有口碑的律所；如果客户仍然存疑，可以尝试与香港律师谈判采取项目委托总价的收费模式，以及就计时收费的单价进行商讨。需要进一步明确的是，香港没有与内地类似的“风险收费”模式，即没有“胜诉分成”“效果好多付钱”的概念。“风险收费”模式，在香港不单是律师行业的禁止性行为，而且是违法行为。

（5）关于法律服务方案。

香港律师事务所秉承的价值理念是律师是以专业知识的付出，即以服务时间换取报酬的职业，律师为客户的具体事项付出的任何劳动时间都是有价值的，都需要客户兑现相应的时间成本。因此，除了大型项目的投标或者其他有特殊声明的项目外，香港律师在接受委托前，是不会就具体个案的案情进行具体分析乃至给出明确的法律意见的。与此形成鲜明对比的是，现在内地的很多客户，特别是有“甲方”优势的客户，往往会在合作前要求律师对案件进行全面分析评估，给出明确的意见，制定法律操作步骤，在综合分析上述内容后才决定是否进行委托。但是，这一情况在和香港律师启动委托洽谈时并不常见，香港律师在个案委托前提供的“法律服务方案”往往只是针对律所本身的介绍、律师的专业经验、类似案件的处理步骤、报价方案以及“扫盲式”的法律原理初步解释等。其中，香港律师在洽谈委托时，往往认为展示专业特长以及过去的案例经验是最需要做的，同时完备的法律意见及操作方案，一般会拒绝提供。

（三）互通共融的法律服务平台需要哪些要素

1. 需要一个具备规模和品牌优势的组织机构

互融互通的法律服务平台建设，将成为法律服务的新兴模式，改变传统的法律服务生态，其不仅将提升法律服务的效率，更将在广度和深度上延伸法律服务。然而，要实现这一新兴模式的持续发展，一个具备规模和品牌影响力的组织机构至关重要。

（1）构建平台组织机构的规模效应。

规模效应，是指随着规模的扩大，单位成本不断降低，效率不断提升。在互融互通的法律服务平台中，规模效应主要体现在：其一，资源规模。拥有庞大的律师团队和客户服务团队，能提供全天候、全方位的法律服务，可以构建起连接粤港澳三地的庞大律师资源提供平台。其二，服务规模。能同时为粤港澳大量用户提供个性化、精细化的法律服务。放眼世界，英美的大型、超大型律师事务所在当前国际律师业中占据主导地位。在越发复杂和多层次的国际经济法律领域中，英美律师事务所通过规模化和专业化服务获得了巨大的效益。①

（2）打造平台组织机构品牌的影响力。

品牌影响力是指品牌在市场上的认知度和号召力。在粤港澳大湾区互融互通的法律服务平台中，品牌影响力主要体现在：其一，信誉度。须通过规范法律服务、公正立场，建立起良好的法律信誉。其二，社会认可度。通过高质量的法律服务，获得社会各界的广泛认可。

---

① 参见贾午光、何敏：《国际法律服务业的发展趋势与中国法律服务业的进一步开放》，载《环球法律评论》2001 年第 4 期。

2. 需要有整合不同地域、不同法律专业、不同专业范畴服务提供商的强大整合能力

互通共融的法律服务平台需要有强大整合能力。这种能力可以来源于技术、资源等多个方面，旨在为用户提供全面、高效、便捷的法律服务。技术是互通共融的法律服务平台的关键因素之一。平台可以通过人工智能、大数据等技术手段，统筹粤港澳三地的数据信息，对客户的需求进行分析，为其推荐更加精准的服务。资源也是互通共融的法律服务平台的关键因素之一。平台可以与律师事务所、公证处、法律援助中心等机构建立合作关系，提供更加全面的法律服务。例如，英美充分利用其历史上作为世界贸易与金融中心的地位，整合多领域的优势条件，最终使英美律师事务所在跨国交易的法律咨询方面具有独特的优势和经验。我国内地拥有海量的法律服务市场，我国香港、澳门地区更是长时间以来作为连接海外的窗口，对三者法律资源、专业等相关方面的充分整合，将极大地促进互通共融的法律服务平台的发展。

3. 要有强大的数据归集和管理能力

互通共融的法律服务平台需要收集和处理大量的数据，包括法律法规、判例、合同、案件等信息。这些数据需要被分类、整理、存储和管理，以便快速查询、分析和利用。因此，平台需要具备强大的数据归集和管理能力。同时，内地以成文法为主，存在大量的法律法规。香港则是以判例为主，且众多的判例是以英文的形式存在的，由此更加增大了数据收集及管理的难度。

4. 要有公平合理、清晰透明的利益机制

为了确保互通共融的法律服务平台的可持续发展，必须建立公平合理、清晰透明的利益机制。首先应当确保各方参与者的利益均衡，包括为律师、法律专业人员等参与者提供公平的收益分配。例如，粤港澳三地可以统一制定合理的合作规则，确保各地律师能够获得合理收益。应建立跨越三地的公正的评价机制。通过收集用户反馈，对律师的专业能力、服务态度等进行全面评估，确保评价结果客观公正。通过确保各方参与者的利益均衡，建立公正的评价机制，明确权利义务规定以及透明的利益分配机制，可以增加平台的公信力，推动平台的可持续发展。

5. 需要有一个不断扩张、不断细分、不断优化的国际合作网络

随着经济全球化的深入推进和信息技术的快速发展，互通共融的法律服务平台已经成为法律服务领域的一种新兴业态。首先，互通共融的法律服务平台需要不断扩张。随着全球经济的不断发展和法律服务市场的不断扩大，需要不断拓展服务范围，扩大服务对象，提高服务质量。其次，随着用户需求的不断复杂化和多样化，互通共融的法律服务平台需要更加精准地定位用户需求，提供更加专业的法律服务。最后，随着法律服务市场的不断竞争和信息技术的不断发展，互通共融的法律服务平台需要不断提高服务质量和效率，增强自身的竞争力和市场占有率。只有这样，才能在激烈的市场竞争中立于不败之地，为全球的法律服务市场注入新的活力和动力。

在我国港澳地区和内地从“互通”到“共融”的路上，法律的趋同化趋势也可以给我们提供外在的动力。法律的趋同化是指随着国际交往的不断发展，不同国家、地区的法律逐渐相互吸收、渗透，以致趋于接近或一致的现象。① 现代法律文化中的法律评价具有重视个人价值和无差别对待的趋向。② 法律的趋同化趋势对于协调我国港澳地区与内地法律冲突及建立互通共融的法律服务平台具有重要影响。

三、涉外律师在大湾区法律服务中的发展展望

（一）“涉外”不是一个专业，而是一种综合能力

有良好的外语沟通能力，熟悉外商投资法规政策以及涉外案件的程序规则，懂得国际贸易，还有一定的境外中介合作机构资源，这些都被认为是一名涉外律师的专业能力。但是，是不是涉外业务，其实区分的标准在于有没有涉及境外因素，也就是我们所说的国际私法上的“连结点”，简单来说就是法律行为、法律纠纷中的人物、地点、内容、后果等有没有涉及别国。但从传统的专业领域来看的话，这些业务涉及公司法、合同法、婚姻法、物权

---

① 参见李双元主编：《市场经济与当代国际私法趋同化问题研究》，武汉大学出版社 1994 年版，第 386 页。

② See L. M. Friedman, *Access to Justice*: *Social and Historical Context*, Inm. Cappelletti, Access to Justice, Vol. LI, p. 127, book 1 (1978).

法、知识产权、国际贸易、收并购等范畴。因此，严格来说，涉外律师业务领域和一般专业领域并不是横向关系，而是包容或者说是重叠的关系。一名从事涉外业务的律师，实际上也必须是某一专业领域的涉外律师，比如投融资、收并购、婚姻家事、海关贸易、合规管治等领域。因此，从事涉外业务的律师本身除了应具备刚才提到的一些基本技能和知识之外，还要有很高的沟通能力，而这样的沟通能力必须建立于长期积累的对业务和客户进行判断分析的经验之上。一名涉外律师不可能完成各种需求，但能够敏锐地发现客户的不同需求，然后同时掌握整合这些服务资源的渠道，并且能够迅速进行整合，协调好各方面的关系与服务进程。因此，我们说，一名出色的涉外律师，本身无疑是一名综合能力超强的律师。

（二）定位精准的资源整合者

资源整合平台作为粤港澳大湾区法律服务的一部分，我们想要参与到这样一个大型的资源整合平台中，为了实现这一目标，我们需要首先明确自己在该平台中的角色和专长。我们的专长领域是什么，我们能独立提供哪些服务，哪些领域需要我们与其他服务提供者合作，如何协调彼此之间的关系，此外，我们还能为这个平台带来什么，如何拓展网络和渠道。在回答这些问题时，我们应该认真分析自己的专业知识和技能，以便在平台上发挥自己的优势。如果我们的专长在知识产权领域，我们就应该进一步地钻研下去，通过对粤港澳三地知识产权领域的法规、案例进行充分的研读，在这一法律的细分领域为客户提供细致准确的服务。同时，我们还应考虑如何与其他服务提供者进行有效的合作，以实现资源共享和互利共赢。我们可以看到在解决外商投资争议时，我国香港地区以其多元的法律、文化背景和专业知识为中外双方提供了充分支持，既能为中方提供文化背景类似的争议解决场所，又为非中方投资者提供一个中立的法律环境以解决争议。[①] 因此，作为涉外律师在专注于某一领域的同时，还需要不断更新和丰富自己的专业知识和技能，以适应变化、复杂的法律环境和市场需求，进而在参与建设粤港澳共融

① 参见文雅靖：《如何协调粤港澳大湾区法律制度体系》，载《开放导报》2019 年第 2 期。

平台的同时充分利用其资源优势。

（三）利用平台、数据、团队的力量

我们要打造一个真正互通且共融的法律服务平台，这不单是针对法律服务的合作本身，也是从我们的自身业务延伸出来的需求的重叠与综合。平台的力量在于规模、品牌、经验积累、人员聚集、关系稳定、机制开放透明、整合迅速、信任度和默契度高。平台的规模和品牌可以吸引更多的客户和律师。平台的经验和人员聚集可以提供更好的服务。平台的稳定关系和机制可以促进律师和客户之间的合作。最后，平台的信任度和默契度可以增强律师和客户之间的合作效果。这些因素组合起来，实际上就是平台、数据和团队的力量。以美国众达律师事务所为例，作为一家国际性的律师事务所，其代表处遍布全球 30 多个金融商业中心。到目前为止，其在全球约有 2300 位律师，是全球规模最大的律师事务所之一。在团队规模发展更加成熟的普通法系国家，一个律师事务所拥有一幢办公楼也不鲜见。[①]

四、结语

《粤港澳大湾区发展规划纲要》为法律服务业带来了机遇和挑战，但是法律体制及法治文化的差异使法律服务从“互通”到“共融”需要一个长期的过程。我国法律服务业仍处于成长发展期，[②] 加强涉外律师人才培养是使律师工作服务于党和国家工作大局，实现中华民族伟大复兴中国梦的现实要求。[③] 涉外律师应清楚自身在大湾区法律服务中的角色定位，充分提升涉外综合能力、资源整合能力、团队协作能力，一起为构建一个互通共融的法律服务平台而努力，使我们的法律服务能够在广度上和深度上不断发展，在粤港澳大湾区这样一个伟大的时代背景下，创造更好的互利共赢的法律服务市场。

---

① 参见黎明琳：《美国法律服务业发展的经验与启示》，载《改革与开放》2011 年第 6 期。

② 参见杨凤宁：《经济全球化视野下涉外法律人才培养问题初探》，载《民族教育研究》2014 年第 3 期。

③ 参见赵大程：《加强涉外律师培养为对外开放提供人才保障》，载《中国司法》2013 年第 12 期。

关于深圳和香港的个人破产制度之比较和探索

方 锦

一、个人破产制度简述

个人破产制度是让“诚实但不幸之人”通过法律途径获得救济，使其有机会卸掉债务包袱，重新激发竞争力，是市场经济领域中的一项重要法律制度。个人申请破产，只是通过法律手段和法律程序，有条件地免除部分债务，并不等于欠债就不用再偿还了。个人破产制度的创设是为了保护“诚实但不幸之人”，但对于不诚实守信或者企图利用个人破产制度恶意逃避债务的行为，其将会受到法律的制裁。

虽然，我国还没有全国性的个人破产法，但深圳作为我国开放程度最高、经济活力最强的粤港澳大湾区的中心城市，已于2021年3月1日正式开始实施《深圳经济特区个人破产条例》，这是我国第一部个人破产法规。

同样具有粤港澳大湾区重要战略城市地位的香港，建立个人破产制度由来已久，在《破产条例》中规定了个人破产程序。香港关于个人破产的相关法律规定比较详细，又有比较丰富的应用实践经验，特别是针对欺诈破产的违法犯罪行为的规定尤为具体和清晰，值得仔细学习和借鉴。

二、全国首例个人破产案件

2021年深圳破产法庭典型案例——梁某个人破产重整案

梁某自2018年起开始创业，开发销售具有创新专利的蓝牙耳机产品。但在2019年，梁某开发的产品参展，却没有获得客户资源。随后，遇上新冠疫情，全球经济受创，梁某亦不能幸免。其间，梁某分别向多家银行、网络贷款公司陆续借贷以解决经营资金问题，债务总额累计达75万余元。虽然梁某积极找了一份工作，和他的配偶一起把工作收入用于还债，但梁某还是因无法清偿借款，陷入债务困境。2021年3月10日，梁某向深圳市中级人民法院（以下简称深圳中院）申请个人破产。经法官面谈辅导，梁某根据自身偿债能力和意愿，于4月27日重新提交了个人破产重整申请。5月11日，深圳中院裁定受理梁某的申请，并为其指定破产管理人，负责调查核实其财产、债务情况，协助制作重整计划草案。6月22日，深圳中院组织召开梁某个人破产重整案第一次债权人会议。会上，破产管理人向债权人会议作阶段性工作报告、债务人财产报告以及债权审核报告，债权人会议审议并表决通过了“豁免财产清单”与《重整计划草案》。7月2日，梁某向深圳中院申请批准重整计划。《重整计划草案》主要内容包括：梁某夫妻除保留每月用于基本生活的费用以及一些生活必需品作为豁免财产之外，承诺其他收入均用于偿还债务；自重整计划批准之日起36个月内执行完毕；重整计划执行完毕将实现债权人本金100%清偿，债务人免于偿还利息和滞纳金。7月16日，深圳中院裁定批准梁某重整计划并终结梁某个人破产重整程序。7月19日，深圳中院将批准重整计划的2021粤03破230号（个1）之二号民事裁定书送达梁某，全国首例个人破产案件正式生效。[①]

梁某个人破产重整案对个人破产制度的价值做出了最好的佐证。在被深圳中院裁定破产前，梁某的生活是“一天接到几十通催债电话，精神压力巨大”；在被裁定破产后，梁某有固定工作和固定收入，也有可行的破产重整计划。不但还债可期，在获得精神解脱之后，也有了未来“东山再起”的可能性。[②] 深圳首宗个人破产案件的审结证明了个人破产制度令那些诚实但不幸的个人创业者在面临债务困境时，有机会卸掉债务枷锁重振旗鼓，走出困境从而东山再起。个人破产制度是化解债务危机的必然选择，[③] 这样的制度，对于市场经济的发展，社会的创新和进步都具有积极向上的意义。

---

① 参见《深圳中院裁定全国首宗个人破产案件重整》，载中华人民共和国最高人民法院网2021年7月20日，https：//www. court. gov. cn/zixun - xiangqing - 314461. html。

② 参见《全国“个人破产”首案在深圳诞生的背后》，载深圳市中级人民法院网2021年11月9日，https：//www. szcourt. gov. cn/article/30360622。

③ 参见叶建平：《涅槃之道：破产的应然思考与实然探索》，法律出版社2019年版，第33页。

三、《深圳经济特区个人破产条例》关于欺诈性破产行为的规定

或许有些人会心存疑虑，个人破产制度会否让“老赖”合法化，让“老赖”可以借助相关法律规定来逃避个人应承担的偿债责任。但仔细解读《深圳经济特区个人破产条例》，可以知道申请个人破产不但要符合条例规定的条件，而且一旦申请人实施了欺诈性破产的行为，必将受到相应的惩罚。

《深圳经济特区个人破产条例》第167条规定：“债务人违反本条例规定，有下列行为之一的，由人民法院依法予以训诫、拘传、罚款、拘留；构成犯罪的，依法追究刑事责任：（一）拒不配合调查，拒不回答询问，或者拒不提交相关资料的；（二）提供虚假、变造资料，作虚假陈述或者误导性陈述的；（三）故意隐匿、转移、毁损、不当处分财产或者财产权益，或者其他不当减少财产价值的；（四）虚构债务，或者承认不真实债务的；（五）隐匿、毁弃、伪造，或者变造财务凭证、印章、信函文书、电子文件等资料物件的；（六）无正当理由拒不执行重整计划或者和解协议，损害债权人利益的；（七）其他妨害破产程序的行为。”

上述法条详细列举了债务人实施欺诈性破产的违法行为，涉嫌违法犯罪的情形，此时，法院依法有权对破产申请人予以训诫、拘传、罚款、拘留的处罚措施，构成犯罪的破产申请人，会被依法追究刑事责任。

《深圳经济特区个人破产条例》不仅对债务人的行为进行约束，还针对其配偶、共同生活的近亲属在破产程序中可能发生的违法犯罪行为，在第168条作出相应规定：“债务人的配偶、共同生活的近亲属等利害关系人违反本条例规定，有下列行为之一的，由人民法院依法予以训诫、拘传、罚款、拘留；构成犯罪的，依法追究刑事责任：（一）拒不协助人民法院或者管理人调查债务人的财产及收入状况，或者提供虚假资料、作虚假陈述的；（二）帮助、包庇债务人故意隐匿、转移、毁损、不当处分财产或者财产权益，或者其他不当减少财产价值的；（三）帮助、包庇债务人虚构债务或者承认不真实债务的；（四）帮助、包庇债务人违反本条例关于债务人义务规定和限制债务人行为决定的；（五）其他妨害破产程序的行为。”

从第168条的规定可以看出，欠债者的配偶、共同生活的近亲属等利害关系人的行为在破产程序中也受到约束，一旦他们实施欺诈性破产的违法犯罪行为，同样会受到相应的惩罚。个人破产制度不会成为欠债者及其家人的“避风港”。

四、香港艺人钟镇涛个人破产案

1996年，正值香港房地产顶峰时期，香港艺人钟镇涛夫妻借款1.5亿港币炒买豪宅。1997年，亚洲金融危机爆发后，香港房地产泡沫破灭，钟镇涛夫妻所购楼盘大幅度贬值，贷款本息滚至2.5亿港元。2002年7月，钟镇涛申请破产，同年10月，法院裁定钟镇涛破产。按照香港破产法规定，破产期间钟镇涛获得的收入都要上交香港破产管理署，[①] 破产管理署按照其生活所需给予其必要生活费用后将其余收入用于还债。破产后，钟镇涛在生活上受到的限制包括：作为演员，每月的服装和剪发费用控制在500～800港元；饮食2000～3000港元；住宿4000～8000港元；每天交通费为20～30港元；等等。2006年10月，法院批准钟镇涛解除破产。[②]

个人破产在香港不是一种罕见的现象，破产制度作为针对民事债务的法律安排已经为广大香港民众所接受和运用。但对于大多数债务人来说，申请破产是“没有办法中的办法”。钟镇涛在接受采访时说：“作为一个公众人

---

① 香港特别行政区政府破产管理署官网——破产管理署的工作：破产管理署就个人破产/公司清盘服务所扮演的角色，是确保香港能够提供符合国际标准的高素质破产/清盘服务，而有关法例亦能配合香港站于主要金融中心前列位置的目标。破产管理署由三个主部组成，分别为个案处理部、法律事务部及财务部。“三部”的主要功能如下：（1）当法院及债权人委任破产管理署署长为受托人或清盘人时，提供破产/清盘管理服务，无力偿债公司及破产人的资产变现，调查及商定债权人的申索，分发收益。（2）担任小额个案的受托人或清盘人，作为最后解决方法。（3）调查破产人和无力偿债公司董事及高级职员的资产负债状况，向法院报告公司经营失败的原因，以及就触犯无力偿债罪行的人士提出检控。（4）监察私营机构从业员的行为操守，把变现资产所得的款项投资，审核账目及调查针对清盘人及受托人的投诉。（5）检讨与无力偿债问题有关的法律、政策及程序和提出修订建议，并与处理无力偿债事宜的国际机构保持联系。（6）为涉及无力偿债问题的其他政府部门及法定团体提供支援。

② 参见张越主持：《法治深壹度：香港艺人钟镇涛个人破产案》，中央电视台“法治深壹度”栏目2021年1月30日播出，https://tv.cctv.com/2021/01/30/VIDELCXZfi0C2oXts0cGGoca210130.shtml。

物，向公众宣布破产是一个很艰难的决定，但已经没有其他办法了。”① 钟镇涛解除破产后，在财务上恢复自由身，他再次全身心投入演艺事业，重新开始新的人生，慢慢恢复正常的生活。正如他向香港法院申请破产时，在媒体上发表的个人声明：金钱破产并非末路，人格破产才是绝境，故我会以积极正面态度去面对。② 钟镇涛的个人破产案印证了个人破产制度给予了个体依法寻求摆脱债务缠身的困境的信心，让跌倒者有东山再起的机会，有利于保护人们的创业活力。

五、香港《破产条例》及其关于欺诈性破产行为的规定

香港个人破产制度自1864年《破产条例》初次尝试，历经1932年、1996年、2005年、2016年的重要修订及多次的局部修补，现今拥有一套完整的体系，其经过100多年的沿用、发展和演变，已经基本适应了香港社会的需要，保证和推动了香港经济的迅速发展。③

针对债务人在破产程序中可能发生的违法犯罪行为，香港《破产条例》第129条规定“有欺诈行为的债务人（1）任何人如已被判定破产，则在以下任何一种情况下，该人均属犯罪——（由1996年第76号第63条修订）（a）如他没有尽他所知所信，全面并真实地向受托人披露其所有土地财产及非土地财产，和他曾以何方式、向何人、以何代价及于何时就该等财产的任何部分作产权处置，但如他证明他并无意图欺诈则除外；如曾在其业务（如有的话）的通常运作中就该等财产的任何部分作产权处置，或该等财产的任何部分曾用于支付其家庭日常开支，则该部分不计在内；（b）如他没有向受托人交出或按受托人的指示交出其动产或不动产中在他保管或控制下而法律规定他须交出的所有部分，但如他证明他并无意图欺诈则除外；（c）如他没有向受托人交出或按受托人的指示交出在他保管或控制下而与

---

① 曹可凡主持：《可凡倾听：往事并不如烟——钟镇涛专访》，上海东方电视台“可凡倾听”栏目2013年6月2日播出，https：//v. qq. com/x/cover/k6q9g908cilg70m/h0012aov2us. html。

② 参见《香港明星钟镇涛申请破产》，载搜狐网2002年7月18日，http：//news. sohu. com/25/28/news202202825. shtml。

③ 参见陈科杰：《个人破产法的中国构建：基于比较法研究的探索》，中国法制出版社2020年版，第28页。

其财产或事务有关的所有簿册、文件、文据及文书，但如他证明他并无意图欺诈则除外；（d）如在他提出或有人针对他提出破产呈请后，或在紧接提出呈请前12个月内，他隐瞒其财产中价值达$50或多于$50的任何部分，或隐瞒别人欠他或他欠别人的任何债项，但如他证明他并无意图欺诈则除外；（e）如在他提出或有人针对他提出破产呈请后，或在紧接提出呈请前12个月内，他欺诈地移走其财产中价值达$50或多于$50的任何部分；（f）如他在任何有关其事务的陈述书中作任何关键性的遗漏或错误陈述，但如他证明他并无意图欺诈则除外；（g）如他知道或有任何理由相信任何人曾在其破产案中证明虚假的债权，但他没有在1个月内将此事通知受托人；（h）如在他提出或有人针对他提出破产呈请后，他阻止或参与阻止将任何影响或有关其财产或事务的簿册、文件、文据或文书出示，但如他证明他并无意图隐瞒其事务状况或并无意图使法律无法执行则除外；（i）如在他提出或有人针对他提出破产呈请后，或在紧接提出呈请前12个月内，他移走、隐藏、销毁、切割或捏改或参与移走、隐藏、销毁、切割或捏改任何影响或有关其财产或事务的簿册或文件，但如他证明他并无意图隐瞒其事务状况或并无意图使法律无法执行则除外；（j）如在他提出或有人针对他提出破产呈请后，或在紧接提出呈请前12个月内，他在任何影响或有关其财产或事务的簿册或文件内作出或参与作出任何虚假记项，但如他证明他并无意图隐瞒其事务状况或并无意图使法律无法执行则除外；（k）如在他提出或有人针对他提出破产呈请后，或在紧接提出呈请前12个月内，他欺诈地将任何影响或有关其财产或事务的文件放弃、更改或在其内作任何遗漏，或参与欺诈地放弃或更改任何该等文件或在其内作任何遗漏；（l）如在他提出或有人针对他提出破产呈请后，或在紧接提出呈请前12个月内举行的其债权人任何会议上，他企图以虚构的损失或开支就其财产中任何部分作出交代；（m）—（n）（由1970年第21号第35条废除）（o）如在紧接他提出或有人针对他提出破产呈请前12个月内，或在提出破产呈请后而在破产令作出前，他将其以信贷取得而尚未付款的任何财产当押、质押或就该等财产作产权处置；但如他是一名商人，而该当押、质押或产权处置是在其业务的通常运作中作出者则除外，又或他证明他并无意图欺诈亦除外；（由1996年第

76 号第 73 条修订)；(p) 如他为取得其债权人或其任何债权人对一项涉及其事务或其破产的协议的同意而作出任何虚假陈述或其他欺诈行为。(由 1939 年第 33 号修订；由 1940 年第 840 号政府公告补充附表修订；由 1991 年第 50 号第 4 条修订) (2) 任何人如将其以信贷取得而尚未付款的任何财产调离香港，而接收该财产的人在破产令的日期并未就该财产付款或作出交代，且在受托人提出要求后的一段合理时间内亦无作出上述付款或交代，或接收该财产的人在一段合理时间内无法被寻获，则在相反证明成立之前，须当作该首述的人并非在其业务的通常运作中就该财产作产权处置。(由 1984 年第 47 号第 16 条修订；由 1996 年第 76 号第 73 条修订) (3) 在根据第 (1) (i) 款进行的任何检控中，凡欠缺该段所提述的任何簿册或文件，即为破产人违反该段的规定而将该簿册或文件移走或参与将其移走的表面证据，而破产人随即负上证明他并无如此移走及并无参与如此移走该簿册或文件的举证责任。(由 1939 年第 33 号修订；由 1940 年第 840 号政府公告补充附表修订；由 1996 年第 76 号第 72 条修订) (4) 在根据第 (1) (i) 款进行的任何检控中，凡该段所提述的任何簿册或文件遭切割或捏改，即为破产人违反该段的规定而将该簿册或文件切割或捏改或参与将其切割或捏改的表面证据，而破产人随即负上证明他并无如此切割或捏改及并无参与如此切割或捏改该簿册或文件的举证责任。(由 1939 年第 33 号修订；由 1940 年第 840 号政府公告补充附表修订；由 1996 年第 76 号第 72 条修订) (5) 任何人在第 (1) (o) 款所述情况下犯罪，循简易程序定罪后，可处监禁 1 年，或循公诉程序定罪后，可处监禁 5 年。(由 1939 年第 33 号修订；由 1940 年第 840 号政府公告附表修订；由 1991 年第 50 号第 4 条修订)"①。

上述第 129 条详细列举了在香港的破产程序中债务人的欺诈破产行为构成犯罪的情形。从涉案金额只要达到 50 港元即属犯罪的标准来看，香港法例对欺诈破产行为构成犯罪制定的门槛是很低的，这就有利于有效阻止和严厉打击破产欺诈犯罪行为。

---

① 参见香港《破产条例》，载电子版香港法例官网，https：//www. elegislation. gov. hk/hk/cap6。

香港《破产条例》没有设立专门的条款对债务人的配偶、共同生活的近亲属等利害关系人在破产程序中可能发生的违法犯罪行为进行特别规定，但第130（2）条规定：如任何人在构成第129（1）（o）条所订罪行的情况下，将任何财产当押、质押或就任何财产作产权处置，则凡知悉该财产是在上述情况下被当押、质押或有产权处置作出而仍接受该项当押或质押或以其他方式接收该财产的人，即属犯罪，循简易程序定罪后，可处监禁1年，或循公诉程序定罪后，可处监禁5年。第130（3）条规定：任何人于在破产案中证明一项债权时明知而作出虚假的陈述或在根据本条例规定的誓章内明知而作出虚假的陈述，即属犯罪，可处第5级罚款及监禁6个月。①

前述规定当然也对包括债务人的配偶及其共同生活的近亲属等在内的利害关系人适用。如果债务人的家人实施了香港《破产条例》规定的禁止性行为，也有可能会招来牢狱之灾。破产制度的建立是以诚实信用为基石，对那些企图利用破产制度逃废债务的人，香港法例会追究责任，予以严惩。

六、结语

破产是市场经济发展到一定阶段的必然产物。建立个人破产制度是为了挽救“诚实但不幸之人”，更好地保护人们的创业活力和促进社会进步，并非为“老赖”打开“合法废债”方便之门。虽然《深圳经济特区个人破产条例》只是适用于深圳当地的地方性法规，但深圳试点的成功，无疑为将来全国性的个人破产立法积累和提供了实践经验。

个人破产制度在我国香港地区建制已久且有效运行实施，特别是在针对债务人破产欺诈及犯罪方面，有较详细的规定和较成熟的防范经验。与深圳相比，香港的破产法律关于在破产程序中的违法犯罪情形以及处以惩罚的措施，相对更加清晰、具体、明确，自然会对恶意逃债行为起到更大的震慑效果。

未来，我国内地在构建符合新时代社会主义市场经济体制的个人破产制度和研究、准备出台个人破产法时，香港地区成熟先进的制度和经验，能为

---

① 参见香港《破产条例》，载电子版香港法例官网，https：//www. elegislation. gov. hk/hk/cap6。

我国内地个人破产制度立法提供有益的参考，无论是对实现个体利益还是对保障社会运转，都具有重大价值。

附：香港特别行政区政府破产管理署2023年1月至12月有关破产人概况、呈请人类别及非首次破产案的周年统计数据①（见图1至图5）

破产人概况

破产人性别	百分比
男性	63.90%
女性	36.10%
总数	**100.00%**

破产人年龄	百分比
30岁或以下	17.67%
30岁以上至40岁	23.60%
40岁以上至50岁	24.01%
50岁以上	34.72%
总数	**100.00%**

破产人的每月收入	百分比
0元	37.43%
0元以上至10,000元	14.11%
10,000元以上至15,000元	13.05%
15,000元以上至20,000元	17.36%
20,000元以上至25,000元	9.39%
25,000元以上	8.66%
总数	**100.00%**

图1　破产人概况之破产人性别、破产人年龄、破产人的每月收入分类及其所占百分比

破产人的负债水平	百分比
200,000元或以下	12.69%
200,000元以上至400,000元	31.90%
400,000元以上至600,000元	21.79%
600,000元以上至800,000元	10.80%
800,000元以上至1,000,000元	6.42%
1,000,000元以上至2,000,000元	9.37%
2,000,000元以上至6,000,000元	4.92%
6,000,000元以上	2.11%
总数	**100.00%**

图2　破产人概况之破产人的负债水平分类及其所占百分比

① 参见香港特别行政区政府破产管理署统计数字，载香港特别行政区政府破产管理署官网，https：//www. oro. gov. hk/sc/statistics/profile_ of_ bankrupts/annual_ statistics_ on_ bankrupt_ profile_ 2023. html。

破产原因	百分比
无业/失业	24.94%
收入未能应付基本开支	44.60%
负资产	0.51%
投资失利	3.07%
赌博/投机亏损	10.27%
个人担保引起的负债	0.69%
医疗开支增加	1.18%
离婚相关事项引起的负债	0.14%
业务欠佳	1.77%
营业额下降	0.75%
经济不景	0.63%
资金不足	0.41%
成本上升(租金、工资等)	0.06%
管理不善	0.18%
股东/合伙人纠纷	0.02%
过度信贷	0.83%
被欺诈	5.18%
坏账	0.55%
不利法律诉讼(离婚相关的诉讼除外)	0.20%
不能预计的情况	0.14%
其他	3.88%
总数	100.00%

图3 破产人概况之破产原因分类及其所占百分比

呈请人类别

呈请人类别	百分比
法律援助署署长	0.30%
商业债权人	-
银行或财务机构	2.90%
业主	-
股东	-
债务人自行提出呈请	93.90%
其他	2.90%
总数	100.00%

图4 呈请人类别及其所占百分比

非首次破产案

破产次数	百分比
首次破产	87.45%
非首次破产	12.55%
总数	100.00%

图5 破产次数分类及其所占百分比

对于中国消费者保护立法现状的几点反思
——以粤港澳大湾区的消费者保护为视角

关婷允

一、中国消费者保护法概述及粤港澳大湾区的新发展

（一）中国消费者保护法的历史发展

顾名思义，消费者保护法之目的，就在于保护消费者。与逐步建立的中国特色社会主义市场经济相适应，截至20世纪80年代至90年代，中国陆续颁布与施行了有关产品质量①、食品卫生②、药物管理③、标准化④、计量⑤、商品标识⑥等一系列与保护消费者相关的法律与法规。

1993年通过的《消费者权益保护法》是我国制定的第一部保护消费者

---

① 主要有1980年3月10日国家经济委员会（已变更）颁发的《工业企业全面质量管理暂行办法》及1985年3月15日国家标准局（已变更）发布的《产品质量监督试行办法》，以及1993年2月22日第七届全国人民代表大会常务委员会第三十次会议通过的《产品质量法》。

② 1982年11月19日颁布的后被1995年10月30日第八届人民代表大会常务委员会第十六次会议通过的《食品卫生法》废止的《食品卫生法（试行）》。

③ 1984年9月20日第六届全国人民代表大会常务委员会第七次会议通过，后被2001年2月28日第九届全国人民代表大会常务委员会第二十次会议修订的《药品管理法》。

④ 主要有1988年12月29日第七届全国人民代表大会常务委员会第五次会议通过的《标准化法》，1981年3月14日机械工业委员会（已变更）、国家经济委员会（已变更）、国家标准局（已变更）颁布的《机电新产品标准化审查管理办法》等。

⑤ 主要有1985年9月6日第六届全国人民代表大会常务委员会第十二次会议通过的《中华人民共和国计量法》和1987年2月1日国家计量局（已变更）颁布的《计量法实施细则》。

⑥ 1982年8月23日第五届全国人民代表大会常务委员会第二十四次会议通过，后经1993年2月22日第七届全国人民代表大会常务委员会第三十次会议和2001年10月27日第九届全国人民代表大会常务委员会第二十四次会议两次修正的《商标法》。

权益的专门立法，经过了2009年和2013年两次修正，我国的消费者保护法律制度已逐步踏上正轨。

（二）中国消费者保护法构成体系

消费者权利的内容涉及我们日常生活的方方面面，涉及范围极广，单凭一部《消费者权益保护法》，是无法真正实现对跨经济领域、跨法律部门的消费者之合法权益，进行全面、综合与有效保护的。

我国消费者保护法体系采用了一般法律模式，是以《消费者权益保护法》为核心，以《民法典》为基础，并包含了诸如调整产品质量、价格、食品卫生、广告、药品管理、卫生检疫等方面关系的法律体系。上述法律框架及其各个组成部分在各自调整的范围内，都对消费者权益的保护，发挥了积极的作用。

（三）中国消费者保护法的立法原则

消费者保护法的立法原则，应该是能够全面反映消费者保护法所调整的生活消费关系的客观要求，并贯穿消费者保护法之中，是在保障消费者合法权益，规范经营者活动过程中必须遵循的价值标准或基本原则。①

1. 保障自愿交易原则。

自愿交易原则，就是“私法自治”或“意思自治”原则，源于宪法规定的人的自由权之核心——自决权在民法与消费者保护法中的运用。

2. 保障平等交易原则。

保障平等交易原则，源于宪法中的对于人的平等权之核心——法律面前人人平等，在民法与消费者保护法中的运用。这一原则是通过对法律关系主体的权利能力的设定，来加以贯彻实施的。

3. 保障公平交易原则。

公平交易原则产生的背景：在自由资本主义进入社会福利资本主义社会之后，以保护社会弱势者为核心的社会公平原则，便应运而生。当社会公平

---

① 参见俞木传：《论消费者权益保护法的基本原则》，载《财贸研究》2000年第6期。

原则在民法与消费者保护法领域适用时，便产生了“公平交易”的原则，产生了适用该原则对消费者进行保护的特殊方式——“抑强扶弱”。

4. 保障诚实信用原则。

诚实信用原则亦即诚信原则，它是用以评价交易的参加者与当事人行为是非的价值取向和评判标准，也是在法律不能周延地规定规则而产生调整规则漏洞时，法官赖以续造法律，填补漏洞的“兜底性条款”。

5. 保障消费者合法权益原则。

消费者与经营者地位之间的悬殊，决定了在对消费者权益进行保护时，必须通过国家及其职能部门给予适度的干预，保护目的才能得以实现。因此，国家保障消费者合法权益的原则是消费者保护法中最为基本或最具特色的原则。总的来说，国家及其职能部门通过立法保障、行政管理和司法程序来保护消费者的合法权益。①

6. 保障消费者生命安全及健康原则。

保障消费者生命安全及健康原则，反映了中国消费者保护法对于经营者的在生产或销售各类消费商品时，所必须达到的保障消费者生命安全及健康条件的强制性要求，尤其是对食品、药品、卫生用品、保健品、化妆品等与消费者生命安全、健康有密切联系的日常生活消费品，均规定了严格的法律责任。

7. 保障消费者获得赔偿原则。

当消费者因产品瑕疵、缺陷、短斤缺两或不公平交易等而遭受人身或财产的侵害时，根据《消费者权益保障法》的规定，消费者可通过政府提供的行政手段或司法程序得到合理的赔偿。②

（四）中国消费者保护法的法律地位

从严格意义上来说，消费者权益保护法既不属于经济法，也不能归属于纯粹的私法领域。在我国的法律体系结构里，消费者权益保护法应该是一个

---

① 参见《消费者权益保护法》第35条。
② 参见《消费者权益保护法》第11条。

相对独立的，但又与其他部门法紧密联系，互相依存、互相促进、相辅相成的有机互动整体，通过与其他不同部门法律规范相互作用形成相对独立的新消费者保护法律体系。①

消费者权益保护法既独立又与其他法律体系交叉互动体现在以下几方面。

1. 消费者权益保护法与民法。

《民法典》总则编第128条规定："法律对未成年人、老年人、残疾人、妇女、消费者等的民事权利保护有特别规定的，依照其规定。"该条文是民法特别法的链接条款，确立了消费者权益保护法与民法的关系，将其纳入民法体系之中，明确了消费者权益保护法是民法的特别法，并具有优先适用效力。②

2. 消费者权益保护法与经济法。

与消费者权益保护法相类似，经济法对经营活动过程中虚假、垄断、不正当的经营行为予以监督和有效控制，通过经济法系的各部门法在其所处的相应环节和位置上互相配合，对维护公平的市场交易环境起到重要作用，从而使消费者受益。

3. 消费者权益保护法与行政法。

保护消费者合法权益属于各级工商行政管理部门的职责之一。行政法赋予国家行政机关行使国家行政管理职权的权力，通过各项行政法律规范和行政手段对经营者的活动进行规制和监管从而保障消费者的合法权益。

（五）粤港澳大湾区消费者保护立法的新发展

粤港澳大湾区"一个国家""两种制度""三种法系"的独特格局，意味着粤港澳大湾区消费者保护立法的多元性。除上述我国消费者权益保护法构成体系外，还有地方性法规和特别行政区立法，具体而言，消费地（购买地）在广东省的，按《消费者权益保护法》、《广东省实施〈中华人民共

① 参见孙颖：《消费者保护法律体系研究》，中国政法大学出版社2007年版。

② 参见杨立新：《我国〈民法总则〉规定消费者概念的重要价值》，载《法学杂志》2017年第4期。

和国消费者权益保护法〉办法》及相关法律法规处理；消费地（购买地）在港澳地区的，分别按照香港、澳门的相关法律法规处理。[①] 为促进大湾区协同发展和消费市场的融合，2018 年 4 月 13 日，经澳门消委会提议，在广东省消委会的积极推动下，粤港澳大湾区九个城市和香港、澳门两个特别行政区消委会共同签署了《粤港澳大湾区消费维权合作备忘录》，明确了各方在消费纠纷处理、调解协作、业务合作、信息共享、经验交流、区域互动等方面的合作意向和要求，标志着大湾区一体化消费维权合作框架初步建立。[②] 此后，粤港澳大湾区内多份消费维权合作协议签署，在上述合作备忘录的基础上具体细化，更好地保护消费者合法权益，充分共享消费信息、消保资源，方便、快捷、妥善处理消费纠纷，促进消费维权工作的交流与合作。[③]

二、我国《消费者权益保护法》的修订与旧法的比较

2013 年审议通过，并于 2014 年 3 月 15 日生效的《消费者权益保护法》（新消法），对“旧消法”原有条款中的许多条文，进行了较大的修订；[④] 修订后的新消法之内容在诸多方面进一步加强了对我国消费者权益的保护，体现出立法上的诸多新亮点。

（一）新消法体现了许多源于宪法的新理念，强调了对于基本权利的保护

（1）在新消法中提出了我国对消费模式的新指引：“国家倡导文明、健康、节约资源和保护环境的消费方式，反对浪费。”[⑤] 这是国家通过立法形式，对我国未来环保节能、可持续发展的消费模式，所作出的纲领性指引。（2）明确提出了在公共性较强、人流较多的场所对消费者人身提供安

---

① 参见《粤港澳大湾区各消委会签署消费维权备忘录》，载新华网，http：//m. xinhuanet. com/gd/2018 －04/12/c_ 1122671112. htm。

② 参见《广东发布“粤港澳大湾区消费维权十大事件”》，载广东省人民政府港澳事务办公室网站 2020 年 3 月 17 日，http：//hmo. gd. gov. cn/ygahz/content/post_ 2932259. html。

③ 参见《广深同澳门签订消费维权合作协议　跨境维权将更便利》，载中华人民共和国中央人民政府网站，https：//www. gov. cn/xinwen/2019 －03/14/content_ 5373732. htm。

④ 连同新增加的条款，共计约有近 60 处修订。

⑤《消费者权益保护法》第 5 条第 3 款。

全保障的强制性义务。[①] (3) 对于以电子商务的形式进行交易的消费模式，加以法律调整，以便维护交易安全，为消费者提供更充分的法律保障。[②] (4) 明确规定了经营者在对消费者的安全保障义务有缺失时，对消费者的侵害须承担侵权责任，[③] 并增加规定了经营者因其所出售的商品或提供的服务对消费者造成了人身损害的，必须承担赔偿责任，从而使该修订后的规定，比旧法的原规定，更为具体化，实际操作性更强。[④] (5) 增加了对消费者人格尊严保护的规定。[⑤]

(二) 新消法对全国消费者协会给予了重要的新授权，并委以重任

在新消法中，对全国消费者协会的地位和性质，做了新的、明确的规定：[⑥] (1) 将其定性为具有公益性质的“社会组织”，并通过法律赋予了消费者协会以独立的法律主体资格；同时规定：当消费者的权益受到侵害时，消费者协会可以作为独立法律主体，对侵权人提起公益诉讼，以有效地保护消费者的合法权益。(2) 赋予了消费者协会参与国家制定相关法律的权利。[⑦] (3) 明确了消费者协会作为一个社会组织，当消费者权利受到侵害时所具有的社会职能；同时如何帮助受侵害的消费者协调纠纷获得应有的赔偿，在无法通过协调手段进行救济时，如何维护消费者的合法权益等具体措施，均在新消法里得到明确规定。[⑧]

在此授权背景下，广东消费者协会为粤港澳大湾区建设做出了重要贡献，全力推进粤港澳消费维权联动发展：推动建立省级、市级及区域间多层

---

① 参见《消费者权益保护法》第 18 条。
② 参见《消费者权益保护法》第 28 条。
③ 参见《消费者权益保护法》第 48 条。
④ 参见《消费者权益保护法》第 49 条。
⑤ 参见《消费者权益保护法》第 50、51 条。
⑥ 参见《消费者权益保护法》第 12、47 条。
⑦ 参见《消费者权益保护法》第 30 条。从立法的出发点来看，这无疑体现了国家对保护消费者权利的决心和重视。但本文认为，消费者协会作为一个社会组织参与国家法律制定，实际上是在行使国家立法权，这行为本身超越了其权力范围，根据我国《立法法》的规定，有权行使立法权的主体为全国人民代表大会及其常务委员会。对于新消法所赋予消费者协会的“参与立法”的地位，本文持保留意见。
⑧ 参见《消费者权益保护法》第 37 条。

次的合作框架，建立、实施大湾区消费投诉转办、视频调解、纠纷仲裁等机制，推动跨境消费投诉无障碍处理。近3年，3地实现投诉互转2126件，开展跨境业务合作120项。[①]

（三）新消法强调了对弱势的消费者以抑强扶弱的方式进行“倾斜式的保护”

新消法对经营者设定了更严格的义务，要求经营者在向消费者出售商品或提供服务时必须主动维护社会公德，诚实守信，维护消费者的权益，不能利用自身的优势地位对交易设定不公平或者不合理的条件，迫使消费者进行交易；[②] 新消法第26条则对格式合同的规定更加细化且明确，针对经营者所提供的合同在订立的形式、条款的适用、条款的内容、合同权利义务、合同责任等事项上，都进行了细化规定，从而加大了对经营者所单方面提出的格式合同的约束。

（四）对于意思自治权受到干扰与限制的消费者，规定了获取信息的新举措

新消法要求经营者对所出售的商品或提供的服务必须明码实价进行标识，且必须全面地、真实地对消费者披露所出售产品或提供的服务的功能信息和使用说明，以保证消费者得到的商品或服务是其真正想要的；[③] 新消法还新增了消费者拥有退货权，规定消费者在收到有质量瑕疵问题存在或不符合质量要求的商品的7天内，拥有退货权，[④] 大大提高了对消费者权益的保障。新消法同时对通过电子商务形式进行销售的商品新增了收货后7天内无条件退货的规定，[⑤] 更深化了前述规定[⑥]的保护程度。[⑦]

---

① 参见《五届理事会八次会议交流材料丨敢作为勇担当　为消费维权事业发展作出更大贡献》，载中国消费者协会网站2022年7月19日，https://cca.org.cn/zxsd/detail/30464.html。

② 参见《消费者权益保护法》第16条。

③ 参见《消费者权益保护法》第20条。

④ 参见《消费者权益保护法》第24条。

⑤ 参见《消费者权益保护法》第25条。

⑥ 参见《消费者权益保护法》第24条。

⑦ 但对于这两款关于7天的退货权的规定是否该进一步界定和明确，本文持保留意见。

（五）新消法还规定了对消费者进行有效救济的途径

新消法设定了当出售的商品或提供的服务出现问题或存在瑕疵的时候，经营者应当采取的补救措施和一系列的应急处理措施；[①] 新消法还增加了经营者对于某些特定的商品的出售或服务的提供后前6个月内，对产品质量瑕疵必须承担举证责任的规定。[②] 举证责任倒置实际上是对经营者所提供的产品或服务质量的严格约束。此外，新消法具体分列了保障消费者的个人隐私不应因消费交易而受到不法侵害；[③] 规定了在消费者个人信息发生泄露、丢失或被盗时经营者必须采取补救措施。[④] 在新消法中，还明确规定了经营者不法经营构成犯罪的所需承担的刑事责任，同时还突破了传统刑法中"先刑后民"的法定顺序，[⑤] 加大了对消费者权利的兜底保障程度。此外，新消法通过行政手段监督经营者加大保护消费者权利的力度。[⑥] 在新消法中，还新增了加大对不法经营者的惩罚的规定，对于经营者在交易中的欺诈行为，规定了3倍的赔偿责任，[⑦] 并确定了消费者所购买的商品或接受的服务所能获得的最低赔偿保障额度。此外，经营者出售商品或提供服务有主观恶意造成消费者人身损害或侵害消费者生命安全的，新消法规定了其所需承担的惩罚性赔偿。

由于粤港澳大湾区法律体系的特殊性，消费者的救济途径更加复杂。为此，广东省消委会与香港消委会、澳门消委会在消费维权合作协议基础上，正式开通"粤港澳大湾区消费投诉转办平台"，大湾区消费投诉有了统一载体，今后广东省内及港澳消费者均可以登录平台"一键投诉"，涉及大湾区的跨境消费纠纷将由平台统一转给相关消委会跟进处理。这是粤港澳消费维权协作的一大突破，将在一定程度上解决困扰消费者的跨境维权难题，有助

---

① 参见《消费者权益保护法》第19条。
② 参见《消费者权益保护法》第23条第3款。
③ 参见《消费者权益保护法》第29条。
④ 参见《消费者权益保护法》第29条第2款。
⑤ 参见《消费者权益保护法》第57条及第58条。
⑥ 参见《消费者权益保护法》第56条。
⑦ 参见《消费者权益保护法》第55条第1款。

于促进3地消费融合，高质量推进消费维权一体化建设。[①] 在当前线上消费蓬勃发展的背景下，对于网络消费者的保护可以充分利用线上资源，搭建线上纠纷解决平台。如2019年穗澳消费纠纷网络调解的正式启用，全面推进了粤港澳大湾区内异地视频调解模式的开展，利用互联网实现异地视频调解，能够降低消费维权成本，切实为粤港澳大湾区各地消费者带来消费维权方面的便利。[②]

（六）新消法新增了对行政部门的职能要求

新消法新增了对行政部门的职能要求，规定相关的行政部门必须积极作为，通过有效的行政手段对经营者的经营行为进行监管，[③] 行政部门在发现消费者的权益因经营者所出售的商品或提供的服务瑕疵或缺陷而受到侵害时，运用行政手段对消费者给予及时的救济和保护。[④] 新消法还增加了为解决消费者与经营者之间的消费争议或纠纷，可以通过多种渠道来进行的规定。[⑤]

（七）新消法还有其他保护消费者权益的新举措

新消法其他保护消费者权益的新举措包括但不限于：（1）新消法明确提出了经营者对其出售的商品或提供的服务有提供发票的义务，[⑥] 这实际上是通过行政监管的手段对经营者的业务经营情况进行监督以维护消费者的合法权益。（2）新消法增设规定：通过电子商务等交易模式进行消费；交易当中除了消费者和经营者之外的第三方，也即提供交易平台的一方在消费交易中所应承担的义务；当第三方未履行或未完全履行其法定义务而对消费者

---

① 参见《粤港澳大湾区消费投诉转办平台开通》，载中华人民共和国中央人民政府网站，https：//www. gov. cn/xinwen/2019 －06/03/content_ 5396972. htm。

② 参见潘星容、叶秀珍：《粤港澳大湾区视域下网络消费者维权困境与突破》，载《行政与法》2023年第2期。

③ 参见《消费者权益保护法》第33条第1款。

④ 参见《消费者权益保护法》第33条第2款。

⑤ 参见《消费者权益保护法》第39条。

⑥ 参见《消费者权益保护法》第22条。

权利造成损害时，其所必须承担的法律责任。[①] 这也是有效对消费者权利进行保护的举措之一。（3）新消法还新增了广告经营方的法定义务，规定了广告的经营方、制作设计者等关联方在因未能履行或完全履行法定义务而对消费者权利造成损害时所需承担的法律责任，[②] 这也是加大对消费者权利保护力度的有效举措之一。

（八）在新消法中也有平衡经营者与消费者权利与义务的规定

在新消法中，还增加了对经营者权利的保障，经营者不服有关行政部门的行政处罚决定时，可行使提请复议或行政诉讼的权利。[③] 新消法还对消费者权利的正确行使，进行了必要的约束。[④]

三、在中国消费者保护法完善过程中所存在的问题

由于我国属于发展中国家，社会主义市场经济还在不断自我摸索、调整中，加上法治意识仍需加强等因素，所以，相对于西方较为完善的消费者保护法律体系，我国的消费者保护法律体系不仅起步较晚，而且在已有的消费者保护方面的立法，还存有较大的改善空间。这表现在：

1. 对于"消费者"的概念不明确。

新修订的《消费者权益保护法》第 2 条仅界定了消费行为，但对实施消费行为的主体，没有作进一步的界定。消费者到底是个人，还是单位或集体？是否只要是用于生活消费的行为，无论主体是谁都可以纳入消费者的范畴？还是该明确界定消费者就是自然人的个人主体？相关概念的不明确，将给消费者问题的解决、行政部门的执法和司法救济带来困扰。

2. 对于消费者的权利规定得不全面。

在我国新消法以及其他保护消费者的法律中，规定了消费者的诸多权

---

① 参见《消费者权益保护法》第 44 条。

② 参见《消费者权益保护法》第 45 条。

③ 参见《消费者权益保护法》第 59 条。

④ 参见《消费者权益保护法》第 38 条。本文认为：新消法在保障消费者合法权益的同时，应站在公平与合理、适度保护的角度，对消费者权利的使用，做更明细、更具体的约束和调整，以避免因保障过度而衍生其他社会或法律问题，以求达到法律精神上的公平。

利，但这些权利原则性较强，在实践中不容易实施，并且对于消费者权益的保护并不是周延的，这就使新消法中所增加的关于“撤销权”的相关规定，因未能对行使“撤销权”后之双方权利义务进行细化规定，而陷入争议。此外，虽对于“隐私权”在新消法立法上作了补充，但对于当经营者违反了相关规定，把消费者在生活消费过程中所泄露的个人隐私作为可以买卖的商品来处理，从而给消费者造成了经济损失和精神损害时，如何得到赔偿，将得到多少赔偿等问题，均未作具体规定。更重要的是，对消费者权利性质未予明确，消费者权利到底是公权力受公法所保护？还是属于私权利由私法救济？当出现法律冲突时，该借助何种基本原则予以法律适用？或者以何种基本原则予以释法？处于这种模棱两可状态下，对消费者权利的全面保护相当不利。

3. 消费者保护法律性质不明确，体系不完善。

一方面，目前《消费者权益保护法》归属于哪个法律体系尚未有权威明确的界定，这将导致消费者保护法性质不明确，调整对象和调整方式及其所依据的基本原则不确定。

另一方面，消费者保护法不应该是孤立存在的，而应该是在基本法的基础上结合多部法律互相依存、互相补充、共同构成的互动的有机整体。但是，我国目前的消费者保护法律体系缺乏完备的立法依据，保护消费者的法律基本上是各自为战的单行法，[①] 与《民法典》的关系，也没有真正厘清，各类单一调整消费者保护关系的规范杂乱无序且不成系统，甚至相互之间还存在着诸多直接或间接冲突，难以达到全面、有效地保护消费者的目的。[②]

4. 有关消费合同的立法不完善。

一方面，当前立法对于消费合同，特别是消费者与经营者之间关系的性质未予明确。消费者与经营者本质是平等主体之间意思自治的契约关系，只

---

① 例如《消费者权益保护法》规定：消费者为生活消费需要购买、使用商品或者接受服务，其权益受本法保护；本法未作规定的，受其他有关法律、法规保护（第2条）；经营者为消费者提供其生产、销售的商品或者提供服务，应当遵守本法；本法未作规定的，应当遵守其他有关法律、法规（第3条），但哪些属于“其他有关法律、法规”，未作明确的规定。

② 例如在《道路交通安全法》与《江苏省消费者权益保护条例》中，均对因机动车辆所造成事故而受伤残的个人——消费者之赔偿额，进行了明确规定，但两者差距甚大，便是一例。

不过随经济发展及上文阐述的各种客观问题的存在导致双方地位强弱悬殊，才延伸出消费者权利保护这个重要的课题，但契约关系的本质并未改变。我国《消费者权益保护法》只规定了消费者的权利和经营者的义务，但未强调消费者的义务以及未规定经营者的权利，如此看来，该法更倾向于强行法或义务法，有违消费者与经营者之间具有私法关系的本质。这种法律设置短期对保护消费者权利有一定的效果，但长期可能导致产生负面后果，最终损害消费者的利益。

另一方面，目前立法对于一些随着时代进步而产生的合同形式无相关规定。例如：关于互联网无店铺销售的法律规制，消费信用、信用卡消费以及一般消费品的分期付款等形式所形成的合同及其特别调整，在上述法律中均无规定。

5. 行政监督并综合性保护消费者权利的制度不完善。

因不同行政或执法部门内部缺乏统一管理机构，组织体系不健全，权责不明等客观问题的存在，行政主管部门或执法部门执法效力低下，管理混乱，互相推诿，未能有效发挥其应有的作用。这不符合中央决定中深化行政执法体制改革，推进综合执法，重点在食品药品安全、工商质检、公共卫生、安全生产等领域内推行综合执法，有条件的领域可以推行跨部门综合执法的要求和精神。① 但自从 2018 年国家市场监督管理总局根据党的十九届三中全会审议通过的《中共中央关于深化党和国家机构改革的决定》、《深化党和国家机构改革方案》和第十三届全国人民代表大会第一次会议批准的《国务院机构改革方案》设立以后，这种行政监督并综合性保护消费者权利的制度不完善的现象，已经得到了极大的改善。

四、结语

和其他法律的制定、修改并渐趋完善的规律一样，我国的消费者保护法亦已经过了前两个阶段，并正朝着更加符合“科学立法，严格执法，公平

① 参见党的十八届四中全会《中共中央关于全面推进依法治国若干重大问题的决定》“三、深入推进依法行政，加快建设法治政府要改进行政执法体系、完善联合执法”。

司法”之法治国家要求的目标而前行。粤港澳大湾区拥有庞大的消费市场、发达的线上消费环境和多元的法律制度格局，该地区消费者保护的立法与实践能够为未来我国消费者保护法的进一步完善提供有益的参考与借鉴。让我们为此光荣任务的早日实现，而携起手来共同奋斗。

粤港澳大湾区企业法律服务工作研究

黎倩雯

一、前言

随着粤港澳大湾区建设的蓬勃发展，在粤港澳大湾区的广东九市，不少企业在资金、技术、人才等方面与港澳进行了交流和结合，他们在处理港澳的跨境法律问题时面临许多新问题，需要专业的区域性法律服务，这不仅给公司的法律服务带来了挑战，同时也为法律服务工作者带来了机遇。粤港澳大湾区的法律服务工作者应当抓住新机遇，迎接新挑战，适应新需求，探索新途径，解决新问题。

二、粤港澳大湾区企业法律服务的新挑战

粤港澳大湾区公司内的人员、物资、信息、资本等要素在粤港澳之间流动，公司在资金、人力资源等方面具有地域特殊性，相关法律问题必须符合三地各自的法律和共同适用的规则，这对粤港澳大湾区内的公司的法律服务提出了新的挑战。

（一）粤港澳大湾区企业与跨区域法律服务主体

粤港澳大湾区大量企业由于生产要素的跨区域性特点，迫切需要能够提供“一站式”法律服务的法律服务商。在粤港澳大湾区建设前，涉及公司与港澳有关的法律问题，内地律师事务所往往仅能通过自身研究的方法了解港澳地区法律，向公司提供法律解决方案。同时，港澳地区的法律服务机构和专家无法长期稳定地与内地交流，内地律师事务所与港澳合作伙伴之间也

缺乏稳定有效的合作，难以总结粤港澳法律服务知识要点。在粤港澳大湾区建设加快的今天，湾内企业对专业法律服务的需求更加突出，熟悉粤港澳法律法规，可以凸显广东、香港和澳门的专业法律服务主题。公司需要与其他区域法人相互合作，使他们需要寻求一个进入一扇门就可以获得专业、高效的区域法律服务的法律服务主体。

（二）粤港澳大湾区企业需要跨区域法律服务资源的渠道

粤港澳跨境民事经济活动增多，跨境法律服务需求逐年增加，但缺乏统一的跨区域法律服务供需平台和匹配机制以满足不断增加的跨境法律服务需求。提供跨地区法律服务的律师事务所仍然只习惯于自行寻找客户，由个人进行推广，提供服务，公司缺乏有效的渠道获得高质量的法律服务。面对新的挑战，粤港澳大湾区企业的法律活动必须走合作与融合的道路，走出一条新路，在现有法律框架内灵活有效地处理跨境法律问题。

三、粤港澳大湾区律师合作新的探索

律师是公司法律服务的主要提供者，由于粤港澳三地法律制度不同，目前三地法律法规对接、法律制度统一的现实可能性不大。因此，加强和深化粤港澳三地律师专业群体的合作，为粤港澳企业提供高质量的区域性法律服务，是帮助粤港澳三地企业的务实之道；克服监管障碍，提高人才、资金、技术等资源的流动是首要之举。广东珠三角地区律师得益于区位优势，有粤港、粤澳多年合作经验。长期以来，珠三角地区和港澳地区的律师在法律纠纷中的合作越来越频繁。自2019年年初，中共中央以及国务院颁布《粤港澳大湾区发展规划纲要》以来，广东、香港、澳门所统合的大湾区法律服务建设进一步提速，大湾区律师成为先知者和先行者，率先就开展粤港澳律师合作，做出了新的尝试，大胆探索新的道路。到2023年，粤港澳三地的法律合作越来越紧密，并且发展出了新形势来适应当下跨境法律问题不断增多、不断复杂化的现实情况。

（一）港澳居民或港澳律师进入大湾区粤属九市

在大湾区粤属九市，在港澳地区从事律师工作的居民或律师可以提供相应的法律服务；在通过国家统一法律职业资格考试，取得中国公民资格和执业证书，获得在内地从事律师工作的资格后，他们也可以被内地的律师事务所聘用成为律师，在内地担任法律顾问。

2004 年，我国开始允许具有中国公民身份的香港、澳门永久性居民在内地申请国家司法审查（现发展为“全国统一法律职业资格考试”），关于注册条件、资格标准和使用资格的审查，也适用于国家司法制度的统一规定。考试合格后，可申请“中华人民共和国法律职业资格证书”，执业后可在内地申请律师证，成为执业律师。但在初期，港澳地区律师在内地的执业要求与内地律师不同。2013 年 8 月，司法部放宽了对居住在港澳的律师的限制，居住在港澳的内地港澳律师不得处理法律纠纷。香港、澳门居民可在内地法院代理处理婚姻家庭纠纷、继承纠纷、合同纠纷、知识产权纠纷以及与公司、证券、保险公司等有关的纠纷和与发票工作等有关的民事投诉。粤港澳大湾区建设后，这一发展规划将上升到国家战略高度，港澳居民在内地取得合法资格和律师执照的人数势必越来越多。在 2019 年 10 月底前，有 152 名香港居民和 12 名澳门居民获准在内地从事律师工作，这些港澳律师大多为港澳居民，多数受雇于大湾区广东各市的律师事务所或为律师事务所合伙人，仅 2019 年 11 月就有 51 名港澳律师加入广州地区的律师事务所。而随着现在粤港澳大湾区律师执业考试的放开，越来越多在香港及澳门有 5 年以上执业经验的律师参加考试，在通过后成为粤港澳大湾区法律服务提供者，这无疑能不断提高大湾区法律服务者的数量和质量。

（二）粤港澳律师事务所的合作

粤港澳律师事务所之间的合作是一个不断探索、改革和深化的过程，合作方式主要有香港和澳门律师事务所在广东设立的代表处，港澳的律师事务所和内地律师事务所的“合资协议”以及它们的“合伙协会”等。

直至 2019 年 10 月，已经有 23 家香港律师事务所在广东设立了办事处和代表机构。允许外国律师事务所在内地设立办事处和代表处是内地对外开放法律服务市场的主要途径，但是外国律师事务所既不可以直接在内地聘请律师，也不能在内地提供有关法律方面的服务。为了解决这一问题，适应粤港澳大湾区法律服务建设的需要，香港、澳门和广东三地共同约定了“协议联营”这一新方式。联营各方各自开展业务，并按照协议进行合作。随着三地法律服务工作者合作的不断深化，到2022年，粤港澳大湾区的联营律所已经多达16家，相信在不远的未来，大湾区联营律所的数量也会呈现不断上涨的趋势。

四、粤港澳大湾区法律服务新的路径

粤港澳法律服务是3个不同法律领域的服务，对于广东省来说，现阶段切实可行的办法是让港澳法律服务融入广东省的法律服务资源中，为涉港澳因素企业提供便捷、优质的法律服务，打造三地法律服务资源集聚平台，建立有效的跨区域法律服务质量监控机制。

（一）引入港澳法律服务人才，促进粤港澳法律服务行业的发展

引进人才需要进一步放宽对港澳律师执业的限制，拥有港澳身份的律师获取资格证书应当与内地居民无差别。港澳律师欲取得内地执业资格，对其专业基础的要求亦应当与内地律师相同。

《粤港澳大湾区发展规划纲要》提出，要在《关于建立更紧密经贸关系的安排》（CEPA）范围内研究出台进一步的开放措施，我们认为，为了更好地体现“一国两制”的“一国”，应该使港澳拥有内地执业资格的律师，逐渐享有国民待遇。根据三地平等进入司法市场的原则，我们可以优先进一步放宽香港、澳门执业律师在大湾区广东九市的营业范围，使他们在大湾区广东九市的执业领域逐步接近于内地律师的执业领域。

由于粤港澳合资律师事务所成立时间通常较短，往往无法满足在证券服务等方面的高端公司的业绩积累和服务资质的要求。应当考虑到这类新型合资公司的初始业绩和资质积累不如内地律所的问题，适当放宽这类合资律师事务所在提供证券和其他高端公司业务时需要达到的业绩和资质条件，为他们提供更多发展机会。帮助粤港澳律师事务所度过初创期，不仅应当进一步放宽执业范围，还应当解决与联营企业共享服务和资质的问题。在大湾区初始建设时期，治理时应该考虑到这类合资律师事务所的现实困难，允许这类

合资律师事务所与合资企业共享业绩和资质，更好地支持粤港澳合伙联营律师事务所的早期发展。

（二）营造跨区域法律服务平台，提升法律服务要素的集中度和匹配效率

为解决粤港澳地区法律服务资源配置低效和供需不匹配的问题，广东律师也曾尝试采取了一些措施，如 2018 年和 2019 年广州举办了“中国广州法律服务交易会”两会，以“公平”的形式聚焦广州律师在社会上的法律服务，在法律服务资源的供给与需求之间取得了良好的宣传与匹配效果。经过香港律师和广东律师的协力，大湾区在 2022 年集结了众多通过了粤港澳大湾区律师执业考试的律师，组成了全国粤港澳联营律师事务所，而在 16 家全国粤港澳联营律师事务所中已有 8 家入驻了深圳前海。

笔者认为，除了不可持续的“法律服务公平”之外，打造区域性、统一性、可持续性的跨区域法律服务平台，是有效促进法律服务资源供给与服务需求趋同的可行途径。可在广州南沙线下建设粤港澳大湾区法律服务商及“一带一路”法律服务集合区或广州法律大厦，或在粤港澳地区设立律师事务所，或者律师、公证员、商事仲裁员等集各类法律专业人员于一体的法律服务机构，确保有法律服务或合作需求的各方相互了解，建立有效的联系渠道。

（三）成立粤港澳三地律师联合组织，实现跨区域执业律师的行业自律监督

对于加入内地律师事务所，处理跨境法律咨询业务的香港和澳门的律师，现行法律法规已经作出了一些规范性规定。现行监管措施特别关注港澳法律顾问证书等证书许可制度的管理，以及对法律顾问、港澳律师在内地违反《律师法》的处罚。联营律师事务所中的港澳派驻律师，必须以“港澳律师”的身份加入联合律师事务所所在地的律师协会，接受律师协会的监督管理。申请在大湾区执业方面也设立了一定的准入门槛，想要在大湾区执业的港澳律师，应向想要执业的律所所在地的司法局提交申请，相关监督机

构通过全面调查不同地区港澳律师的诚信状况，结合港澳及内地法律的约束，实现全面监督。

另外，为实现进一步的大湾区法律服务的优化，笔者建议在现有粤港澳律师联席会议制度的基础上，建立粤港澳律师联合组织形式的律师交流合作机制。粤港澳律师联合组织招募跨地区执业律师为会员，这不仅为三地律师之间的交流与合作提供了平台，而且能提高粤港澳三地法律服务的覆盖率，提高法律服务的质量，维护跨区域律师提供信息的完整性；同时，还能对跨区域执业律师进行持续监测、评估和评价，实施跨区域律师自律监督，促进大湾区跨境法律从业者的交流和发展，也有利于粤港澳三地法律服务行业更加健康、高效、高质量地发展。

（四）运用替代性纠纷解决机制来解决企业跨区域法律问题

协商解决、调解、民商事仲裁等纠纷解决程序是具有宽松灵活性的替代性纠纷解决机制。根据现有的适用规则，港澳律师在内地的执业范围较窄，他们仅能在内地律师事务所代理法外事务或在国家法院代理诉讼业务、家庭事务等一些影响港澳的民事事务。法律服务市场的政策仍然严格限制着合资律师事务所参与民商事诉讼的范围，限制庭外诉讼和行政纠纷。因此，在经营者自治的前提下，充分利用替代性纠纷解决机制来规范跨境商事法律问题，可以让区域性律师发挥作用，让企业在三地法律允许的范围内灵活处理法律问题。

现如今，粤港澳仲裁联合会设在广州市南沙区，其以粤港澳仲裁机构为核心，旨在促进广东省仲裁机构与仲裁资源的联系与合作；粤港澳大湾区调解联盟也已签约；粤港澳大湾区知识产权调解中心于 2019 年 1 月正式宣告成立；粤港澳大湾区劳动争议速调快裁服务站也于 2022 年 12 月举行揭牌仪式并投入使用。香港和澳门的法律服务工作者应充分利用这些现有的便利条件，充分利用替代性争端解决机制解决地区性法律问题。

五、总结

目前，粤港澳大湾区的建设已经上升到国家战略高度，与我国下一个

10 年经济发展有着不可分割的、紧密的联系。广东、香港、澳门构成的大湾区的概念，为新时期广东、香港、澳门的跨越式发展指明了方向。只有整合才能有更强的实力和更快的发展，大湾区的建设势必能帮助香港和澳门融入国家的全面发展宏图中。在大湾区建设的背景下，企业法律服务应摒弃旧的地域划分理念，探索和实践具有创新思维的新服务路径，为粤港澳大湾区企业提供高效优质的法律服务。

粤港澳大湾区商标跨境保护制度探索

李志坤

一、建立粤港澳大湾区商标跨境保护制度的必要性——粤港澳三地经济上的紧密关系与商标登记制度上的地域性限制之间的冲突

广东珠三角地区，一直是中国改革开放的前沿阵地。由于地理上的紧密联系，早在香港、澳门回归以前，珠三角地区便是内地与港澳地区经济来往最密切的区域，在经济、文化上一直受到香港、澳门的深刻影响；在香港、澳门回归以后，粤港澳三地商事主体的交易与合作呈爆发式增长。后来，随着《内地与港澳关于建立更紧密经贸关系的安排》（CEPA）及其补充协议的签订，港澳自由行政策及粤港澳大湾区战略的实施，三地商事主体的经济联系更为紧密，但随之而来的，便是由此引发的大量商事法律争议。

商标作为识别和区分商品、服务来源的标志，是体现商品、服务及品牌影响力的重要权利载体，其在三地商事主体的法律权益中的地位不言而喻。但与此同时，商标专用权的保护受地域范围的限制，称为地域性。[①] 它必须经过所在特定的国家或境域的商标登记机构的依法登记才能在该国或该境域产生对世效力，获得该国家或该境域的法律保护。《香港特别行政区基本法》《澳门特别行政区基本法》规定，香港、澳门作为中华人民共和国的特别行政区，实行高度自治，享有行政管理权、立法权、相对独立的司法权和终审权。“一国两制”的此种特殊性，使三地商标保护制度处于“三个不同法域”之下，让商标保护工作备受挑战。

---

① 参见赵天祥、王伟主编：《知识产权法》，东北师范大学出版社2012年版，第85页。

首先，商标被跨境抢注情况猖獗，内地和香港、澳门三地商标注册登记制度无法有效地予以防范。现今社会电子商务业高速发展，公众号、微博、短视频网站等自媒体传播方式对商品及商标的宣传在传播速度和范围上都达到了一个前所未有的程度。商标抢注者只需要根据线上流量和关注热度便可以轻易捕捉在一境域内流行的商品、服务或品牌，然后在其余两地抢注相关商标，以获取不当利益（如近年“喜茶”商标在澳门被抢先注册等案例）。这种恶意抢注行为不仅挤占了当地商标资源，还使正常经营的商事主体在未来进行跨境推广、销售时遇到极大的阻力。但由于三地商标注册制度的地域性限制，三地无法在商标登记阶段有效防范此种恶意抢注行为。

其次，粤港澳三地行政管理部门无法对商标跨境侵权行为实施有效、及时的打击。由于三地的行政管理部门互相独立，三地海关分管各自独立的关税区，各自执行各自的商标货物进出口管理制度，因此，一地的行政部门无法及时发现商标侵权商品的流动，当侵权商品已经实际在其余两地广泛销售时，商标权人才能发现境外的侵权行为，然后只能通过漫长的跨境诉讼程序向侵权人追责。故三地对商标跨境侵权行为的打击具有相当的滞后性。

最后，粤港澳三地商标保护制度存在诸多不一致之处，三地之间对于商标权人利益保护没有制度性、系统性的衔接措施，只能靠商标权人在自行分别了解三地商标保护法律制度后，在三地分别开展商标登记保护和维权法律措施。

粤港澳三地在商标跨境保护工作方面的以上挑战，与三地紧密联系的经济关系是相背离的，必然会使粤港澳大湾区商事主体商标保护工作的难度大大提高，不利于大湾区营商环境的优化，影响商事主体贸易投资的积极性。可见，粤港澳三地商标跨境保护方面的需求已越来越迫切，探索建立粤港澳大湾区商标跨境保护制度显然非常必要。

二、建立粤港澳大湾区商标跨境保护制度的可行性

1. “一国两制”政策的强大支持，为商标跨境保护制度的建立提供有力的制度保障。“一国”是“两制”的基础，“两制”是“一国”下的“两制”，粤港澳三地均属于中国领土，均归属中央人民政府管辖，三地商标跨

境保护制度的建立，可以在中央人民政府的领导和协调下有效进行，不存在国际的商标保护所须考虑的国家政治层面的障碍。

2. 内地、香港、澳门都适用《保护工业产权巴黎公约》《与贸易有关的知识产权协议》《商标注册用货品和服务国际分类尼斯协定》等国际公约，在商标权保护立法上具有共同的价值取向和原则，如优先权原则、国民待遇原则、独立保护原则、尼斯分类法等。这些共同的价值取向及原则，与国际上商标保护的基本价值理念是一致的。粤港澳三地在商标保护立法、执法、司法方面的制度设置，都是紧紧围绕这些基本相同的法律精神和法理基础而进行。这些基本共性，使粤港澳大湾区商标跨境保护制度的探索和构建存在可能性。

3. 粤港澳三地有非常相近的语言、社会传统文化背景，有地理位置上天然的便捷性，并且在国家粤港澳大湾区的发展战略背景下，粤港澳三地有着经济协同发展的共同需要。

4. 粤港澳三地此前存在知识产权方面的框架性合作的先例和经验，为解决粤港澳大湾区知识产权区际法律冲突问题进行过有益的合作和探索。例如：

2003年8月5日，粤港两地在第六次粤港合作联席会议后成立了“粤港保护知识产权合作专责小组”，旨在加强粤港两地在知识产权不同范畴的交流和合作，包括推广和教育、培训、执法、调查研究以及资讯发布等方面。①

2005年，港澳地区和泛珠三角地区签订《泛珠三角区域知识产权合作协议》；2010年4月广东省人民政府与香港特别行政区政府签订《粤港合作框架协议》，就粤港两地之间加强知识产权合作与交流提出了明确的要求；近年来，粤港还陆续签订了相关的《知识产权合作协议》以及CEPA的多份补充协议，已存在较为有益的尝试和实践。②

---

① 参见香港知识产权署官网：《内地与国际合作——粤港知识产权合作专栏》，载 https://www.ipd.gov.hk/sc/mainland-international-cooperation/mainland-cooperation/provincial/index.html。

② 参见林颖、张盼：《粤港澳协同发展背景下的知识产权冲突协调机制研究》，载杜承铭主编：《粤港澳大湾区法律论坛》，中国政法大学出版社2019年版，第179页。

2017年6月28日，国家知识产权局和香港商务及经济发展局签署《国家知识产权局与香港特别行政区政府商务及经济发展局关于在知识产权领域合作的安排》，以进一步深化内地与香港特别行政区在知识产权领域的交流。①

2020年6月16日，国家知识产权局和澳门特别行政区政府经济局签署了《国家知识产权局和澳门特别行政区政府经济局关于深化在知识产权领域交流合作的安排》，双方将深化在专利实质审查、发明专利延伸、专利和商标信息自动化、知识产权信息交流、人员培训以及共同举办研讨会与技术交流会议等方面的交流合作。②

以上有关三地知识产权合作的先例和经验，为三地探索商标跨境保护制度提供了经验基础和协议准备。

三、探索建立粤港澳大湾区商标跨境保护制度

如前所述，在粤港澳大湾区协同发展的大背景之下，粤港澳三地商标跨境保护制度的建立具有必要性和可行性，笔者下文将从商标登记保护、商标执法保护、商标司法保护三个方面，分四部分探索建立粤港澳大湾区商标跨境保护制度。

（一）在粤港澳大湾区商标跨境保护的登记保护阶段

1. 关于“商标直接互认”及“大湾区商标注册”两种制度设想的法理障碍

关于粤港澳三地的商标跨境保护，有学者主张通过签订CEPA补充协议的方式，统一商标注册与登记的要求，然后在协议的基础上制定、统一商标的保护对象、范围，商标权人的权利和救济等实体法内容，逐步将三地的立

① 参见《内地与香港签署新的知识产权领域合作安排》，载国家知识产权局官网，https：//www. cnipa. gov. cn/art/2017/6/30/art_ 53_ 117190. html。

② 参见《内地与澳门签署新的知识产权领域合作安排》，载国家知识产权局官网，https：//www. cnipa. gov. cn/art/2020/6/16/art_ 53_ 131023. html。

法进行趋同化，最终建立起统一的商标权保护制度。①

笔者认为，在粤港澳三地中，只有广东不享有独立的立法权，若要使粤港澳三地立法趋同，难免会涉及内地立法的整体调整。由于大湾区内地九市从属于内地《商标法》管理，而大湾区主要是粤港澳三地的协调，不应影响内地全域性的商标法律制度，除非内地全域与港澳的商标保护制度已经全方位基本相同，内地全域与港澳的经济联系已经高度紧密，然而事实上并非如此。

在粤港澳大湾区范围内是否可以考虑直接实行商标互认制度，或者通过允许申请人在申请商标登记时直接选择注册“大湾区商标”在大湾区范围内使用？笔者对此亦不敢苟同，原因在于：

内地除大湾区以外的其他省市，与港澳之间没有太明显的地缘经济关系，直接实行商标互认制度将导致申请人在港澳注册的商标直接获得内地全域的商标登记效力，而不仅仅限于大湾区粤地九市。此做法无法保障大湾区以外其他省市的潜在的商标申请人的利益。部分港澳地区的商标在香港、澳门本土范围内使用频繁，在内地（特别是大湾区以外其他省市）使用较少，如直接互认，将导致内地商标登记资源被粤地互认的港澳商标所挤占，对其他省市的商标申请人来说显然有失公允。

同时，因为内地商标登记效力适用于内地全域，内地商标立法中关于商标登记、商标无效等的规定，与港澳地区商标立法的要求也不可避免地存在不一致的地方。三地商标直接实行互认制度将迫使三地对商标登记的积极条件和消极条件等方面的立法进行大幅调整，特别是可能需要将内地全局性（不限于粤地九市）的商标立法与港澳地区在商标登记上的立法协调、调整，以便为直接实行商标互认制度共同提供法律基础。但三地现行的商标立法并非不能对商标权人进行基本的保护，只是在粤港澳三地商标跨境保护中遇到部分挑战，故三地仅为应对此部分挑战而作全局性的商标立法调整，不具有必要性。

---

① 参见唐犀、吴艺：《粤港澳地区商标权利保护及互认机制的建立构想》，载杜承铭主编：《粤港澳大湾区法律论坛》，中国政法大学出版社2019年版，第147页。

而对于“直接注册大湾区商标”的建议，笔者认为：

第一，粤港澳大湾区是经济区域名称，其范围是以各市的行政区域来划定，而商标权的地域性是以商标登记的法律效力来划分的。商标权的地域性，决定了在国家知识产权局所注册的商标，应在内地全境范围内具有相同效力，而不应针对特定的省市注册的商标作出效力区分。否则，商标申请人和市场上其他经济主体将无所适从。

例如：某香港企业在香港申请注册了“大湾区商标”，其商标固然可以同时在大湾区内地九市（乃至粤地）范围内获得注册效力，但是，在全国经济来往频繁甚至销售平台是以电商为主的今天，商标一旦在粤地的某一市注册和使用，便不可避免地在生产、销售等环节涉及全国各地的商事主体和消费者，“大湾区商标”根本不能适应现代市场经济的需要，反而使商事主体对“大湾区商标”的效力充满困惑。

第二，“直接注册大湾区商标”制度还可能引发对内地商标制度的公平性的质疑——如果某广州企业在内地注册的商标，可以直接取得“大湾区商标”的效力，获得港澳地区商标登记的承认，那么为何某成都企业的注册商标却无权享受或选择享受此权利？

第三，我们无法在“大湾区商标”与普通商标之间寻找到合理的区分点。平等保护原则是各国、各地区商标保护制度的基本原则，此原则决定了我们无法以商标申请人的营业执照登记的经营地址作为“大湾区商标”的区分点。那能否以商标登记的申请地作为区分点呢？答案也是否定的——一方面，国家知识产权局是受理内地商标登记的唯一机构，在法律上应统一以国家知识产权局所在地作为商标登记申请地；另一方面，假设将“商标注册申请资料的发出地”视为申请地，申请人在大湾区内地九市发出商标注册申请，其登记效力即可及于港澳，而在其他省市提出申请却不能选择享受此权利，也会造成另一种不公平，甚至将会导致大量的商标申请都集中在大湾区内地九市提出。

“商标直接互认”与“大湾区商标注册”两种制度设想，都不可避免地建立在三地趋同性立法以及牺牲内地省市间商标待遇公平性的基础之上。但粤港澳三法域有着不同的法律渊源和法律传统，趋同化立法要克服立法层面及司法传统方面的制度障碍；并且，从另一角度来看，这也正是粤港澳大湾区的特性和魅力所在，趋同性立法将导致大湾区这一特殊的区位优势丧失。正如中山大学刘恒教授所言："同一区域的不同法域是一个宝贵的稀缺资源，我们应该充分利用和尊重这些规则和差异，而不是简单地去对接规则和抹平差异。"[①] 故三地要对商标进行跨境保护，关键不在于趋同立法或简单的制度互认，而是如何使三地的商标登记制度有效实现联动。

其实，在商标登记阶段，这种联动不必依赖于立法层面的变动或通过牺牲商标登记制度的公平性去实现，只需由三地商标登记机关在实际操作层面达成共识，进行联动配合。对此，笔者提出以下两大解决路径。

2. 解决路径一：内地与港澳之间应建立跨境商标登记申请意向文件的统一收转机制，由三地各自独立受理、审查和登记

笔者建议，在商标登记阶段，内地与港澳之间可以考虑建立跨境商标登记申请意向文件的统一收转机制。具体步骤为：

商事主体在任一地提出商标登记申请，都可以一并提交其余两地商标登记的申请意向文件，并由首接地的商标登记机关向其余两地商标登记机关直接转交相关申请意向文件（转交的方式和期限由国家知识产权局与香港、澳门的商标登记机关通过签订交接工作规程进行衔接）。另外，两地商标登记机关在收到申请意向文件后，直接通知申请人依据各自的商标法律规定补交登记文件和登记费用，逾期未能补交的，视为放弃，能在期限内补充资料的，则将提交申请意向文件之日视为申请日，并由三地商标登记机关根据各自的商标法律法规和流程要求，各自、独立对商标申请进行审查和登记。

这一收转制度的好处在于，避免了对三地商标立法的调整，维护了三地立法权及商标登记效力的独立性，尊重了三地的法律传统；此制度同时也是对三地商标申请人商标境外注册的一种权利提醒；而且，三地相互转交申请意向文件，不存在文件跨国送达的障碍，便于商标申请人及时、同步跨境提出申请，故具有现实基础和实际意义。

---

① 王纳、黄庆：《中大教授刘恒：粤港澳大湾区中的法制差异是一种可以利用好的稀缺资源》，载广州日报客户端，https：//www. gzdaily. cn/site2/pad/content/2020 - 11/28/content_ 1433206. html。

3. 解决路径二：参考马德里商标国际注册体系（以下简称马德里体系）的思路解决三地商标跨境登记保护问题

马德里体系由《商标国际注册马德里协定》（以下简称《马德里协定》）、《商标国际注册马德里协定有关议定书》（以下简称《马德里议定书》）以及《商标国际注册马德里协定有关议定书实施细则》等构成，其对于国际商标的注册，处理原则是先统一登记，后由各成员国分别决定是否给予保护。正如有的学者所言："商标的国际注册并没有意味着已经产生超国家的商标权，实际上商标国际注册如果在各领土延伸国生效，其产生的也是一种有国家地域性的商标权。"① 故马德里体系的这一做法克服了前述"商标直接互认"或"大湾区商标注册"制度的相关缺陷，保障了三地商标制度的独立性和公平性，不失为解决商标跨境登记的解决方式之一。但目前，香港、澳门均未正式成为马德里体系成员。

内地早在1989年10月4日便已经加入《马德里协定》，1995年12月1日加入《马德里议定书》，但是香港、澳门至今仍未正式加入该马德里体系。"2020年6月19日生效的香港《2020年商标（修订）条例》第5条及第4部涉及根据《马德里议定书》在香港特别行政区（香港特区）寻求国际商标注册的权利则除外。有关部分会留待在香港特区实施《马德里议定书》所需的准备工作完成后，由商务及经济发展局局长以宪报公告的指定日期起生效。②"而澳门方面则暂未有关于加入或适用《马德里协定》及《马德里议定书》的相关立法或官方消息。

笔者认为，内地、香港和澳门可以通过签订CEPA补充协议，约定若商标注册申请人申请三地跨境商标登记，参照马德里体系"先登记后保护"的原则，统一由国家知识产权局受理（类似于《马德里协定》由国际局统一受理的做法）；港澳申请的跨境商标根据"先注册后保护"的原则，在取得国家知识产权局的统一注册后，再由其余两地根据自身的商标法律规定自

① 唐春：《知识产权国际保护制度与策略：专利与商标》，知识产权出版社2015年版，第62页。

② 参见《2020年商标（修订）条例》，载香港知识产权署官网2023年1月4日，https://www.ipd.gov.hk/sc/trade-marks/current-topics/trade-marks-amendment-ordinance-2020/index.html。

行、独立决定是否予以保护。此做法并没有违背三地立法权及商标登记效力的独立性，这也是该方式与“商标直接互认”及“大湾区商标注册”方式的本质区别。在香港、澳门正式加入马德里体系后，通过注册国际商标解决大湾区商标跨境登记保护的问题。

当然，与在粤港澳三地同步分别注册的做法相比，马德里体系国际注册的解决路径也有其不足之处。例如，《马德里协定》第6条规定了“中心打击原则”，即自国际注册的日期开始5年之内，如在原属国原先注册的国家商标已全部或部分不复享受法律保护，那么，国际注册所得到的保护，不论其是否已经转让，也全部或部分不再产生权利；又如，在马德里体系下，申请人无法针对不同的地区采取不同的注册策略，包括在注册品类、防御商标体系等方面均无法针对不同地区作差异化的安排。如果申请人采取在粤港澳三地分别注册商标的做法则可以避免出现此情况。故笔者建议上述解决路径一和解决路径二可以同时实施，由商标申请人对登记路径进行权衡和选择。

（二）关于商标异议阶段的跨境保护

对恶意登记或不诚信登记的商标提出异议，是保护商标权人或利害关系人之合法利益的重要手段。前已述及，粤港澳跨境恶意抢注商标和不当地占用商标资源是三地经常出现的现象。要最大化地避免这一现象的出现，除了建立前述联动式的商标登记制度外，探讨三地商标异议阶段的跨境保护机制亦非常必要。

关于商标异议，一般包括商标无效、撤销登记、撤销3年不使用商标（以下简称撤三程序）等。虽然粤港澳三地关于商标异议究竟是作撤销还是宣告无效处理，在规定上不尽一致，但仍未改变该程序系属申请人对商标登记状态提出异议的属性，故本文将之放在商标异议阶段的制度范畴内一并探讨。

1. 关于商标无效登记制度的跨境保护——在先权利人的地域性突破规则探索

已在当地进行登记的商标一般能获得当地商标法律的保护，商标跨境恶意抢注侵犯的往往是未在本地进行商标注册的境外商标权人的利益，故若要防范恶意跨境抢注商标的行为，必须将三地对在先权利人的地域保护范围扩大至粤港澳三地，才能产生实际效果。

《商标法》第 32 条规定："申请商标注册不得损害他人现有的在先权利，也不得以不正当手段抢先注册他人已经使用并有一定影响的商标。"第 44 条第 1 款规定："已经注册的商标，违反本法第四条、第十条、第十一条、第十二条、第十九条第四款规定的，或者是以欺骗手段或者其他不正当手段取得注册的，由商标局宣告该注册商标无效；其他单位或者个人可以请求商标评审委员会宣告该注册商标无效。"第 45 条第 1 款还规定："已经注册的商标，违反本法第十三条第二款和第三款、第十五条、第十六条第一款、第三十条、第三十一条、第三十二条规定的，自商标注册之日起五年内，在先权利人或者利害关系人可以请求商标评审委员会宣告该注册商标无效。对恶意注册的，驰名商标所有人不受五年的时间限制。"故内地通常根据《商标法》上述条款，认定恶意抢注商标属于不正当手段取得商标或恶意注册，进而宣告抢注商标无效。

香港《商标条例》第 11 条"拒绝注册的绝对理由"第（5）款规定："如——（a）任何商标根据或凭借任何法律遭禁止在香港使用；或（b）任何商标的注册申请是不真诚地提出的，则该商标不得注册或在其遭禁止使用或在其注册申请是不真诚地提出（视属何情况而定）的范围内不得注册。"第 53（3）条规定："任何商标的注册均可以该商标是在违反第 11 条（拒绝注册的绝对理由）的情况下注册为理由而宣布为无效。"

澳门《工业产权法律制度》第 9 条第 1 款规定："下列各项为拒绝授予工业产权之理由：……（c）认定申请人意图进行不正当竞争，或不论其是否有此意图，认定有可能造成不正当竞争。"第 202 条第 1 款规定："使用自由商标或未注册商标不超过六个月之人，在此期间内具有进行注册之优先权，并可在同一期间内就他人之注册申请提出异议。"

我们可以发现，在三地法律关于商标无效的规定中，内地《商标法》的表述是"不正当手段抢先注册""恶意注册"，香港地区法律的表述是"不真诚地提出注册"，澳门地区法律的表述是"意图进行不正当竞争或可能造成不正当竞争"，其实三者指向的都是违反诚实信用和公平原则的注册行为。判断申请人主观上是否诚信公平，必然需要结合其主观上是否知道存在他人在先权利，以及客观上是否影响他人在先权利来作出综合认定，即主客观相统一的标准。可见，三地在立法精神和判断标准、判断逻辑上是基本一致的。

而在现实条件方面，在三地经济融合程度日益增加的情况下，行为人在主观上是有可能知道某商标在其他两境域范围内存在在先权利人的，其注册行为在客观上也有可能会影响大湾区范围内其他人的在先权利，但这不具有绝对的普遍性，需要结合个案情况分析。

笔者认为，在具体个案中突破三地地域性限制来认定在先权利人，是可行的，但不应对所有案件予以突破。若结合个案具体情况（包括在先权利人的商标或商号、品牌、企业名称等在粤港澳三地范围内的知名度，申请商标与在先权利商标的相似度、使用范围的重合度，三地消费者混淆的可能性等），足以认定或推定行为人主观上可能或应当知道相关商标在粤港澳三地范围内存在合法的在先权利人，而且在先权利人的商标权利确实可能或已经由于异议的商标而遭受负面影响，三地应支持此种在先权利人跨境提出商标登记异议，要求撤销商标登记或宣告商标无效。

2. 在撤三程序中，在三地引入“有实际连结点视同境内使用”的判断原则

内地《商标法》第49条第2款规定：“注册商标成为其核定使用的商品的通用名称或者没有正当理由连续三年不使用的，任何单位或者个人可以向商标局申请撤销该注册商标。”香港《商标条例》第52条（注册的撤销）第（2）款规定：商标的注册可基于以下任何理由而遭撤销——（a）该商标是就某些货品或服务注册，但在一段至少3年的连续期间内，该商标的拥有人没有在香港真正地就该等货品或服务而使用该商标，而该商标亦没有在该拥有人的同意下在香港真正地就该等货品或服务而使用，且并没有能成立的理由（例如有对该商标所保护的货品或服务施加入口限制或其他政府规定）不予使用。澳门《工业产权法律制度》第231条（商标注册之失效）规定：“一、商标之注册在下列情况下失效：a）第五十一条第一款所指之情况；b）连续三年未认真使用商标，但有合理理由者除外；c）发生有损

商标识别之改变”。

由此可知，内地、香港和澳门均有关于商标3年不使用而撤销商标登记或商标注册失效的程序设置。但三地法律规定的最大区别在于对使用地域的规定——香港地区将使用的地域限定在香港，而内地和澳门在法条表述上并无此种限定，但内地司法实践对于出口境外是否属于商标性使用也存在不一致的做法。

笔者认为，商标登记是一种公共资源，无论是在内地，还是在香港或澳门，撤三程序设立的目的是督促商标权人对其注册商标真实、有效地进行商业性使用，防止注册商标资源闲置，最终促进国民经济的进步和商业发展。故为了继续激发粤港澳大湾区的经济活力，促进三地经贸关系进一步融合，笔者认为，对于商标有效使用的地域性标准，可通过三地签订合作协议，就商标使用的地域范围认定作更为宽松的解释，允许将其他在境域外的商标使用行为视为在本地有使用事实。但这种宽松做法并非毫无限制，相关商业性使用事实必须与商标注册地存在商业性的关联点。

在国际民事法律冲突范畴，连结点（point of contact），是冲突规范借以确定涉外民事法律关系应当适用什么法律的根据，又称为连结因素（connecting factor）或连结根据（connecting ground），[①] 它是人们从法律关系的构成要素中选择其中之一作为确定准据法的媒介要素。笔者认为，在认定商标跨境商业性使用事实时，也需要从商标使用行为的诸多构成要素中寻找与商标登记地存在关联的要素点。故笔者建议，可以参照引入“连结点”的概念对大湾区内的商标使用行为进行认定，即只要相关商标使用行为发生在粤港澳大湾区范围内，且该使用行为在商标登记地本土内有商业性的实际连结点，就可视为在相应商标登记地的法域有实际使用。

例如，深圳A电子产品生产企业（以下简称深圳A企业）在香港，在第9品类的“计算设备”类目注册某商品商标，一直在深圳使用该商标进行生产经营，但从未在香港境域内实际生产、销售相关计算设备，某香港公司在深圳采购了该深圳A企业含商标的计算设备在深圳本土使用。在此交

① 参见韩德培主编：《国际私法新论》，武汉大学出版社2003年版，第103页。

易中，深圳A企业在严格意义上并没有在香港范围内使用该商标，但是在这一使用中有香港公司作为购买方，与香港有商业性的实际连结点，可以视同在有香港使用该商标。

又如，澳门B公司在内地第39品类“旅行安排”类目注册了某服务商标，并以该服务商标在澳门主要为大湾区内地九市消费者提供澳门旅游服务，虽然澳门B公司从未以该商标在内地开展经营，但该商标的商业使用过程与内地有实际连结点，可视同该澳门公司对于该服务商标在内地有使用事实。

在撤三程序中引入“实际连结点”的判断标准，实际上是在基本尊重粤港澳三地法律规定的基础上，对撤三程序中商标使用的地域范围认定作出适度突破，以此促进三地经贸关系的融合，响应中共中央、国务院《粤港澳大湾区发展规划纲要》中关于粤港澳大湾区区域协同发展、互利共赢的政策定位和要求。

（三）商标执法阶段的跨境保护——粤港澳海关探索建立商标备案信息共享及侵权通报机制

《海关法》第44条规定：“海关依照法律、行政法规的规定，对与进出境货物有关的知识产权实施保护。需要向海关申报知识产权状况的，进出口货物收发货人及其代理人应当按照国家规定向海关如实申报有关知识产权状况，并提交合法使用有关知识产权的证明文件。”

根据《知识产权海关保护条例》《中华人民共和国海关关于〈中华人民共和国知识产权海关保护条例〉的实施办法》等有关规定，向中国海关申请海关保护备案的，海关有权依据商标权人的申请，对侵权商品依法予以扣留及处置。而向中国海关申请商标的海关保护备案的，应提交国务院工商行政管理部门商标局签发的《商标注册证》的复印件；国际注册商标也可以申请备案，但未赋予境外注册商标申请海关保护备案的权利。

据香港知识产权署官方网站所载：“香港海关负责执行一切有关侵犯知识产权的刑事工作。海关负责调查涉嫌侵犯商标、版权以及虚假说明的投诉。该部门具有颇大的搜查权和扣押权，并与海外执法机关及商标和版权拥有人合作，打击侵犯知识产权权益的行为。按照中国香港根据世界贸易组织《与贸易有关的知识产权协议》所须履行的义务，香港海关会在边境采取执法措施，协助保障版权和商标拥有人名下注册商品的权益”，[①]“调查侵犯知识产权刑事罪行的先决条件，是知识产权拥有人须证实被指侵犯版权的作品的版权已经存有，或有关商标已在香港特区注册；以及提供足够证据，证明该物品的知识产权已受侵犯”。[②]

澳门特别行政区第11/2001号法律第2条规定，“在知识产权范围内，海关的权限为：（一）根据法例，为确保保护知识产权的制度获得遵守而进行所需的活动；（二）监察在澳门特别行政区制造的产品的生产程序、工商业活动和工商业场所；（三）根据关于保护知识产权的法例，科处处罚”。

由于粤港澳三地分属不同的关税区，商标权人向三地海关申请商标权保护均以在本境域内进行商标注册为前提，故存在明显的地域性限制。值得思考的是，我们是否有必要为适应大湾区融合发展，提出由三地通过修改立法允许商标权人在未获得本地商标注册的情况下申请海关跨境保护？

笔者认为，商标权的海关保护应以在当地关税区内存在合法商标注册为前提，如果直接立法允许三地海关对注册在其他两地的商标予以行政执法保护，相当于变相地互认三地商标的登记效力，而前文已述及不宜建立三地“商标直接互认”制度的具体理由。

为此，笔者建议通过由三地海关签署合作协议的方式，建立商标海关保护的信息共享通报制度（而非直接通过修改立法为境外注册的商标予以海关保护）。协议内容包括：（1）在三地海关之间建立商标权的保护备案信息共享机制；（2）一地海关若收到商标权人保护申请而相关商标未在本地取得商标注册，该地海关可以核查三地已进行海关备案的商标共享信息，并向其余两地海关进行通报；（3）一地海关依职权发现可能涉嫌侵犯其余两地海关备案商标权的行为，有义务主动通报其余两地海关，并由两地海关将情

---

① 参见《知识产权概览：香港的知识产权》，载香港知识产权署官网2023年1月4日，https：//www. ipd. gov. hk/sc/ip – overview/ip – in – hong – kong/index. html。

② 参见《服务及执法资料：保障知识产权》，载香港海关官网2023年1月6日，https：//www. customs. gov. hk/sc/service – enforcement – information/intellectual – property – rights – protection/index. html。

况通知商标权人；（4）其余两地海关及商标权人在收悉相关通报后，在各自相关法律法规所规定的权限范围内分别、适时采取行政措施及诉讼措施，打击跨境商标侵权行为。

以上信息共享通报机制有利于协助三地对侵权商品进行预警，避免侵权商品在三地之间进出口流通，同时也可以借此警醒未在当地办理商标注册和海关保护备案手续的跨境商标权人，及时通过在当地办理商标登记手续、提起民事诉讼等方式维护自身权益。上述信息共享通报机制，既在一定程度上体现了粤港澳三地关于商标跨境保护的紧密合作关系，也避免了不存在商标注册登记却给予海关互认及保护的法理悖论。

（四）商标司法保护阶段——粤港澳三地商标侵权民事诉讼程序的接轨与裁判价值理念的融合

商标侵权民事诉讼是商标司法保护的最重要、最普遍的方式。除了较知名的注册商标的侵权案件外，一般的商标侵权诉讼案件普遍存在标的额小、案件数量多的特点。粤港澳三地司法机关如能在商标侵权民事诉讼方面实现接轨和统一，可以降低商标权人的维权成本，节约司法资源，并能统一裁判尺度，使商标得到最大化保护。然而，全国人民代表大会授权香港及澳门特别行政区依照基本法的规定实行高度自治，享有行政管理权、立法权、相对独立的司法权和终审权，故粤港澳三地的司法权是相互独立的，无法仅仅基于商标跨境保护而对三地的司法作出统一或趋同的制度设置。但笔者认为，在粤港澳大湾区经济融合的大背景下，我们可以在粤港澳商标侵权民事诉讼程序的接轨与三地裁判价值理念的融合方面进行探索。

1. 在域外法查明方面，粤港澳跨境商标侵权案件应以豁免当事人的域外成文法查明义务为原则，以香港判例法查明义务为补充

内地对于商标立法一直采取成文法立法模式，而香港、澳门在回归祖国后均对其商标立法进行了本土化成文立法，并已在官方网站公布有关商标成文法的正式内容，且均有中文版公布，无须依赖翻译。因此，三地关于商标的成文法内容完备，三地法院在审判过程中可以直接查证三地的成文法内容，不存在客观障碍。故笔者建议尝试在商标侵权诉讼中豁免当事人的域外

法查明义务，减轻当事人跨境诉讼之讼累。

需要注意到的是，在粤港澳三地中，香港地区仍适用判例法，故若当事人主张适用香港判例法，粤澳两地法院可以要求当事人就香港判例法部分履行域外法查明义务。故粤港澳商标侵权诉讼应以豁免当事人域外成文法查明义务为原则，以香港判例法查明义务作为例外及补充。

2. 在商标侵权行为的举证方面，应免除当事人就跨境取证的跨境公证认证手续

最高人民法院《关于民事诉讼证据的若干规定》第 16 条第 3 款规定："当事人向人民法院提供的证据是在香港、澳门、台湾地区形成的，应当履行相关的证明手续。"此处的"证明手续"，一般是指中华人民共和国委托公证人的公证认证手续。

商标侵权行为具有案件量大、取证量大的特点，若要求当事人在完成跨境取证后，还须对每一份证据履行跨境公证认证手续，时间和金钱成本将十分高昂。粤港澳三地地理位置毗邻，政府机构之间在合作交流等方面已经非常频繁和深入，三地法院在审理案件时如对商标侵权行为的证据真实性、合法性存在疑问，法院或提出质疑的一方当事人完全有条件予以直接查证核实。

其实，广州地区此前已经作了一些新的尝试，例如：自 2018 年起，广州中院针对涉外涉港澳台当事人，研究开发了"AOL 授权见证通"，港澳当事人与诉讼代理人只需要在约定时间登录"广州微法院"微信小程序，在线完成承诺函宣读、委托书宣读、电子签章等必经程序后，即可实现授权委托，整个跨境授权见证过程几分钟即可完成。① 虽然以上只是诉讼代理人的授权见证程序的简化，但线上跨境验证身份的做法，已经是对以往要求港澳台当事人提供就委托公证认证手续之要求的突破和创新之举。广州中院此举理念与笔者倡导的粤港澳跨境证据的认证手续免除，均是以内地与港澳台地区在"一国"之下的地域互信为基础，且在便民司法理念方面是相通、相

---

① 参见《〈南方都市报〉广州市中级人民法院：在线授权见证 跨域诉讼省时省力省钱》，载广州审判网 2022 年 9 月 20 日，https：//www. gzcourt. gov. cn/xwzx/xwxc/2022/09/29174617281. html。

融的。

可见，对于粤港澳三地跨境形成的商标侵权行为之证据，三地法院可以达成共识，对其认证要求予以豁免，以节约当事人的商标跨境维权成本。

3. 在商标跨境侵权诉讼中引入境外陪审员参与审理

商标跨境侵权案件往往涉及案涉商标或商标产品在其余两地市场的影响力，以及对其余两地消费者的主观认知是否存在混淆等的判断，如仅仅依赖一地受理法院法官的主观认定，由于其一直只在当地成长和生活，不排除其认定会在“自由心证”的过程中出现与其他两境域市场情况及消费者的日常认知不一致的情况，最终可能影响判决的公正性和合理性。

故笔者建议可以在粤港澳商标跨境侵权民事诉讼中，引入境外陪审员参与审理，以确保商标跨境诉讼案件最终获得更为“接地气”的判决。广州市南沙区早在 2014 年 9 月 1 日实施的《广州市南沙新区条例》第 36 条中规定：“符合担任人民陪审员条件的香港、澳门永久性居民中的中国公民可以经依法任命后，作为人民陪审员参与南沙新区涉港澳民商事案件的审理。”① 2015 年 3 月，港澳籍人民陪审员在内地法院参与开庭审理的第一宗案件在广州市南沙区人民法院开庭审理。②

可见，在内地民商事审判程序中引入境外陪审员参与审理，具有一定的现实意义和可操作性。商标侵权案件往往需要以当地普通消费者认知视角作为裁判尺度，故在商标侵权诉讼案件中，引入境外陪审员参与审理，可以在一定程度上避免法官在裁判商标跨境侵权案件过程中的认知局限性。

4. 三地应在商标跨境诉讼案件的司法裁判中引入反不正当竞争的司法理念，寻求在商标法范畴以外的对在本境域未注册商标的间接保护

根据《反不正当竞争法》第 6 条：“经营者不得实施下列混淆行为，引人误认为是他人商品或者与他人存在特定联系：（一）擅自使用与他人有一定影响的商品名称、包装、装潢等相同或者近似的标识；（二）擅自使用他

① 《广州市南沙新区条例》，载广州 · 南沙人大网 2014 年 7 月 29 日，http：//www. gzns. gov. cn/rd/flfg/gzsdfxfg/201601/t20160131_ 306596. html。

② 参见马伟峰、夏江丽：《广州审理一起涉港房屋租赁合同纠纷案，香港籍人民陪审员首次参与庭审》，载人民法院报网，http：//rmfyb. chinacourt. org/paper/html/2015 - 03/18/content _ 95591. htm。

人有一定影响的企业名称（包括简称、字号等）、社会组织名称（包括简称等）、姓名（包括笔名、艺名、译名等）；（三）擅自使用他人有一定影响的域名主体部分、网站名称、网页等；（四）其他足以引人误认为是他人商品或者与他人存在特定联系的混淆行为。”

从上述条文可以看出，《反不正当竞争法》所列举的“混淆行为”，客观上要求被使用的对象“有一定影响”，主观上要求“引人误认为是他人商品或与他人存在特定联系”。而内地《商标法》第57条第2项规定，只要是未经商标注册人的许可，在同一种或类似商品上使用与其注册商标相同或近似的商标，容易导致混淆的，即属侵犯注册商标专用权的行为，并不以商标“具有一定影响”为前提。在内地司法判例中亦不乏以《反不正当竞争法》判决行为人停止使用在先权利人的特定标识的判例。

例如，在宁波两颗西柚餐饮管理有限公司与宁波市镇海区庄市橙蕉大麦饮品店不正当竞争纠纷案①中，法院认为，原告两颗西柚公司不享有“走大保健 HEALTHTEA”注册商标专用权，且争议标识“走大保健 HEALTHTEA”由于缺乏显著性也不宜作为未注册商标进行保护，但原告通过对“走大保健 HEALTHTEA”茶饮及甜品店铺进行持续的、多种形式的广告宣传投入及不在少数的实体及线上店铺的开设，已经使“走大保健 HEALTHTEA”茶饮店铺的整体经营形象、商品名称、包装、装潢等在宁波地区具有了一定的在先影响力，最终判决被告立即停止使用原告“走大保健 HEALTHTEA”茶饮店铺的整体经营形象、商品名称、包装及装潢等。

又如，在上海故事丝绸发展有限公司、上海紫绮服饰有限公司与上海兵利服饰有限公司擅自使用知名商品特有名称不正当竞争纠纷上诉案中，上海知识产权法院二审认为，“综合考虑商品的销售时间、区域范围，进行宣传的持续时间、程度和影响，‘上海故事’品牌丝巾、围巾在本案中构成知名商品。作为同属上海的同类商品经营者，兵利公司明知而仍然在店招、商品吊牌等上使用‘上海故事’，明显具有攀附知名商品特有名称商誉的故意，

---

① 参见宁波两颗西柚餐饮管理有限公司与宁波市镇海区庄市橙蕉大麦饮品店不正当竞争纠纷案，浙江省宁波市中级人民法院（2018）浙02民初2114号民事判决书。

且客观上会造成相关消费者混淆和误认，故兵利公司的行为构成擅自使用知名商品特有名称的不正当竞争行为”，鉴于上海故事公司、紫绮公司撤回停止侵权的诉请，故判决：兵利公司在《新民晚报》刊登声明消除影响；赔偿上海故事公司包括合理费用在内的经济损失人民币 15 万元。①

故我国立法虽然对于未在内地注册的商标不予商标性保护，但如果行为人恶意利用或依傍他人在内地有一定影响力的未注册商标、品牌或商标名称，以引起消费者混淆，原告仍然可以以违反《反不正当竞争法》为由，要求被告停止相关行为。这一做法为我们应对跨境未注册商标的保护问题提供了解决思路。

笔者认为，三地司法机关在审理擅自使用或依傍他人在境内未注册商标的案件时，可以统一参照内地上述做法，将反不正当竞争的司法精神和裁判理念引入此类案件的审理中，通过打击跨境仿冒未在本境域注册商标的商品的行为，最终达到间接保护已具有一定影响力的未注册商标的所有人的权益的效果。

但与此同时，由于未注册商标与注册商标在效力上具有根本区别，所以应将这种保护对象严格限定在“在受诉法院境域内已具有一定影响”的商标或商品名称，对于未形成一定影响者，一般不应予以保护，否则将完全突破商标的地域性，对已依法注册的商标权人不公平，对参与市场竞争的商事主体强加了过高的注意义务。

四、结语

2023 年 5 月，中共广东省委、广东省人民政府发布了《关于新时代广东高质量发展的若干意见》，提出要加快建设粤港澳大湾区国际科技创新中心，深化实施“湾区通”工程，推进现代化基础设施互联互通，促进人员、货物、资金、数据等高效便捷流动，强化规则衔接、机制对接，提升大湾区市场一体化水平等新要求。

---

① 上海故事丝绸发展有限公司、上海紫绮服饰有限公司擅自使用知名商品特有名称不正当竞争纠纷案，上海知识产权法院（2017）沪 73 民终 237 号民事判决书。

粤港澳三地商标保护机制的互通与衔接，是推动大湾区市场融合及响应上述高质量发展要求的重要环节。本文旨在以不改变粤港澳三地各自商标法律制度特点为前提，寻求内地与港澳商标法律制度的“最大公约数”，而继续探索与建立粤港澳大湾区商标跨境保护制度，对于优化大湾区营商环境，实现大湾区高质量发展仍然具有重要的政策意义和现实意义。

《海南自由贸易港法》的立法创新

张金江　陈婧婧

一、前言

随着全球经济一体化的不断深入，自由贸易港作为一种特殊的经济区域，越来越受到世界各国的关注。自由贸易港的实质是高度开放，通常具有高度的开放性、竞争力和国际化程度，能够有效推动国家经济的发展和对外交流。我国在积极参与全球经济治理、深化改革开放的大背景下，提出了建设海南自由贸易港的战略规划，旨在进一步拓展对外开放领域，提升国际竞争力。

为了规范和保障海南自由贸易港的建设和发展，2021 年 6 月 10 日《海南自由贸易港法》颁布实施。这部法律是我国首部专门针对自由贸易港的立法，具有重要的示范和引领作用，显示出显著的立法前瞻性与创新精神，是我国推进高水平开放，深化经济体制改革，构建全球竞争力较强的国际综合性枢纽，并融入全球经济治理体系的重大举措。本文将对《海南自由贸易港法》的立法创新进行浅析，以期为我国自由贸易港建设和发展提供一定的参考和借鉴。

二、《海南自由贸易港法》立法背景

《海南自由贸易港法》的立法背景源于我国在近年来推进的一系列改革措施，旨在进一步扩大开放水平，深化经济体制改革，构建全球竞争力较强的国际综合性枢纽，并融入全球经济治理体系。以下是几个关键因素。

1. “一带一路”倡议：海南作为我国在南海地区的重要门户，具有突出的区位优势和丰富的资源禀赋。"一带一路"倡议为海南自由贸易港提供了政策支持保障和新的发展机遇，使其能够更好地与"一带一路"共建国家进行政策沟通和协调；为海南自由贸易港的基础设施建设和互联互通提供支持，通过加强与"一带一路"共建国家的基础设施建设合作，海南自由贸易港将能够更好地融入国际经济体系，提升国际竞争力；有助于拓展海南自由贸易港与共建国家的贸易往来，促进贸易畅通，为海南自由贸易港提供了更广阔的市场空间；同时，海南自由贸易港的发展也能为"一带一路"共建国家提供更多的商品并推动贸易平衡发展；有助于海南自由贸易港吸引更多的国际投资，提高资金融通能力；通过与"一带一路"共建国家的金融合作，海南自由贸易港将有望成为国际金融中心和区域金融枢纽；促进海南自由贸易港与共建国家的人文交流与合作，有助于增进各国人民的相互了解和友谊，为海南自由贸易港的发展提供人才支持。

2. 经济发展战略：我国将海南自由贸易港的发展纳入国家整体发展战略，以推动国内外开放型经济的发展。适合国家发展战略政策的制定和实施，不仅有利于我国经济的持续增长，也有助于全球经济的发展和繁荣。

3. 改革开放40周年：2018年是我国改革开放40周年。借此契机，我国提出了更高层次的改革开放措施，要将海南建设成为具有全球影响力的国际综合性枢纽以及自由贸易港示范区。

4. 深化改革实践：推进自由贸易港建设是我国深化改革、扩大开放的新举措。通过立法加强顶层设计，从而在推动自由贸易、投资便利化、资本项目可兑换、人员自由流动等方面取得突破，为全球经济发展注入新活力。

5. 我国政府支持海南自由贸易港政策：2018年4月11日中共中央、国务院公布了《关于支持海南全面深化改革开放的指导意见》（以下简称《海南改革指导意见》），进一步明确了海南自由贸易港建设的战略定位、发展目标和保障措施。2020年6月1日中共中央、国务院公布了《海南自由贸易港建设总体方案》（以下简称《海南总体方案》），对海南自由贸易港建设的总体要求、制度设计、分步骤分阶段安排、组织实施作出了详尽规定。

综上所述，《海南自由贸易港法》的立法背景既是一种对支持经济全球化，构建人类命运共同体的愿景的进一步拓展和实际行动，也是对我国自身改革开放40周年的总结和延续，为海南自由贸易港高质量发展提供了固根本、稳预期、利长远的法治保障，为海南在实践中大胆试、大胆闯、大胆改提供了法律依据。通过实施这一立法，我国期待在国内外市场融合、贸易投资便利化、金融服务创新等方面取得实质性突破。

三、《海南自由贸易港法》立法的创新

《海南自由贸易港法》作为我国第一个自由贸易港立法、首个自由贸易港的法律基础，具有显著的创新意义。该法在立法方面的创新主要体现在以下几个方面。

（一）《海南自由贸易港法》立法创新概述

《海南自由贸易港法》是全国人民代表大会（以下简称全国人大）行使国家立法权开展的立法实践，是全国人大第一次为内地某一经济区域单独立法，是海南自由贸易港的母法、基本法、框架法。该法通过在法律上"一揽子"授权的方式，为海南自由贸易港制度集成创新提供法律保障和制度保障，赋予海南自由贸易港更强的政策优势，使海南自由贸易港在国际贸易、投资、跨境服务等领域享有更大的自主权和政策空间。该法采用系统性立法设计，通过宏观规划、目标导向与实施细则相结合，确保成功地将政策纲领化身为行之有效的规范和制度，促进海南自由贸易港与国际的经济合作和竞争。

1. 海南自由贸易港的制度创新、试点尝试以及《海南总体方案》和《海南自由贸易港法》的关系。

作为海南自由贸易港政策制度体系的核心，至《海南自由贸易港法》颁布实施前的2021年4月，海南自由贸易港正式对外发布共12批116项制度创新案例，这些案例均是按照"首创性、已实施、效果好"原则，经过严格规范的报送及筛选程序，经第三方机构评估和专家论证优选出来的。

在试点尝试方面，海南自由贸易港至2021年6月共有11个重点园区，是海南经济活动的主战场、政策落地的先行区、产城融合的示范区、制度集成创新的试点区以及对外开放的重要窗口。

《海南总体方案》和《海南自由贸易港法》是相辅相成、相互支持的两个重要文件。《海南总体方案》是国务院于2020年6月1日发布一份政策性文件，该方案明确了海南自由贸易港的总体目标、发展定位、政策体系、建设任务、保障措施等内容，为海南自由贸易港建设提供了总体指导和政策指引。《海南自由贸易港法》是一部具有法律效力的文件，由全国人民代表大会常务委员会（以下简称全国人大常委会）制定，规定了海南自由贸易港的法律地位、政策制度、管理体制、保障措施等方面的内容，为海南自由贸易港建设提供了法律依据和法治保障。《海南总体方案》为海南自由贸易港建设提供了政策框架，而《海南自由贸易港法》为这一政策框架提供了法律支持。两者共同确保了海南自由贸易港建设的顺利推进。《海南自由贸易港法》就是在《海南总体方案》发布1周年之际，通过法律的强制性、权威性和稳定性在国家立法层面将《海南总体方案》核心原则和制度进行了法律安排，以法律保障《海南总体方案》的实现。

综合来讲，《海南自由贸易港法》就是对海南自由贸易港的一系列制度创新、试点尝试的成功经验、早期收获以及《海南总体方案》的核心内容，通过法律的形式予以确认。《海南改革指导意见》、《海南总体方案》以及《海南自由贸易港法》作为三大制度基石，形成了海南自由贸易港在贸易、投资、财税、产业、人才、环保等领域的框架性安排。

2.《海南自由贸易港法》第10条是该法的最大亮点和创新，首创性地赋予了海南省人民代表大会及其常务委员会（以下简称海南省人大及其常委会）海南自由贸易港法规立法权。在该立法权限下，海南省人大及其常委会可以触及《立法法》中的国家立法保留事项，是专门设计的地方新型立法权。

第一，《海南自由贸易港法》第10条的内容和创新

一是赋予地方人大更大的立法权力：海南省人大及其常委会有权根据《海南自由贸易港法》，结合海南自由贸易港建设的具体情况和实际需要，制定海南自由贸易港法规。这些法规主要涉及贸易、投资及相关管理活动。在制定法规时，需要遵循《宪法》规定和法律、行政法规的基本原则。这意味着海南自由贸易港法规不能违反《宪法》和其他法律、行政法规的规

定，在此前提下可以根据实际情况，更灵活地制定相关法规，以适应海南自由贸易港建设的需求。

二是海南自由贸易港法规仅在海南自由贸易港范围内实施。这体现了海南自由贸易港在政策创新和制度设计上的独特性。

三是海南自由贸易港法规需要报送全国人大常委会是为了确保法规的合法性和合规性，防止地方性法规与中央法规产生冲突。

四是突破现有法律法规框架：海南自由贸易港法规可以在遵循《宪法》规定和法律、行政法规的基本原则的前提下，对现有法律或者行政法规的规定作出变通规定，这为海南自由贸易港的建设提供了更大的政策空间和制度创新的可能性。但作出变通规定需要说明变通的情况和理由，这是为了保障法规的透明度，同时也是对中央和地方权力分配的一种平衡。

五是强化事前审批和事后备案：海南自由贸易港法规须报送全国人大常委会和国务院备案。同时，对于涉及应当由全国人大及其常委会制定法律或者由国务院制定行政法规的事项，需要分别报全国人大常委会或者国务院批准，批准后生效。这是为了确保地方立法不越权，维护国家法制的统一和稳定，既保障了地方人大的立法权力，又确保了法规制定的合法性和合规性。

第二，在《海南自由贸易港法》颁布后，海南省人大及其常委会，以“急用先立”为原则，加快地方立法，以“短平快”和“首创式”为特色制定了一系列法规

2021 年 6 月 27 日，海南省人大及其常委会发布《海南自由贸易港国际船舶条例》；9 月底，《海南自由贸易港法》颁布实施后首批配套法规出炉——《海南自由贸易港优化营商环境条例》、《海南自由贸易港反消费欺诈规定》、《海南自由贸易港公平竞争条例》和《海南自由贸易港社会信用条例》。这些条例就贸易和投资等作出了一系列规定，致力于打造具有竞争力和影响力的法治化、国际化营商环境，从法规层面保障市场投资者的权益，增强了境内外尤其是外资企业在海南落地深耕的信心。

其中，《海南自由贸易港优化营商环境条例》旨在优化海南自由贸易港的营商环境，提高行政效率，降低企业成本，保障市场主体公平参与市场竞争，增强企业信心，有助于吸引国内外投资者在海南自由贸易港投资，推动

海南自由贸易港的经济发展，提高海南自由贸易港的国际竞争力；《海南自由贸易港反消费欺诈规定》旨在加强对消费欺诈行为的监管和惩治，保护消费者合法权益，维护市场秩序，有助于维护消费者权益，营造公平、诚信、有序的消费环境，推动海南自由贸易港的消费市场健康发展；《海南自由贸易港公平竞争条例》，旨在维护市场公平竞争秩序，保障市场主体平等参与市场竞争，促进经济高质量发展，有助于营造公平竞争的市场环境，激发市场主体活力，增强海南自由贸易港的竞争力，推动经济高质量发展；《海南自由贸易港社会信用条例》旨在建立健全社会信用体系，促进诚信守法，提高社会治理水平，有助于提高社会治理水平，营造诚信、守法、有序的市场环境，增强市场主体信心，推动海南自由贸易港的经济社会持续健康发展。

2021 年 12 月，海南省人大及其常委会集中发布了《海南自由贸易港企业破产程序条例》《海南自由贸易港知识产权保护条例》《海南自由贸易港免税购物失信惩戒若干规定》《海南自由贸易港闲置土地处置若干规定》《海南自由贸易港征收征用条例》《海南自由贸易港科技开放创新若干规定》《海南自由贸易港市场主体注销条例》《海南自由贸易港安居房建设和管理若干规定》《海南自由贸易港洋浦经济开发区条例》。这一系列规定和条例从规范市场主体退出到保障产业发展，从规范政府征收到保障生活住房，从发展科技到开发产业园都作出了创新性安排，以针对性与可操作性立法为导向，实现了精细化立法。

2022 年 3 月 25 日，海南省人大及其常委会发布《海南自由贸易港海口国家高新技术产业开发区条例》《海南自由贸易港游艇产业促进条例》，继续以法规保障海南自由贸易港的产业发展。此外，海南省制定了《海南自由贸易港企业国有资产条例》《海南自由贸易港土地管理条例》等法规，进一步构建海南自由贸易港的法规体系。

生态领域立法也是海南自由贸易港一直高度重视的领域，自 2018 年以来，海南省制定、修订了 18 部有关生态领域方面的法规，包括《海南热带雨林国家公园条例（试行）》《海南省生态保护补偿条例》等。在营商环境建设、产业发展、生态保护三大领域，海南省都通过法规初步建立了规范体系。

上述围绕《海南自由贸易港法》制定的法规的出台，在不断健全完善海南自由贸易港法规体系的同时，也推动海南地方立法向精细化转变。

第三，至2022年海南自由贸易港已进行了3批调法调规工作

海南省第1批调法调规工作包括：2020年4月调整适用《土地管理法》《种子法》《海商法》3部法律的有关规定；2020年6月调整适用《海关事务担保条例》《进出口关税条例》《国际海运条例》《船舶和海上设施检验条例》《国内水路运输管理条例》5部行政法规的有关规定。

2021年第2批涉及《教育法》《畜牧法》2部法律和《中外合作办学条例》1部行政法规的调法调规事项，已按程序报国务院。

2022年完成第3批调法调规工作，国务院公布《关于同意在海南自由贸易港暂时调整实施〈中华人民共和国船舶登记条例〉有关规定的批复》（国函〔2022〕42号），对在海南自由贸易港登记且仅从事岛内航行、作业的船舶，取消船舶登记主体外资股比限制。

2023年3月，国务院同意在海南省暂时调整实施《海关事务担保条例》的有关规定，其中自2023年4月1日起对符合规定的离岛免税品可提交担保后提前放行。

以调法调规形式推进完善了海南自由贸易港法规体系，为自主创新释放更多制度空间，把改革成果固化为制度，是改革方式方法的全新探索，是《海南自由贸易港法》又一创新。

3.《海南自由贸易港法》是顶层设计与底层实践相结合的成果，适用范围包括海南自由贸易港内的经济活动和有关行政管理活动。这一创新表明，法律不仅适用于经济活动，还适用于相关的行政管理活动，该法为海南自由贸易港的行政管理提供了法律保障。

《海南自由贸易港法》在各个层面上展示了全面深化改革的决心，通过全面而详细的法律规定，推广开放、便利、高效的贸易环境。这不仅体现了政策的一贯性与连续性，同时确保各项具体措施可以有效执行。

4.《海南自由贸易港法》在制度安排方面也进行了创新，如设立自由贸易港管理机构，设立自由贸易港人民法院和人民检察院等。这些制度安排

为海南自由贸易港的管理和司法保障提供了坚实的基础。

5.《海南自由贸易港法》针对立法方式进行了创新，如规定了海南自由贸易港的定位和发展目标，明确了海南自由贸易港的经济政策和管理制度等，这种立法方式更具有针对性和实效性。

6. 在立法过程中，《海南自由贸易港法》借鉴了国际先进经验，力求实现与国际惯例接轨，从而提升国际竞争力。例如，在知识产权保护、技术转移、信息交流、环保领域等方面都表现出明显的国际化特征。

7.《海南自由贸易港法》以未来发展为导向，在确保稳定性的基础上体现出一定的灵活性和适应性，有利于海南自由贸易港迅速调整和适应全球经济形势的变化，为实现更加可持续的发展提供强有力的法治保障。

总之，《海南自由贸易港法》在立法方面的创新涉及多个领域，赋予了海南自由贸易港更大的政策自主权和政策空间，同时考虑到了与国际接轨，保障市场主体权益以及绿色可持续发展等方面，显示出显著的立法前瞻性与创新精神。这将为海南自由贸易港未来的发展提供坚实的法律和制度保障。

（二）详述《海南自由贸易港法》政策措施、制度安排的创新

《海南自由贸易港法》提出了一系列创新的政策措施和制度安排，如放宽市场准入、税收优惠、金融创新、人才引进等，这些政策措施旨在吸引更多的外商投资和人才流入，为国内外企业提供一个有利可图的营商环境。

1.《海南自由贸易港法》对市场准入进行了创新性调整，突出了贸易、投资自由化、便利化。通过降低企业准入门槛，优化税收政策，以及简化审批流程，使市场主体更加活跃，有利于吸引国内外投资者参与。

第一，贸易、投资自由化、便利化。

自由便利是《海南总体方案》制度设计的关键，《海南自由贸易港法》对标高水平的自由便利，将货物贸易、服务贸易、投资的自由化和便利化作为市场准入的核心。自由便利的实质要求是把市场能够管的统统交给市场，必须由政府管的政府一定要管好，贯彻小政府、低成本的原则。因此，海南自由贸易港的政府机构的设置和政府职能的配置会与其他省份不同，这也符合《海南自由贸易港法》总则第 6 条第 2 款规定的建立与海南自由贸易港

建设相适应的行政管理体制，创新监管模式。

第二，产业政策调整与准入门槛降低。

《海南自由贸易港法》明确了优化产业结构，提升产业水平的目标。针对不同行业，制定差别化产业政策，以鼓励具有发展潜力和先进技术的企业入驻海南。同时，降低行业准入门槛和降低市场准入成本，例如对进口产品实施零关税政策，又如在行政审批过程中，循着“简政放权、放管结合、优化服务”的改革方向，进一步释放市场活力。

第三，优化法规与标准体系。

为了适应新的市场环境和行业格局，《海南自由贸易港法》明确了法规和标准体系的创新要求。通过修订现有法律法规，制定与国际接轨的新标准，为企业提供了公平竞争的市场环境。

第四，引导资本市场发展。

为了推动资本市场参与经济发展，《海南自由贸易港法》鼓励创新型企业融资发展。对符合条件的企业实施股权发行、债券融资等多层次资本市场政策支持，增强企业的融资能力。此外，还支持跨境投资和境外上市，拓宽了企业的融资渠道。

第五，保护市场主体利益。

为了维护市场秩序，激发市场活力，《海南自由贸易港法》强调保护市场主体的合法权益。需加强知识产权保护及完善竞争政策，消除垄断行为，确保市场参与者公平竞争。同时，需建立、健全多元化争端解决机制，有效保障市场主体的合法权益，提高商业环境的透明度和便利程度。

在司法保护方面，海南自由贸易港已做的工作有：2020 年 8 月 1 日，《海南省多元化解纠纷条例》正式施行，允许境外商事调解机构依照国家有关规定参与商事调解；2020 年 12 月 31 日，继北京、上海、广州之后，我国第 4 个知识产权法院——海南自由贸易港知识产权法院对外办公；海南自由贸易港知识产权法院将知识产权刑事案件纳入管辖范围，实行“三合一”模式，实现了 3 种不同诉讼程序的有效衔接，缓解了不同判决的冲突，发挥了知识产权司法保护机制的整体效能；最高人民法院法发〔2021〕1 号《关于人民法院为海南自由贸易港建设提供司法服务和保障的意见》，提出保障旅游业、现代服务业和高新技术产业充分发展，推动构建现代产业体系；2021 年 5 月 13 日，国家知识产权局正式批复同意建设中国（三亚）知识产权保护中心，这是国家知识产权局在海南自由贸易港批复建设的首家保护中心，也是全国第一家面向海洋和现代化产业开展知识产权快速协同保护工作的保护中心；海南涉外民商事法庭是我国第一个“立、审、执”一体化，跨区域管辖涉外民商事案件的专门法庭；海南自由贸易港还对标国际规则，加快补齐“短板”，积极探索推进国际商事和行业性、专业性调解组织建设，将诉讼、调解、仲裁等多元解纷方式有机衔接，形成了“一站式”国际商事纠纷解决机制，促进服务贸易管理体制创新，构建具有海南特色的国际商事纠纷解决工作机制，为打造法治化、国际化、便利化的营商环境作出了积极探索。

综上所述，通过在放宽市场准入，降低准入门槛，优化法规与标准体系，引导资本市场发展以及保护市场主体利益等方面的创新，《海南自由贸易港法》为企业创造了更加公平、透明、便利的营商环境。这些举措将进一步推动海南自由贸易港的经济发展，使其成为我国深化改革开放和全球经济一体化的重要支点。

2. 为了提高税收效率和公平性，《海南自由贸易港法》对税收制度进行了创新，包括建立简化的税收体系，实施优惠政策，提高税收征管水平等。这些措施力求降低企业成本，提高经济运行效率并促进全球经济一体化，提高了国家税收管理水平。

第一，简化税收体制：《海南自由贸易港法》明确提出要建立简化的税收体制，减少税种，降低税率，简化征管，对于负面清单外的行业和企业，将实行更加自由、便利的税收政策，力求使海南自由贸易港的税收体系更加简洁、透明和具有公平性，从而降低企业和个人的税收负担，激发市场活力，提高海南自由贸易港的国际竞争力。

第二，低税率政策：《海南自由贸易港法》规定，海南自由贸易港实行较低的税率政策，即实施更加优惠的税收政策。对于企业所得税，将税率从 25% 降至 15%；对于个人所得税，实行从全球最低水平的 3% 起征，最高 45% 的累进税率，对高层次人才和紧缺人才实施最高 9% 的税率优惠。低税率政策有助于吸引国内外企业投资和人才流入海南自由贸易港，促进经济发展。

第三，“零关税”政策：《海南自由贸易港法》规定海南自由贸易港对以进口方式进入海南销售的征税目录外的货物实行“零关税”政策，即不征收关税。这有助于降低企业成本和进口商品成本，提高企业竞争力，提高海南自由贸易港的贸易便利性。同时，原产地为海南自由贸易港的货物出口至境外，也将享受零关税政策。

第四，负面清单管理：在海南自由贸易港，有两项政策优惠是全国独一无二的，一个是外商投资负面清单最短，另一个是企业税负最低，两类人才享受最高15%的个人所得税，被称为两个“最”。《海南自由贸易港法》明确规定实行负面清单管理。实行负面清单管理，不在负面清单范围内的企业和个人，可以享受税收优惠政策。这有助于提高税收政策的透明度和公平性，降低企业和个人的税收不确定性。

第五，增值税改革：《海南自由贸易港法》提出要在海南自由贸易港推进增值税改革，包括缩小增值税税率级差，简化增值税税制等，以降低企业税负，提高税收效率。

第六，实行税收透明和信息交换：《海南自由贸易港法》要求海南自由贸易港提高税收透明度和加强信息交换，与国际社会共同打击跨境逃税和避税行为，提高税收征管水平。

第七，国际税收合作：《海南自由贸易港法》规定海南自由贸易港需积极参与国际税收合作，与其他国家和地区签订双边税收协定，避免双重征税，降低企业税收风险。《海南自由贸易港法》强调税收政策与国际接轨，通过参考国际通行的税收政策和管理经验，建立、健全适应海南自由贸易港特点的税收政策体系，使之符合全球化的趋势。

第八，税收优惠政策：《海南自由贸易港法》便于海南自由贸易港针对不同行业和企业，实行有针对性的税收优惠政策。例如，对新能源、高新技术、现代服务业等重点发展产业给予税收优惠：对海南自由贸易港内的企业研发投入给予税收抵扣等优惠政策。

第九，动态调整税收政策：为适应经济发展需求，《海南自由贸易港法》提倡动态调整税收政策。随着经济环境和产业结构的变化，应及时调整税收政策，以便更好地支持海南自由贸易港发展和相关企业需求。

第十，提升税收征管效率：为确保税收政策的有效实施，《海南自由贸易港法》强调提升税收征管效率。通过推广电子税务、智能化纳税服务等纳税方式，降低纳税人与征收管理人员沟通成本。

第十一，防止税收风险：《海南自由贸易港法》还注意到防范税收风险的重要性。应研究制定避免双重征税，规避税收等风险的相应措施，并确保各类税收优惠政策合理有序执行，避免不正当竞争和无序发展。

3.《海南自由贸易港法》强调了金融创新和国际金融合作的重要性。通过建设完善的金融服务体系，加强跨境金融监管以及运行风险防范机制，为海南自由贸易港经济发展提供有力支持。此外，还鼓励数字货币和金融科技应用，为金融领域创新发展创造条件。上述举措为海南自由贸易港的持续发展奠定了良好的金融基础，带来了国际化、高效、稳定的金融环境。

第一，放宽市场准入。

《海南自由贸易港法》明确提出，在海南自由贸易港内，除涉及国家安全、生态安全等的特殊领域外，外资企业和港澳台企业将享有同等市场准入待遇，这意味着外资企业将能更加便捷地进入海南市场，提高市场活力。

第二，完善金融服务体系。

《海南自由贸易港法》明确了构建开放、包容、高效的金融服务体系的目标。支持银行、证券、保险等金融机构在海南自由贸易港开展各类业务，提供国内外企业融资、投资、风险管理等多元化金融服务，以满足企业和市场主体的金融需求。

第三，优化金融环境。

《海南自由贸易港法》支持金融机构在海南自由贸易港设立分支机构，支持企业发行股票、债券等金融工具，吸引境外投资者。此外，还将推动人民币国际化，扩大跨境金融业务，提高金融服务水平。

第四，创新融资方式。

《海南自由贸易港法》鼓励企业通过股权融资、债券融资、租赁融资等多种方式筹集资金，降低企业融资成本。此外，还支持设立专门的投融资平台，为项目提供融资服务。

第五，完善财政支持政策。

《海南自由贸易港法》提出加大财政支持力度，设立海南自由贸易港建设专项资金，用于重点领域和重大项目建设。同时，对符合条件的企业给予税收优惠，降低企业负担。

第六，引导社会资本。

《海南自由贸易港法》鼓励社会资本参与海南自由贸易港建设，支持设立股权投资基金、债券投资基金等多种投资基金，引导社会资本投向重点领域和优势产业。

第七，优化政府投融资管理。

《海南自由贸易港法》提出建立、健全政府投融资管理体制，明确政府投融资的方向、范围和条件，提高政府投融资效率。

第八，促进跨境金融监管与风险防范。

为加强跨境金融监管，确保金融系统的稳定，《海南自由贸易港法》提倡构建有效、及时的宏观审慎监管框架。同时，加强对外汇、跨境投融资等金融活动的监管，完善风险防范措施，确保金融市场的健康发展。

第九，创新金融政策及金融产品。

《海南自由贸易港法》鼓励金融机构进行创新性业务尝试，提升金融服务质量。通过推动绿色金融、民间金融、结构性金融产品等多层次金融市场的发展，满足经济发展和产业转型升级的需求，为企业提供更多元化的金融支持。

第十，金融科技与数字货币应用。

《海南自由贸易港法》充分认识到金融科技和数字货币在金融领域的推动作用。鼓励金融机构利用区块链、人工智能、大数据等技术手段，优化金融服务流程，降低金融成本。同时，探索数字货币在跨境支付、清算等方面的创新应用，提高金融服务效率。

第十一，深化国际金融合作。

为促进国际金融合作，《海南自由贸易港法》支持与其他国家和地区的金融机构建立合作关系，开展双边或多边金融业务合作。应推动金融监管框架、风险评估标准以及金融服务体系等方面的国际接轨，提升海南自由贸易港在全球金融市场的地位。

4. 为了推动创新，驱动发展，《海南自由贸易港法》强调人才引进和培养的重要性，制定人才引进优惠政策，建立人才培养激励机制以及加强产业升级，共同促进海南自由贸易港的高质量发展，旨在为海南自由贸易港吸引全球顶尖人才资源和推进技术创新，推动经济社会持续发展，这些创新有助于打造一个高度融合、国际化的人才培养与创新发展环境，为海南自由贸易港的未来发展注入源源不断的活力。

第一，优化人才引进政策，让海外人才能进得来，对职业资格实行单向认可清单制度。

为吸引海内外优秀人才，《海南自由贸易港法》提出了优化人才引进政策。通过简化人才签证和居留许可程序，落实有利于人才留存的住房、社保等优惠政策，创建一个容易吸引并留住人才的环境。例如，签证的便利化，海南自由贸易港现在已经与59个国家实现了免签证，现在还要进一步提高便利化水平，延长免签停留的时间；又如，对职业资格的确认实行的是单向认可清单制度，也就是说在境外专业资格取得后，在海南单向认定。

第二，创新人才培养机制。

《海南自由贸易港法》鼓励创新人才培养机制，包括与高校和科研院所合作，支持企业开展校企合作，建立产学研一体化的人才培养模式，培育具备国际竞争力的人才队伍。

第三，提供科研创新支持。

为鼓励创新，驱动发展，《海南自由贸易港法》支持企业和个人开展科研创新活动，提供技术研发、市场推广等创新支持。通过税收优惠政策、创业补贴、科技成果转化等措施，激发市场主体的创新活力。

第四，加强知识产权保护。

为了保障创新者的合法权益，《海南自由贸易港法》强调加强知识产权保护，完善知识产权法律制度，强化知识产权执法和司法保护，提高对知识产权侵权行为的追究和制裁力度。

第五，构建创新平台与基础设施。

《海南自由贸易港法》倡导构建创新平台与基础设施，例如发展高新技术园区、科技创新孵化器等创新载体，鼓励企业、高校、科研院所等共享研发资源，整合产业链各环节，促进产业升级与转型。

第六，国际合作与交流。

为进一步促进人才引进与创新驱动，《海南自由贸易港法》支持加强国际合作与交流，开展国际人才交流项目，吸引世界顶级科技人才和高水平研究团队，与国际同行分享信息、技术和经验，推动海南自由贸易港的全球竞争力提升。

现海南自由贸易港在对外国人的工作许可上实行负面清单管理，在全球很少有国家对外国人的工作许可实行负面清单管理，大多是实行正面清单管理，海南在加快研究和推进这项工作。

5. 强化生态保护与修复，推广清洁能源与节能技术，落实国际合作与环保目标旨在实现海南自由贸易港绿色高质量发展，为生态保护与经济发展平衡提供有力保障，这些创新有助于推动海南自由贸易港实现绿色可持续发展，为未来打造美丽海南、生态文明示范区提供了强大支撑。

海南自由贸易港实行最严格的生态环境保护制度，《海南自由贸易港法》从法律高度提出了刚性要求，积极践行“绿水青山就是金山银山”理念，用司法护航生态文明建设。

第一，强化生态环境保护。

《海南自由贸易港法》强调强化生态环境保护，确保生态安全和资源有效利用，严厉打击环境违法行为，增强企业和个人的环保意识。

第二，优化产业结构。

为实现绿色发展，《海南自由贸易港法》推动优化产业结构，重点发展低碳环保、循环利用等绿色产业。通过政策引导、科技创新等手段，促使企业转型升级，形成绿色低碳的产业发展模式。

第三，节能减排。

《海南自由贸易港法》倡导节能减排，鼓励企业采用节能环保技术，减少能源消耗和污染物排放；鼓励推广清洁能源、节能产品和技术，实施节能减排目标，助力全球应对气候变化。

第四，绿色基础设施建设。

为支持绿色发展，《海南自由贸易港法》提倡绿色基础设施建设，推广绿色建筑理念和标准，利用绿色材料、再生资源建设城市基础设施等。

第五，生态文明体制创新。

《海南自由贸易港法》强调生态文明体制创新，探索建立生态补偿机制、绿色金融等制度。通过政府、企业、社会等多方共同参与，形成绿色发展的长效机制。

第六，国际合作与交流。

《海南自由贸易港法》支持加强国际合作与交流，与国际组织、各国政府等开展环保技术合作，分享绿色发展经验，促进资源共享，加快绿色转型和可持续发展。

6.《海南自由贸易港法》在风险防范方面进行了诸多创新，旨在为海南自由贸易港的建设提供有力的法治保障，确保其健康、稳定、可持续发展。

第一，立法层面的风险防范。

《海南自由贸易港法》明确了海南自由贸易港的发展目标、政策支持和制度保障等，为风险防范提供了法治保障。

第二，预防性风险防范。

《海南自由贸易港法》强调在风险防范工作中，要坚持预防为主，加强风险评估，提前采取预防措施，确保风险在可控范围内。

第三，系统性风险防范。

《海南自由贸易港法》要求在海南自由贸易港建设过程中，从源头上预防和控制系统性风险，确保国家经济安全和金融稳定。

第四，风险应对机制创新。

《海南自由贸易港法》规定建立、健全风险应对机制，包括成立专门的风险应对工作机构，制定风险应对预案，加强风险信息共享，提高风险应对能力。

第五，跨部门协同防范。

《海南自由贸易港法》要求各级政府部门加强协同配合，形成合力，共同参与风险防范工作，确保风险防范工作的有效实施。

第六，强化监管手段和能力。

《海南自由贸易港法》规定加大对金融市场、外汇管理、跨境资本流动等领域的监管力度，提高监管手段和能力，防范金融风险。

第七，严厉打击违法违规行为。

《海南自由贸易港法》明确了违法违规行为的法律责任，强化了对违法行为的惩戒力度，有力地维护了海南自由贸易港的法治秩序。

四、《海南自由贸易港法》与其他自由贸易港的法律的比较

《海南自由贸易港法》是我国为推动海南自由贸易港建设而制定的一部专门立法，旨在打造一个开放、便利、高效的自由贸易港，促进国内外投资，以开放促改革、促发展、促创新，融入和服务国家重大战略。同样以自由贸易港著称的一些国家和地区，如新加坡、我国香港地区、阿联酋的迪拜等，也采取了类似的政策，但仍有一定的差异。《海南自由贸易港法》与其他自贸港的法律比较，有以下几点不同。

1. 法律体系不同：《海南自由贸易港法》是我国国内的法律，符合我国的法律体系；而其他自由贸易港的法律则根据各国各地区的法律体系而制定。

2. 地缘政治位置不同：相较于我国香港地区、新加坡和迪拜等国际航运和贸易中心，海南自由贸易港位于我国南海地区，具有连接东南亚、南亚和大洋洲等市场的得天独厚的地理优势。与此同时，海南作为我国的一个省份，海南自由贸易港在政策上并入国家总体战略，有尽可能充分利用国内资源的优势。而其他的自由贸易港则分布在世界各地，各自具有不同的地理位置优势。

3. 制度设计不同：虽然海南自由贸易港在税收优惠、金融创新、知识产权保护等方面借鉴了新加坡、我国香港地区和迪拜等地的经验，但其制度设计仍具有中国特色。例如，在开放程度、监管框架和外汇管制等方面会有所不同。

海南自由贸易港与我国香港地区和新加坡竞争优势也有不同：作为国内

首家自由贸易港，海南自由贸易港有着政策优势和规划上的优势，它可以立足我国市场，同时紧密连接东南亚、南亚、澳洲等区域市场，拥有优越的地理优势和良好的发展前景；我国香港地区和新加坡拥有独特的国际化背景和法律制度，在金融、贸易、投资等领域还拥有较大优势，而且具有相对稳定和便捷的营商环境，被视为重要的国际商贸和金融中心。同时，海南自由贸易港还有得天独厚的自然资源和生态环境，对发展旅游、医疗、热带农产品等产业大有文章可做，是我国香港地区和新加坡无法比拟的。

4. 金融中心地位不同：相较于我国香港地区和新加坡等国际金融中心，海南自由贸易港在金融服务方面仍处于起步阶段。当前，海南自由贸易港正在充分发挥离岸金融特点，逐步扩大和深化金融市场开放，积极吸引全球金融机构入驻。

海南自由贸易港与我国香港地区和新加坡政策定位不同：海南自由贸易港是在海南岛全岛范围内实施的全面深化改革开放的试验区，政策目标是打造具有国际市场竞争力的高水平自由贸易港和现代服务业聚集区，助力我国高水平开放和建设自由贸易试验区；我国香港地区和新加坡是传统自由港，也是经济开放程度最高的地区之一。香港已成为世界级国际金融、创新科技、国际贸易和航运中心，而新加坡则是一个全球化的商业中心，以及国际贸易、投资和金融业务的重要枢纽。

此外，海南自由贸易港与我国香港地区和新加坡产业定位也不同：海南自由贸易港定位于现代服务业聚集区，以旅游、医疗、教育、高端物流、信息商务等产业为重点。随着未来自由贸易区政策的逐步放开，将吸引更多的企业和项目进驻海南自由贸易港，推动产业转型升级和高质量发展；我国香港地区和新加坡则已形成较为完整和复杂的经济体系，覆盖金融、商贸、物流、旅游、科技等多个领域。我国香港地区的金融业处于国际领先地位，新加坡则以航运和物流为核心产业。

5. 贸易便利化不同：海南自由贸易港在口岸通关速度、报关手续等方面与新加坡、迪拜、我国香港地区等成熟自由贸易港相比，仍有一定差距。然而，随着《海南自由贸易港法》的实施及配套法规体系的完善，海南自由贸易港将不断改善贸易便利化水平，缩小与国际贸易大国和各自由贸易港的差距。

6. 人才政策不同：在引进外籍人才方面，海南自由贸易港实施了一系列人才政策，如签证简化、居留便利等，以便更好地吸引国际人才。然而，与已建立良好国际形象的新加坡和我国香港地区等地相比，海南自由贸易港在建立国际人才竞争力方面尚需不断努力。

综上所述，海南自由贸易港的出现将进一步增强中国开放经济的国际竞争力，提供更多的商机和合作机会，而我国香港地区和新加坡已经走过了自由贸易区建设的阶段，也让我们看到了中国未来发展自由贸易区的巨大潜力。尽管海南自由贸易港目前在某些方面与其他成熟的自由贸易港存在差距，但《海南自由贸易港法》为海南自由贸易港未来的发展奠定了良好基础，随着政策的实施和不断优化，海南自由贸易港有望在国际竞争中不断发挥优势，迎头赶上。

浅析粤港澳大湾区跨境金融新趋势下的机遇与挑战

杨　俊

一、粤港澳大湾区跨境金融概述

（一）粤港澳大湾区跨境金融的发展背景

粤港澳大湾区包括广东省、香港特别行政区和澳门特别行政区，其作为一个经济合作区域拥有丰富的资源和巨大的经济潜力。跨境金融作为粤港澳大湾区经济整合的关键要素之一，对推动区域经济发展和促进金融市场的繁荣起着重要作用。

粤港澳大湾区跨境金融的发展受到多个因素的影响。首先，地理接近和经济互补性为跨境金融提供了有利条件。三个地区之间的紧密联系和便捷交通网络促进了资金和资源的流动。其次，政策支持和制度建设为跨境金融提供了良好的环境。粤港澳大湾区相继推出了一系列的政策措施，鼓励金融创新和跨境金融合作。最后，科技进步和数字化转型也为跨境金融带来了新的机遇。

（二）粤港澳大湾区跨境金融的定义和范畴

粤港澳大湾区跨境金融的定义广泛，涵盖了各种金融业务和服务的跨界运作，包括跨境支付、跨境资金流动、跨境投资和融资、跨境贸易融资、外汇交易等领域。粤港澳大湾区的跨境金融市场具有开放性和多元化的特点，吸引了众多金融机构和企业的关注和参与。

（三）跨境金融在粤港澳大湾区经济整合中的重要性

粤港澳大湾区跨境金融的发展对于三地来说具有重要意义。对于内地来说，跨境金融提供了更多的投资和理财选择，同时也为企业拓展市场提供了便利；对于港澳来说，跨境金融为它们提供了更多的就业机会和职业发展空间，同时也为金融业的发展带来了新的机遇。

总之，粤港澳大湾区跨境金融是一个充满潜力和机遇的领域。在全球化和数字化的浪潮下，粤港澳大湾区跨境金融的发展将不断取得新的突破和成就。

二、新趋势：金融科技的崛起

近年来，金融科技（Fintech）在全球范围内迅速崛起，成为粤港澳大湾区跨境金融的一个重要新趋势。[①] 金融科技以其创新的技术和业务模式改变传统金融行业的格局，并为跨境金融带来了许多新的机遇和挑战。

（一）金融科技带来的机遇

金融科技为跨境金融提供了更高效、便捷的服务，对提升金融服务的效率和便利性起着重要作用。例如，金融科技的应用使得金融服务更加普惠和便利，尤其对于远程地区的居民来说，这些应用使他们可以享受到更多的金融服务；利用区块链技术可以实现跨境支付的即时结算，大幅缩短了交易时间和成本；人工智能和大数据分析技术的应用也使得风险评估和贷款审批等流程更加准确和高效。这些技术的应用不仅提高了金融业务的效率，还为跨境金融的发展带来更多的机会，使创业者拥有更多的创新和发展空间，激发了创业者的创业精神和创新活力。

在粤港澳大湾区，金融科技的发展取得了一系列的成就。例如，香港成立了金融科技创新实验室（Fintech Innovation Lab），为金融科技初创企业

---

① 参见刘佳宁：《粤港澳大湾区科技金融协同发展路径研究》，载《南方金融》2020 年第 9 期。

提供了孵化和发展的平台。同时，澳门也积极推动金融科技的应用，加强金融创新能力。①

（二）金融科技面临的挑战

金融科技的发展也面临一些挑战和风险。首先，数字化转型带来的风险需要得到有效管理。随着数据的大量生成和流动，数据安全和隐私成为一个重要的问题，用户数据和资产的安全需要得到有效的保护。其次，金融科技的发展也可能导致传统金融机构的盈利模式和业务结构发生变化，需要相应的调整和转型。最后，相应的监管政策和法律制度也需要与金融科技的发展相适应，保护金融体系的稳定和健康发展。

总之，金融科技的崛起将为粤港澳大湾区跨境金融带来新的机遇和挑战。通过创新的技术和业务模式，金融科技正在改变金融行业的面貌，提供更高效、便捷的金融服务。同时，也需要解决相应的风险和挑战，维护金融体系的稳定和用户的利益。

三、新趋势：区块链技术的应用

（一）区块链技术带来的机遇

区块链技术作为一种分布式数据存储和交易验证的技术，正在跨境金融领域中崭露头角。这一技术的应用带来了许多优势，包括去中心化、透明度、安全性和高效性等，正逐渐改变跨境金融的运作方式。

首先，区块链技术可以实现跨境支付和清算的即时结算，大幅缩短了交易时间和成本。传统的跨境支付往往需要通过多个中间银行和支付机构的参与，导致交易速度较慢且成本较高。而利用区块链技术，可以直接将交易信息记录在区块链上，实现点对点的支付和结算，从而提高了交易的速度和效率。

其次，区块链技术可以增强跨境交易的透明度和信任度。由于区块链上

---

① 参见刘佳宁、黎超、李霞：《粤港澳大湾区金融推动科技创新发展研究：实践基础、综合评价与路径选择》，载《科技与金融》2021年第8期。

的交易信息是公开且不可修改的，任何人都可以查看和验证交易的真实性，从而减少了信息不对称和诈骗风险。这一特性对于跨境贸易和供应链金融来说尤为重要，可以确保交易的可追溯性和真实性，减少交易纷争和风险。

再次，区块链技术还可以提升跨境金融的安全性。传统的金融系统存在着安全漏洞和风险，例如资金洗钱和黑客攻击等问题。而区块链技术通过数据加密和分布式存储的方式，保护了交易信息的安全性，降低了风险和漏洞的可能性。

最后，区块链技术可以促进跨境金融的合规性和监管。由于区块链上的交易信息是不可窜改的，监管机构可以实时查验和监控交易的合规性，从而更好地执行反洗钱和反恐怖融资等监管要求。并且，区块链技术还可以提供可编程的智能合约，自动执行合约条款和监管规定，减少了人为错误，降低了监管成本。[①]

（二）区块链技术面临的挑战

然而，区块链技术在跨境金融领域的应用还面临一些挑战和限制。首先，技术的成熟度和可扩展性是一个重要的考虑因素。目前的区块链技术还存在着性能和容量限制，需要进一步的技术创新和改进。其次，法律法规和监管框架的完善也是一个关键问题。跨境金融涉及多个国家和地区的法律法规，需要建立跨境区块链的合规机制和法律保护。

总之，区块链技术的应用将为跨境金融带来新的机遇和挑战。通过实现即时结算，增强透明度和信任度，提升安全性以及促进合规性和监管，区块链技术可以改善跨境金融的效率和安全性。然而，仍需克服技术和监管方面的限制，推动区块链技术在跨境金融中的广泛应用。

四、创新专题研究：风险管理与监管

随着跨境金融活动的增加，风险管理和监管成为跨境金融中不可忽视的重要课题。有效的风险管理和监管机制可以保障金融体系的稳定性和安全

---

① 参见许荻迪：《区块链技术在供应链金融中的应用研究》，载《西南金融》2019 年第 2 期。

性，促进跨境金融的可持续发展。新时代的跨境金融，面临着新的挑战和风险，因此需要创新的研究和应对方法。

首先，风险管理在跨境金融中至关重要。由于跨境金融涉及不同国家和地区的法律法规、货币汇率、市场风险等，风险的传播和累积效应可能对金融体系产生重大冲击。因此，建立跨境金融风险管理机制是至关重要的，这包括风险评估、风险监测和控制、风险分散等措施，通过建立该机制以降低风险对金融体系的影响。

其次，监管在跨境金融中发挥着重要作用。有效的监管机制可以保护投资者的权益，维护市场秩序，防止金融犯罪和不当行为。跨境金融的监管面临着跨国合作、法律法规不一致等难题，需要建立跨境协调机制和监管框架。同时，随着金融创新和技术的发展，监管应该不断创新，适应新业务模式和金融科技的发展，确保金融体系的稳定和安全。

再次，跨境金融风险管理和监管还需要加强信息共享和协作。由于跨境金融涉及多个国家和地区的金融机构和监管机构，信息共享和协作是实现有效风险管理和监管的关键。通过建立跨境金融信息交换平台，加强监管机构之间的合作机制，可以更好地应对跨境金融风险和挑战。

最后，创新科技在风险管理和监管中也扮演着重要角色。人工智能、大数据分析、区块链等技术可以提供更强大的风险识别和监管能力。例如，机器学习可以帮助自动识别风险模式和异常行为；大数据分析可以提供更全面的市场信息和风险评估；区块链可以保障交易的透明度和可追溯性。因此，将创新科技应用于跨境金融的风险管理和监管中，可以提高效率和准确性，减少人为错误和风险。

五、结语

本文揭示了跨境金融领域的机遇和挑战，金融科技的崛起和区块链技术的应用为跨境金融带来了更高效、更安全的交易方式，同时风险管理和监管的创新研究将有助于维护金融体系的稳定和安全。然而，我们仍然需要克服技术和监管方面的限制，加强协作和信息共享，推动跨境金融的可持续发展。

浅析粤港澳跨境多元解纷体系的建立

郭施雅

习近平总书记在视察广东期间，将粤港澳大湾区定位为国家在新时期、新阶段发展的重要战略，并赋予其“新发展格局的战略支点、高质量发展的示范地、中国式现代化的引领地”的新角色。由于粤港澳法律体系各不相同，为解决粤港澳区域纠纷解决中的问题，需要建立粤港澳跨境多元解纷体系，构建共商、共建、共享多元解纷机制。这样既能提升司法服务水平和保障粤港澳大湾区建设，也能符合全面依法治国根本要求，更进一步丰富和发展依法治国理论，推动粤港澳实现法治认同、法治共识、法治互信，提升大湾区社会治理、国家治理效能，夯实大湾区国家战略实施的法治支撑。

为了解决粤港澳大湾区的法律纠纷和保障大湾区的建设，为大湾区的发展提供有力的支持，需要构建一种能够有效促进粤港澳经济社会发展的跨境多元解纷机制。这一制度应当坚持共商、共建、共享的原则，以适应不同区域不同特点的司法需要。首先，以共同协商为核心，构建跨境多元解纷机制，各区域间应当以协商方式来处理争端。这既是对各个区域的法制的一种尊重，也是对地区人民的一种更深层次的理解与信任。区域间的共同协商，使区域间的争议能够得到妥善的处理，从而减少由于区域间的不同所带来的不利影响。其次，各地要努力构建一个高效、公平、便捷的纠纷解决体系。这就要求各个区域的法院及有关部门通力合作，制定相应的解决办法。在此基础上，充分发挥区域内的优势，将大湾区内的司法争议作为重点加以处理。最后，区域间应当分享其成功经验，并相互学习与借鉴，以促进大湾区整体社会与政府的有效管理。大湾区的法律信息分享能够促进大湾区各区域间的法律信任，促进区域间的法律合作与交流，从而促进区域内的法律意识形成。构建粤港澳三地之间的跨境多元解纷机制，是粤港澳一体化建设的需要，也是必然选择。这将有助于完善和发展法治理念，促进大湾区法治认同、法治共识、法治互信，为大湾区的建设奠定坚实的法治基础。粤港澳大湾区的建设，将使粤港澳三地在建设共商、共建、共享的多元解纷体系方面取得更好的成绩，粤港澳大湾区将能够更好地实现高质量发展，成为中国式现代化的引领地。

一、粤港澳跨境多元解纷体系的建立背景

粤港澳大湾区的构想始于20世纪90年代，其核心动力在于着眼于港澳两地的发展趋势，促进珠三角九城市与港澳两地的深入协作（亦称为“9+2”城市群），促进区域整合，建设一个具有国际水准的、协调发展的、互联互通的、具有国际影响力的大湾区。

随着香港和澳门的回归，香港和内地之间的民事和商业联系越来越密切，在客观上也越来越多地与内地融合在一起。例如：根据商务部的资料，香港与内地的贸易量在2016年度达到3052.5亿美元，成为内地的第4大贸易伙伴，同时也是内地的第3大出口对象。与此同时，自港澳地区回归以来，内地法庭所受理的跨区际诉讼数目总体呈现出迅速增长的态势，2001—2015年度平均增长了11.35%。但是，以粤港澳大湾区最为突出。2016年，单是深圳前海合作区就有1211件，占据了深圳前海合作区人民法院全部民商事诉讼总数的46.81%，深圳前海合作区有不少跨区际诉讼的案例。

香港特别行政区、澳门特别行政区、广东省三地在“一国两制”的立宪框架下，三地的司法管辖权、证据送达、法律确认、判决的确认与执行等都存在一定的区别，这使平行诉讼、证据送达、法律确认、判决执行成为司法实践中的大难题。因此，对接和融合争议解决机制是构建粤港澳大湾区的重要内容，粤港澳司法体制的多样性与市场主导性的矛盾，使得构建粤港澳大湾区跨境多元解纷机制成为必然选择。构建这一机制，不但能够在今后推进粤港澳三地开展更深入的协作，消除体制上的分歧，探索出一套有效的争端防范机制和途径，同时也将促进我国争端防范机制和方法的国际化，以及为提高三地在国际社会中的地位和影响力积累有益的经验。

二、浅析粤港澳跨境多元解纷体系的现状

在新的开放格局下，粤港澳三地的司法体系正伴随经贸合作的深化而逐步相互融合，其中，促进争议处理机制的对接与融合，提高争议处理的一体化与公开程度是其中的重点。但是，在“一个国家”“两种制度”“三个法域”的实际情况下，粤港澳地区不同的司法体制，给粤港澳地区的争议处理工作提出了新的课题。健全的争议解决机制，不但可以帮助三地进行司法协作，而且可以降低三地由于体制不同而产生的法律冲突。

粤港澳大湾区作为区域间争端处理的新载体，存在着区域间司法制度的特殊性，这也导致司法制度在不同区域的具体应用有着很大的差别。因此，在大湾区协同发展的背景下，应在实际工作中结合多种情况，确定一种更为灵活的区域间司法互助协定模式。近年来，粤港澳三地也在多样化的纠纷解决模式上进行了积极的探索，从社会治理的现实需求出发，构建综合协调机制，对解决纠纷资源的高效集成，以及规范纠纷的多元解决机制进行了有益的尝试。同时在经过深入研究后，最高人民法院也将在粤港澳大湾区内采用以多种方式处理争端的有效方法。

粤港澳三地的纠纷解决机制建设中存在的问题，在经过纠纷解决机制的加强建设，可以有效地化解各类冲突的矛盾，保证各地区利益不会因为不同的体制而受到损害。而如何实现争议解决机制的高效对接，是构建粤港澳地区法律体系的关键。粤港澳大湾区在发展进程中，依旧受管辖地域的不同和动态机制的影响，其在内部争议解决机制的建立和完善上还存在诸多问题亟待解决，否则将会造成司法协作成本高等一系列不利的情况发生。

三、粤港澳跨境多元解纷体系建立的理论逻辑

粤港澳地区的跨境多元解纷机制的构建，旨在打破行政区划与体制的界限，并构建一种有序的、协调的治理方式，从而促进该地区的有序合作与共同发展。从理论上来讲，粤港澳跨境多元解纷机制实质上就是地区法治的具体表现，它是一种以国家主权为核心，以地区特色为基础，以良好的法秩序为保障的管理方式。该机制用突破行政障碍以及地方保护主义的方式，来达

到市场的自由与一致，从而可以对跨区域性的公共事务进行高效的处理。

构建粤港澳三地的跨界多元解纷机制，是一项具有多样性、差异性和冲突性的复杂的系统工程。将协作理念引入大湾区的法治体系中，有助于解决区域间的多样性和差异性法治问题。然而内地习惯采用的项目合作、行政协定等地区合作模式，由于没有足够的法律力量，也没有足够的硬性限制，在执行中极易出现“流产走样”现象，这对三地一体化的互信建设不利。当前，我国粤港澳地区存在着诸多的跨地区纠纷，亟待通过强化大湾区的合作，以“共赢”原则为驱动，从而形成“相互依赖、利益共享、责任共担”的粤港澳跨境多元解纷机制。

四、选择粤港澳跨境多元解纷体系方法

（一）解决一国内不同法域法律冲突而非解决一国内同一法域不同区域法律冲突

当前在长三角和京津冀等区域，我国对区域间法律纠纷的协调处理主要采用的是一国对相同管辖范围内的法律纠纷进行协调处理的方法。粤港澳三地司法管辖区特殊的法治氛围，决定了其各个管辖区之间的司法争议处理方法应当与我国相同司法管辖区内的司法争议处理方法不同。一个国家同一法域不同各区域与一个国家不同法域的法律纠纷处理方式，虽可供参考，但不可简单地照抄，而应根据粤港澳地区之间的法律纠纷，认真地进行甄别和推敲。

（二）以中央协调为主，不以地方协调为主

香港和澳门的特殊位置，使两地的法律工作须由中央政府统筹。它牵涉到中央政府和港澳两地之间的权力分离，即香港和澳门之间的绝对自治性界限问题。当前，国家已经出台了《粤港澳大湾区发展规划纲要》，国家发展和改革委员会和粤港澳三地签订了“粤港澳大湾区建设管理协定”，这些都表明中央在协调化解粤港澳的问题上起到了重要作用，绝非粤港澳三地之间的相互协调可以替代。

（三）以法律为主而不是以政治为主

内地与港澳之间的法律矛盾，由特定的历史背景所决定，也由社会主义与资本主义两种体制界别所决定。在建立新的港澳纽带的阶段，相关各方往往以感情来引导矛盾的调解，而不愿意以理性的法治方式去整合矛盾的关系。因此，以法律为主导的协调方式是构建粤港澳跨境多元解纷体系的重要依据。当然，这并不意味着完全排斥以政治的方式来处理矛盾，当前中央政府在处理粤港澳三地的矛盾冲突时，大多以政治的方式进行协调，再以法治的方式加以合力处理。

（四）以软法为主而不是以硬法为主

在构建粤港澳跨境多元解纷体系时，粤港澳地区管辖范围和法律制度的差异，使得在大湾区制订硬法将面临诸多制约，难以将硬法作为协调解决问题的重要手段；而软法具有诸多的公共管理职能，是维持社会和谐发展的重要纽带。在粤港澳解决争端的进程中，"软法治"的纠纷解决方式，更适合于这三个地区的现实情况，也更易于获得相关文化、心理及规则的认可。

（五）政府主导和民间推动并行而非单一方式

时下我国正处于经济社会的快速转型期，区域经济一体化的体征更加明显，转型更加快速，这就决定了在粤港澳大湾区形成多元解纷体系的时间将更加紧迫，任务更具艰巨性，也决定粤港澳大湾区必须走自上而下的政府推进的道路。但这一说法并不绝对，这是基于与粤港澳大湾区实际差异较大的中国同一法域经济区的经验而提出的。由于粤港澳大湾区三个法域的特殊性，若仅仅依靠政府推动，而无视社会力量的推动以及其自身的演化规律和本土性，那么粤港澳跨境多元解纷体系的建立将是持久漫长的一个流程。

（六）区别对待而不是全面调整

在我国，地区间法律冲突的调解应该采用区分的方式，根据不同的时间、不同的法制类型和不同的地域来调节地区之间的法律冲突。粤港澳跨境多元解纷体系的建立是一个逐步推进的过程，并非一蹴而就。从粤港澳大湾区所在地区的情况来看，应当根据不同的时期和法律范畴，实行不同的法律制度。就时期而言，尽管目前内地与香港、澳门的立法尚不能同步，但是大湾区建设的首要目的仍是法律体系的整合，法律体系经过较长时期的融合，可以逐渐走向“统一标准”。当然从法域角度来分析，由于各法域之间存在着各自法律体系的矛盾特征，应当对粤港澳等地区存在的法律体系上的矛盾进行区分细化，从而使大湾区法治协调发展成为现实。

五、建立粤港澳跨境多元解纷体系的困境

粤港澳跨境多元解纷体系构建，交织着各类问题，致使解纷体系在建立过程中面临着种种困境。尤其存在以下几种困境。

（一）法治实践冲突

在大湾区协作过程中，解决纠纷的方式存在着矛盾，其中最为显著的：一是市场主导的香港、澳门地区的自主性法治模式，以及政府主导的内地的相对被动型的法治模式。二是在关税政策、贸易管制、外汇管制、旅客监管等领域所面对的三地民商、经贸等法规体系的矛盾，以及在地方政府间的协作中所面对的矛盾。三是公共权力的行使范围与权限间的协调，如地方政府在立法、执法、司法、审判、监察等权力的行使范围、权限与程序上的矛盾。

虽然粤港澳的司法协作由来已久，但其所涉及的争议处理制度仍停留在笼统的层面上。因其处理法律冲突的制度不够健全，且缺少更高层次的法律法规做有力的保证，其推动司法协作仍有一定的阻力。另外，由于港澳两地所承袭的法律制度与内地所依据的法律制度不尽相同，所以，港澳两地之间的合作所依据的各种立法标准也有很大的差别。

此外，粤港澳区域内市场的立法协同作用尚未完全激活，市场在立法环节中起到的作用有限。因地方立法权受《立法法》规范，地方立法须遵循严苛的程序，不可避免地滞后于日新月异的社会治理实践，而习惯和自治规

范与社会实践同频共振，在调节社会生活方面与成文法相比具有一定的比较优势。因此社会治理需发挥行业规章等社会规范的积极作用，在推进粤港澳跨境多元解纷机制构建的过程中，要发挥“软法”的作用。

（二）法治认同差异

在构建粤港澳跨境多元解纷体系时，是否认同不同地区的法治，是一个亟待解决的问题。香港修例事件，引起了各派系之间的法律争论，反映出一些香港同胞在法治认同上出现的错误。由于法律体制的不同，港澳台同胞受到西方法治理念以及内地/大陆传统观念的双重冲击，更难以改变法治理念上的差异。

（三）法治水平分层

粤港澳大湾区的跨国纠纷解决面临着一个巨大的困难，就是其法治发展程度具有一定的梯度性和层次性。在实际操作中，大湾区多个城市采取了“分步建设、分层发展”的做法。同时，由于城市间的法治程度各不相同，一些城市的法治建设与香港、澳门、广州、深圳、珠海等大湾区的法治先行区相比，有待进一步完善。这种自上而下的差异，也是大湾区竞争优势中的一大特色，但这种发展分层，会导致区域间法律制度、政策协调和区域规划等执行费用较高，从而制约大湾区区域间的协调与发展。

（四）权责划分不清

构建粤港澳大湾区跨境多元解纷体系，需要进行地区间的协同，有协同才有分工，有协同才有权力共享，而权力共享产生的问题则是责任模糊化。当前，大湾区的合作主要以联合办公、签署合作协议等形式进行，主要以广东政府与港澳特别行政区为主要合作对象。由于分散的协作方式，对应机构在实际操作中极易产生功能冲突。如果一方因自身利益而拒绝遵守约定，对方又无法强迫对方遵守约定，双方责任推诿或责任转移的可能性就很大，容易产生“破窗现象”，导致双方的合作破裂。

（五）创新动力不足

大湾区长期致力于法治协作与多元解纷机制构建，但缺乏自主创新的驱动力，合作效果也依赖于港澳地区的合作程度。造成这种差异的原因：一是粤港澳地区的法治环境、制度机制和发展水平的不协调，三地之间的协作易出现利益冲突，造成三地争端协调的执行不力。二是由于管理制度的缺失，三地之间的合作难以达成共识。三是没有构建起一套完善的互惠体系，也没有形成有效的奖励机制。

（六）公众参与不足

粤港澳在解决纠纷时所遭遇的一个共同的两难境地就是民众对法律实施的积极性不够。社会大众的参与性、获得性等问题，对大湾区跨境多元解纷机制建设产生了很大的阻碍作用。以香港和澳门为例，尽管目前两地已进入市民参与快速增长时期，但仍然存在民众参与的热情和自主性较低等问题。而在广东地区，就涉及重要的民生问题的决定而言，咨询率、听证率和民意调查率也是相对较低的。大湾区仍应促使市民从旁观者转变为参与者、咨询者和协议者。

（七）市场自律不足

粤港澳三地对市场的自律与调控的观念存在一些不同。香港和澳门更多地关注市场的自我调整，在这两个地区，少有国家的介入。而广东则偏重政府导向下的企业对市场的调节。与港澳相比，广东在产业内对社团的控制，对政府的审批等方面存在着更多的限制，这在某种意义上限制了市场的自我约束。广东的行业自律性不足，对大湾区内的企业、行业协会、社团等都有一定的约束作用，也对大湾区内的跨境多元解纷制度建设产生了一定的影响。

（八）纠纷解决不力

粤港澳三地存在地域差异，港澳分别具有独立司法权和终审权，司法协助构成大湾区法治协同的关键一环。然而，粤港澳三地对内地法院的裁决缺少终局性等问题进行了多年的争论，三地对内地法院裁判的承认与适用一直存在着争议。为此，大湾区不仅要加强相互间的法律互助，还要寻求三地都能接受的纠纷解决方式，包括调解和仲裁。

（九）大湾区现行纠纷处理模式在总体上缺乏国际化

当前，国际上的主流争议处理方式都是以发达国家为主，而中国的纠纷处理方式与这些国家之间还有很大的差距。尽管在实际的发展过程中，我国有关争议解决的法律一直在不断地改进，但是与发达国家相比，我们的工作起步比较迟，而且宣传工作也没有做好，我国的争议解决机制目前还没有达到国际标准的高度，因此在国际化程度及配套服务等方面还有很大的提高余地。大湾区的纠纷解决机制建设，不能只满足于对区域间纠纷的处理，而是要建设一个具有国际竞争能力的纠纷解决机制。我们应向国际上著名的争议解决机构和先进的争议解决机制看齐，提高在地区内部的争议解决机制的国际化程度，这关系到该机制的长期可持续发展，也是在建立地区间的争议解决机制时，需要认真对待的问题。

六、粤港澳跨境多元解纷体系建立的实施措施

从国际上的先进争议解决经验中可以看出，在全球范围内，争议解决呈现出了一体化的发展趋势，它重视诉讼与非诉方式的全面专业化发展与有机衔接，并将各国之间的交流与合作作为重点。与此同时，以信息网络技术为基础，对争议解决的智能化进行了强化。“求同存异”原则是粤港澳三地之间区域间的司法协作的核心，而三地之间的协商一致则是在粤港澳三地之间建立起的跨境多元解纷体系的重要保证。三地之间的客观性差别，为改善争端解决方式开辟了更多的空间和可能性，如何将差别化的问题转化为发展的问题，具有十分重要的意义。建立粤港澳跨境多元解纷体系，既要加强非诉讼争端解决机制的功能，又要促进三地争端解决制度的有效对接，使三地争端解决制度在具有竞争性的前提下得到广泛认同，从而提高粤港澳地区争端解决的层次。粤港澳地区的跨境多元解纷机制的构建，要从多个角度进行全

方位的整合，相互关联。

（一）不断完善粤港澳区域纠纷解决法律规范

为了在特区的高度自治和地区间的协作需要之间取得均衡，港澳两地已经就送达和取证等问题作出了双边的协议。在大湾区的建设进程中，应探讨大湾区一体化的法律协调与制度对接等问题。迄今为止，大湾区相关的法规并未特别重视法律评价的问题，所以必须对评价的客体、评价的主体、评价的标准及评价的程序加以界定。此外，有关大湾区的国家法规也应该加速制定。港澳地区现行的国内法主要是关于国家主权和外交、国防和边境管理等方面的法规。尽管国家法不能经常增加和减少港澳特别行政区的立法，但是，在建立大湾区这一大环境下，国家法对地区间的立法可以起到更好的调节作用。

同时，在推动多元化解争议方面，社会的地位与功能也不容小觑，而大湾区的司法协作也应该重视并更好地利用这一“软法”力量。比如行业规则。3 个地区的产业组织可以根据各自的法律来制定相应的产业规范，并以此来形成一套有效的区域规范。今后还应该探讨大湾区的民事和商业争议处理问题，制定一部统一的示范法，为公平、高效、灵活、便捷的纠纷处理奠定一个共同的法律依据。

（二）凝聚法治共识，缩小法治认同差异

要构建粤港澳跨境多元解纷体系，必须缩小法治认同差异。第一，要提高人们对法治理念的认知度，使法律与社会的效果达到一致。第二，各地区法治中的价值矛盾和多元化并不能否定法治中的价值认同。大湾区协调发展的切入点在于要汇聚对法律的认知，寻找以法治为中心的价值标准，逐步构建具有多样性的大湾区法律文化，使大湾区各地的法治价值追求达成最大的一致，这一点至关重要。第三，法治认同是先决条件。要消除差异，就必须在建构、共识、规范、体制等方面取得一致，消除利益冲突与观点上的不同。第四，法治认同需要从加强政治民主化、利益均衡化、经济结构化、谈判理性化、倡导理性化、交流加强、文化融合等多个方面入手，这样才能在

法治协同的发展中找寻突破口。

（三）构建促进粤港澳规则衔接的法治协同机制

粤港澳跨境多元解纷机制的构建，在大湾区共同发展之时必须按照“以推动大湾区市场融合为目的，以法治协调为方法，以机制创新为重点”的逻辑机制来进行。一是针对粤港澳三地规则数量庞大，体系复杂，构成要素差异显著的特点，制定一份层次分明、体系完备的规则关联表。二是厘清三地之间的跨境性，自治事项之间的权利界限。三是与之相适应的制度对接。首先，需要针对粤港澳地区差异不大的地方，以收敛的方法进行对接；其次要加大创造力度，在粤港澳地区分别制定出相应的规则，使三地制度规则能够更好地贯通；最后则是相互承认，用相互承认的方法融合可以有效地克服前面收敛对接以及在创造中不能在短时间内解决的问题。当然，法治协同机制的建立，不但要求在体制上进行改革，也要求以此为指导的司法观念必须跟上时代步伐。要增强积极的竞争观念，尽量避开僵化的思想，树立合作共赢、包容发展、相互学习借鉴的观念。

（四）提高公众参与度与解纷获得感

构建粤港澳跨境多元解纷体系，必须强化与民众的积极互动，提升民众在法治中的主体地位，从而激发民众对法治的认同和满意，有效缓解当前快速发展的法治认同度低下的问题，正如《深化粤港澳合作推进大湾区建设框架协议》的主要目的就是通过扩大公众参与，从促进立法、执法、司法、管理4个方面入手，提高大湾区民众的法治参与度。而在规划建设过程中，在政策制定过程中，以及在立法过程中，都应明确公众参与的内容。

（五）文化交融推动粤港澳法治协同机制建设

文化交融主要是以大湾区的法治整合作为关键，通过构建求同存异的新法治布局，并通过存在差异的法治文明整合，促进大湾区法治进程的协调发展。由于地缘、亲缘、历史等因素的影响，粤港澳三地之间的共同之处比不同之处更多，在此基础上，粤港澳三地之间的历史和文化的相互影响和转换，最终构成了粤港澳三地之间的地域文化复合体。这种区域性的文化复合，为法律的协调与构建提供了一种共同发展的力量，从而使三地能够共同发展。要实现文化交融：一是要加强三地之间的文化交流，通过生活中的法治交往来实现法治文化认同。二是不同的文化应在相互之间的碰撞中相互吸收和融合。在这一过程中，我国正进行着多种不同法律文化交融，以横琴粤澳深度合作区为代表，该地已经发展出多元法律领域嵌入式的文化交融格局相结合的模式，一种趋向开放、自由、创新的法治文化正在加速形成。

（六）构建共建、共治、共享的法治协同治理格局

新时代建设粤港澳跨境多元解纷体系，需要构建齐抓共管、共治共享的法治协同治理格局：一是在粤港澳地区建立三地法治协同发展模式，确定大湾区的法律地位、组织结构、权力配置和建设内容等。二是建立粤港澳大湾区的法制架构，并以法治指标体系为指导和监督体系，可以参考欧洲联盟的“新的法治框架”和“正义记分牌”制度。三是要坚持共治、共治、共享的原则，调动社会、市场和个体等多方力量，共同参与法治建设，并要积极探讨政府间合作、公私合作和民间合作等多种法治建设方式。

七、结语

粤港澳大湾区作为一个有重大战略价值的地区，建立起独具特色的跨境多元解纷体系既是促进地区法治发展的重大机遇，也是为国际争端解决提供中国智慧的重要契机。粤港澳三地之间的相容性，使其在一定范围内可以消弭对抗，达致多元并存，并从互动到冲突，再到消解，最后走向融合。因此，构建粤港澳跨境多元解纷体系，既要进行体制设计的创新，又要朝着开放、包容性的发展方向迈进，更要寻求途径的相互借鉴，从而为粤港澳地区的发展创造一个公平公正、透明高效、稳定安全的法律环境。同时，构建粤港澳跨境多元解纷体系，也将有助于提高中国在纠纷处理上的国际竞争力，有利于粤港澳地区的长远发展，有助于维护祖国的和平与安宁，并且推动大湾区的营商环境法治化、国际化。在构建粤港澳大湾区的基础上，粤港澳三地将逐渐成为法治水平较高、出类拔萃的中国湾区。

第二篇　大湾区争议解决的理论及实务问题

粤港澳大湾区跨境电商法律问题研究

关婷允

一、引言

近年来，随着经济全球化的深入和互联网技术的进步，国际贸易加速向数字化转型，作为数字贸易的重要发展形式之一，跨境电商经历了数年的积累蓄力，已经迎来了快速发展的“黄金期”。作为可直接连接生产商和消费者，减少中间环节的交易方式，跨境电商正在极大地提升全球贸易的便利化程度，挖掘新的贸易增长点。粤港澳大湾区汇聚了世界级的金融服务、科技创新和高端制造业中心，在进一步扩大开放与深化合作的背景下，正在成为引领全球贸易数字化转型的重要力量，自然是跨境电商的发展重地。[①] 健全和完善的法律保障是跨境电商高速健康发展的制度基础，在此背景下，对粤港澳大湾区跨境电商相关法律制度和问题进行梳理和研究，具有突出的现实意义。

二、跨境电子商务概述

电子商务是指通过互联网等信息网络销售商品或者提供服务的经营活动。[②] 跨境电商（Cross – Border e – Commerce）则在电子商务的基础上增加了“跨境”的元素，即通过互联网销售商品或服务，跨越国家或地区边界，

---

① 参见《粤港澳大湾区贸易畅通新局：开放合作水平提升　争创全球数字贸易发展新高地》，载广东省人民政府港澳事务办公室网 2021 年 12 月 31 日，http：//hmo. gd. gov. cn/gzzx/content/post_3752201. html。

② 参见《电子商务法》第 2 条第 2 款。

实现国际贸易的一种商业模式。跨境电商的兴起得益于全球化和数字化的趋势，互联网的普及和支付、物流、清关等基础设施的不断完善。

跨境电商的主要形式包括 B2B（企业对企业）、B2C（企业对消费者）和 C2C（消费者对消费者）。跨境电商涉及的产品种类非常广泛，涵盖服装、电子产品、家居用品、化妆品、食品等多个领域。在跨境电商中，消费者可以从全球范围内挑选自己所需的商品，而卖家则可以拓展海外市场，实现全球销售。

跨境电商的优势在于可以充分利用全球市场资源，通过互联网消除地理限制，扩大销售范围，降低市场进入门槛，减少中间环节，提高效率。同时，跨境电商也给消费者提供了更多的选择，使消费者可以购买到国内难以获取的商品，享受更低的价格和更好的服务。

三、粤港澳大湾区跨境电子商务的发展优势

在数字化革命的背景下，粤港澳大湾区在跨境电子商务的发展方面具有得天独厚的优势。粤港澳大湾区国际贸易总额超过 14 万亿元，居全球各湾区之首，拥有雄厚实力和巨大商机。

一是在国家统一部署规划，区域协同发展的制度优势下，粤港澳三地充分发挥各自的比较优势，共建开放大平台，拓展经贸大网络，培育湾区大市场。在大湾区建设的牵引下，2020 年广东国际贸易进出口金额已经达到 7.08 万亿元，连续 3 年超过了 7 万亿元，占全国的 1/5，自 1986 年起，连续 35 年居全国首位。[①] 在商务部 2021 年与 2022 年发布的跨境电子商务综合试验区（以下简称综试区）考核评估中，广州综试区评估结果均为“成效明显”，综合排名第一档。

二是扎实的制造业基础支撑，随着规模化、专业化、集聚化水平不断提高，跨境电商为“中国制造”销往全球提供了一种全新方式。海关数据显示，2020 年中国跨境电商进出口额 1.69 万亿元，增长 31.1%；2021 年上半

---

① 参见《构建大湾区国际贸易新格局》，载中华人民共和国中央人民政府网，https://www.gov.cn/xinwen/2021-10/19/content_5643515.htm。

年保持高速增长，进出口额高达8867亿元，同比增长28.6%，其中，出口6036亿元，增长44.1%。2021年10月广东纳入统计的跨境电子商务进出口额1726.5亿元，增长51.5%，预计2025年将达3707.5亿元。2021年广东省内跨境电商企业总数已达全国45%，排名第一，远高于排名第二的浙江省（10%）。珠江三角洲工业产能高的区域出口型跨境电商发展势头迅猛，截至2019年年底，广州、深圳、珠海、东莞、佛山和汕头等6个综试区建设线上综合服务平台备案企业3918家，线下跨境电商产业园区25个，进出口合计1079.6亿元，占全省97.4%。

三是现代化综合交通体系进一步完善为跨境电商发展创造良好条件。广东交通运输和邮政电信业的高质量发展，补齐基础设施“短板”，综合运输布局与经济社会融合深度和广度不断提升，四通八达的立体交通网络及发达的邮政物流体系，为大湾区融合发展创造极为良好条件。① 粤港澳大湾区区位优势显著，位于我国珠江三角洲沿海地区，面向南海，位于西太平洋—印度洋航线的要冲，毗邻东南亚，② 拥有香港港、广州港、深圳港等多个重要港口，集装箱吞吐量远超其他三大湾区；同时还拥有香港、广州、深圳、澳门4个国际航空枢纽，机场数量、客运量、货运及航空邮件量也远超其他三大湾区。③ 对于大湾区内地九市而言，发展跨境电商有着牢固的线下支撑，传统制造和水陆运交通较发达，而香港作为重要的物流枢纽以及国际金融中心，是内地电商企业的首选离岸业务中心，可成为连接大湾区企业与全球市场的重要枢纽。④

① 参见广东省工商业联合会课题组：《粤港澳大湾区跨境电商发展现状、问题与对策》，载紫荆杂志，https://zijing.com.cn/article/2022-04/12/content_963460297747238912.html。

② 参见刘彦平主编：《四大湾区影响力报告》，中国社会科学出版社2019年版，第394页。

③ 参见《数说世界四大湾区》，载中国国家地理网，http://www.dili360.com/cng/article/p5fb1efcae19ba61.htm；《粤港澳大湾区统计数字》，载香港贸易发展局经贸研究网，https://research.hktdc.com/sc/article/MzYzMDE5NzQ5。

④ 参见《粤港澳大湾区贸易畅通新局：开放合作水平提升　争创全球数字贸易发展新高地》，载广东省人民政府港澳事务办公室网2021年12月31日，http://hmo.gd.gov.cn/gzzx/content/post_3752201.html。

四、粤港澳大湾区跨境电商相关法律制度

（一）法律法规

2018 年 8 月 31 日，全国人大常委会通过《电子商务法》，这是中国电商领域首部综合性法律，旨在保障电子商务各方主体的合法权益，规范电子商务行为，维护市场秩序，促进电子商务持续健康发展。[①] 该法是当前保障和规范电子商务活动与发展最主要的法律，共分为七章，除总则和附则外，分别对电子商务经营者、电子商务合同的订立与履行、电子商务争议解决、电子商务促进四个方面以及法律责任进行规定。尽管该法第 2 条第 1 款将其管辖范围限定在中华人民共和国境内，但结合该法第 26 条的规定，“电子商务经营者从事跨境电子商务，应当遵守进出口监督管理的法律、行政法规和国家有关规定”，从该条来看，我国境内的电子商务经营者从事的跨境电子商务活动仍然属于该法第 2 条第 1 款规定的“中华人民共和国境内的电子商务活动”，并同时受到与进出口监督管理相关的法律法规约束。

近年来，我国跨境电子商务快速发展，已经形成了一定的产业集群和交易规模。发展跨境电子商务，有利于完善我国对外开放战略布局和优化升级对外贸易，有利于推进“一带一路”建设和实施自由贸易区战略，形成对外开放新体制。在立法过程中，跨境电子商务曾在《电子商务法（草案）》中以专章形式出现，足见其重要程度。[②] 尽管在立法体例上有所变动，但与跨境电子商务相关的法律规定仍保留在最后通过的《电子商务法》当中，具体为第 71 条至第 73 条。一是国家鼓励促进跨境电子商务的发展。二是国家推动建立适应跨境电子商务活动需要的监督管理体系，提高通关效率，保障贸易安全，促进贸易便利化。三是国家推进跨境电子商务活动通关、税收、检验检疫等环节的电子化。四是推动建立国家之间跨境电子商务交流合

---

① 参见《电子商务法》第 1 条。

② 参见《关于〈中华人民共和国电子商务法（草案）〉的说明——2016 年 12 月 19 日在第十二届全国人民代表大会常务委员会第二十五次会议上》，载全国人民代表大会网，http://www.npc.gov.cn/zgrdw/npc/lfzt/rlyw/2018-08/31/content_2060826.htm。

作以及争议解决机制等。[①]

此外，有关跨境电子商务的法规及规章较为零散，大多为针对特定问题出台的具体行政管理措施和意见，例如国务院办公厅《关于促进跨境电子商务健康快速发展的指导意见》，国家税务总局《关于跨境电子商务综合试验区零售出口企业所得税核定征收有关问题的公告》，海关总署《关于跨境电子商务零售进口商品退货有关监管事宜的公告》，财政部、税务总局、商务部、海关总署《关于跨境电子商务综合试验区零售出口货物税收政策的通知》等。

（二）行政监管部门与行业自律组织

跨境电子商务的行政监管部门为商务部与海关总署。其中，商务部主要负责拟定国内外贸易和国际经济合作的发展战略、政策，起草国内外贸易和对外经济合作的法律法规草案及制定部门规章。海关总署主要负责监管进出境业务活动，征收关税和其他税费，编制海关统计并承担口岸管理、保税监管、海关稽查、查缉走私、知识产权海关保护等职责。

跨境电子商务的行业自律组织为中国电子商务协会，是负责行业管理和服务的自律型组织，中国电子商务协会的行业监管职能主要为执行国家有关电子商务行业发展方针政策，促进国内外电子商务贸易及进出口跨境电子商务的持续健康发展。其下设的跨境电子商务专业委员会专门从事电子商务、跨境电子商务基础研究与跨境业务实践。

（三）政策支持

跨境电商已经成为外贸发展的新动能、转型升级的新渠道和高质量发展的新抓手。习近平总书记对此多次作出重要指示，强调要推动跨境电商等新业态，新模式快速发展，培育外贸新动能；李克强总理连续9年在《政府工作报告》中进行部署，强调要发展跨境电商等新业态、新模式。[②] 2021年

---

① 参见《电子商务法》第71条至第73条。

② 资料参见载于全国电子商务公共服务网：2022年4月8日《重庆市加快发展外贸新业态新模式实施方案》政策解读，文章来源重庆市商务委。

7 月 9 日，国务院办公厅印发《关于加快发展外贸新业态新模式的意见》，其中，跨境电商是 6 种新业态中发展速度最快、潜力最大、带动作用最强的外贸新业态。综合来看，目前关于跨境电子商务最突出的政策支持便是“综试区”。

2020 年 4 月 7 日，国务院常务会议决定，在已设立 59 个综试区的基础上，再新设 46 个综试区，其中，广东的梅州、惠州、中山、江门、湛江、茂名、肇庆入选。此前，广东已有广州、深圳、东莞、珠海、汕头、佛山入选。至此，综试区在粤港澳大湾区实现全面覆盖。① 综试区是中国跨境电商先行先试的试验田，通常指通过制度创新、管理创新、服务创新，实现跨境电商自由化、便利化、规范化发展的综合改革试验区，在跨境电商的交易、支付、物流、通关、退税、结汇等环节的技术标准、业务流程、监管模式和信息化建设等方面开展先行先试。为了让综试区发挥更大作用，各地各部门深入创新、先行先试，打造了近百项支持政策，让企业在物流、支付、法律、税务、人才等方面享受便利、红利的同时，自身也积累了很多可供复制推广的经验。② 积极开展先行先试，进一步完善跨境电商线上综合服务和线下产业园区“两平台”及信息共享、金融服务、智能物流、电商诚信、统计监测、风险防控等监管和服务“六体系”，探索更多的好经验、好做法。③ 扎实推进综试区建设，更好地发挥综试区对跨境电商的示范引领作用，以创新破解深层次矛盾和体制性难题，培育外贸竞争新优势，促进外贸业态融合和贸易产业融合，带动各地开放型经济发展。④

此外，在顶层设计谋划和行业规范发展方面，广东省先后出台《广东

---

① 参见《国务院常务会“稳外贸”出硬招：新设 46 个跨境电商综合试验区》，载中华人民共和国中央人民政府网，https：//www. gov. cn/zhengce/2020 – 04/08/content_ 5500183. htm。

② 参见《中国跨境电子商务综合试验区数量已达 132 个》，载中华人民共和国中央人民政府网，https：//www. gov. cn/xinwen/2022 – 03/02/content_ 5676381. htm#：～：text =% E8% B7% A8% E5% A2% 83% E7% 94% B5% E5% 95% 86% E7% BB% BC% E5% 90% 88% E8% AF% 95% E9% AA% 8C,% E9% 9D% A2% E5% BC% 80% E5% B1% 95% E5% 85% 88% E8% A1% 8C% E5% 85% 88% E8% AF% 95% E3% 80% 82。

③ 参见《国务院办公厅关于加快发展外贸新业态新模式的意见》之（六）扎实推进跨境电子商务综合试验区建设。

④ 参见《从两个方面重点推进跨境电商发展》，载中华人民共和国中央人民政府网，https：//www. gov. cn/xinwen/2021 – 07/12/content_ 5624430. htm。

省电子商务中长期发展规划纲要（2016—2025年）》《关于促进跨境电子商务健康快速发展的指导意见》《关于大力发展电子商务加快培育经济新动力的意见》，深入推进商务部制定的《“互联网+流通”行动计划》，推进线上线下互动，加快商贸流通、创新发展、转型升级等。同时，广东省制定《跨境电子商务公共服务平台运行服务规范》《跨境电子商务园区服务规范》《跨境电子商务海外仓服务管理规范》等标准规范，逐步形成一整套支撑跨境电商发展的政策体系。①

五、粤港澳大湾区跨境电商的重点法律问题及其解决的初步设想

（一）关税制度

2018年9月，财政部、税务总局、商务部、海关总署联合发布了《关于跨境电子商务综合试验区零售出口货物税收政策的通知》（财税〔2018〕103号），对综试区内的跨境电子商务零售出口企业（以下简称跨境电商企业）未取得有效进货凭证的货物（凡符合规定条件的），出口免征增值税和消费税。

《海关总署公告2018年第194号——关于跨境电子商务零售进出口商品有关监管事宜的公告》针对企业管理、通关管理、税收征管、场所管理、检疫、查验和物流管理、退货管理作出一系列规定。在税收征管部分，该公告明确纳税义务人为跨境电子商务零售进口商品消费者（订购人），税款的代收代缴义务人为在海关注册登记的跨境电子商务平台企业、物流企业或申报企业。

当前跨境电子商务海关监管代码包括1210、9610、9710、9810这4种，其中1210和9610针对的是B2C（企业对消费者）模式，9710和9810针对B2B（企业对企业）模式。

1. 网购保税进口1210。

网购保税进口全称“保税跨境贸易电子商务”，简称“保税电商”，该

① 参见广东省工商业联合会课题组：《粤港澳大湾区跨境电商发展现状、问题与对策》，载紫荆杂志，https://zijing.com.cn/article/2022-04/12/content_963460297747238912.html。

监管方式（1210）适用于境内个人或电子商务企业在经海关认可的电子商务平台实现跨境交易，并通过海关特殊监管区域或保税监管场所进出的电子商务零售进出境商品。

2. 直购进口 9610。

直购进口全称“跨境贸易电子商务”，简称“电子商务”，俗称“集货模式”，即 B2C 出口，境内企业将商品直邮到境外消费者手中。该监管方式（9610）适用于境内个人或电子商务企业通过电子商务交易平台实现交易，并采用“清单核放、汇总申报”模式办理通关手续的电子商务零售进出口商品。该模式能够化整为零，灵活便捷满足境外消费者需求，具有链路短、成本低、限制少的特点。

3. 直接出口 9710。

直接出口全称“跨境电子商务企业对企业直接出口”。该监管方式（9710）适用于跨境电商 B2B 直接出口的货物。直接出口具体是指境内企业通过跨境物流将货物运送至境外企业或海外仓，并通过跨境电商平台完成交易的贸易形式。商家通过跨境电商平台完成交易，通过跨境物流将货物运送至境外企业或海外仓就适用 9710。

4. 出口海外仓 9810。

出口海外仓全称“跨境电子商务出口海外仓”，简称“跨境电商出口海外仓”，适用于跨境电商出口海外仓的货物，海关监管方式代码 9810。境内企业将出口货物通过跨境物流送达海外仓，通过跨境电商平台实现交易后再将出口货物从海外仓送达购买者，并根据海关要求传输相关电子数据。[①]

为支持跨境电商新业态发展，推动外贸模式创新，配合落实“无票免税”政策，国务院常务会议决定，出台更加便利企业的所得税核定征收办法。因此，国家税务总局制发《关于跨境电子商务综合试验区零售出口企业所得税核定征收有关问题的公告》，进一步明确跨境电商企业所得税核定征收有关问题，促进跨境电商企业更好开展出口业务。其中，综试区内的核

---

① 参见林少滨等：《跨境电商进出口业务模式对比分析》，载《中国海关》2021 年第 3 期；《跨境电商监管代码 9610/9710/1210/1039/1239 是因为什么背景演变的》，载知乎 2022 年 9 月 1 日，https：//www. zhihu. com/question/550278940/answer/2655350580。

定征收的跨境电商企业，主要可以享受以下两类优惠政策：一是符合《财政部税务总局关于实施小微企业普惠性税收减免政策的通知》（财税〔2019〕13号）规定的小型微利企业优惠政策条件的，可享受小型微利企业所得税优惠政策。上述规定如有变化，从其规定。二是取得的收入属于《企业所得税法》第26条规定的免税收入的，可享受相关免税收入优惠政策。①

2021年3月18日，商务部、发展改革委、财政部、海关总署、税务总局、市场监管总局发布《关于扩大跨境电商零售进口试点、严格落实监管要求的通知》，进一步扩大跨境电商零售进口试点城市范围，已覆盖所有综试区。鉴于综试区已在粤港澳大湾区实现全覆盖，未来大湾区内的城市经所在地海关确认符合监管要求后，即可按照《关于完善跨境电子商务零售进口监管有关工作的通知》（商财发〔2018〕486号）的要求，开展网购保税进口（海关监管方式代码1210）业务。②

（二）消费者保护

在我国，消费者权益主要受到《消费者权益保护法》的保护。但在电子商务中，消费者保护的问题更加复杂，消费者权益更容易受到经营者的侵犯，主要原因在于电子商务中的消费者与经营者之间的信息不对称与地位不平等的现象加剧。一段时间以来，微商、个人海外代购不时曝出假货横行、虚假宣传、卷钱跑路、推卸售后责任等负面事件，究其根本是因为缺乏有效监管，行业准入门槛低，无实体店以及营业执照等信用支持，商家违约成本很低。中国消费者协会的调查结果显示，近一半消费者认为“假冒商品屡禁不止”是电商领域最突出的问题。电子商务的快速发展给消费者带来了

① 参见《关于〈国家税务总局关于跨境电子商务综合试验区零售出口企业所得税核定征收有关问题的公告〉的解读》，载国家税务总局网2019年11月13日，http://www.chinatax.gov.cn/chinatax/n810341/n810760/c5139551/content.html#:~:text=2018%E5%B9%B49%E6%9C%88%EF%BC%8C,%E7%A5%A8%E5%85%8D%E7%A8%8E%E2%80%9D%E6%94%BF%E7%AD%96%EF%BC%89%E3%80%82。

② 参见商务部、发展改革委、财政部等《关于扩大跨境电商零售进口试点、严格落实监管要求的通知》。

便利，但也进一步加大了买卖双方在技术和信息上的不对称。电子商务经营者利用市场支配地位，购买“水军”刷好评，擅自删除评价，暗中搭售，利用大数据“杀熟”……严重损害消费者的知情权、选择权等合法权益。鉴于此，《电子商务法》加强了在电子商务中对消费者权益的保护和对经营者及平台行为的约束。《电子商务法》对整个电子商务行业规则的重塑，不仅对商家的行为作出了规范，还明确了电商平台应有的责任和义务，特别是将原本处于灰色地带的个人海外代购、微商纳入法律法规的监管，给消费者网购“撑起了腰”。《电子商务法》一方面加强了对电子商务的监管，合理提升市场准入门槛，净化市场环境，淘汰销售假冒伪劣产品或欺诈消费者的商家，为真正有实力、能诚信经营的代购或微商提供公平的市场环境，从而让消费者放心购物。另一方面，《电子商务法》对电子商务经营者作出了相关要求，电子商务经营者应当全面、真实、准确、及时地披露商品或服务的具体信息、消费评价、押金退还方式等，尽量缩小消费者与经营者之间存在的“信息差”，努力实现交易中的“实质平等”。[①] 此外，对于在电子商务中屡屡出现的“拆封后不予退货”的现象，《最高人民法院关于审理网络消费纠纷案件适用法律若干问题的规定（一）》第 3 条明确指出，“消费者因检查商品的必要对商品进行拆封查验且不影响商品完好，电子商务经营者以商品已拆封为由主张不适用消费者权益保护法第二十五条规定的无理由退货制度的，人民法院不予支持，但法律另有规定的除外”，进一步加强了对消费者“七天无理由退货”权利的保障。

跨境电子商务虽然较电子商务多了“跨境”或“涉外”因素，但在《电子商务法》的定义中，我国境内的电子商务经营者仍应遵守包括《电子商务法》在内的我国法律法规，因此同样具有保护消费者权益的义务。

（三）知识产权

国务院办公厅《关于加快发展外贸新业态新模式的意见》指出，“研究

---

① 参见《电商法是消费者的重大“利好”》，载中华人民共和国中央人民政府网，https：//www. gov. cn/zhengce/2019 - 01/16/content_ 5358181. htm。

制定跨境电商知识产权保护指南，引导跨境电商平台防范知识产权风险”，商务部将此作为完善跨境电商发展支持政策的重点工作之一。在电商行业涉及的知识产权侵权纠纷中，主要是商标、专利和版权等3类侵权。相关知识产权侵权纠纷有以下特点：第一，侵害知识产权问题较多。2021年，深圳海关开展“龙腾行动2021”“蓝网行动”“净网行动”等知识产权保护专项行动，上半年共查扣侵权嫌疑货物5680批次，同比增长4倍，扣留涉嫌侵权货物718万余件。第二，知识产权保护意识不强。知识产权纠纷具有明显“无界性”特点，各国对本国知识产权立法、保护内容、保护力度存在诸多差异，其权利保护范围也仅在该国有效，即便跨境电商经营者在其本国所销售的产品享有合法知识产权，也无法确保其在产品销售国拥有合法知识产权。第三，知识产权保护能力不强。大部分中小企业资金能力弱、交易品种多但额度小，没有足够资源和能力防范潜在知识产权风险，有些店铺即使被错误取证、误伤也没有更好的应对策略，无非就是和解、应诉和不应对，无论哪种应对方法都将造成极大经济损失和潜在法律风险。第四，纠纷解决手段不多。一旦发生知识产权纠纷，大部分当事方往往通过第三方平台网站的交易规则解决纠纷，很少起诉应对，因此，平台交易规则是否公平公正影响知识产权纠纷的产生。亚马逊、ebay等国际大平台对侵权纠纷解决有绝对主导权。依照平台规则，一旦发现涉嫌侵害知识产权行为，在未得到法院有效裁决前，平台有权下架商品、冻结账户，这将对卖家造成巨大经济损失。①

六、总结

粤港澳大湾区数字经济发达，在发展数字贸易方面有着得天独厚的优势，是跨境电商的发展重地。拥有“创新+制造+物流+金融服务”等多重优势的粤港澳大湾区，在跨境电商领域处于领先地位，未来将充满更大的

---

① 参见广东省工商业联合会课题组：《粤港澳大湾区跨境电商发展现状、问题与对策》，载紫荆杂志，https：//zijing. com. cn/article/2022 －04/12/content_ 963460297747238912. html。

想象空间。[①] 今后，应重视对跨境电商领域相关法律制度和法律问题的梳理与研究，整合并不断完善现有相关法律制度，关注实践中存在的关税、消费者权益以及知识产权等重点法律问题，推动有关政策支持向法律法规的转化与落地，从而为粤港澳大湾区跨境电商的健康良性发展提供长足的制度保障。

---

① 参见《粤港澳大湾区贸易畅通新局：开放合作水平提升　争创全球数字贸易发展新高地》，载广东省人民政府港澳事务办公室网2021年12月31日，http：//hmo. gd. gov. cn/gzzx/content/post_3752201. html。

粤港澳大湾区商事纠纷解决合作论略

江保国

一、构建商事纠纷解决合作机制是推进大湾区建设的应有之义

商事促进是粤港澳大湾区概念建构的主要目的之一。粤港澳在经济、社会、文化甚至血缘上历来相连相通。在改革开放之初，港澳是沟通中外的重要窗口和中介，而毗邻港澳的广东也因此成为得天下风气之先的改革开放前沿，正是粤港澳“前店后厂”的合作模式促进了三地经济的共同繁荣。从1985年的“珠江三角洲经济开放区”，到1995年的“珠江三角洲经济区”,[①] 再到港澳回归后的“粤港澳特别合作区”、“粤港澳紧密合作区”以及“大珠三角经济区”等，内地在不断探索深化粤港澳合作的方式。但较早提出“粤港澳大湾区”概念雏形的，却是港澳地区的学者，其主要动因是对港澳回归后的发展走向进行思考。原香港科技大学校长吴家玮教授受国外经验的启发率先提出“香港湾区”概念，后由于深圳的加入而演化成“深港湾区”。[②] 其后，澳门大学黄枝连教授也提出了建设“伶仃洋湾区”或“华南湾区”的设想。[③] 内地也有学者结合CEPA（《深化粤港澳合作推进大湾区建设框架协议》）实施后区域合作的实际，陆续提“中国”“港珠澳湾区”等主张。[④] 在《珠江三角洲城镇群协调发展规划（2004—2020)》

---

① 参见谢涛:《珠江三角洲经济开放区创建决策始末》，载《百年潮》2019年第5期。

② 参见吴家玮、雷鼎鸣、邵思思:《吴家玮、雷鼎鸣：粤港澳大湾区要着眼世界》，载《同舟共进》2017年第11期。

③ 参见吴启焰:《城市密集区空间结构特征及演变机制——从城市群到大都市带》，载《人文地理》1999年第1期。

④ 参见李红:《跨境湾区开发的理论探索：以中越北部湾及粤港澳湾区为例》，载《东南亚研究》2009年第5期。

（粤府〔2005〕76号）、《珠江三角洲地区改革发展规划纲要（2008—2020年）》（国家发展和改革委员会，2008）等重要官方文件提出加强珠江口湾区建设之后，湾区概念逐渐引起了学界的关注。

2015年国务院授权国家发展和改革委员会、外交部、商务部发布了《推动共建丝绸之路经济带和21世纪海上丝绸之路的愿景与行动》，首次明确提出要“打造粤港澳大湾区”。此后，“粤港澳大湾区”屡次在党的十九大报告、政府工作报告等重要中央文件中密集出现，表明其已由区域发展规划上升为国家发展战略。而2019年2月《粤港澳大湾区发展规划纲要》（以下简称《大湾区规划纲要》）的出台让世人最终得以清晰地看到大湾区建设的趋向，即在近期（2022年）建成国际一流湾区和世界级城市群框架，远期（2035年）则是全面建成宜居、宜业、宜游的国际一流湾区。为此，就需要促进生产要素在湾区内的便捷流动和优化配置，提升区域市场一体化水平，形成稳定、公平、透明、可预期的一流营商环境。2021年和2022年，中央连续出台了横琴、前海和南沙三个合作区的方案，其中也多次明确将商事纠纷解决服务作为提升营商环境的重要方面。①

因此，商事促进经由粤港澳大湾区这个“强制通过点”（Obligatory Passage Point，OPP）成为各方“沟通或认同的共同议题、一起寻求解决方案的特定承启点”②，它也因此成为粤港澳大湾区话语体系建构的一个重要目标，而营商环境的改善则是达成商事促进目标最有效的手段之一。尽管学界对于营商环境的构成要素有不少分歧，但对其核心要素包含制约商业活动的法律法规则无疑义。③ 备受投资者关注的世界银行《营商环境报告》（Doing Business）列举了10个一级指标的评价体系，大多与一国或地区的法制及其执行情况相关。正是基于这个意义，习近平总书记在中央全面依法治国委员会第二次会议上深刻指出“法治是最好的营商环境”。

商事纠纷是商业活动的伴生现象，顺畅有效的商事纠纷解决机制是商业

---

① 例如，《全面深化前海深港现代服务业合作区改革开放方案》明确提出要“在前海合作区内建设国际法律服务中心和国际商事争议解决中心”。

② 王缉宪：《粤港澳大湾区：一个处理特定空间尺度问题的平台》，载澎湃网2017年9月17日，https：//www. thepaper. cn/newsDetail_ forward_ 1796937。

③ 参见张威：《我国营商环境存在的问题及优化建议》，载《理论学刊》2017年第5期。

活动必不可少的润滑剂和外在保障，是营商环境的重要组成部分。前述世界银行评价体系中的执行合同（包括纠纷解决所需时间及其成本，司法程序的质量指数①）和办理破产（企业破产程序的时间、成本和结果等）等两项指标即与商事纠纷解决机制直接相关。由“一国两制”衍生出的复合法域结构是粤港澳大湾区有别于世界其他湾区的突出之处，也是其协同发展须克服的体制性障碍。相对于基础设施的硬对接，商事纠纷解决合作属于软对接，其意义丝毫不亚于前者。鉴于此，《大湾区规划纲要》明确提出要“推动建立共商、共建、共享的多元化纠纷解决机制”，加强粤港澳三地在司法、仲裁、调解等纠纷解决领域的合作。

二、粤港澳三地在商事纠纷解决领域的特定资源禀赋

粤港澳三地分属不同法域，在案件管辖和法律适用方面存在区隔，平行管辖和法律冲突现象在所难免，甚至纠纷解决结果也难以做到顺畅的跨境认可和执行，对资金、技术、人员、信息等要素在大湾区内的自由流动确实会造成诸多障碍，需要通过商事纠纷解决合作机制去消弭。这是粤港澳大湾区有别于世界其他主要湾区的显见之处。然而，从另一角度观之，复合法域结构也意味着商事纠纷解决资源的丰富性和多样化：在大湾区有限的空间内，汇集了社会主义法系、大陆法系和英美法系等三大主要法系的法律制度，联通了中文、英语和葡萄牙语等三大语种地区。这在世界范围内也是绝无仅有的现象，为粤港澳三地开展商事纠纷解决合作提供了充盈的动力和广阔的空间，也为制度创新提供了丰腴的土壤。

此外，尽管三地商事纠纷解决规则和模式差异较大，但在大湾区话语体系建构过程中，法治原则事实上是贯穿其间的基本理念。对此，《大湾区规划纲要》、粤港及粤澳合作框架协议等相关文件不遗余力地进行了反复重申，使法治原则成为三地纠纷解决机制对接的最大公约数，而公正和效率则是三地商事纠纷解决程序共享的基本价值。

这种异中有同的多样化生态是三地在商事纠纷解决领域开展合作的现实

---

① 具体指法院结构和诉讼程序、案件管理、法院自动化和替代性纠纷解决等因素。

基础，建立并完整相关机制需要先对粤港澳各具特色的纠纷解决资源禀赋进行梳理。

（一）广东

1. 广东具有丰富的解决区际商事纠纷的经验。广东毗邻港澳，历来为内地涉港澳商事纠纷案件最为集中的区域。以司法为例，“自 1980 年受理了第一宗涉港案件后，广东一直是人民法院审理涉港澳案件的重地和风向标，审理了约占全国三分之二的涉港澳案件”，案件类型上则以商事类的经济纠纷为主。[①] 广州、深圳等湾区中心城市还云集了最高人民法院第一国际商事法庭、深圳国际仲裁院、广州仲裁委员会、中国国际经济贸易仲裁委员会华南分会、中国海事仲裁委员会华南分会等知名商事纠纷解决机构，处理了大量涉港澳商事纠纷。

2. 广东具有长期的多元化纠纷解决实践。广东经济总量领跑全国，流动人口数量巨大，而纠纷解决问题事关社会治理总体格局。自 2008 年以来，深圳、东莞、佛山等大湾区城市先后被确立为“多元化纠纷解决机制改革”试点地区，经过多年探索广东已基本搭建起了以“三级综治平台”和“诉前联调”为特色的多元化纠纷解决机制，[②] 其中不少经验可以为大湾区共商、共建、共享商事纠纷解决机制提供借鉴。

3. 广东具有先行先试的政策创新空间。广东地处沿海，向来敢闯敢干，勇于领天下风气之先，不少改革开放的成功经验发源于此。大湾区广东九市包含了深圳和珠海两个经济特区、中国（广东）自由贸易试验区（以下简称广东自贸区）、深圳社会主义建设先行示范区等多重叠加的政策创新空间，涉港澳商事政策有不少都先从广东开始试点，成功后再向其他地区推广。仍以商事纠纷审判为例：南沙、前海、横琴等广东自贸区片区法院分别集中管辖涉港澳案件，不仅提升了审判力量的专业化程度，而且成为制度创

---

① 参见董柳、吁青：《搭建司法服务保障大湾区建设“四梁八柱” 托起粤港澳大湾区高质量发展的司法之翼》，载《羊城晚报》2020 年 1 月 16 日，第 A08 版。

② 参见邓少君：《依法治国视域下多元化纠纷解决机制重构——基于广东省实践经验的分析》，载《广东社会科学》2016 年第 1 期。

新的重要平台，港澳籍陪审员、当事人主义送达、如实申述等实践探索成为复制推广的对象。[①]

（二）香港

1. 香港具有成熟稳健的法治基础。香港是一个高度商业化的社会，对法治的需求更甚于其他地区。多年来香港以普通法为特色形成了严整精密的商事法律体系，特别是自回归以来，香港的法治在“一国两制”框架下得到了长足发展。尽管近年遭遇了一定困难，但根据“世界正义工程”公布的《2020 年法治指数》，香港法治指数在世界范围内依然高居第 16 位，[②] 显示出强大的韧劲。也正因如此，不少国际商事纠纷当事人乐于选择香港作为纠纷解决地。在伦敦玛丽女王大学和伟凯律师事务所联合进行的 2021 年国际仲裁调查中，香港位列全球五大最受欢迎仲裁地之一。[③]

2. 香港具有多元解决商事纠纷的法律构架。传统诉讼程序常因诉讼费高昂、期限延宕、程序复杂等问题而常为人诟病，相比之下商事主体往往更青睐灵活便捷、低对抗性的仲裁、调解和协商等 ADR（替代争议解决模式）方式。职是之故，香港近年来大力推动纠纷解决方式的多元化，以期成为亚太区争议解决中心。早在 2000 年时，香港即成立了民事司法制度工作小组，检讨高等法院民事诉讼程序和规则，研究简化程序、促成和解等问题，并相继对《高等法院规则》《区域法院规则》等进行了修订。2007 年我国香港特别行政区政府更是明确提出要加紧研究调解在商事纠纷解决中的应用问题，为此成立了专责小组予以跟进落实，[④] 并分别于 2012 年和 2017 年制定

---

① 参见宋锡祥、张贻博：《论粤港澳大湾区多元纠纷解决机制的构建》，载《上海大学学报（社会科学版）》2020 年第 2 期。

② See W. J. Project, *Rule of Law Index®* 2020, World Justice Project, March 11th, 2020, https://worldjusticeproject.org/sites/default/files/documents/WJP-ROLI-2020-Online_0.pdf.

③ See Queen Mary University of London and White & Case, 2021 *International Arbitration Survey Report: Adapting Arbitration to a Changing World*, White & Case, May 7th, 2021, http://www.arbitration.qmul.ac.uk/media/arbitration/docs/LON0320037-QMUL-International-Arbitration-Survey-2021_19_WEB.pdf.

④ 参见香港特别行政区政府律政司：《调解工作小组报告》，载香港特别行政区政府律政司官网 2010 年 2 月 8 日，https://www.doj.gov.hk/chi/public/pdf/2010/med20100208c.pdf。

了《调解条例》（第620章）和《道歉条例》（第631章），为多元化解决商事纠纷奠定了良好的法律构架。

3. 香港具有国际化的商事纠纷解决环境。香港是国际著名的金融、贸易和航运中心，也是我国唯一的普通法地区，各类专业人才荟萃，国际商事纠纷解决机构云集。改革开放后，香港长期扮演了沟通中西方的“超级联络人”角色，不仅拥有熟稔国际商业规则的本地律师队伍，而且还有众多的外地律师和国际律师行在香港执业，国际商会国际仲裁院（ICC）、常设仲裁法院（PCA）、中国国际经济贸易仲裁委员会和中国海事仲裁委员会等在香港也设有分支机构，使香港成为名副其实的国际商事纠纷法律人才集散地。

（三）澳门

虽然澳门在经济体量和人口规模方面都无法与粤港比肩，多元化纠纷解决机制的发展也相对较晚，但澳门经济发展态势和营商环境一路向好，其法律制度具有典型的大陆法系特色，而且澳门与葡萄牙语国家之间的密切联系也使其可成为我国与葡萄牙语国家的商贸合作服务平台，包括提供商事纠纷解决服务。[①] 近年澳门为此作了很多准备，推出了修订《仲裁法》（澳门），加强与粤港合作等多项重大举措。其根据“一国两制”原则在对外事务、法律文化、法律人才等方面具有特殊优势，回归以来在参与大湾区法律事务合作方面做出了重要贡献，具有成为中国与葡萄牙语国家法律服务和商事争议解决中心以及国际旅游纠纷解决中心的潜力。[②]

三、粤港澳商事纠纷解决合作的目标设定

粤港澳大湾区特定的合作基础和多样的资源禀赋决定了大湾区商事纠纷解决合作的目标设定必然是一个双层结构：其底层目标是减少甚至消除平行

---

① 参见邓丹萱、连信森：《粤港澳大湾区背景下的澳门中葡平台建设策略及对策》，载《港澳研究》2017年第4期；王千华：《澳门法制发展助力国家全面开放新格局的思考》，载《法治社会》2020年第5期。

② 参见张淑钿：《粤港澳大湾区法律事务合作中的澳门贡献及未来发展》，载《港澳研究》2020年第3期。

诉讼、执行壁垒等造成的制度摩擦成本，优化大湾区营商环境，促进粤港澳深度合作；其顶层目标则是提升大湾区纠纷解决服务的能力和质量，构建形成国际法律服务和商事纠纷解决中心。底层目标着眼解决当下面临的实际问题，顶层目标则对应着大湾区的远期发展定位。

（一）底层目标

法治要求法律规则具有确定性和可预测性等形式理性特征，纠纷解决作为法律运行的重要环节，对明确市场交易规则，维护市场秩序，保障市场主体合法权益具有风向标意义。“大湾区经济社会发展在很大程度上取决于内部法治环境的塑造”[①]。而复合法域结构衍生出的复杂的法律适用和管辖权冲突等问题，损害了区际商事纠纷解决结果的确定性和可预测性，增加了市场主体的交易成本，成为大湾区商事纠纷解决合作必须首先解决的问题。

自港澳回归以来，两地与内地通过协商初步建立起了包含送达、取证、民事判决和仲裁裁决互认执行在内的区际民商事司法协助法律框架，大大便利了区际民商事往来，但也依然存在程序繁复、效率不高等问题，需要通过机制创新进一步改进提升。此外，在民商事管辖权冲突方面，我国目前尚未建立起区际协调机制，司法协助只能在非常有限的范围内减少平行诉讼、挑选法院（Forum Shopping）等现象。[②]

纠纷解决程序的区际隔阂制约了大湾区内的要素流动和资源配置，也阻碍了稳定、公平、透明、可预期的一流营商环境的形成。粤港澳合作的初衷之一即打破这种隔阂，建立一体化的市场体系，促进三地经济和社会携手向前发展，这使三地的商事纠纷解决合作带有鲜明的商事促进指向。在大湾区框架内，粤港澳可以谋求三地在纠纷解决程序互助，在纠纷解决结果流通，甚至在管辖权协调方面先行建立更加便利的机制，实现商事纠纷解决制度的对接，保护市场主体的合法预期利益。

---

① 石佑启、陈可翔：《粤港澳大湾区治理创新的法治进路》，载《中国社会科学》2019 年第 11 期。

② 例如，2008 年的《最高人民法院关于内地与香港特别行政区法院相互认可和执行当事人协议管辖的民商事案件判决的安排》可在一定程度上起到促进当事人协议选择香港特别行政区法院或内地人民法院管辖的效果，从而间接起到预防管辖权冲突的作用。

（二）顶层目标

此外，纠纷解决服务本身就是一个规模不小、令人关注的产业。《联合国暂行中央产品分类》（United Nations Provisional Central Product Classification，CPC）将仲裁与调解等纠纷解决服务定性为与法律顾问、代理等专业服务并列的“其他法律服务”,[①] 而此类法律服务的规模和影响则与日俱增，正引起各国的重视。以仲裁为例，鉴于受案量持续增加等因素，有学者认为仲裁“已成为一个庞大的法律生意”和“激烈竞争的领域”。[②] 某地一旦成为当事人青睐的国际仲裁中心，随之而来的法律服务机构、纠纷解决人才、资金等资源性要素的聚集就会使该地经济受到诸多助益。因此，每年全球最受欢迎仲裁地排名在业界广受瞩目，而各国竞相提升仲裁软硬件基础设施从而提升本国（地区）对纠纷当事人的吸引力也已成为司空见惯的现象，韩国政府甚至在 2016 年特别制定了《仲裁产业促进法》，旨在推广本国仲裁服务，促进经济发展。[③]

粤港澳大湾区地理位置优越，产业门类齐全，纠纷解决资源多样，完全具备成为区域性甚至世界性纠纷解决中心的条件。其中，在大湾区建设规划中，香港特别行政区的发展定位之一是亚太区国际法律及争议解决服务中心。事实上，早在名为《香港新方向》的 2007 年至 2008 年施政报告中，香港特别行政区政府就认为“完备的司法系统和解决纠纷的法律服务，是国际金融中心必须具备的”，并提出了将香港打造成为亚太地区仲裁中心的目标,[④] 此后这个目标又升级为亚太区国际法律及争议解决服务中心。为了

---

① See Department of Economic and Social Affairs, *Central Product Classification (CPC) Version 2.1*, United Nations Department of Economic and Social Affairs August 19th, 2015, https://unstats.un.org/unsd/classifications/unsdclassifications/cpcv21.pdf.

② See Y. Dezalay & B. G. Garth, *Dealing in Virtue*, University of Chicago Press, 1996, p. 6 – 7; P. Lalive, *Towards a Decline of International Arbitration?*, 65 Journal of the Chartered Institute of Arbitrators 251 (1999).

③ See Jongsok Choi, *How to Develop an International Arbitration Industry in South Korea*, 21 Asian – Pacific Law & Policy Journal 1 (2020), Vol. 21: 2, p. 1 – 36 (2020).

④ See Donald Tsang, *The* 2007 – 2008 *Policy Address: A New Direction for Hong Kong*, The HongKong Special Administrative Region of the People's Republic of China, July 26th, 2021, http://www.policyaddress.gov.hk/07 – 08/eng/docs/policy.pdf.

实现这一目标，香港特别行政区政府不遗余力地采用了完善纠纷解决法律框架，引入国际知名纠纷解决机构，推介香港法律服务等措施，并得到了中央政府和粤、澳两地的支持，上述措施先后列入了《中华人民共和国国民经济和社会发展第十三个五年规划纲要》（以下简称《“十三五”规划》）和《大湾区规划纲要》等重要文件。

同时，香港在商事纠纷解决服务领域也面临新加坡等对手日益激烈的竞争，而背靠大湾区和广袤内地则是其最大的优势。在香港特别行政区法院和仲裁机构等审理的商事纠纷案件中，内地因素越来越突出，不少当事人青睐香港作为联通内地与世界的桥梁的角色，愿意选择在香港解决纠纷。例如，内地当事人已经成为香港国际仲裁中心除当地以外的最大用户，[①] 同时该中心也是处理涉及内地纠纷最多的域外仲裁机构。而在该中心 2017 年受理的仲裁案件中，在一半以上案件中至少有一方当事人来自内地。[②] 可见，香港建设国际法律服务中心和国际商事争议解决中心，离不开与大湾区其他城市在纠纷解决领域的合作，《大湾区规划纲要》也因此提出支持深圳等大湾区广东城市联动香港共同打造国际法律服务中心和国际商事争议解决中心。

四、大湾区商事纠纷解决合作的路径选择

（一）模式建构

大湾区包含特别行政区、经济特区和自由贸易试验区等多重交叉嵌套的次级主体，内部缺少同一性和均质化的特征。这些先天条件决定了其商事纠纷解决合作并非仅追求建成地理意义上的商事纠纷解决中心，而是要根据共商、共建、共享的原则联动发展、错位竞争，构建扁平化、多节点、开放式的商事纠纷解决网络。

1. 各城市在商事纠纷解决领域的自我定位。

除香港明确提出要打造亚太区国际法律及争议解决服务中心的目标外，

---

① 参见香港国际仲裁中心：《案件统计—2020》，载香港国际仲裁中心官网 2021 年 8 月 7 日，https：//www. hkiac. org/node/360。

② 参见杨玲：《香港国际仲裁中心（HKIAC）与中国内地：趋势与机遇》，载《中国法律》2018 年第 4 期。

澳门、珠海、广州、深圳等大湾区其他主要城市也提出了在商事纠纷解决领域的自我发展定位：

2018年，澳门制定了《仲裁法》，期冀推动澳门成为中国与葡萄牙语国家商贸争议仲裁中心，进一步发挥澳门作为中国与葡萄牙语国家商贸合作服务平台的功能和作用。①

2020年7月，珠海市人民代表大会常务委员会通过了《关于促进市人民政府建设粤港澳大湾区优质公共法律服务体系的决定》，要求“加强我市公共法律服务体系建设，建设粤港澳大湾区公共法律服务最优质城市，营造全国最优法治化国际化营商环境”。

2020年9月，广州市人民代表大会常务委员会通过了《关于加强法律服务工作促进粤港澳大湾区建设的决定》，提出“鼓励和支持广州建设粤港澳大湾区商事纠纷解决中心、广州国际商贸商事调解中心、亚太地区国际仲裁中心，推动广州建设国际民商事法律及争议解决服务之都，成为国际民商事争议解决目的地城市”。

2020年10月，随《深圳建设中国特色社会主义先行示范区综合改革试点实施方案（2020—2025年）》一起印发的《深圳建设中国特色社会主义先行示范区综合改革试点首批授权事项清单》，也列入了“以经济特区国际仲裁机构为基础建设粤港澳大湾区国际仲裁中心，健全国际法律服务和纠纷解决机制”等对外开放授权事项。

2. 合作模式。

由上述大湾区城市的发展定位可以看出，商事纠纷解决机制作为区域营商环境的核心要素之一受到了普遍重视。从总体上来看，各城市在商事纠纷解决领域的发展定位以互补为主，但也存在一定的重叠和竞争关系，需要立足于大湾区整体定位进行协调联动，而这在另一方向证成了构建完善大湾区商事纠纷解决合作机制的必要性。

如前所述，粤港澳三地在纠纷解决资源上的资源禀赋各不相同，而又对

---

① 参见澳门特别行政区立法会第一常设委员会：《第5/VI/2019号意见书》，载中华人民共和国澳门特别行政区立法会官网2019年8月9日，https：//www. al. gov. mo/uploads/attachment/2019－08/474255d50edbae4352. pdf。

纠纷解决多元化的改革发展方向存有共识，这为三地齐头并进、互补式发展提供了较大空间。从基本定位上来看，香港致力于联通中西，澳门专注于涉葡萄牙语国家商贸纠纷解决，广东侧重于营商环境改善和改革创新，三地不存在无法协调的冲突，完全可以做到并行不悖。例如，在内地当事人与西方国家当事人所签订的合同中，香港由于“一国两制”的优势和较完善的商事法律制度常常被选择作为较为“中立”的仲裁地，晚近香港仲裁案件中的涉内地因素的大幅占比也说明了这一倾向。[①] 这种优势无论是广东还是澳门在短期内都无法替代。

对于存在一定竞争性的领域，应当尽量避免区域内零和竞争关系，而提倡合作竞争关系，即制度互鉴、你追我赶，通过完善商事纠纷解决制度，提升纠纷解决服务质量来增加对当事人的吸引力。同样以仲裁为例，与其他纠纷解决方式相比，仲裁被喻为“商界的共同语言”“万民法”，具有较高的融通性。[②] 虽然从理论上来说产生零和竞争的可能性较大。但事实上，近年粤港澳三地仲裁机构的受案量呈同步增长的态势。以 2019 年为例，尽管受到修例风波等不利因素的影响，但当年香港国际仲裁中心仍受理了 308 宗仲裁案件，在世界知名仲裁机构中位列前茅；[③] 深圳国际仲裁院（深圳仲裁委员会）共受理 7815 宗案件，涉案标的总额 790 亿元，广州仲裁委员会共受理 47,737 宗案件，涉案标的总额 314 亿元，涉案标的额在内地 253 家仲裁机构中分列第三和第四位。[④] 这从事实上证明了大湾区知名仲裁机构“扎堆”不仅没有导致“有你没我”的惨烈竞争，反而产生了集聚效应，增加了仲裁对商事纠纷当事人的吸引力，有利于深入挖掘仲裁的潜力。而仲裁立法和仲裁规则等制度上的互鉴、仲裁人才的共享共通则使各方均能从中

---

① See F. B. Weigand, *Arbitrating China – Related Disputes: A European Perspective of Choosing the "Best Place" of Arbitration*, Yearbook on International Arbitration, Vol. 1, European Academic Press, 2010, p. 115 – 142.

② 参见宋连斌：《理念走向规则：仲裁法修订应注意的几个问题》，载《北京仲裁》2004 年第 2 期。

③ See HKIAC, 2020 *Statistics*, Hong Kong International Arbitration Centre, August 8th, 2021, https: //www. hkiac. org/about – us/statistics.

④ 参见中国仲裁网：《2019 年全国各仲裁委员会受案情况》，载中国仲裁网官网 2020 年 8 月 10 日，www. china – arbitration. com/index/news/detail/id/2133. html。

受益。

因此，大湾区商事纠纷解决合作的基本模式并非通过行政手段去人为地打造一个地理意义上的商事纠纷解决中心，而是推动形成一个纠纷解决要素能够自由流动的制度环境，让市场力量的无形之手主导纠纷解决资源的优化配置。政府有形之手的优势领域是促成粤港澳三地商事纠纷解决体制的对接，不断削减纠纷解决服务的区际壁垒，让大湾区整体形成扁平化、多节点、开放式的商事纠纷解决网络，成为世界性的商事纠纷解决中心：

（1）扁平化。与其他类型的纠纷相比，商事纠纷对解决的效率有更突出的要求，而平行诉讼、纠纷解决结果互认机制不畅等区际壁垒往往导致纠纷解决程序的延宕，事实上增加了纠纷解决的审级，也增加了当事人的经济和时间成本。① 扁平化意味着通过协商或互惠建立起三地纠纷解决程序和结果的互信互认机制，使任何一地纠纷解决程序及其结果的效力能够便捷地在其他区域获得认可，提高纠纷解决的实效，减少纠纷解决资源的浪费。

（2）多节点。粤港澳三地都有独具特色的商事纠纷解决制度和资源，法域隔阂和市场主导使这些资源不可能在传统的“中心—外缘”模式下向某一地点汇集，而只能因应和发挥三地特长，对商事纠纷解决“中心”概念进行重构。事实上，大湾区各中心城市都提出了成为某一方面纠纷解决中心的愿景。多中心意味着去中心化，即每个城市都可以成为重要节点，每个节点都有可能成为某一方面的中心。各城市在商事纠纷领域互利合作，良性竞争，共同发展，充分开掘自身特有的资源禀赋，发挥和扩大纠纷解决服务集聚效应，形成畅通健全的纠纷解决服务网络，提高大湾区整体在商事纠纷解决方面的影响和吸引力。《大湾区规划纲要》也注意到了各城市在纠纷解决领域的定位可能存在一定的重叠和竞争，要求各方加强“合作”和“联动”。②

（3）开放式。市场机制发挥作用的基础是信息对称和充分的选择自由，

① 参见谢雯、丘概欣：《粤港澳大湾区建设中司法合作与司法保障的路径——以涉港澳民商事审判为视角》，载《法律适用》2019 年第 9 期。

② 例如，《大湾区规划纲要》要求深圳前海“联动香港打造国际法律服务中心和国际商事争议解决中心”。

落实到商事纠纷解决领域便是当事人意思自治原则，即充分尊重当事人的选择权，包括跨越不同法域选择纠纷管辖和法律适用的权利。大湾区多样化的纠纷解决资源和多元化的发展趋向为当事人的选择提供了丰富的可能性，可以在准据法与纠纷解决地点、方式、机构和人员等方面营造开放式的空间，引入兄弟法域的相关资源，[①] 这正是大湾区的优势所在。另外，大湾区纠纷解决合作并不意味着“闭门造车”，而是要向区域外的资源和要素敞开，充分借鉴吸收国际先进模式与经验，打造和引领具有国际水准的商事纠纷解决服务。

（二）资源整合

构建扁平化、多节点、开放式的商事纠纷解决网络的关键在于有效整合大湾区内的商事纠纷解决资源，发挥大湾区作为“强制通行点”的作用，其方式主要有功能性整合和制度性整合两类。这两种整合方式并行不悖，可容纳已有的各类单边、双边和多边合作机制，有效汇聚三地甚至国际纠纷解决资源和要素，提高商事纠纷解决过程的开放度和专业化。

1. 功能性整合，系指在市场主导下，各类商事纠纷解决主体进行的自发性资源整合，包括人才共享、服务互通和规则互鉴等方面。

人才共享。与一般民事纠纷相比，商事纠纷在所涉法律关系和法律适用方面具有高度复杂性和专业性，其中不少“审理难度较大”[②]，对专业纠纷解决人才的需求更加迫切。正如商事仲裁界常言的，“仲裁的好坏取决于仲裁员的好坏”（arbitration is as good as its arbitrators），人才的培育和占有状况直接决定了各商事纠纷解决主体提供的纠纷解决服务质量的高低，因此各类商事纠纷解决主体往往将人才作为商事纠纷解决机制的核心要素之一对待。大湾区多元法域的特殊构成更加凸显了法律知识的“地方性”色彩，复杂的跨境管辖和法律适用问题也使各类商事纠纷解决机构尤其重视对外法域纠纷解决人才的延揽。在大湾区商事纠纷解决实践中出现的聘任外法域陪

① 参见刘晓春、沈四宝：《粤港澳大湾区共商共建共享仲裁调解机制的回顾与展望》，载《法制日报》2019 年 2 月 26 日，第 10 版。

② 余冬爱：《民、商区分原则下的商事审判理念探析》，载《人民司法》2011 年第 3 期。

审员、仲裁员、法律查明专家、调解员等现象即为粤港澳三地商事纠纷解决机构推动人才共享的自发努力。

服务互通。商事纠纷解决服务的互通互助是跨越法域隔阂，提高跨境商事纠纷解决效率的必要手段。时至今日，即使区际司法协助安排已基本成形，但民间路径的协助方式在取证、法律查明等多个领域仍有用武之地。而在仲裁、调解等替代性纠纷解决方式领域，粤港澳三地纠纷解决机构在纠纷解决服务联合推广、从业人员资质和纠纷解决服务标准协调、设施设备共享、纠纷解决程序互助、纠纷解决理论交流研讨等方面有更大的互通合作空间，且相关探索和实践已走在了前面。①

规则互鉴。大湾区密集的民商事往来为各纠纷解决机构之间的规则互鉴提供了便捷的途径，特别是在作为粤港澳全面合作重大平台的深圳前海、广州南沙和珠海横琴，3 座城市在这一领域有先行先试的法律和政策空间，同时也背负着进行制度创新的重任，借鉴港澳地区纠纷解决规则已成为重要的制度创新来源。例如，广东自由贸易区南沙片区人民法院在证据开示、当事人主义送达、属实申述等方面就借鉴了香港特别行政区的相关规则。② 而在仲裁和商事调解规则的制定和完善方面，粤港澳各纠纷解决服务机构有学习“国际最佳实践”的需求，彼此之间也有互相借鉴融通的必要。

2. 制度性整合，系指在大湾区不同法域和各城市间通过商订合作规则，将功能性整合的成果制度化和规范化的过程，政府在其中扮演重要角色。

粤港澳在商事纠纷解决合作领域的制度性整合早于内地与港澳之间的民商事司法协助安排。早在港澳回归之前，由于处理跨境纠纷实践需要的催发，粤港之间曾就送达问题先行开展了制度性合作的探索，于 1985 年签订了《关于相互协助送达民、商事诉讼文书的初步协议》，规定“双方互相委托送达民、商事案件的诉讼文书”。③ 在经最高人民法院与外交部、国务院

① 参见邹平学、冯泽华：《改革开放四十年广东在粤港澳法律合作中的实践创新与历史使命》，载《法治社会》2018 年第 5 期。

② 参见董柳等：《让市场主体在法治框架内公平自由呼吸成长》，载《羊城晚报》2020 年 8 月 7 日，第 A5 版。

③ 参见黄进主编：《区际司法协助的理论与实务》，武汉大学出版社 1994 年版，第 173－174 页。

港澳办公室研究批复同意后，[①] 这一初步协议后来经补充完善成为《广东省高级人民法院和香港最高法院相互委托送达民事、经济纠纷案件诉讼文书问题协议》，并于1988年7月施行，为后来的内地与港澳区际委托送达安排的协商签订提供了宝贵经验。[②]

在港澳回归后，粤港澳在商事纠纷解决合作领域的制度性整合主要发生于区际安排的框架中，其中的成果尤以CEPA和区际民商事司法协助系列安排最令人瞩目。这两个系列的安排分别对应经贸领域和民商事纠纷解决服务事项，其协商进程基本上并行展开，体现了商事纠纷解决服务对跨境商事活动的保障作用。[③] 虽然广东并非这两个系列安排的协商主体，但鉴于广东与港澳的密切关联，广东往往是相关安排实施的重点区域甚至是先行区域。此外，粤港澳直接通过双边或三边协商方式将商事纠纷合作制度化的努力在近年也越来越常见，前引的《粤港合作框架协议》、《粤澳合作框架协议》及《深化粤港澳合作　推进大湾区建设框架协议》中的相关内容即为典型。[④] 甚至大湾区各城市也直接加入了制度性整合的进程，例如，深圳市与香港特别行政区早在2011年就签订了《法律合作安排》(2017年续签)，以促进两地政府法律事务及相关法律配套建设的合作和交流，“推动深圳前海等地区发展法律、仲裁及调解等争议解决服务，支持香港建设亚太区主要国际法律及争议解决服务中心，以及鼓励两地法律、仲裁及调解等争议解决界别专业人员积极交流和合作”[⑤]。

值得注意的是，虽然官方在制度性整合中起到主导和推动作用，但民间

---

① 1986年1月3日法（经）复〔1986〕1号，该协议及最高人民法院批复参见最高人民法院研究室编：《中华人民共和国最高人民法院司法解释全集》，人民法院出版社1994年版，第1900－1901页。

② 参见李继：《中国区际民商事司法协助法律问题研究》，中国政法大学2006年博士学位论文，第89页。

③ 在某种意义上说，两类安排并行展开，以法律事务合作保障经贸合作也是内地与港澳特别行政区制度性合作积极预设的目标。例如，CEPA签订后，司法部与香港特别行政区于2004年《有关推进香港与内地法律服务合作的会议纪要》，以配合CEPA的实施。

④ 有学者将粤港澳法律合作称为“区府法律合作”，以区别于内地法域整体与港澳的区际法律合作。参见张淑钿：《粤港澳法律合作二十年：成就与展望》，载《法治社会》2018年第4期。

⑤ 王若琳：《深港两地政府续签法律合作安排》，载《深圳特区报》2017年10月13日，第A4版。

纠纷解决机构和专业人士在其中也有相当大的参与空间，特别是在《大湾区规划纲要》公布后，此类制度性整合呈增长态势。仅 2019 年，大湾区各仲裁和商事调解机构就签订了《粤港澳大湾区仲裁联盟合作备忘录》、《（深圳国际仲裁院与香港国际仲裁中心）更紧密合作协议》和《粤澳地区金融纠纷调解合作框架协议》等合作协议。

五、结语

大湾区商事纠纷解决合作是市场主导与政府推动相结合的典范，在三地有着现实需求和广泛共识，其机制构建涉及政府、企业、专业机构等多元主体，处于公权与私权的交会点，而相关制度的架构和创新将是一个长期磨合试错的过程，有待粤港澳三地本着务实的态度继续探索，以不断提升区域营商环境，打造世界级的法律服务和商事纠纷解决中心，建设富有活力和国际竞争力的一流湾区和世界级城市群。

关于涉港民间借贷纠纷在内地诉讼与仲裁的实务研究

彭惠英　付卓鹏

一、引言

随着“粤港澳大湾区”建设的深度融合，我国内地与香港之间经济联系、交易往来日益密切，其中，不乏民间资金的借贷与流通。而在“一国两制”基本国策的引领下，我国内地与香港依法实施不同的法律制度，两地对于民间借贷情形的监管和规制存在不同的法律规定。因此，了解两地不同的法律规则，体系化衔接跨境商事法律规则，减少认知差异，对进一步提升大湾区跨境民事行为的可预期性和确定性，推动粤港澳大湾区融合发展，促进内地与香港司法互助和执法合作，具有重要意义。

目前，涉港民间借贷纠纷是涉港民商事案件的主要类型案件之一。以深圳前海合作区人民法院受理案件①数据为例，根据刘天舒、邹润乔、习超截止于2020年8月11日在中国裁判文书网收集的1790个样本数据，在深圳前海合作区人民法院受理的涉港澳民商事案件的案由中，民间借贷纠纷占比最大，在收集的样本数据中，几乎占涉港澳民商事案件总数的一半，同时该文认为，管辖权选择和法律适用等国际私法问题在大湾区内显得尤为突出。②

---

① 自2015年以来深圳市一审涉外涉港澳台商事案件由深圳前海合作区人民法院集中管辖。

② 参见刘天舒、邹润乔、习超：《粤港澳大湾区涉港澳民商事案件的国际私法问题研究——基于深圳前海法院审判实践的实证分析》，载《港澳研究》2021年第3期。

公开数据[①]显示，深圳前海合作区人民法院是适用香港法审理案件数量位居全国法院第一的法院，截至2023年3月，深圳前海合作区人民法院受理涉港商事案件总计11,134件，涉案标的额达到349.7亿元，其中，民间借贷纠纷是涉港商事案件的最主要类型，数量占比高达41%。另外，截至2023年3月，深圳前海合作区人民法院适用香港法审理案件的数量达到118件，占适用域外法审理案件数量的70%，其中，适用香港法作出判决的数量达到65件。并且，根据深圳前海合作区人民法院统计结果，《放债人条例》是香港法律中其查明与适用最多的规定之一。根据前述数据调查结果，我国内地发生的涉港民间借贷纠纷已占相应地区涉外案件的主要比例，该类纠纷的相关问题，值得深入关注和研讨。

本文通过对内地与香港关于民间借贷的法律制度进行简要比较与总结，并结合具体司法案例，探讨相关的法律适用问题，试图对我国内地的涉港民间借贷纠纷处理作出一些分析和思考，亦期待在此基础上与读者交流与探讨。

二、内地与香港关于民间借贷的不同法律规则

了解香港对借贷行为合法性审查的基本要素、对民间借贷的利率限制以及监管和规制的其他法律规定，并与内地民间借贷的法律规则作比较研究，有利于减少两地法律规则认知差异，也能提高该类涉港民商事诉讼/仲裁的可预判性。以下笔者将从香港对无牌放债的禁止、香港对贷款协议[②]的书面形式要求、香港对借贷利率的规定、香港对诉讼及仲裁时效的规定、内地与香港民间借贷法律规则的对比5个方面展开。

---

① 数据来源：(1) 深圳+：《前海法院8年受理涉外涉港澳台商事案件超17000件》，载深圳市前海深港现代服务业合作区管理局网2023年4月18日，http://qh.sz.gov.cn/sygnan/qhzx/dtzx/content/post_10548668.html。

(2) 深圳前海合作区人民法院：《前海法院8年受理涉外涉港澳台商事案件超17000件，近7成涉港》，载微信公众号“前海法院”2023年4月12日，https://mp.weixin.qq.com/s/XuYzX-DH22yiiQr-3syvWXA。

② 包括放债人所贷出款项的还款协议或该款项的支付利息协议。

（一）香港对无牌放债的禁止

1. 香港对放债人持牌的法定要求

1911年，香港颁布了《1911年放债人条例》（Money - lenders Ordinance 1911），后香港于1980年12月12日发布1980年第347号法律公告，废除《1911年放债人条例》，颁布了香港法例第163章《放债人条例》，之后该条例历经多次修订，体现了香港的放债监管日趋严密复杂。该条例制定的主要目的是对放债人及放债交易进行管制和规管——一方面，实行放债人业务经营牌照制度，规制过高的借贷利率及敲诈性的借贷，为此订定罪行并为受害者提供保障及济助，从而解决高利贷造成的严重社会问题；另一方面，打通民间资本进入金融市场的渠道，使市场上提供的借款形式日益多样化，方式亦更便捷高效。

在香港，经营放债人业务存在法定限制。根据《放债人条例》第7条之规定，任何人不得无牌照经营放债人业务，不得在牌照所指明的处所以外任何地方经营放债人业务，不得不按照牌照上的条件而经营放债人业务。并且，经营放债人业务的牌照须符合订明的格式。

在香港的民间借贷监管规制中，一旦行为被认定为属于经营放债人业务，而行为人没有遵守《放债人条例》第7条之规定，则根据《放债人条例》第29条规定，行为人将构成犯罪。同时，《放债人条例》第23条作出了细化规定："除非放债人交出牌照或以其他方法令法庭信纳在贷款之日、订立协议之日或取得保证之日（视属何情况而定），他领有牌照，否则他无权在任何法庭追讨由他贷出的款项或该笔款项的利息，亦无权强制执行他所订立的协议或强制执行就其贷出款项而取得的保证：但如该法庭信纳，放债人由于未能令该法庭信纳他在有关时间领有牌照，以致无权追讨该笔款项或利息，或无权强制执行该协议或保证，在所有情况下均不公平者，则该法庭可命令该放债人有权追讨该笔款项或利息，或强制执行该协议或保证，但范围以该法庭认为公平者为限，并受该法庭认为公平的修改或例外规定所规限。"按照前述规定，在香港对借贷行为的监管中，如行为人未取得放债人牌照即从事放债人业务，则不能在法庭追索所借出的本金、利息及其他担保权益，除非法庭信纳这会造成不公平情况而进行调整或发出其他命令。

2. 香港对放债交易法定要求的豁免

值得关注的是，在香港司法中，存在对放债交易法定要求的豁免情形。首先，《放债人条例》附表1第1部列明的主体受到牌照豁免，该类主体不构成放债人。该类主体包括银行机构、合作社、职工会、保险人、大学教育资助委员会等。

其次，《放债人条例》附表1第2部列明的贷款受到牌照豁免，作出该类贷款的人不因此构成放债人，例如，雇主向其雇员真诚作出的贷款；向公司作出的贷款，并以按揭、押记、留置权或其他产权负担作保证，而且该等按揭、押记、留置权或其他产权负担符合法定的登记要求；为购买不动产、并以该不动产的按揭作为保证而真诚作出的贷款，以及再资助该项按揭而真诚作出的贷款；任何公司、商号或个别人士，而其日常业务基本上或主要并不涉及贷款者，在其通常业务运作中作出的贷款；控权公司向其附属公司作出的贷款，或附属公司向其控权公司或向该控权公司属下的另一附属公司作出的贷款；向拥有缴足款股本不少于1,000,000港元或等额的其他认可货币的公司作出的贷款；等等。

另外，《放债人条例》第33A条规定了“一般豁免”的情形，放债人注册处处长①在咨询香港财政司司长意见后，可通过宪报公告豁免公告内所指明的某类人（无论是否为放债人）或其作出的某宗贷款或某类贷款，使其不受公告内所指明的《放债人条例》所有条文或任何条文限制。《放债人条例》第33B条规定了“特定豁免”的情形，任何人（无论是否为放债人）均可通过法定手续向放债人注册处处长申请豁免受《放债人条例》的所有条文或任何条文限制，放债人注册处处长接获申请并咨询香港财政司司长后，向作出申请的人书面通知是否批给豁免。

在司法实践中，如属上述豁免情形或豁免人士，从一个理性人士的角度出发，一般会援引豁免情形并举证。比如，在 *Wealthy Land Investments Group Ltd. v. Florescent Holdings Ltd.* [2022] HKCFI 649 案中，贷方的

① 香港放债人注册处处长系香港公职人员，由香港行政长官委任。

Wealthy Land 作为一家投资控股公司试图援引附属于日常业务的贷款豁免，但最终未被法院支持，法院认为，该贷款并非作为其投资控股业务的一部分或附属业务而授予借方，而是一项完全独立的商业活动。在该案中，法院考虑了贷款产生的收益之性质和金额等特征。而在 *Hong Kong Property Services*（*Agency*）*Ltd. v. Chan Yuen Wa*（DCCJ 1648/2006，24 November 2006）案中，贷方为物业发展商的地产代理，在被告买家签署申请表后代其向发展商付款。地方法院认为贷方没有亦不可能从该贷款中获利。该贷款只是用于协助、推进或维持贷方作为地产代理的主要业务，为房产开发商介绍买家并促进相关的买卖交易，因此适用附属于日常业务的贷款豁免。鉴于此，豁免是否成立，可根据具体案情予以审查认定。基于本文讨论目的和篇幅限制，本文所讨论的对象不包含上述获豁免的主体或作出获豁免贷款的主体。

需说明的是，即使存在豁免情形，亦需细化确定豁免的条件以及豁免的范围，除明确已被豁免的交易要求外，香港所有放债人都必须遵守《放债人条例》的法定要求，以确保自身对借贷交易的债权追索能获得法院支持。

3. 香港对经营贷款业务的“放债人”的定性

在香港法例中，对经营贷款业务的放债人的规制和监管处罚比较严格，因此，放债人经营贷款业务的认定标准较为关键，将直接影响行为人负担的重大法律责任和法律风险。

根据《放债人条例》第 2 条的释义，放债人指经营贷款[①]业务（不论他是否亦同时经营其他业务）的人，或宣传、宣布或以任何方式显示自己是经营该业务的人，但不包括银行、注册的合作社、职工会、保险人等机构。但《放债人条例》未对“业务”进行详尽的定义，*The Queen v. Cheng Chun Hung*［1986］HKDC 5 案对此作出了综合的分析。在该案中，*Rolls v.*

---

① 我国内地实行的最高人民法院《关于审理民间借贷案件适用法律若干问题的规定》（2020 年第二次修正）对民间借贷主体采用“出借人”“借款人”表述，而“贷款”或“贷款业务”则一般习惯用于非民间借贷的经金融监管部门批准设立的金融机构及其分支机构之业务表述。而香港法例《放债人条例》对民间借贷主体采用“放债人”“贷款人”“借款人”表述，将民间借贷中的借贷也称为“贷款”。本文为了便于表述和理解，原则上对民间借贷行为采用“借款”或“借贷”表述，如引用香港法例或必须保留香港法例表述之处，则保留“贷款人”、“贷款”及“贷款业务”表述。

Millers（1884）27C. H. D71 C. A. 案中的英国大法官 Lindey L. J. 的陈述被法官 H. H. Judge Caird 引用，可理解为“业务”系指与消遣闲余性质区别而言的几乎全部行业，即任何需要专注的行业或职责便属于业务。对于经营贷款业务的定性，法官 H. H. Judge Caird 引用英国法官 Walton J 在 *Newton v. Pyke*（1908）25T. L. R. 127 的解说进行了更明晰的解释，其大意为，这类交易必须有一定程度的系统性及连续性，该案件中的放债交易非常少，相关人士均可以形容为朋友或亲戚，同时没有广告或公告表明原告自称是放债人，故认为原告在交付该票据时是在经营一个贷款业务是不对的。①

在广东省汕头市中级人民法院审理的陈某诉林某、方某民间借贷纠纷案②中，内地法院结合香港的司法案例，认为《放债人条例》的主要规制对象是以经营贷款业务为职业的放债人，在香港经营放债人业务，应按照《放债人条例》申领牌照。但如果借贷行为是基于朋友或亲戚关系而产生，则不构成经营放债人业务，不需要取得牌照，行为人的个别放债行为也不会仅因未获得放债人牌照而被认定违反香港法律。因此，在香港，朋友或亲戚之间偶尔发生的借贷往来，不违反香港法律规定，一般按照简单合约处理。

此外，还需释明的是，在香港，是否构成经营贷款业务的放债人，放债次数并不是关键因素，单笔放债仍可能使得行为人受到《放债人条例》监管，并要求其取得放债人牌照，否则按违法处理。在 *Wealthy Land Investments Group Ltd. v. Florescent Holdings Ltd.*［2022］HKCFI 649 案中，香港法院在驳回债权人对借款人的清盘申请时，其中一个理由阐述了即使债权人是唯一一次出借贷款，都不能推翻对债权人无牌放债的指控。因此，即使只有一次放债，仍可能构成无牌放债，放债人所出借款项，将被视为无法在法律上强制执行予以收回。

综上所述，如果行为人在某次放债时并没有意图开展其他放债交易，也没有准备去系统性、连续性地经营放债业务，且借贷也是发生于朋友或亲属

---

① 参见（2019）粤05民终1129号判决中深圳市蓝海法律查明和商事调解中心聘请的香港特别行政区方氏律师事务所郑宗汉律师所出具的《法律意见书》载明的内容。

② 参见陈某诉林某、方某案，广东省汕头市中级人民法院（2019）粤05民终1129号民事判决书。

之间，则不属于经营放债人业务，不受《放债人条例》关于牌照规定的约束。但如果行为人是以经营贷款为业或为其经营贷款业务之目的，那么无论放债次数多少，仍严格受到《放债人条例》之约束。

（二）香港对贷款协议的书面形式要求

《放债人条例》第 18 条对“协议形式”进行了规定。根据《放债人条例》第 18 条第 1 款之规定，在关于放债人所贷出款项的还款协议或该款项的支付利息协议订立后的 7 天内，必须按照规定以书面拟备该协议的摘记或备忘录，并由借款人亲自签署，且在签署时将该摘记的副本或备忘录的副本给予借款人；及该副本内须包括或附有经订明的《放债人条例》相应条文的撮要，且该撮要须按订明的格式拟备。如前述事项未办妥，或证明该摘记或备忘录并非在款项贷出前或保证给予前由借款人在其上签署，则该协议或就该协议或贷款而给予放债人的保证不得强制执行。

根据《放债人条例》第 18 条第 2 款之规定，协议的摘记或备忘录须载有该协议的全部条款，特别是必须包括借贷各方及保证人（如有）的信息、贷款本金额、订立协议日期、作出贷款日期、偿还贷款的条款、贷款的保证形式（如有保证）、所收取的贷款利率以及关于贷款协议的洽商地点及完成地点的声明。

香港法庭对协议形式和其记载之条款是否与事实相符持严谨态度，当事人的轻微疏忽亦可能造成巨大损失。在 *Shun On Finance Ltd. v. Wong Fung Kwan and Wong Kin Hing*［2022］HKDC 240 案中，法庭以协议错误地将贷方或其律师的办公室列作谈判和完成协议的地点，而没有证据证明借款人到访，或贷方和借方之间于该地点进行过任何直接谈判为由，最终裁定贷款协议无法强制执行。之所以借贷谈判和完成协议的地点如此重要，是因为《放债人条例》第 7 条明确规定了“任何人不得在牌照所指明的处所以外任何地方经营放债人业务”。因此，法庭会对此严格审查，以确认贷款协议的书面记载是否属实，是否符合《放债人条例》第 7 条之规定。

当然，《放债人条例》保留了法庭对审理协议或保证是否可予强制执行的裁量权，但法庭只有在不采取措施会导致不公平的情况下才会行使此裁量权。根据《放债人条例》第 18 条第 3 款之规定，法庭如鉴于所有情况信纳对不符合《放债人条例》第 18 条规定的任何所述协议或保证作出不得强制执行的裁定，是不公平的，则该法庭可命令该协议或保证可予强制执行，但范围以该法庭认为公平者为限，并受该法庭认为公平的修改或例外规定所规限。

（三）香港对借贷利率的规定

《放债人条例》第 24 条第 1 款规定："任何人（不论是否放债人）以超过年息百分之四十八的实际利率贷出款项或要约贷出款项，即属犯罪。"该款规定经由 2022 年第 208 号法律公告修订，此前该款规定的利率上限为年息 60%，目前利率上限有所调低。另外，《放债人条例》第 24 条第 2 款规定："关于任何贷款的还款协议或关于任何贷款利息的付息协议，以及就该等协议或贷款而提供的保证，如其实际利率超逾第（1）款所指明的利率，则不得予以强制执行。"

同时，《放债人条例》第 25 条第 3 款规定："关于任何贷款的还款协议或关于任何贷款利息的付息协议，如其所订的实际利率超逾年息百分之三十六，则为本条的施行，单凭该事实即可推定该宗交易属敲诈性；但除非该利率超逾第 24（1）条所指明的利率，否则法庭在顾及与该协议有关的所有情况后，如信纳该利率并非不合理亦非不公平，则可宣布为本条的施行该协议并不属敲诈性。"该款规定同样经由 2022 年第 208 号法律公告修订，此前该款规定的利率上限为年息 48%，目前利率上限有所调低。另外，《放债人条例》第 25 条第 1 款规定："在符合第 24（2）条的规定下——（a）凡任何人（不论是否放债人）在任何法庭进行法律程序，以追讨贷出的款项或强制执行就任何贷款而订立的协议或保证；及（b）除第（3）款另有规定外，凡有证据令法庭信纳有关交易属敲诈性，则法庭在顾及所有情况后，可重新商议该宗交易，使交易双方均获公平对待，并可为该目的而就该宗交易的条款或交易双方的权利，作出其认为适当的命令，或给予其认为适当的指示。"

换言之，根据最新香港法例，在民间借贷中如实际利率超过年利率 36%，则可推定该宗借贷交易存在敲诈性质；如实际利率超过年利率 48%，则构成刑事罪行，对该类借贷的还本付息不得予以强制执行。其中，如果实际利率在年利率36%至年利率48%间，法庭有权认定具有敲诈性；法庭亦具有一定的裁量权，在综合考虑与借贷协议有关的所有情况后，如认为实施该利率并非不合理亦非不公平，则法庭可宣布该协议并不属敲诈性。法庭根据相应证据认定借贷交易属敲诈性的，则法庭在顾及所有情况后，可重新商议该宗交易，比如对交易条款、权利义务等作出调整，从而使交易双方获得公平对待。

（四）香港对诉讼时效、仲裁时效的规定

香港法例第347章《时效条例》对香港民事案件的诉讼时效作了详细的规定。《时效条例》第4条第1款明确规定："有关合约及侵权行为的诉讼以及某些其他诉讼的时效（1）以下诉讼，于诉讼因由产生的日期起计满6年后，不得提出——（a）基于简单合约或侵权行为的诉讼；（b）强制执行担保的诉讼；（c）强制执行某项裁决的诉讼（如有关的愿受仲裁协议并非藉经盖印的文书作出者）；（d）追讨凭借任何条例或英国成文法则而可予追讨的款项的诉讼，但有关款项如属罚金或没收款项或属作为罚金或没收款项的款项则除外：但——（i）（由1991年第31号第4条废除）（ii）本款的规定，并不视作提述任何第6条适用的诉讼。"另外，《时效条例》明确了在特定情况下诉讼时效可以延长，包括当事人失去行为能力、被告书面承认欠款或偿还部分欠款等。

《放债人条例》及其他相关法律条文均无特别规定民间借贷债权债务的追索时限，因此在香港法例一般按简单合约处理，诉讼时效自还款到期日或违约行为日起计满6年则届满。在 *Chuang, Eugene Yue Chien v. Kevin Ho Yau Kwong* [2001] HCA1904/2001 案中，诉讼双方及法庭均确认贷款协议的追索期限为6年，并引述了 *Brown v. Brown* [1893] 2 Ch. 300 中的原则：当一个贷款没有订明还款日期或订明当贷款方发出要求时即当偿还，债务人在贷款作出时已即时有还款责任，换言之追索时限也即时开始计算。

另外，《时效条例》第4条第3款规定："基于盖印文据的诉讼，不得于诉讼因由产生的日期起计满12年后提出：但本款并不影响本条例其他条

文已订明较短时效期的诉讼。”盖印文据一般体现为契据（deed），传统意义上，贷款协议不是契据而是普通合约，因此适用《时效条例》第4条第1款规定的时效6年，但是作为担保的抵押、保证等文书一般都是契据形式，据此，该类担保的诉讼时效可以达到12年。

香港法例的仲裁时效，与香港法例的诉讼时效规则原则上一致。根据香港法例第609章《仲裁条例》第14条之规定，《时效条例》及任何其他关乎诉讼时效的条例（时效法规），均适用于仲裁，犹如它们适用于法院的诉讼一样。为施行前款，在时效法规中提述提出诉讼，就仲裁而言，须解释为展开仲裁程序。

（五）内地与香港民间借贷法律规则的对比

需要指出的是，由于内地与香港是不同法域，法律体系具有明显差异，内地法律规则与香港法例规定的不同之处难以穷尽列举，基于本文讨论需要及篇幅限制，本文选取两地民间借贷法律规则中的几处重点差异予以对比研究。

1. 对无资质经营放债业务的认定及后果不同

香港对民间借贷严格监管的司法态度十分明确，香港对于无牌照经营放债人业务采取绝对禁止主义，不仅不支持支付利息，同时也不支持返还本金，甚至直接归属于犯罪处理。该情形部分类似于我国内地刑事上的非法放贷案件以及民事上的职业放贷人，但两地的法律规则有所不同。

具体而言，根据我国内地发布的《关于办理非法放贷刑事案件若干问题的意见》第1条之规定，违反国家规定，未经监管部门批准，或者超越经营范围，以营利为目的，经常性地向社会不特定对象发放贷款，扰乱金融市场秩序，情节严重的，以非法经营罪定罪处罚。前款规定中的“经常性地向社会不特定对象发放贷款”须满足以下4个要件方能成立：第一，发生期限为2年内；第二，出借对象是不特定多人（包括单位和个人）；第三，行为是以借款或其他名义出借资金；第四，出借次数是10次以上（贷款到期后延长还款期限的，不重复计算次数，该笔贷款发放仅以1次计算）。可见，在内地构成非法放贷刑事案件，在情节、行为、时间以及次数等方面均设置了一定的要求，特别是在频次上，更是规定了具体的数目。但在香港，无牌放债的认定与放债次数并无必然直接的关联，即使仅一次，仍有可能属于无牌放债，并可能构成犯罪。①

另外，根据内地发布的最高人民法院《关于审理民间借贷案件适用法律若干问题的规定》（2020 年第 2 次修正）（以下简称《民间借贷规定》）第 13 条第 3 项之规定，出借人未依法获得放贷资格，以营利为目的向社会不特定对象出借款项的，民间借贷合同应被认定为无效。同时，最高人民法院于 2019 年 11 月 8 日发布的《全国法院民商事审判工作会议纪要》第 53 条认为，以民间借贷为业的民事主体（包括自然人、非法人组织或者未依法获得放贷资格的法人）实施的民间借贷行为，依法认定为无效。前述民事主体被称为“职业放贷人”，同一民事主体在一定时间段里反复多次开展有偿的出借资金行为的，一般可以“职业放贷人”定性。目前，内地对“职业放贷人”的认定尚没有一个全国统一的固定的具体成文标准，而是由地方的有权机关根据该地区的实际情况发布具体的认定标准，并且即使出借人被认定为“职业放贷人”导致民间借贷行为被认定无效，根据我国内地实行的《民法典》第 157 条之规定，出借人借出的本金仍有权请求借款人予以返还，该法律后果与香港《放债人条例》中的因无牌放债或过高利率而认定“犯罪”“敲诈”导致的本金及利息将全部无法强制执行的法律后果有明显不同。

此外，香港放债人牌照的作用类似于内地的金融放贷牌照，香港法律规定个人（自然人）可以申领放债人牌照，但在内地，法人可以申请放贷资质，自然人不能申领发放贷款的经营牌照，即内地的自然人个人不可能具备金融放贷资质。

2. 对借贷行为地点的要求及审查不同

根据《放债人条例》第 7 条、第 18 条之规定，任何人不得在牌照所指明的处所以外任何地方经营放债人业务，贷款协议的摘记或备忘录必须列明

① 参见《放债人条例》第 29 条规定：“（1）任何人经营放债人业务而——（a）没有牌照；或（b）在其牌照内指明的处所以外的任何地方经营该业务；或（c）不按照其牌照内所列条件经营该业务；或（d）在其牌照被暂时吊销期间经营该业务，即属犯罪。”

关于贷款协议的洽商地点及完成地点的声明。根据香港法例，如超出牌照所指明的处所经营放债人业务，构成犯罪；如摘记或备忘录记载的关于贷款协议的洽商地点及完成地点不符合事实，超出了牌照所指明的处所，则贷款协议不得强制执行。

而内地实行的《民法典》及《民间借贷规定》并未对民间借贷的洽商地点及完成地点作出强制性要求，如果借贷行为是真实发生，那么发生的地点并不会实质影响借贷合同的效力及债权获得强制执行救济的权利。

3. 对贷款协议形式的要求及审查不同

《放债人条例》体现了比较强烈的社会管治目的，该法例要求贷款协议必须以法定的书面形式证明，并必须具备《放债人条例》规定的要素，由借款人在协议订立后的7天内亲自签署该协议的摘记或备忘录，否则，放债人不得就相关贷款协议及保证获以强制执行，并且，如证明该摘记或备忘录是在款项贷出后或保证给予后由借款人补签，则该贷款协议或保证亦不得强制执行。

而内地实行的《民法典》及《民间借贷规定》并未对借款人签订借款合同的时间作出强制性效力性的限制。借款合同的签订时间一般系由借贷双方自行商定，且即使借款合同系在款项出借后或担保作出后补充签订，只要并非构成虚假的意思表示或恶意串通，损害他人合法权益，则不影响真实的借贷行为及合意之法律效力。

另外，内地实行的《民法典》及《民间借贷规定》并未对借款人签订借款合同的形式作出强制性效力性的限制。根据《民法典》第469条第1款、第490条第2款及第679条之规定；当事人订立合同，可以采用书面形式、口头形式或者其他形式；即使法律、行政法规规定或者当事人约定合同应当采用书面形式订立，当事人未采用书面形式但是一方已经履行主要义务，对方接受时，该合同成立；自然人之间的借款合同，自贷款人提供借款时成立。从前述规定可知，根据内地的法律规定，即使未形成书面的借款合同，但如果能证实双方就借贷事宜已达成合意且借款本金已经交付，则借贷关系仍能认定成立并有效，出借方仍有权请求借款人偿还债务，并能依法获得强制执行，借贷行为并不会仅仅因为不具备书面的贷款协议形式而被认定为违法。

同时，内地实行的《民法典》及《民间借贷规定》并未对借款合同的条款和要素作出强制性效力性的限制。根据《民法典》第510条、第511条、第668条第2款之规定，借款合同的内容一般包括借款种类、币种、用途、数额、利率、期限和还款方式等条款，即使合同对相关内容没有约定或者约定不明确，可以协议补充；不能达成补充协议的，按照合同相关条款或者交易习惯确定或适用相关规定处理。因此，根据内地法律规定，即使借款合同未列明“订立协议日期”“作出贷款日期”“贷款协议的洽商地点及完成地点”等要素，亦可通过补充协议或合同解释等方式解决，并不必然导致追索债权无法获得法院支持和强制执行。

综上所述，香港与内地在借贷合同的形式要件上存在重大差异。香港法例对借贷合同的形式要件和程序要求十分严格，形式要件的不合规或程序处理上的不当，甚至能直接导致贷款人无法通过诉讼和执行追索本金和利息。而我国内地更重视借贷交易真实性，对于形式上的不完整、不明确或程序上的瑕疵，允许事后补正或按照法定及约定的解释方式确定，形式或程序上的问题，不必然会阻碍实体权利的实现。

4. 对借贷利率的限制不同

民间借贷的利率属于民间借贷合同中的核心要素。相比之下，香港法例对借贷利率的限制与内地对民间借贷利率的限制有较大不同。根据《民间借贷规定》第25条及相关规定，内地目前对民间借贷利率的保护上限为合同成立时一年期贷款市场报价利率①（Loan Prime Rate，LPR）的4倍，如借贷利息超过前述标准，则超出部分不予保护，但本金以及未超出前述法定利息标准的利息，仍受到法律保护，出借人有权请求借款人清偿。内地发布的一年期LPR处于持续更新、动态调整中，全国银行间同业拆借中心于2023年5月发布的一年期LPR为3.65%，本文暂以该数据为标准进行分析。

---

① “一年期贷款市场报价利率”，系指中国人民银行授权全国银行间同业拆借中心自2019年8月20日起每月发布的一年期贷款市场报价利率。

根据内地的民间借贷规则，如年利率属 4 倍一年期 LPR（2023 年 5 月为 14.6%）以下，则本金和利息均受法律保护；如年利率超过 4 倍一年期 LPR（2023 年 5 月为 14.6%），则本金和不超过该利率的利息部分仍受到法律保护，但超过该利率的利息部分不受到法律保护，该部分的超额利息如已支付，可用于抵扣本金。而香港的民间借贷，如年利率属 36% 以下，则本金和利息均受法律保护；如年利率超过 36% 但未超过 48%，则推定该宗交易属敲诈性，法庭在顾及所有情况后，可重新商议该宗交易，法庭亦有权根据实际情况宣布该协议并不属敲诈性；如年利率超过 48%，则构成犯罪。

5. 对诉讼时效、仲裁时效的规定不同

香港法例关于诉讼时效的规定与内地诉讼时效的规定亦存在较大不同。根据内地实行的《民法典》第 188 条之规定，内地当事人向人民法院请求保护民事权利的诉讼时效期间一般为 3 年，诉讼时效期间自权利人知道或者应当知道权利受到损害以及义务人之日起计算。但是，自权利受到损害之日起超过 20 年的，人民法院不予保护，有特殊情况的，人民法院可以根据权利人的申请决定延长。而如前所述，在香港法例，民间借贷合同一般按简单合约处理，诉讼时效为 6 年。可见，两地诉讼时效的期间长短有较大差异。

香港法例对于诉讼时效的条例规定，适用于仲裁，而内地实行的《仲裁法》第 74 条亦规定："法律对仲裁时效有规定的，适用该规定。法律对仲裁时效没有规定的，适用诉讼时效的规定。"内地法律对民间借贷纠纷的仲裁时效没有特殊规定，因此内地的仲裁时效也适用诉讼时效的规定。关于两地仲裁时效的分析思路即与上文基本一致，在此不予赘述。

三、涉港民间借贷纠纷的法律适用

（一）涉港因素的识别和认定

关于涉港民间借贷纠纷，在案件受理和审理过程中，需依法审查和认定案涉民事关系是否存在涉外或涉港因素，并向当事人释明和询问案件涉港民事关系的法律适用问题，否则易导致案件法律适用存在错误。

本文所称"涉港民间借贷"，系指参照最高人民法院《关于适用〈中华人民共和国涉外民事关系法律适用法〉若干问题的解释（一）》（2020 年修正，以下简称《涉外民事关系法律适用法解释一》）第 1 条及最高人民法院《关于适用〈中华人民共和国民事诉讼法〉的解释》（2022 年修正，以下简称《民事诉讼法解释》）第 520 条规定，具备涉港因素的民间借贷法律关系。其中，在民间借贷案件中比较典型的涉港因素包括：借贷双方当事人至少一方为香港居民、法人或其他组织，或者其住所地、经常居所地或营业地在香港；合同签订、借款行为、借款过程等发生在我国香港地区；等等。[①]

另外，还可以多关注粤港澳大湾区的特别规定。比如，广东省高级人民法院《关于粤港澳大湾区内地人民法院审理涉港澳商事纠纷司法规则衔接的指引（一）》第 10 条规定："内地法院审理涉港澳商事案件，可以依据当事人的香港特别行政区或者澳门特别行政区居民身份，参照《中华人民共和国涉外民事关系法律适用法》及有关司法解释的规定，确定适用香港特别行政区或者澳门特别行政区法律解决民商事争议。"其第 11 条规定："在横琴粤澳深度合作区、前海深港现代服务业合作区、广州南沙新区（自贸片区）等注册的港资、澳资等投资企业协议选择域外法解决合同纠纷，在不违反国家法律基本原则的前提下，内地法院可予准许。"

如争议不具有任何涉外、涉港澳台因素，则不存在域外法律适用的问题，应当适用内地法律审理。

（二）关于涉港民间借贷关系所适用的法律

需要明晰的是，在涉外或涉港民事纠纷处理中，实体法和程序法应分别予以分析和认定。本节讨论的是涉港民间借贷关系所适用的法律，属于准据法范畴。准据法的确定，仅涉及实体法，不包含程序法、法律适用法。

关于涉港民间借贷关系所适用的准据法，参照涉外民事关系准据法的确定规则。我国内地实行的《涉外民事关系法律适用法》第 2 条第 1 款规定："涉外民事关系适用的法律，依照本法确定。其他法律对涉外民事关系法律

---

① 一般而言，可从主体、客体、内容 3 个方面确定案件是否存在涉外因素。此处仅介绍几类典型的涉港民间借贷情形，部分案件可能同时具有多种类型的涉港因素或者具有其他类型的涉港因素。

适用另有特别规定的，依照其规定。”而根据《涉外民事关系法律适用法解释一》第17条之规定，涉及香港的民事关系的法律适用问题，参照适用《涉外民事关系法律适用法》相关规定处理。因此，在涉港民间借贷纠纷中，关于当事人之间的民事关系的法律适用，原则上参照《涉外民事关系法律适用法》及其相关规定确定。

目前，对于涉外案件的法律适用（涉港民间借贷纠纷参照适用），《涉外民事关系法律适用法》及相关司法解释进行了较为完整的体系化规定，内地法院一般按此思路予以审查和认定。具体而言，《涉外民事关系法律适用法》第一章“一般规定”的第3条规定：“当事人依照法律规定可以明示选择涉外民事关系适用的法律”。同时，《涉外民事关系法律适用法》第六章“债权”的第41条规定：“当事人可以协议选择合同适用的法律。当事人没有选择的，适用履行义务最能体现该合同特征的一方当事人经常居所地法律或者其他与该合同有最密切联系的法律。”并且，《涉外民事关系法律适用法解释一》第5条规定：“一方当事人以双方协议选择的法律与系争的涉外民事关系没有实际联系为由主张选择无效的，人民法院不予支持。”另外，《涉外民事关系法律适用法解释一》第16条明确规定：“人民法院应当听取各方当事人对应当适用的外国法律的内容及其理解与适用的意见，当事人对该外国法律的内容及其理解与适用均无异议的，人民法院可以予以确认；当事人有异议的，由人民法院审查认定。”

从前述规定可见，内地《涉外民事关系法律适用法》及相关司法解释规定体现了对当事人意思自治的充分尊重。对于涉外民事关系的法律适用，内地法律尊重意思自治原则，允许当事人依法选择准据法。据此，涉港民间借贷纠纷一般优先适用当事人协议选择的解决合同争议所适用的法律，[①] 协议选择的合同适用法律既可以是我国内地法律，也可以是香港法律，还可以是其他域外法律。另外，根据《涉外民事关系法律适用法解释一》第6条之规定，当事人协议选择或者变更选择适用的法律的时间点是一审法庭辩论

① 比如最高人民法院审理的（2019）最高法民终218号涉港民间借贷纠纷案，该案因双方当事人均同意适用中华人民共和国内地法律，故对该涉港民商事纠纷适用中华人民共和国内地法律审理。

终结前，如各方当事人援引相同国家或地区的法律（实体法）且未提出法律适用异议，内地法院可以认定当事人已经就涉外民事关系适用的法律做出了选择。也就是说，涉港民间借贷纠纷当事人协议选择准据法，不仅仅包括在案涉借贷合同中明确约定适用法律的情形，而且包括在借贷合同订立后、一审法庭辩论终结前才达成法律选择合意的情形。[①]

如当事人之间没有协议选择涉港民间借贷合同适用的法律，则一般会依法适用最密切联系原则，适用履行义务最能体现该合同特征的一方当事人经常居所地法律或者其他与该合同有最密切联系的法律。在广东省汕头市中级人民法院审理的陈某诉林某、方某民间借贷纠纷案[②]中，各方当事人未协议选择合同适用的法律，法院通过对贷款人具有香港居民身份、借款人出具《借款单》的行为发生在香港、借款的货币种类为港币、借款款项的交付等借款过程发生在香港等要素进行审查，从而认定香港是与该案双方当事人之间的借款合同具有最密切联系的地区，因此，对于该案的借款合同关系，法院决定适用贷款人住所地法，即香港法律。在广东省深圳市中级人民法院审理的李某诉杨某、林某民间借贷纠纷案[③]中，法院认为，对于李某与杨某之间的民间借贷法律关系，双方当事人未协议选择适用的法律，应适用最密切联系原则来确定适用的法律，贷款人李某系中国内地自然人，合同履行地在中国内地，故内地与该民间借贷法律关系具有最密切联系，适用内地法律作为准据法处理涉案民间借贷法律关系。前述司法实践中的两类案件的审查要素与认定思路具有一定借鉴意义。

涉外案件初步确定适用的法律后，如属适用域外法律，审理机关一般会按照《涉外民事关系法律适用法》第 10 条，同时参考《全国法院涉外商事海事审判工作座谈会会议纪要》第 21 条的意见进行域外法查明，如出现了

---

① 比如河南省高级人民法院审理的（2022）豫民终 714 号涉港民间借贷纠纷一案，该案因各方当事人均援引中华人民共和国内地法律且未提出法律适用异议，适用中华人民共和国内地法律作为处理该案纠纷的准据法。

② 参见陈某诉林某、方某案，广东省汕头市中级人民法院（2019）粤 05 民终 1129 号民事判决书。

③ 参见李某诉杨某、林某案，广东省深圳市中级人民法院（2014）深中法涉外终字第 64 号民事判决书。

域外法不能查明[①]的或者域外法没有规定的情况，则适用我国内地法律。在司法实践中，域外法的查明方式一般包括两类：当事人提供和有权机关依职权查明。如适用域外法律是由于当事人的选择合意，则当事人有义务提供该域外法律或相关的域外判例，否则可能因此被认定为“不能查明”而适用内地法律。[②] 当事人亦可主动提供法律著述、法律介绍资料、专家意见书等域外法律资料。同时，审理机关有权依法自行查明或委托专业机构[③]或专业人士查明涉外民事关系适用的外国法律。在实践中，内地法院普遍将当事人提供的域外法作为事实证据对待，并从认定案件事实的角度组织质证，予以查明。[④] 内地法院一般在取得《法律意见书》或其他形式的法律查明工作结果后，会将查明结果等向各方当事人出示、送达，并充分听取各方当事人对该查明结果内容及其理解与适用的意见。如当事人对查明结果或者案件适用法律的问题提出了异议，则内地法院将进一步予以审查认定。

（三）关于涉港民间借贷中的夫妻财产关系所适用的法律

在民间借贷纠纷中，常常涉及夫妻共同债务的问题，涉港民间借贷纠纷也不例外。在同一个涉港民间借贷纠纷案件中，如涉及民间借贷法律关系及

---

① “不能查明”的判断可参照《涉外民事关系法律适用法解释一》第 15 条之规定，并可参考《全国法院涉外商事海事审判工作座谈会会议纪要》第 24 条、第 25 条之意见。

② 相关参考司法案例包括但不限于：

（1）东明中油燃料石化有限公司诉德力西能源私人有限公司案，山东省高级人民法院（2016）鲁民终 1891 号民事判决书；

（2）永亨银行有限公司诉香港鑫华龙文化印刷有限公司、成都鑫华龙文化印刷有限公司、张某、吴某案，四川省成都市中级人民法院（2014）成民初字第 341 号民事判决书；

（3）江河创建集团股份有限公司诉鑫宏达集团有限公司、中国建设银行股份有限公司徐州城中支行案，江苏省徐州市中级人民法院（2014）徐民初字第 0273 号民事判决书；

（4）杭州热联进出口股份有限公司诉吉友船务有限公司（J. FRIENDSHIPPINGCOMPANYLIMITED）案，厦门海事法院（2010）厦海法商初字第 353 号民事判决书。

③ 如最高人民法院设置有港澳台和外国法律查明基地，最高人民法院国际商事法庭“域外法查明平台”（https：//cicc. court. gov. cn/html/1/218/347/）列明有 5 家域外法查明专业机构，分别是“西南政法大学中国——东盟法律研究中心”“蓝海法律查明和商事调解中心”“中国政法大学外国法查明研究中心”“华东政法大学外国法查明研究中心”“武汉大学外国法查明研究中心”。

④ 《第二次全国涉外商事海事审判工作会议纪要》第 52 条认为：“当事人提供的外国法律经质证后无异议的，人民法院应予确认。对当事人有异议的部分或者当事人提供的专家意见不一致的，由人民法院审查认定。”相关参考司法案例包括：（2009）浙嘉商外初字第 32 号、（2014）沪海法商初字第 584 号等。

夫妻财产法律关系，应分别确定准据法。《涉外民事关系法律适用法解释一》第 11 条规定："案件涉及两个或者两个以上的涉外民事关系时，人民法院应当分别确定应当适用的法律。"夫妻债务承担问题属于夫妻财产关系范畴，应先确定准据法作为审查认定的法律依据，然后在此基础上具体审理案涉债务能否认定为夫妻共同债务，夫妻一方是否应基于夫妻关系而对另一方的债务承担共同偿还责任。

如前文分析，除非内地法律另有特别规定，否则涉外民事关系适用的法律，依照内地施行的《涉外民事关系法律适用法》确定。涉香港的民事关系的法律适用问题，按前述法律逻辑参照适用处理。因此，在涉港民间借贷纠纷中涉及的夫妻财产关系所适用的法律应参照《涉外民事关系法律适用法》确定。《涉外民事关系法律适用法》第 24 条规定："夫妻财产关系，当事人可以协议选择适用一方当事人经常居所地法律、国籍国法律或者主要财产所在地法律。当事人没有选择的，适用共同经常居所地法律；没有共同经常居所地的，适用共同国籍国法律。"

对于夫妻财产关系，尽管《涉外民事关系法律适用法》规定优先尊重当事人对法律适用的协议选择，但涉港民间借贷纠纷涉及夫妻共同债务的，往往是债权人作为原告将夫妻作为共同被告提起诉讼，在夫妻作为共同被告被追索夫妻共同债务或者夫妻本身就是诉讼对立方的情形下，除非选择适用的法律对自身具有较强的诉讼帮助和有利性，否则债务人夫妻一般很少主动选择或协议选择法律适用，从而去配合推动案件处理。一般而言，当事人没有选择法律适用或有争议的，由审理机构审查认定，优先适用夫妻共同经常居所地法律，不存在共同经常居所地的，则适用共同国籍国法律。在涉港民间借贷纠纷中，如果债务人为夫妻，夫妻双方均为香港居民，当事人未能达成法律适用的一致意见，则夫妻财产关系适用该夫妻共同经常居所地法律，无法确定共同经常居所地的，则内地法院一般参照适用共同国籍国法律的原则，适用香港法律处理夫妻财产法律关系，[①] 并据此审查认定案涉债务是否构成夫妻共同债务。[②]

值得注意的是，在司法实践中，“经常居所地”的认定对于夫妻财产关系适用的准据法认定非常重要。在《涉外民事关系法律适用法》及《涉外民事关系法律适用法解释一》中出现的“经常居所地”有其特别适用标准，即《涉外民事关系法律适用法解释一》第13条[③]，该条规定专门对“经常居所地”作出解释，区别于《民事诉讼法解释》第4条规定的“经常居住地”[④]。在实务中，有两种常见的认定方式：一种是法院通过调取出入境资

---

① 如广东省深圳市中级人民法院作出的（2014）深中法涉外终字第64号民事判决书中认定：“本案为涉港民间借贷纠纷，涉及到李某与杨某之间的民间借贷法律关系及杨某与林某之间的夫妻财产法律关系。……对杨某与林某之间的夫妻财产法律关系，根据【最高人民法院关于适用《中华人民共和国涉外民事关系法律适用法》若干问题的解释（一）（2012）】第十九条，涉及香港的民事关系的法律适用问题，参照《中华人民共和国涉外民事关系法律适用法》的规定。《中华人民共和国涉外民事关系法律适用法》第二十四条规定：……本案双方在香港登记结婚，杨某与林某没有就夫妻财产关系协议选择适用的法律，双方对共同经常居所地在中国内地还是香港存在争议，均不能提交充分证据证明共同经常居所地，但杨某已取得香港居民身份证，并持有《港澳居民来往内地通行证》，林某持有香港永久居民身份证，因此，参照适用共同国籍国法律的原则，本院适用香港法律处理杨某与林某之间的夫妻财产法律关系。”

② 如广东省深圳市中级人民法院作出的（2014）深中法涉外终字第64号民事判决书中认定：“关于林某是否应基于夫妻关系而对杨某的债务承担责任问题。涉案民间借贷关系发生时，杨某与林某的夫妻关系仍然存续，但双方之间的夫妻债务承担问题属于涉港夫妻财产关系，应依据香港法进行认定。香港……律师出具的法律意见履行了公证转递的法律手续，该法律意见中引用的香港法例第182章《已婚者地位条例》是香港现行有效的法律，可以作为本案认定涉港夫妻财产关系的法律依据。根据香港法例第182章《已婚者地位条例》，香港实行的是夫妻分别财产制，双方在婚姻期间不存在夫妻共同承担债务之责任情况，丈夫无须纯粹因身为配偶而对女方婚前或婚后所负的债务或义务负责，无需在上述法律程序中作为被起诉或成为法律程序的一方。因此，对于杨某所负的涉案债务，林某不承担共同偿还责任。”

③ 《涉外民事关系法律适用法解释一》第13条规定：“自然人在涉外民事关系产生或者变更、终止时已经连续居住一年以上且作为其生活中心的地方，人民法院可以认定为涉外民事关系法律适用法规定的自然人的经常居所地，但就医、劳务派遣、公务等情形除外。”

④ 《民事诉讼法解释》第4条规定：“公民的经常居住地是指公民离开住所地至起诉时已连续居住一年以上的地方，但公民住院就医的地方除外。”

料等方式，查明当事人的经常居所地；[①] 另一种是通过当事人的户籍地和举证情况推定当事人的经常居所地，[②] 但该推定结果如经调查或举证发现有误，则可能会被依法改判。[③]

需要特别指出的是，在同一案件中，民间借贷法律关系适用的准据法和夫妻财产法律关系适用的准据法很可能不同，一个适用内地法律，另一个适用香港地区法律、澳门地区法律或外国法律，这样的情形并不少见。比如，广东省深圳市中级人民法院审理的李某诉杨某、林某民间借贷纠纷案[④]，广东省中山市中级人民法院审理的林某诉廖某、麦某、刘某、中山市某公司民间借贷纠纷案[⑤]等，在前述案例中，各方当事人未约定解决合同争议所适用的法律以及夫妻财产关系适用的法律，因此，法院予以分别审查认定。在民间借贷法律关系上，法院认为内地法律与涉案借款合同有最密切联系，借款纠纷适用内地法律作为准据法进行处理；在夫妻财产法律关系上，法院参照适用共同国籍国法律的原则，适用香港或澳门法律作为准据法处理当事人的

---

① 如广东省高级人民法院作出的（2017）粤民申79号民事裁定书认定："一审法院调取的胡某的出入境资料显示，其在涉案借贷关系发生前两年的绝大部分时间于中国内地居住，并持续在内地居住超过一年，且不属于长期就医、劳务派遣或公务等情形，表明其以中国内地作为生活中心。依照上述法律规定，可认定胡某的经常居所地在中国内地。……本案中，胡某于涉案民间借贷关系发生时的经常居所地为中国内地，其亦于一审诉讼中确认林某长期在内地生活，故二人共同的经常居所地位于中国内地。因林某一审未到庭参加诉讼，本案亦无证据显示二人曾对其间夫妻财产关系的法律适用作出选择，依照上述法律规定，一、二审判决关于应以中国内地法律作为处理林某、胡某夫妻财产关系的准据法的认定并无不当。"

② 如广东省深圳市中级人民法院作出的（2017）粤03民终3385号民事判决书认定："关于李某与谢某的夫妻财产关系的法律适用问题可以参照《中华人民共和国涉外民事关系法律适用法》第二十四条的规定来确定准据法。在本案中，双方当事人没有协议选择适用法律，均未提供证据证明双方共同居所地在中国大陆或双方共同居所地不在香港，本院认为二人夫妻财产关系的认定应适用双方共同经常居所地或共同户籍地——香港的法律。"

③ 在李某诉蔡某、张某民间借贷纠纷案一审【案号：（2012）深中法涉外初字第71号】中，广东省深圳市中级人民法院因当事人两夫妻均是香港居民，且两人在香港注册结婚并在香港拥有作为住所的房产，以此推定香港应为该夫妻的共同经常居所地，适用香港法律处理该二人夫妻债务的承担问题。在该案二审【案号：（2015）粤高法民四终字第163号】中，广东省高级人民法院查明，蔡某与张某婚后主要居住在深圳，深圳系其共同经常居所地，蔡某、张某的夫妻财产关系应当适用我国内地的法律，一审判决适用香港法处理蔡某、张某的夫妻财产关系有误。

④ 参见李某诉杨某、林某案，广东省深圳市中级人民法院（2014）深中法涉外终字第64号民事判决书。

⑤ 参见林某诉廖某、麦某、刘某、中山市琪顺塑料制品有限公司案，广东省中山市中级人民法院（2018）粤20民终3182号民事判决书。

夫妻财产法律关系。

（四）关于诉讼时效所适用的法律

参照《涉外民事关系法律适用法》第7条之规定，关于涉港民间借贷纠纷的诉讼时效，适用涉港民间借贷法律关系应当适用的法律。因此，如涉港民间借贷纠纷当事人之间的借款合同关系选择适用香港法律，则案件诉讼时效依法应适用借款合同关系所适用的香港法律，即一般的诉讼时效期间为6年；如涉港民间借贷纠纷当事人之间的借款合同关系选择适用内地法律，则同理，案件诉讼时效依法应适用内地法律，通常的诉讼时效期间为3年。

（五）关于诉讼程序所适用的法律

我国内地实行的《民事诉讼法》（2023年修正）第4条明文规定："凡在中华人民共和国领域内进行民事诉讼，必须遵守本法。"另依据《民事诉讼法》（2023年修正）"第四编　涉外民事诉讼程序的特别规定"项下第270条之规定，在我国领域内进行涉外民事诉讼，适用《民事诉讼法》第四编"涉外民事诉讼程序的特别规定"，该编没有规定的，适用《民事诉讼法》其他有关规定。同时，根据《民事诉讼法解释》"二十二、涉外民事诉讼程序的特别规定"项下的第549条之规定，内地法院审理涉及香港的民事诉讼案件，可以参照适用我国内地涉外民事诉讼程序的特别规定。故在内地进行涉港民间借贷之民事诉讼，无论案件实体审理的准据法适用香港法律还是内地法律，诉讼程序（包括起诉条件、管辖法院的确定①、举证责任②、

① 在（2016）最高法民终66号案件中，最高人民法院认为："本案系涉外合同纠纷。有关管辖权异议，属程序问题，应根据《中华人民共和国民事诉讼法》关于管辖的规定确定本案管辖。"

② 在《涉外商事海事审判实务问题解答》第15条中，最高人民法院答复："举证责任是指当事人对自己提出的主张有提供证据进行证明的责任，属于程序问题。涉外商事纠纷案件的当事人虽然在合同中约定了准据法，但举证责任及其后果均应适用法院地法，而不应适用当事人约定的合同准据法"。

证据的审核认定[①]等）原则上均适用法院地法，即适用我国内地实行的《民事诉讼法》及相关规定。

其中，在诉讼程序上，确定管辖法院是首要问题，也是必不可少的环节，至关重要。管辖权属于诉讼程序问题，应适用法院地法进行审理，[②] 对于在内地受理的涉港民间借贷纠纷，即应适用内地法律处理其管辖问题。需关注的是，第十四届全国人民代表大会常务委员会第五次会议于 2023 年 9 月 1 日审议通过《全国人民代表大会常务委员会关于修改〈中华人民共和国民事诉讼法〉的决定》，修正后的《民事诉讼法》相关条文自 2024 年 1 月 1 日起正式实施。相较于《民事诉讼法》（2021 年修正），《民事诉讼法》（2023 年修正）在“第四编 涉外民事诉讼程序的特别规定”（以下简称“涉外民事诉讼程序编”）中作出了重大修订，这也是自 1991 年《民事诉讼法》发布以来对于“涉外民事诉讼程序编”的第一次实质性重大修改，对于我国涉外民事诉讼程序及涉外民商事审判实践而言，意义重大，影响深远。下文重点结合本文的讨论范围、讨论对象和相关实务问题予以分析。

广东省高级人民法院《关于粤港澳大湾区内地人民法院审理涉港澳商事纠纷司法规则衔接的指引（一）》第 2 条规定：“涉港澳商事纠纷当事人选择管辖法院的协议，内地法院应当依据《中华人民共和国民事诉讼法》及有关司法解释等规定确认。”《民事诉讼法解释》第 549 条规定：“人民法院审理涉及香港、澳门特别行政区和台湾地区的民事诉讼案件，可以参照适用涉外民事诉讼程序的特别规定。”根据《民事诉讼法》（2023 年修正）第 277 条、第 301 条及《民事诉讼法解释》第 529 条之规定，涉外合同或者其他财产权益纠纷的当事人可以书面协议选择与争议有实际联系地点的外国法

① 在广东省汕头市中级人民法院受理的陈某诉林某、方某民间借贷纠纷案【案号为（2019）粤 05 民终 1129 号】中，该案为涉港民间借贷纠纷，人民法院依法适用《民事诉讼法》（2017 年修正）第 64 条、最高人民法院《关于适用〈中华人民共和国民事诉讼法〉的解释》（2015）第 108 条等规定分配举证责任，并审核证据，以“高度可能性”之标准认定案件事实。

② 在（2011）民提字第 301 号案件中，最高人民法院认为：“管辖权属于诉讼程序问题，应适用法院地法进行审理。因此，应适用中华人民共和国法律，判断涉案管辖条款能否排除中国法院的司法管辖权，以及一审法院对本案是否具有管辖权。”在（2009）民三终字第 4 号案件中，最高人民法院认为：“协议选择适用法律与协议选择管辖法院是两个截然不同的法律行为，应当根据相关法律规定分别判断其效力。对协议选择管辖法院条款的效力，应当依据法院地法进行判断。”

院管辖，但不得违反《民事诉讼法》对专属管辖的规定；外国法院依照其法律对案件没有管辖权，或者虽然依照其法律有管辖权但与案件所涉纠纷无适当联系，内地法院应当认定该外国法院对案件无管辖权；涉外民事纠纷的当事人书面协议选择内地法院管辖的，可以由内地法院管辖。据此，内地法律允许涉外民事纠纷的当事人通过书面形式协议选择管辖法院，但选择外国法院只能在与争议有实际联系地点的外国法院中进行选择①，且不得违反专属管辖的规定，如选择与争议无实际联系地点的外国法院，则可能被内地法院认定该管辖约定为无效。② 至于涉外民事纠纷中对于内地法院的协议选择，是否受限于选择与争议有实际联系的地点的法院，有待立法机关或司法机关进一步明确。《民事诉讼法（修正草案）》第277条规定："与争议有实际联系的地点不在中华人民共和国领域内，当事人书面协议选择中华人民共和国人民法院管辖的，可以由中华人民共和国人民法院管辖，依据本法或中华人民共和国其他法律关于级别管辖、专门管辖的规定确定具体的管辖法院。"最终发布的《民事诉讼法》（2023年修正）第277条规定："涉外民事纠纷的当事人书面协议选择人民法院管辖的，可以由人民法院管辖。"其中，删除了草案里关于"与争议有实际联系的地点不在中华人民共和国领域内""依据本法或中华人民共和国其他法律关于级别管辖、专门管辖的规定确定具体的管辖法院"等内容。对此，实务中有不同解读。结合前述规定，笔者认为，可区分两种情形考虑，以涉港民间借贷纠纷为例：（1）对于内地存在与争议有实际联系的地点，当事人可以协议选择内地法院管辖，这点并无分歧。此时，《民事诉讼法》（2023年修正）第35条等规定仍有较重要的参照作用。（2）对于内地不存在与争议有实际联系的地点，在笔者看来，当事人仍可以协议选择内地法院管辖。理由在于：第一，《民事诉讼

---

① 在（2011）民提字第301号案件中，最高人民法院认为："在认定当事人协议选择的法院是否属于'与争议有实际联系的地点的法院'时，应考虑当事人住所地、登记地、营业地、合同签订地、合同履行地、标的物所在地等因素。"

② 在（2016）最高法民终66号案件中，最高人民法院认为："某贸易公司虽根据案涉合同第十条之约定，主张本案应由英国高等法院管辖，但其未提供证据证明相关英国法院与案涉合同争议有任何实际联系，因此该约定不符合《最高人民法院关于适用〈中华人民共和国民事诉讼法〉的解释（2015）》第五百三十一条之规定，应属无效。"类似案例还包括（2019）最高法民申6247号案件、（2009）民三终字第4号案件等。

法》（2023 年修正）第 277 条之规定的文义本身并未体现出涉外民事纠纷中对内地法院的协议选择存在“与争议有实际联系”的限制；第二，《全国人民代表大会宪法和法律委员会关于〈中华人民共和国民事诉讼法（修正草案）〉审议结果的报告》中也未提及有意见反对取消“实际联系”，更未确认正式稿删去“与争议有实际联系的地点不在中华人民共和国领域内”是对草案观点的否定；第三，参考我国内地实行的《海事诉讼特别程序法》第 8 条关于“海事纠纷的当事人都是外国人、无国籍人、外国企业或者组织，当事人书面协议选择中华人民共和国海事法院管辖的，即使与纠纷有实际联系的地点不在中华人民共和国领域内，中华人民共和国海事法院对该纠纷也具有管辖权”等规定的立法用意，涉外民事纠纷中对内地法院的协议选择不进行“与争议有实际联系”的限制，有利于我国打造为国际争议解决中心地；第四，2017 年 9 月，我国是正式签署《选择法院协议公约》（The Hague Convention on Choice of Court Agreements），加入成为该公约的缔约国之一。结合《选择法院协议公约》第 5 条第 1 款“被选择法院的管辖权”规定，排他性选择法院协议中指定的某缔约国的一个或者多个法院对于该协议适用的争议享有管辖权，除非依据该国法律该协议是无效的。《民事诉讼法》（2023 年修正）第 277 条确认涉外民事纠纷的当事人协议选择内地法院管辖的有效性，系对公约规则的吸纳与回应，是我国司法实践融合国际化趋势的重要体现。其立法本意包括支持涉外民事纠纷的当事人对内地法院管辖进行书面协议选择，起到降低涉外民事纠纷当事人协议选择内地法院管辖的难度与门槛的作用。当然，放开“实际联系”的限制，并不代表可以任意协议选择内地不同区域、不同级别的法院管辖，原则上具体管辖法院的确定仍受限于内地法律法规关于级别管辖、专门管辖的规定，这有待立法机关、司法机关的进一步详细规定或指引。

延伸而言，在借贷双方都是香港地区居民，或者一方是香港地区居民，另一方是外国人，经常居所地均不在内地，借贷事实也不是发生在内地的涉港民间借贷纠纷中，争议与内地并不存在实际联系的地点，但因一方当事人（特别是债务人）在内地有财产，此时为了便于执行财产、实现债权之目的，当事人（债权人）也可能考虑在内地处理。这种情形下，当前法律制度其实赋予了当事人至少两条通道可以选择：一是如双方当事人之间存在选择内地法院管辖的书面协议，内地法院依法受理并作出发生法律效力的判决、裁定或调解书后，债务人拒不履行生效文书的，可以直接向内地法院申请强制执行；二是当事人取得香港生效判决[①]后，可依据《最高人民法院关于内地与香港特别行政区法院相互认可和执行民商事案件判决的安排》之规定，在内地向申请人住所地或者被申请人住所地、财产所在地的中级人民法院提出申请认可和执行该香港生效判决。当然，如果当事人取得的是外国法院作出的发生法律效力的判决、裁定，需要内地法院承认和执行的，则是依据《民事诉讼法》（2023 年修正）第 298 条之规定，可以由当事人直接向内地有管辖权的中级人民法院申请承认和执行，也可以由外国法院依照该国与我国缔结或者参加的国际条约的规定，或者按照互惠原则，请求内地法院承认和执行。内地法院依据《民事诉讼法》（2023 年修正）第 299 条、第 300 条、第 303 条等相关规定进行审查，依法裁定是否予以承认和执行。当事人对承认和执行或者不予承认和执行的裁定不服的，可以自裁定送达之日起 10 日内向上一级人民法院申请复议。前述两种方案，法律程序截然不同，在选择和安排上需要结合当事人的实际需求、各地审判效率、审查条件、不同程序的可操作性程度等诸多因素予以综合考虑，但无论哪种方案，均需要了解清楚债务人在内地的财产情况。

综上所述，涉港民间借贷纠纷不属于专属管辖的范畴，当事人有权书面协议选择内地法院作为管辖法院，当事人亦有权书面协议选择被告住所地、合同履行地、合同签订地、原告住所地、标的物所在地等与借贷争议有实际联系地点的域外法院作为管辖法院，该协议选择原则上应作为管辖权的优先认定因素。如当事人选择管辖法院的约定无效，则应当根据受诉地国家有关涉外案件管辖的其他法律规则确定案件的管辖。

鉴于本文的讨论对象为内地审理的涉港民间借贷纠纷，下文重点讨论在

---

① 根据《最高人民法院关于内地与香港特别行政区法院相互认可和执行民商事案件判决的安排》第 4 条，此处“判决”，在香港特别行政区包括判决、命令、判令、讼费评定证明书，不包括禁诉令、临时济助命令；此处“生效判决”，在香港特别行政区，是指终审法院、高等法院上诉法庭及原讼法庭、区域法院以及劳资审裁处、土地审裁处、小额钱债审裁处、竞争事务审裁处作出的已经发生法律效力的判决。

当事人未能达成管辖协议或管辖协议无效情形下内地管辖法院的确定。如果当事人未能达成管辖协议或管辖协议无效，则依照《民事诉讼法》及相关的管辖规定确定管辖法院。区分两种情形讨论：（1）对于被告在内地没有住所的情形，适用《民事诉讼法》（2023 年修正）第 276 条关于涉外民事诉讼的特殊地域管辖规定。该规定专门处理“因涉外民事纠纷，对在中华人民共和国领域内没有住所的被告提起除身份关系以外的诉讼”的情形，该情形系在满足相应条件下，涉外民事纠纷可以由合同签订地、合同履行地、诉讼标的物所在地、可供扣押财产所在地、侵权行为地、代表机构住所地人民法院管辖。涉港民间借贷纠纷中，如属于对在内地没有住所的被告提起诉讼的情形，则可适用该规定。其中，“可供扣押财产所在地”具有较抢眼的适用空间和经济效用。司法实践中，不乏当事人先向法院申请采取诉讼财产保全措施，然后向被保全财产所在地法院提起诉讼，[①] 以此取得良好的诉讼和执行效果。此外，《民事诉讼法》（2023 年修正）第 276 条第 2 款还兜底性地规定，涉外民事纠纷与我国存在其他适当联系的，也可以由内地法院管辖。这一规定将有效扩充管辖连接点的范围，降低中外当事人在我国内地法院提起诉讼的门槛，便利当事人在我国境内解决有关涉外纠纷。当然，“适当联系”如何界定，仍有待立法机关的进一步细化规定或由司法机关在具体案件中通过自由裁量权作出认定。[②]（2）对于被告在内地有住所的情形，该情形在《民事诉讼法》（2023 年修正）的“涉外民事诉讼程序编”没有作出特别规定，依据《民事诉讼法》（2023 年修正）第 270 条，则可适用《民事诉讼法》（2023 年修正）第 24 条之规定，认定涉港民间借贷纠纷由被告住所地或者合同履行地人民法院管辖。关于“住所地”，《民事诉讼法》（2023 年修正）及《民事诉讼法解释》具有较为详尽的认定规则和

---

① 参见《涉港高息借贷惹纠纷，46.8%的利息借款能否追回?》，载广东广播电视台微信公众号“珠江频道”2021 年 12 月 21 日，https：//mp. weixin. qq. com/s/mWdLGn_ AOyJ48xBXld725Q。

② 参见最高人民法院（2019）最高法知民辖终 157 号民事裁定书、最高人民法院（2020）最高法知民辖终 517 号民事裁定书、最高人民法院（2022）最高法知民辖终 221 号民事裁定书、最高人民法院（2022）最高法知民辖终 167 号民事裁定书。但前述列举案件均集中于专利纠纷领域，其他领域中的具体界定有待后续司法实践的进一步明确。

表述，在此不予赘述。关于“合同履行地”，根据《民事诉讼法解释》第18条之规定，合同约定履行地点的，以约定的履行地点为合同履行地；合同对履行地点没有约定或者约定不明确，争议标的为给付货币的，接收货币一方所在地为合同履行地。涉港民间借贷纠纷的争议标的一般为给付货币，在出借方提起的还本付息诉请中，出借方所在地为接受货币一方所在地，故出借方所在地法院可据此获得管辖权。当然，在前述管辖规则的基础上，还应结合内地各地法院级别管辖、集中管辖的相关规定和批复，① 以此确定最终的管辖法院。

另外，《民事诉讼法》“涉外民事诉讼程序编”中还单独规定了默示同意管辖的内容，该修订体现了扩大我国涉外民事司法管辖权的立法态度。参照《民事诉讼法》（2023年修正）第278条，涉港民间借贷纠纷在内地法院受理后，当事人未提出管辖异议，并应诉答辩或者提出反诉的，视为内地法院有管辖权。

需要关注的是，“涉外民事诉讼程序编”项下的“第二十四章 管辖”规定还首次在法律层面确认了平行诉讼、诉讼竞速制度和明确了“不方便法院原则”，这一重大举措顺应国际趋势，回应了近年来涉外审判实务中广受关注的问题。平行诉讼包括“当事人之间的同一纠纷，一方当事人向外国法院起诉，另一方当事人向人民法院起诉，或者一方当事人既向外国法院起诉，又向人民法院起诉”的情形。在内地，平行诉讼制度的出现可追溯至最高人民法院于2005年发布的《第二次全国涉外商事海事审判工作会议纪要》第10条规定：“我国法院和外国法院都享有管辖权的涉外商事纠纷案件，一方当事人向外国法院起诉且被受理后又就同一争议向我国法院提起诉讼，或者对方当事人就同一争议向我国法院提起诉讼的，外国法院是否已

---

① 包括《最高人民法院关于涉外民商事案件诉讼管辖若干问题的规定》（2020年修正）（修正版自2021年1月1日起实施）、《最高人民法院关于调整中级人民法院管辖第一审民事案件标准的通知》（自2021年10月1日起实施）、《最高人民法院关于调整高级人民法院和中级人民法院管辖第一审民事案件标准的通知》（自2019年5月1日起实施）、《最高人民法院关于明确第一审涉外民商事案件级别管辖标准以及归口办理有关问题的通知》（自2018年1月1日起执行）、《广东省高级人民法院关于指定广州、深圳、珠海市辖区一审涉外、涉港澳台民商事案件集中管辖的批复》（2023年2月20日作出）、《广东省高级人民法院关于进一步明确实行集中管辖的涉外民商事案件范围的意见》（自2005年1月1日起施行）等。

经受理案件或者作出判决，不影响我国法院行使管辖权，但是否受理，由我国法院根据案件具体情况决定。外国法院判决已经被我国法院承认和执行的，人民法院不应受理。我国缔结或者参加的国际条约另有规定的，按规定办理。”《民事诉讼法解释》第 531 条亦作出了相关规定。《民事诉讼法》（2023 年修正）第 280 条吸收了前述规定的有效经验，规定对于前述平行诉讼的情形，内地法院有管辖权的，可以受理，同时规定当事人订立排他性管辖协议选择外国法院管辖且不违反《民事诉讼法》对专属管辖的规定，不涉及我国主权、安全或者社会公共利益的，内地法院可以裁定不予受理；已经受理的，裁定驳回起诉。从中不仅展现出了我国司法主权平等独立的坚定立场，也展现出了对当事人选择管辖的意思自治的尊重，对《选择法院协议公约》的积极落实。

诉讼竞速，顾名思义，则是指法院受理案件时间的先后顺序会产生重要法律后果，在诉讼竞速中，取得在先受理顺位成为跨境争议中双方管辖之争的“兵家必争之地”。根据《民事诉讼法》（2023 年修正）第 281 条规定，除特殊情形外，内地法院基于平行诉讼受理案件后，当事人以外国法院已经先于人民法院受理为由，书面申请人民法院中止诉讼的，人民法院可以裁定中止诉讼。可见，诉讼竞速的立法目的在于消除、减少平行诉讼带来的重复诉累。具体而言，根据前述规定，在同一纠纷中，如果双方当事人未协议选择内地法院管辖，又出现了一方当事人希望由内地法院处理，另一方当事人希望由外国法院处理的情形，此时，法院的受理时间先后非常重要，当事人如想由内地法院管辖并实际审理，则需要在对方当事人向境外法院申请立案并受理前取得内地法院的受理。如果最终内地法院受理时间在后，内地法院可以裁定中止诉讼。但如果外国法院未采取必要措施审理案件，或者未在合理期限内审结的，依当事人的书面申请，内地法院应当恢复诉讼。当然，外国法院作出的发生法律效力的判决，已经被内地法院全部或者部分承认，当事人对已经获得承认的部分又向内地法院起诉的，内地法院会直接裁定不予受理；已经受理的，裁定驳回起诉。另外，根据《民事诉讼法》（2023 年修正）第 302 条规定，如果外国法院在先作出生效判决、裁定并在境内诉讼审理完毕之前提交申请承认和执行的，亦可以达到中止境内诉讼的目的。当然，鉴于承认和执行外国判决所需满足的审查条件较高，通过此种方式中止境内诉讼的难度显然更高。

但值得注意的是，根据2022年12月29日起施行的广东省高级人民法院《关于粤港澳大湾区内地人民法院审理涉港澳商事纠纷司法规则衔接的指引（一）》第1条规定，粤港澳大湾区内地人民法院和香港法院均有管辖权的商事案件，当事人向香港法院提起诉讼且被受理后，又向内地法院就同一争议提起诉讼的，内地法院可以直接裁定不予受理，而非受理后中止诉讼。当然，香港法院作出的商事裁判未获得或者未全部获得内地法院认可，当事人就未获得认可部分所涉争议提起诉讼的，内地法院仍应予受理。虽然《民事诉讼法》（2023年修正）作为法律效力级别高于广东省高级人民法院《关于粤港澳大湾区内地人民法院审理涉港澳商事纠纷司法规则衔接的指引（一）》，前者发布时间也晚于后者，但《民事诉讼法》（2023年修正）“涉外民事诉讼程序编”之规定系规制涉外案件，而非涉港案件。根据《民事诉讼法解释》第549条，内地法院审理涉及香港的民事诉讼案件，只是可以参照适用涉外民事诉讼程序的特别规定，并非强制适用。因此，笔者认为，广东省高级人民法院《关于粤港澳大湾区内地人民法院审理涉港澳商事纠纷司法规则衔接的指引（一）》作为特别作出的指引规定，在实务中仍具有较强的指导意义。

另外，《民事诉讼法》（2023年修正）第282条规定将《民事诉讼法解释》第530条以及《第二次全国涉外商事海事审判工作会议纪要》第11条规定中体现的“不方便法院原则”上升至法律层面，并对此作出了新的规定。对于具备涉外因素的民事案件，在满足一定条件下，内地法院即使具有管辖权，亦有权拒绝管辖。参照《民事诉讼法》（2023年修正）第282条之规定，内地法院受理的涉港民事案件，被告提出管辖异议，且同时有下列5种情形的，可以裁定驳回起诉，告知原告向更为方便的域外法院提起诉讼：（1）案件争议的基本事实不是发生在我国内地领域内，内地法院审理案件和当事人参加诉讼均明显不方便；（2）当事人之间不存在选择内地法院管辖的协议；（3）案件不属于内地法院专属管辖；（4）案件不涉及我国主权、安全或者社会公共利益；（5）域外法院审理案件更为方便。前述第

282 条的规定实际上确立了不方便法院原则，指内地法院虽然对案件具有管辖权，但不属于内地法院专属管辖和协议管辖，又因在内地审理该案件明显不方便，且不涉及我国主权、安全或者社会公共利益等情况下，内地法院经被告提出管辖异议而放弃行使管辖权。只有满足以下必要前提，才能适用该规定：一是内地法院对于该涉外民事案件具备管辖权并已经受理；二是被告提出管辖异议；三是该条规定的 5 种情形必须同时满足。另外，《民事诉讼法》（2023 年修正）第 282 条作出了内地法院继续受理的兜底规定："裁定驳回起诉后，外国法院对纠纷拒绝行使管辖权，或者未采取必要措施审理案件，或者未在合理期限内审结，当事人又向人民法院起诉的，人民法院应当受理。"前述规定旨在防范、解决域外法院可能出现的推诿处理案件或不当处理案件的问题，更有利于当事人合法诉权的保障，体现出了我国的人道主义关怀，展现出了大国风范与担当。从目前内地的司法裁判情况来看，对于当事人依据《民事诉讼法解释》第 530 条之规定提出的驳回起诉主张，内地法院持谨慎态度，较难获得法院支持；[①] 至于新《民事诉讼法》（2023 年修正）第 282 条，因该法自 2024 年 1 月 1 日起施行，至本文撰写之日，时间较短，尚未出现适用新《民事诉讼法》（2023 年修正）第 282 条规定的典型司法案例，但结合《民事诉讼法》（2023 年修正）在"第四编 涉外民事诉讼程序的特别规定"项下"第二十四章 管辖"中作出的新的规定，仍然体现出了我国立法机关谨慎放弃行使内地管辖权的态度。

此外，在上述程序规定适用原则的基础上，随着粤港澳大湾区的深入交流合作和法治建设的共同发展，不少内地法院为提高跨境纠纷化解效率，减

---

① 如在（2020）粤 13 民辖终 280 号案件中，广东省惠州市中级人民法院认为："惠州市中级人民法院作为内地法院对本案具有管辖权，故应审查本案是否同时满足该规定中的六项前提条件。根据双方的现有的诉辩意见和证据，案件的处理可能涉及本案被告陈某及第三人某酒店的利益。且本案从案件证据的取得、证人出庭作证、诉讼参加人参加诉讼的便利、送达程序的繁琐程度、准据法的查明、审理中使用的语言文字、采取财产保全等执行措施的可行性和有效性等方面考量，上述因素尚不足以构成内地法院重大、明显的不方便管辖因素，案件在认定事实和适用法律方面并不存在重大困难。因此，本案不适用《最高人民法院关于适用〈中华人民共和国民事诉讼法〉的解释》（2015）第五百三十二条（注：对应目前《最高人民法院关于适用〈中华人民共和国民事诉讼法〉的解释》（2022 年修正）第五百三十条）的规定。"

其他类似案例还包括：如最高人民法院审理的（2018）最高法民辖终 17 号案件、福建省泉州市中级人民法院审理的（2019）闽 05 民终 2453 号案件。

少分歧，积极探索司法规则的相互衔接，借鉴域外法文件中的部分诉讼规则，出台了相关规程、指引或方案，探索开展涉港澳台民商事案件审理的特别程序。例如，广州市南沙区人民法院推动落实《广州南沙深化面向世界的粤港澳全面合作总体方案》，在全国率先出台《涉港澳台民商事案件庭前事实清理规程》，并借鉴香港法文件透露规则，探索出台了民商事案件证据开示指引，引导和支持当事人在庭前自主开展证据开示，及时固定争议焦点，从而极大地提高了举证质证效率，构成了探索跨境商事诉讼规则衔接的创新成果。①

（六）关于涉港民间借贷纠纷仲裁所适用的规则

争议解决方式和准据法，是不同的两个方面，当事人均可依法选择和约定。争议解决的方式包括：向法院提起诉讼，向仲裁机构提起仲裁以及调解、和解等。其中，诉讼和仲裁是平行的争议解决机制，即在一般情形下，只能择一适用。② 因诉讼、仲裁只是解决争议方式的不同，二者在涉外民事关系的准据法适用上，分析思路基本一致，本文不予赘述。本节重点对涉外仲裁协议、仲裁协议③适用的法律、仲裁时效所适用的法律三个方面展开分析。

为本文"涉港民间借贷纠纷在我国内地的诉讼与仲裁"项下的讨论目的及范围之考虑，本文所讨论的"仲裁"系指在内地对涉港民间借贷纠纷进行的仲裁。需特别指出的是，域外仲裁机构在我国内地作出的仲裁裁决，

---

① 参见章程：《这个法院近4年来受理涉外涉港澳台案8000多件》，载广州日报大洋网，https：//news. dayoo. com/guangzhou/202304/08/139995_ 54457499. htm。

② 涉外仲裁亦是如此。《民事诉讼法》（2023年修正）第290条规定："经中华人民共和国涉外仲裁机构裁决的，当事人不得向人民法院起诉。一方当事人不履行仲裁裁决的，对方当事人可以向被申请人住所地或者财产所在地的中级人民法院申请执行。"

③ 根据《仲裁法》第16条第1款之规定，仲裁协议包括合同中订立的仲裁条款和以其他书面方式在纠纷发生前或者纠纷发生后达成的请求仲裁的协议。本文中"仲裁协议"包括当事人在书面合同中订立的仲裁条款，也包括在发生纠纷前后达成的书面仲裁协议。

可否视为我国涉外仲裁裁决，虽有上述相关司法案例[①]，但目前在实务界与理论界仍存在一定争议。笔者认为，关于需要内地法院承认和执行的非国内裁决之表述，《民事诉讼法》（2023 年修正）第 304 条将《民事诉讼法》（2021 年修正）第 290 条的“国外仲裁机构的裁决”修改为“在中华人民共和国领域外作出的发生法律效力的仲裁裁决”。经此修改后，我国涉外仲裁机构在我国领域外的仲裁地作出的仲裁裁决将被认定为属于非国内仲裁裁决。《民事诉讼法》（2023 年修正）第 304 条体现出以仲裁裁决作出地作为标准来认定我国仲裁机构于我国领域外所作出的仲裁裁决的籍属，此标准符合国际仲裁通行的籍属标准。但该条确定的仲裁地标准尚只能视为对我国仲裁裁决籍属认定标准的部分明确调整，对于域外仲裁机构在我国内地作出的仲裁裁决之性质，在《民事诉讼法》中未进一步明确。但是，《全国法院涉外商事海事审判工作座谈会会议纪要》第 100 条规定：“【境外仲裁机构在我国内地作出的裁决的执行】境外仲裁机构以我国内地为仲裁地作出的仲裁裁决，应当视为我国内地的涉外仲裁裁决。当事人向仲裁地中级人民法院申请撤销仲裁裁决的，人民法院应当根据仲裁法第七十条的规定进行审查；当事人申请执行的，根据民事诉讼法第二百八十一条的规定进行审查。”该会议纪要明确规定了境外仲裁机构以我国内地为仲裁地作出的仲裁裁决，应当视为我国内地的涉外仲裁裁决，而非按照仲裁机构所在地认定为外国仲裁裁决，具有重要指导意义。

1. 关于涉港民间借贷纠纷的仲裁协议

根据《民事诉讼法》（2023 年修正）第 127 条第 2 项及《民事诉讼法

---

① 在（2015）穗中法民四初字第 62 号案件中，广东省广州市中级人民法院结合该案案情，分析认为：“国际商会国际仲裁院根据布兰特某公司的申请，由独任仲裁员 Jane Willems 女士组成的仲裁庭在仲裁地中国广州作出涉案仲裁裁决。根据该事实，案涉仲裁裁决系外国仲裁机构在中国内地作出的仲裁裁决，可以视为中国涉外仲裁裁决。案涉仲裁裁决的被申请人不履行仲裁裁决的，布兰特某公司可参照《中华人民共和国民事诉讼法》第二百七十三条的规定向被申请人住所地或者财产所在地的中级人民法院申请执行。布兰特某公司现主张依据《承认及执行外国仲裁裁决公约》或《关于内地与香港特别行政区相互执行仲裁裁决的安排》的规定申请承认及执行该仲裁裁决，其提起本案申请的法律依据显属错误，经本院多次释明后又拒不纠正，其应自行承担由此导致的相应法律后果。鉴此，本案不应作为承认及执行外国仲裁裁决案件，依法应予终结审查。本案终结审查后，布兰特某公司可依法另行提起执行申请。”

解释》第215条之规定，人民法院对下列起诉作如下处理：当事人之间存在仲裁协议，一方向人民法院起诉的，人民法院应当告知原告向仲裁机构申请仲裁，其坚持起诉的，裁定不予受理，但仲裁协议不成立、无效、失效、内容不明确无法执行的除外。《民事诉讼法》（2023年修正）第288条规定："涉外经济贸易、运输和海事中发生的纠纷，当事人在合同中订有仲裁条款或者事后达成书面仲裁协议，提交中华人民共和国涉外仲裁机构或者其他仲裁机构仲裁的，当事人不得向人民法院起诉。当事人在合同中没有订有仲裁条款或者事后没有达成书面仲裁协议的，可以向人民法院起诉。"并且，根据《民事诉讼法解释》第529条第2款之规定，即使属于我国法院专属管辖的案件，也并不排斥当事人协议选择仲裁。

可见，仲裁管辖权来自当事人达成的仲裁协议以及法律规定对该协议效力的限制。在内地，一般而言，当事人达成的仲裁协议应明确具体，对具体仲裁机构的约定为其基本要素。如果当事人就争议事项达成了有效具体明确的仲裁协议，并且该争议事项具有可仲裁性，属于所约定的仲裁机构的受案范围，则仲裁机构因此依法对该争议事项取得管辖权。

在上述讨论的基础上，涉港民间借贷纠纷区别于国内的民商事纠纷，需参照涉外民事关系处理。根据最高人民法院《关于审理仲裁司法审查案件若干问题的规定》（以下简称《审理仲裁司法审查案件规定》）第12条之规定，仲裁协议或者仲裁裁决具有《涉外民事关系法律适用法解释一》第1条规定情形的，为涉外仲裁协议或者涉外仲裁裁决，即涉港民间借贷纠纷的仲裁协议，原则上应具备符合法定要求的涉港因素。

2. 关于仲裁协议所适用的法律

从前述规定可知，进入仲裁程序的首要条件是当事人之间具有仲裁协议，仲裁协议一般包括当事人合意选择的仲裁机构以及约定合同发生争议提交仲裁机构处理等内容。如果仲裁协议不成立、无效、失效、内容不明确无法执行，将直接影响或阻却仲裁的成功受理，即使仲裁机构予以受理，也会对仲裁程序、仲裁裁决的合法性造成不利影响，相应仲裁裁决书面临被法院撤销或拒绝执行的风险。因此，审查认定仲裁协议的内容及效力，对于仲裁机构和当事人而言均至关重要，不仅是仲裁程序面临的核心问题，也是能否启动仲裁程序的关键。

如何判断涉港仲裁协议的有效性呢？首先，需要确定涉港仲裁协议效力审查适用的法律；其次，依据适用的法律判断涉港仲裁协议的效力；最后，确定争议是否归属于涉港仲裁协议约定的仲裁机构管辖。

仲裁协议所适用的法律，即指判断仲裁协议本身是否具备效力的实体法或准据法。根据《涉外民事关系法律适用法》第 18 条，《涉外民事关系法律适用法解释一》第 12 条，最高人民法院《关于适用〈中华人民共和国仲裁法〉若干问题的解释》（2008 年修订）（以下简称《仲裁法解释》）第 16 条的规定，并参考《第二次全国涉外商事海事审判工作会议纪要》第 58 条之意见，对涉外仲裁协议的效力审查：首先，当事人在合同中明确约定或协议选择了仲裁协议效力的准据法的，从其约定。其次，当事人没有选择的，适用仲裁机构所在地法律①或者仲裁地法律②；如果连仲裁机构或者仲裁地也没有约定，③ 或者约定不明，适用内地法律认定该仲裁协议的效力。另根

① 如在（2018）最高法民申6088号案件中，最高人民法院认为："本案系涉港案件，应当参照适用上述法律规定确定本案仲裁协议效力的准据法。本案中，当事人没有约定仲裁条款适用的法律，但约定争议'交由被诉人所在地的仲裁机构（中国国际经济贸易仲裁委员会任何分会或香港国际仲裁庭）仲裁'。本案被诉人系在香港特别行政区注册的宏达公司，本案中的'被诉人所在地的仲裁机构'指向香港特别行政区的仲裁机构，本案即应当适用'仲裁机构所在地法律'——香港特别行政区的法律认定所涉仲裁协议的效力。二审裁定适用香港仲裁法的相关规定认定所涉仲裁协议的效力并无不当。根据香港特别行政区《仲裁条例》的规定，本案所涉仲裁条款表达了将争议交付仲裁的明确意思表示，应为有效"。

② 如在《最高人民法院关于对江苏省高级人民法院就香港柏藤贸易有限公司诉云南惠嘉进出口贸易有限公司买卖合同纠纷一案仲裁条款效力问题的请示的复函》［（2016）最高法民他 10 号］中，最高人民法院认为："案涉仲裁协议为涉港仲裁协议，……本案当事人签订的仲裁协议未约定明确的仲裁机构，仅约定仲裁地点为北京，……且当事人未选择仲裁协议效力适用的法律，故依据《中华人民共和国涉外民事关系法律适用法》第十八条的规定，本案应当适用当事人约定的仲裁地即我国内地的法律确认仲裁协议的效力。《中华人民共和国仲裁法》第十八条规定：'仲裁协议对仲裁事项或者仲裁委员会没有约定或者约定不明确的，当事人可以补充协议；达不成补充协议的，仲裁协议无效。'《最高人民法院关于适用〈中华人民共和国仲裁法〉若干问题的解释》第六条规定：'仲裁协议约定由某地的仲裁机构仲裁且该地仅有一个仲裁机构的，该仲裁机构视为约定的仲裁机构。该地有两个以上仲裁机构的，当事人可以协议选择其中的一个仲裁机构申请仲裁；当事人不能就仲裁机构选择达成一致的，仲裁协议无效。'由于本案当事人未约定明确的仲裁机构，在其约定的仲裁地北京有两个以上的仲裁机构，现当事人未就仲裁机构的选择达成一致，故依据上述规定，案涉仲裁协议无效。"

③《审理仲裁司法审查案件规定》第 15 条进一步规定："仲裁协议未约定仲裁机构和仲裁地，但根据仲裁协议约定适用的仲裁规则可以确定仲裁机构或者仲裁地的，应当认定其为《中华人民共和国涉外民事关系法律适用法》第十八条中规定的仲裁机构或者仲裁地。"

据《审理仲裁司法审查案件规定》第 14 条之规定，确定确认涉外仲裁协议效力适用的法律时，如适用仲裁机构所在地的法律与适用仲裁地的法律将对仲裁协议的效力作出不同认定的，内地法院应当适用确认仲裁协议有效的法律，体现了内地倾向于维护仲裁协议效力的立场。

从上述规定可知，在涉港民间借贷纠纷中，对仲裁协议的效力审查适用内地法律的情形包括：当事人协议选择仲裁协议适用的法律为我国内地法；当事人没有选择仲裁协议适用的法律，仲裁机构所在地或者仲裁地在我国内地；当事人没有选择仲裁协议适用的法律，也没有约定仲裁机构或者仲裁地，或者约定不明。当然，当事人也可以协议选择香港法或其他域外法作为该纠纷中的仲裁协议适用的法律。

参照前述规则，确定涉港案件仲裁协议效力审查适用的法律后，需要依据该准据法判断涉港案件仲裁协议的效力。以我国内地法律作为准据法为例，根据内地实行的《仲裁法》第 2 条之规定，涉港民间借贷纠纷，属于平等主体的公民、法人和其他组织之间发生的合同纠纷，可以仲裁处理。根据《仲裁法》第 16 条第 2 款之规定，仲裁协议应当具备 3 个基本要素：请求仲裁的意思表示、仲裁事项、选定的仲裁委员会，缺一不可。同时，《仲裁法》第 3 条、第 17 条、第 18 条等条文及《仲裁法解释》等规定亦对仲裁协议的成立及效力作出了相关规定。其中，仲裁协议无效的情形主要包括：约定的仲裁事项超出法律规定的仲裁范围的；无民事行为能力人或者限制民事行为能力人订立的仲裁协议；仲裁协议是受胁迫订立；仲裁协议对仲裁事项或者仲裁机构没有约定或者约定不明确，达不成补充协议且按《仲裁法》及司法解释之规定仍不能确定；当事人约定相关争议既可以仲裁也可以诉讼的（但一方申请仲裁后，另一方在仲裁庭首次开庭之前未提出异议，则视为双方就仲裁达成一致）；等等。

而如以香港法律作为准据法，《仲裁条例》第 19 条并入了《联合国国际贸易法委员会国际商事仲裁示范法》第 7 条，其中规定：仲裁协议是指当事人同意将他们之间一项确定的契约性或非契约性的法律关系中已经发生或者可能发生的一切争议或某些争议交付仲裁的协议。仲裁协议可以采取合同中仲裁条款形式或单独的协议形式。根据香港法律之规定，仲裁条款效力取决于当事人将争议交付仲裁的意思表示，而不以是否约定仲裁机构、约定的仲裁机构是否唯一、约定的仲裁机构名称是否准确、约定的仲裁机构是否存在等为其生效要件。仲裁条款若具备当事人将争议交付仲裁的意思表示，应认定为有效仲裁条款。① 可见，依据不同的准据法，对仲裁协议效力的审查结论可能存在重大不同。

值得一提的是，“仲裁协议所适用的法律”这一概念应区分于仲裁程序法，亦应区分于解决合同实体争议的准据法。② 根据《审理仲裁司法审查案件规定》第13条，并参考《第二次全国涉外商事海事审判工作会议纪要》第58条之意见，涉外案件当事人在合同中约定的适用于解决合同争议的准据法，不能用来确定合同中仲裁协议的效力，当事人应当明确协议选择确认仲裁协议效力适用的法律。因此，涉外案件当事人对解决合同实体争议约定的准据法，并不当然及于确定合同中仲裁协议效力的准据法，仲裁协议的准据法需要另行约定，否则依据《涉外民事关系法律适用法》第18条等相关规定将直接适用仲裁机构所在地法律或仲裁地法律。

在涉港民间借贷纠纷中，当事人达成仲裁协议，对该仲裁协议适用相应的准据法审查后，如不存在无效情形且满足法定要件，仲裁协议被认定有效，则该纠纷属于仲裁管辖，排除法院诉讼的管辖权；被认定无效，即使当

---

① 在天津某公司、香港某公司申请确认仲裁协议效力一案【案号：（2021）津01民特1号】中，天津市第一中级人民法院认为：双方在《管理合同》的仲裁条款约定了仲裁地为香港特别行政区，应适用香港特别行政区法律。庭审中，香港某公司提交了香港特别行政区《仲裁条例》，以证明诉争仲裁条款在香港特别行政区法律下有效，天津某公司对证据的真实性予以认可。《仲裁条例》第十九条并入了《贸法委示范法》第七条，其中规定：仲裁协议是指当事人同意将他们之间一项确定的契约性或非契约性的法律关系中已经发生或者可能发生的一切争议或某些争议交付仲裁的协议。仲裁协议可以采取合同中仲裁条款形式或单独的协议形式。根据香港特别行政区法律之规定，仲裁条款效力取决于当事人将争议交付仲裁的意思表示，而不以是否约定仲裁机构、约定的仲裁机构是否唯一、约定的仲裁机构名称是否准确、约定的仲裁机构是否存在等为其生效要件。天津某公司与香港某公司签订的《管理合同》中的仲裁条款具备当事人将争议交付仲裁的意思表示，应认定为有效仲裁条款。

② 在《最高人民法院关于对中海发展股份有限公司货轮公司申请承认伦敦仲裁裁决一案的请示报告的答复》中，最高人民法院认为：“中海某公司货轮公司与安徽某公司签订的租船协议已明确约定‘在香港仲裁，适用英国法’，故该条应确认为本案的仲裁条款。上述仲裁条款应理解为仲裁地在香港，适用英国法作为解决租船合同实体争议的准据法，而关于仲裁条款的准据法并未约定，故本案仲裁条款的准据法应适用仲裁地香港的《仲裁条例》及其指向适用的《联合国国际贸易法委员会国际商事仲裁示范法》。”

事人依据该仲裁协议申请仲裁，内地仲裁机构亦无权受理，该争议纠纷仍由法院管辖。

3. 关于仲裁时效所适用的法律

我国没有专门针对仲裁时效适用法律的规定，但一般认为，时效问题属于实体法问题，《涉外民事关系法律适用法》第 7 条之规定也体现了这一原则。因此，仍需先依据《涉外民事关系法律适用法》第 41 条确定合同适用的准据法，在该准据法的基础上确定仲裁时效。

如合同适用的准据法为我国内地法，我国内地的现行法律法规对民间借贷纠纷的仲裁时效没有特殊规定，因此，依据《仲裁法》第 74 条，该类纠纷内地的仲裁时效适用诉讼时效的规定，仲裁时效期间一般为 3 年。

如合同适用的准据法为香港法，根据《仲裁条例》第 14 条之规定，《时效条例》及任何其他关乎诉讼时效的条例（时效法规），均适用于仲裁，犹如它们适用于法院的诉讼一样。为施行前款，在时效法规中提述提出诉讼，就仲裁而言，须解释为展开仲裁程序，即作为普通合约的贷款协议的仲裁时效期间一般为 6 年。

4. 关于内地仲裁机构的仲裁规则

根据《仲裁法》第 15 条第 3 款及第 75 条之规定，中国仲裁协会依照《仲裁法》和《民事诉讼法》的有关规定制定仲裁规则，中国仲裁协会制定仲裁规则前，仲裁委员会依照《仲裁法》和《民事诉讼法》的有关规定可以制定仲裁暂行规则。另根据《仲裁法》第 73 条规定，中国国际商会可以依照《仲裁法》和《民事诉讼法》的有关规定制定涉外仲裁规则。

内地的仲裁机构一般发布有自身制定的仲裁规则。以广州仲裁委员会为例，《广州仲裁委员会仲裁规则》（2023 年修正）第 3 条规定了受案范围，第 4 条规定了规则适用。另外，《广州仲裁委员会仲裁规则》（2023 年修正）第十三章“国际商事仲裁特别规定”对国际商事仲裁案件相关情形作出了特别规定，该章没有规定的，则适用《广州仲裁委员会仲裁规则》其他规定。同时，第 117 条第 2 款明确指出涉及香港、澳门或者台湾地区的案件，参照适用该章规定。再如，湛江仲裁委员会、湛江国际仲裁院发布的《湛江仲裁委员会、湛江国际仲裁院仲裁规则》。

从上述规则可知，涉港民间借贷纠纷属于上述内地仲裁机构的受案范围，案件被受理后，一般适用选定的仲裁机构适用的仲裁规则。因此，当事人在选择仲裁机构及提出仲裁申请前，建议充分了解仲裁机构适用的仲裁规定，特别是对涉外、涉港、涉澳、涉台案件的特殊规定。当事人亦可以就仲裁程序事项或者仲裁适用的规则作出其他合意选择，但该合意内容原则上不得无法实施或者违反内地法律法规的强制性规定。

四、关于内地处理涉港民间借贷纠纷的思考

随着跨境通关的日益便利，粤港澳大湾区市场主体跨境从事经济活动更加频繁，亦为大湾区经济长期深入融合奠定了扎实的基础，关于其中涉港民间借贷纠纷的解决，笔者提出以下几点思考，供与读者交流：

1. 回归合同本身，有条件地承认对法律适用的默示选择

在我国内地，涉港民事关系的法律适用问题，参照适用涉外民事关系处理。对于涉外民事关系适用的准据法，应坚持充分尊重当事人意思自治原则。除违反我国强制性规定或损害社会公共利益外，如果当事人对涉外合同所适用的法律作出了选择，则应将当事人所选择的法律作为合同适用的准据法。值得探究的是，《涉外民事关系法律适用法》第 3 条之规定要求当事人选择涉外民事关系适用法律的方式为“明示选择”。那么，如果当事人未对法律适用作出明示选择，但根据合同的条款，以一般理性人的标准能够推断出当事人对法律适用的意思表示的话，可否优先考虑将合同中所默示的实际上适用于合同的法律作为合同的准据法？

笔者认为，该适用思路及方式值得探索。首先，随着粤港澳大湾区的商贸往来与经济融合，我国内地法院或仲裁机构已积累了较充分的涉港澳民商事法律纠纷处理经验，涉港澳民商事审判职能不断优化，法律思维与法治水平不断开放和提升，形成和创造了较多先进的涉港澳法律服务成果。在此情形下，赋予审理机关更充足的裁量权，以公平、理性之标准认定当事人的真实意思表示，不仅能促进争议的快速解决，而且将法律的适用回归到合同本身，避免合同创立时各方的真实意图未得充分尊重。

其次，《涉外民事关系法律适用法》自 2011 年 4 月 1 日起施行，至今历

史较为悠久，时间跨度较大，当前的经济形势、法律水平已发生较大变化，当时的立法背景和需求并不一定能完全契合目前的现实情况，因此，结合实际情况应考虑予以调整或补充。

例如，在当前司法实务中，存在法院询问一方或双方当事人对适用某地域法律有无异议，当事人回复无异议或未提出异议，法院以此认定当事人协议选择了该地域法律为准据法的情形。就严格意义上而言，该情形实际上并非当事人自主“明示选择”，但却是基于实践需要以及为了促进争议快速解决的变通方式。

又如，合同条款系根据某地域的法律规定拟定，或直接引用某地域的法律规定，或提及的法律后果契合某地域的法律规定且能明显区别于其他地域的法律规定，而该地域又与当事人经常居所地、合同履行地、合同签订地、标的所在地、行为发生地等具有直接或较强关联性，据此，审理机关通过行使裁量权认定当事人在合同中已经通过默示的方式选择了合同适用的法律，亦符合实务需求。当然，换个角度而言，前述情形亦可归结于“最密切联系原则”的考量因素，但关于“最密切联系”的审查毕竟是后置程序，且往往在一个案件中，存在较多与不同地域“联系”的因素，比如一方当事人所在地在内地，合同签订地在内地，但另一方当事人所在地在香港，借款交付地在香港等。对于“最密切”的认定目前仍主要依赖于法庭的主观判断，且需要在查明前述事实的情形下才能作出此判断，这样做不仅拖延诉讼进程，占用司法资源，而且往往亦容易产生争议。如果以一个诚实理性人的标准能够确认当事人在签订合同时以及合同所能体现出的意思表示及合意（即使是以默示或非明示方式作出），则能在认定“协议选择”的初始环节有效解决涉外、涉港澳民事关系的法律适用问题，该问题也是解决该类纠纷的最基础和最关键问题。

另外，在司法解释层面，已经释放出逐渐接纳“默示”方式的信号。比如，按照《涉外民事关系法律适用法解释一》第6条之规定，在一审法庭辩论终结前，各方当事人援引相同国家的法律且未提出法律适用异议的，内地法院可以认定当事人已经就涉外民事关系适用的法律做出了选择，显然该认定方式有别于传统意义的“明示选择”。[①] 对于该规定，既可以理解为作出了对“明示选择”的扩大解释，亦可以理解为在一定程度上，内地法院允许以默示的方式对适用法律作出选择。

同时，内地对于涉港民事关系的法律适用，并无强制性规定，仅原则上作出了“参照适用《涉外民事关系法律适用法》”的规定。因此，在涉港民事关系的纠纷处理中，适用“有条件认定默示”方式将面临更少的法律阻力。

综上，笔者认为，对于涉港民事关系的准据法的选择，原则上要求当事人以明示方式作出，但亦可考虑有条件地承认默示选择。该“默示”的认定可回归合同本身，重点审查合同能否充分表现出各方当事人默示的意图，并可以在同等情况和条件下以一个诚实理性的人之标准作出审查。

2. 提倡当事人在法律允许的范围内充分启用对适用法律的协议选择

此前，法律适用条款的启用次数并不频繁，在内地的司法实践中常常处于“休眠”状态，因此其重要性往往被当事人忽视，该条款常在涉外合同中未予约定、约定不明或约定不规范。长此以往，一旦发生争议，极易造成争议解决的不确定性，增加争议解决成本，甚至导致交易行为的预期目的落空。

实际上，法律适用的确定是处理任何涉外民商事争议案件的前提。重视涉外合同中的法律适用，熟悉法律适用的规则，根据交易性质、背景情况选定合同适用的准据法，能有效提升争议解决的效率，最大化实现自身对合同履行、违约后果、权利保障的预判。以涉港民间借贷纠纷为例，适用不同的法律，会产生截然不同的法律结果。在香港法例中，放债人不遵守《放债人条例》，可能遭受无法强制执行相关贷款协议、对未偿还债务（包括本金）无法求助于司法强制执行的严重后果，但在内地法律中，即使借贷合同被认定无效，至少法院对本金返还诉求能予以支持，并可付诸强制执行。

---

① 比如河南省高级人民法院审理的（2022）豫民终714号涉港民间借贷纠纷，该案一审法院认为“因《借款合同》签订、款项出借和催要等行为均发生在内地，故本案应适用我国内地相关法律法规审理”。实际上该法院适用了“最密切联系原则”确定适用法律。但在该案二审中，河南省高级人民法院系以各方当事人均援引中华人民共和国内地法律且未提出法律适用异议为由，适用中华人民共和国内地法律作为处理该案纠纷的准据法。

例如，单独从利息因素分析，如果借款合同约定年利率为30%，按照内地法律来看，该利息标准已经远远超出法定保护上限，但如果适用香港法律，则是在法律允许的范围内。又如，借贷合同约定的利率为50%，按照香港法例，可能直接按照犯罪处理，本金和利息均不予以支持返还，并不得强制执行，但如果适用内地法律，在诉讼实践中一般支持返还本金。

当然，当事人意思自治原则在适用中也存在一定的限制，当事人对适用法律的协议选择应在法律允许的范围内进行，否则将面临被认定为无效的风险。

首先，原则上，涉港民事关系的当事人可协议选择的适用法律仅包括实体法，不包括冲突规范（法律适用法）和程序法。① 在当事人协议选择域外法律作为涉外合同适用的准据法时，指向的只是该域外法律的实体法，不包括该法域的冲突规范（法律适用法），亦不包括该法域的程序法。内地审理涉港民间借贷纠纷所涉及的程序性问题，原则上直接适用法院地法。

其次，涉外民事关系当事人协议选择的适用法律不得排除我国强制性规定的适用，但在涉港民间借贷关系中，对合同适用法律的协议选择一般不涉及违反强制性规定的适用。如上文分析，《涉外民事关系法律适用法》第3条、第41条以及《涉外民事关系法律适用法解释一》第17条赋予了涉港民间借贷纠纷当事人自行选择合同适用的法律的权利，且未对选择法律的范围作出限制。涉港民间借贷纠纷不属于涉及劳动者权益保护、食品或公共卫生安全、环境安全、外汇管制等金融安全、反垄断或反倾销等五类被认定为强制性规定的情形。涉港民间借贷纠纷当事人选择适用准据法，亦不违反《涉外民事关系法律适用法》第4条，《涉外民事关系法律适用法解释一》第4条、第8条所列明的强制性规定，亦未超出法律赋予的对法律适用选择的权限。不过关于涉港民间借贷中的夫妻财产关系，如前文所述，当事人则需在法律限缩的范围“一方当事人经常居所地法律、国籍国法律或者主要财产所在地法律”中选择适用法律。

---

① 《涉外民事关系法律适用法》第9条规定：“涉外民事关系适用的外国法律，不包括该国的法律适用法。”《民事诉讼法》（2023年修正）第4条规定：“凡在中华人民共和国领域内进行民事诉讼，必须遵守本法。”

另外需注意的是，《涉外民事关系法律适用法解释一》第9条规定："一方当事人故意制造涉外民事关系的连结点，规避中华人民共和国法律、行政法规的强制性规定的，人民法院应认定为不发生适用外国法律的效力。"对此类情形，笔者于中国裁判文书网[①]进行数据取样，数据取样的截止日期为2023年6月1日。检索条件如下：将案由限定为"民间借贷纠纷"，将"按关键词筛选"分别限定为"故意制造涉外民事关系的连结点"和"规避中华人民共和国法律、行政法规的强制性规定"。根据上述条件分别检索均仅得到1篇裁判文书，即河南省南阳市中级人民法院作出的（2021）豫13民辖终177号民事裁定书，法院未认定该案存在故意制造涉外民事关系的连结点，规避我国法律、行政法规的强制性规定的情形。可见，目前在涉港民间借贷纠纷的司法实践中，该问题作为争议焦点的情形较少，法院也持谨慎认定之态度。

从法律角度分析，涉港民间借贷纠纷即使发生此类情形，预计也是集中于双方当事人是内地主体的情形，因为一旦有一方当事人是香港主体，在主体方面已经具备涉港因素，难以认定"故意制造涉外民事关系的连结点"。因此，在借贷双方均是内地当事人但合同签订地约定在香港或借贷事实发生在香港等，且其又协议选择了域外法律作为准据法的涉港民间借贷纠纷中，审理机构可能会重点审查该借贷关系与香港的连结点是否合理且必要，是否存在故意制造连接点规避适用我国内地法律的情形。一旦认定存在，则应否定相应"涉港因素"，在该争议不具备其他涉港因素的情况下，认定为不发生适用域外法律的效力。

3. 关注涉港民间借贷纠纷适用香港法律与我国内地社会公共利益的衔接

当遇到涉及内地、香港两地法律适用的借贷争议时，在存在不同法域之间"法律冲突"的情形下，当事人很可能寻找或促成选择有利于本方的法律适用。当事人为实现自身的诉讼目标，约定或选择有利于本方的法律适用，无可厚非，但随之需要考虑的是，该类纠纷在我国内地法域适用香港法

① 载裁判文书网，https：//wenshu. court. gov. cn。

律作为准据法进行审理和执行，是否会影响内地社会公共利益。

首先，《涉外民事关系法律适用法》第5条规定："外国法律的适用将损害中华人民共和国社会公共利益的，适用中华人民共和国法律。"该条规定体现了国际法上公共秩序保留原则，系维护我国的主权和利益之需要。据此，如当事人就涉外或涉港澳台民事法律关系选择了域外法作为准据法，而该准据法适用将损害我国内地社会公共利益，则会产生排除域外法适用的效果。

参照《最高人民法院关于申请人 Castel Electronics Pty Ltd. 申请承认和执行外国仲裁裁决一案请示的复函》以及在相关司法案例[①]中内地法院的司法观点，社会公共利益应是关系到全体社会成员的利益，为社会公众所享有，不同于合同当事人的利益，"损害中华人民共和国社会公共利益"应当理解为违反我国法律基本原则、侵犯我国国家主权、危害社会公共安全、违反善良风俗等足以危及我国根本社会公共利益的情形。违反内地法律有关规定，并不能等同于违反内地社会公共利益，除非将造成严重损害内地法律基本原则的后果。

其次，因历史时期、国际背景、国内形势、发展阶段、地域特征、社会理念、道德文化、公序良俗等因素的变化，社会公共利益本身的内容和概念也处于动态变化和调整的状态。比如在澳门特别行政区，赌博在相应情形下具有合法性，但在我国内地则是明令禁止。因此，在一个案件中，对外国法律的适用是否将损害我国社会公共利益，需要具案分析。

就此问题，笔者进行了相关案例检索，从检索结果来看，暂未发现内地审理的涉港民间借贷纠纷有因适用香港法律作为准据法而被认定为损害我国社会公共利益的情形。具体而言，笔者于中国裁判文书网[②]进行数据取样，数据取样的截止日期为2023年6月1日。检索条件如下：将"按关键词筛选"限定为"香港""外国法律的适用将损害中华人民共和国社会公共利益的，适用中华人民共和国法律"，案由选择"民间借贷纠纷"，根据上述条

① 参见北京市第四中级人民法院（2020）京04认港5号民事裁定书、上海金融法院（2020）沪74认港1号民事裁定书、广州海事法院（2019）粤72认港1号民事裁定书。

② 载裁判文书网，https：//wenshu. court. gov. cn。

件检索得到15篇裁判文书，其中12篇裁判文书系涉及当事人在我国澳门特别行政区的赌博借债行为。如广东省深圳市中级人民法院在（2019）粤03民终359号案件中认为：“根据《中华人民共和国涉外民事关系法律适用法》第五条……由于赌博在我国内地为明令禁止的违法行为，如若承认涉案300万元用于赌博的借款合法并对其提供保护，显然与我国内地的公共秩序及公共利益相违背。一审法院以中华人民共和国内地法律作为准据法并无不当，本院予以确认。”另外3篇裁判文书均未认定涉港民间借贷纠纷适用香港法律作为准据法，会违反我国法律的强制性规定或损害社会公共利益。

值得一提的是，内地法院适用香港法律作为准据法，却有可能兼顾考虑案涉主张是否违反内地关于民间借贷监管的强制性规定。比如在广东省汕头市中级人民法院审理的陈某诉林某、方某民间借贷纠纷一案[①]中，内地法院适用香港法律作为准据法对该案进行实体审理，但在审查该案借款合同关系是否符合法律规定的问题上，内地法院对利息主张进行审查，不仅审查认定“不违反香港特别行政区法律”，而且兼顾审查认定“同时，该主张也不违反中华人民共和国内地法律”。笔者认为，在该案中，虽然内地法院作出了兼顾审查，但并非意味着每个涉港民间借贷纠纷均应同时审查是否违反内地法律。理由在于，在该案中，双方当事人约定的利率不仅符合香港法例规定，而且符合内地法律规定，法庭可能是基于更充分论证裁判结果合理性之考虑，以平息争议，因此作出了兼顾认定。

事实上，社会公共利益系为整个社会发展存在所需要，具有公共性和社会性，区别于合同当事人的利益。对此，在涉港民间借贷纠纷中，对域外法律的适用是否隐含损害国家与社会公共利益的某种危险性，我们不妨进一步分情形探讨。第一种情形，适用香港法作为准据法，则借贷当事人（无论是香港主体还是内地主体）势必要受到《放债人条例》的约束，且必须遵守牌照制度及其他对贷款形式的要求。此时，虽然借贷利率可能超过内地借贷利率上限，但如出借人已取得牌照，则已经落入香港放债人牌照制度的严

① 参见陈某诉林某、方某案，广东省汕头市中级人民法院（2019）粤05民终1129号民事判决书。

格监管，合法放债并无不当；如出借人未取得牌照违法放债或超出法定利率放债，则将面临更严重的法律后果（本息无法追回，甚至是构成犯罪），并不会因此纵容违法放贷行为的出现。至于朋友或亲戚之间偶尔发生的借贷往来，更难以落入损害社会公共利益之考量。第二种情形，适用内地法作为准据法，则借贷当事人（无论是香港主体还是内地主体）之间的民间借贷关系按照内地民间借贷相关规定调整处理，司法保护的利率上限远远低于香港，难以发生对内地社会公共秩序的冲击。第三种情形，适用外国法律或其他域外法律作为准据法，则需要结合该域外法律内容作具体分析，如在该域外法律中是否存在对民间借贷正当合理的监管和规制，适用后是否会侵害我国的根本和重大利益，是否会扰乱社会经济秩序，从而决定对该域外法的适用是否予以否定或防范。

整体而言，涉港民间借贷纠纷属于平等民事主体之间的合同争议，一般处理结果仅影响合同当事人，并不涉及内地不特定多数人的利益，在判决或裁决是基于正当程序作出的基础上，难以认定该案件的审理及执行会构成对内地公共利益的违反。

4. 尊重并认识到内地与香港在民间借贷规则上有差异的统一

虽然内地与香港在民间借贷法律规则上存在重大差异，但在许多方面上保持方向性的一致，比如对高利贷的严厉打击，对职业放贷（债）的严格监管，对无资质开展借贷业务的否定评价等。更为明显的是，在 2020 年 8 月 20 日之前，我国内地法规对民间借贷利率的支持上限是以 24% 和 36% 为基准确定“两线三区”,[①] 自 2020 年 8 月 20 日开始，我国内地施行修正后的最高人民法院《关于审理民间借贷案件适用法律若干问题的规定》（2020

---

① 参见《最高法修正并发布审理民间借贷案件司法解释利率由“两线三区”调整为“一年期LPR 的 4 倍”》，载中国法官培训网 2020 年 8 月 20 日，http：//peixun. court. gov. cn/index. php？m = content&c = index&a = show&catid = 6&id = 1712。

“两线三区”系对最高人民法院《关于审理民间借贷案件适用法律若干问题的规定》（2015）第 26 条规定的通俗理解与简称。最高人民法院《关于审理民间借贷案件适用法律若干问题的规定》（2015）第 26 条规定：“借贷双方约定的利率未超过年利率 24%，出借人请求借款人按照约定的利率支付利息的，人民法院应予支持。借贷双方约定的利率超过年利率 36%，超过部分的利息约定无效。借款人请求出借人返还已支付的超过年利率 36% 部分的利息的，人民法院应予支持。”

年修正)[①]，对民间借贷利率的保护上限调整为一年期 LPR 的 4 倍。以 2023 年 5 月发布的一年期 LPR（3.65%）的 4 倍计算为例，民间借贷利率的司法保护上限为 14.6%，相较于过去 24% 和 36% 的“两线三区”，实际上大幅度降低了民间借贷利率的司法保护上限。而香港也通过 2022 年第 208 号法律公告修订，将此前《放债人条例》第 24 条第 1 款利率上限（超出即属犯罪）60% 调低为 48%，将第 25 条第 3 款规定的利率上限（超出则推定为敲诈）48% 调低为 36%。

可见，虽然内地与香港基于当地经济社会发展的实际水平制定了不同的民间借贷利率保护标准，但无论是内地，还是香港，近年来在对借贷利息的司法保护上限方面均进行了较大幅度下降，系基于两地经济形势，保障金融与民间借贷平稳发展之考虑。

对于借贷双方而言，合理的利率区间，往往才能同时满足资金供给方和需求方的利益。借贷利率过低，资金供给方出借意愿会不足，资金需求方亦会因此遭受融资困难的困境。但借贷利率也并非越高越好，过高的利率标准一旦严重超出债务人的承受能力，就会产生更大的违约风险，不仅会增加债权人的追债成本，甚至会引发坏账风险，债权人的资金周转率也会降低。只有合理的民间借贷利率保护标准，才会符合当前当地的经济社会发展的客观需要，既能有效解决民间融资困难的问题，积极推动经济发展，又能尽可能避免过高利率引发的道德风险，维护金融秩序和社会稳定。

5. 发挥内地司法制度特色，建设健全恒常开放的交流平台

持续探索、推进跨境商事法律规则的衔接和认知统一，是每一位大湾区专业法律人、大湾区法治建设者都在思考的命题。跨境民商事纠纷具有一定的复杂性，并且，因为历史、经济、环境等因素的影响，内地与境外地区具有不同的法律思维方式，在法律适用、法律论证、裁判尺度等方面均有显著差异，对同一域外法亦可能存在理解不一，这样的差异很难在短时间内予以消除或克服，又直接影响域外法是否能得以正确适用，从而影响对当事人的

① 该规定通过 2020 年 12 月 23 日最高人民法院审判委员会第 1823 次会议再次予以修正，目前生效的是最高人民法院《关于审理民间借贷案件适用法律若干问题的规定》（2020 年第 2 次修正）。

实体权利义务关系的认定以及司法裁判结果。

笔者认为，理解始于了解和交流，通过建立、健全粤港澳大湾区常态化的交流机制和交流平台，重点开展跨境法律规制衔接的研究和实践工作，一方面，增进港澳法律执业人士、法律后备人才对内地法律制度的深度了解和认同；另一方面，加强内地法律人士对港澳法律制度、法律规则的深入沟通与运用，有助于共通大湾区法律认知，服务大湾区高质量发展。

此外，目前，越来越多香港当事人综合考虑内地的司法保护制度、执行便捷、执行力度等特别因素，选择向内地法院提起涉港民间借贷诉讼，展现了内地相应法院、内地法律体系在粤港澳大湾区司法公信力的提升。比如，在某涉港民间借贷案件中，在原被告双方当事人均为香港居民的情形下，原告仍寻找案件与内地的连结点，在内地法院提起诉讼，系因为原告考虑到被告在内地存在投资、持有房产等因素以及希望借助内地法院的强制执行措施，如限制出入境和限制高消费等。① 这类案件虽然系在内地法院受理，但如前文分析，并没有排除因当事人约定适用香港法律或根据最密切联系原则，认定香港法律是与案件有最密切联系的法律，从而适用香港法律进行实体审理，因此对于当事人而言，这既可以保留自身对香港法律适用的选择权，又能在内地的判决或裁决作出后，快速申请内地法院强制执行，而无须经过“申请认可和执行”程序②，并可以有效借助内地法院的强制执行措施实现权利。

对此，笔者认为，首先，应充分发挥内地司法制度、执行措施的特色，通过司法公信力和司法保障力吸引更多境外市场主体在大湾区投资，进行商事活动或与内地主体开展民商事往来、合作，增强粤港澳大湾区司法互助、

① 参见《涉港高息借贷惹纠纷，46.8%的利息借款能否追回?》，载广东广播电视台微信公众号“珠江频道”2021年12月21日，https://mp.weixin.qq.com/s/mWdLGn_AOyJ48xBXld725Q。

② 最高人民法院《关于内地与香港特别行政区法院相互认可和执行民商事案件判决的安排》已于2024年1月25日公布，自2024年1月29日起施行。规定：在符合法定条件下，对于内地法院民商事案件生效判决（在内地包括判决、裁定、调解书、支付令，不包括保全裁定），在香港特别行政区可以向高等法院提出申请认可和执行；对于香港特别行政区法院民商事案件生效判决（在香港特别行政区包括判决、命令、判令、讼费评定证明书，不包括禁诉令、临时济助命令），在内地可以向申请人住所地或者被申请人住所地、财产所在地的中级人民法院提出申请认可和执行。刑事案件中有关民事赔偿的生效判决的相互认可和执行，亦适用安排之规定。

法治认同、融合建设的信心，并提升内地法院的国际司法影响力和竞争力。

其次，着力吸引、吸纳两地越来越多的专业人士、法律专家加入域外法查明专家库，丰富域外法查明数据库，降低域外法查明难度和查明成本，健全与完善域外法查明体系，充分保障域外法的正确适用，以切实解决在商事审判中对域外法适用不断增加、域外法查明更为精细复杂的司法需求。在域外法查明问题上，还可以探索建立内地法院与港澳法院直接对接的机制，鼓励司法互助，相互协助查明适用法律。

最后，充分发挥司法引导作用，使大湾区当事人在跨境民商事活动中能保持更稳定的法律预期，比如通过对涉港澳民商事审判实践中的频发性、常规性的法律问题总结、归纳、提炼，遴选典型和指导案例，以有权机关发布典型案例或指引、司法政策性文件的方式，统一裁判尺度和方向。对于目前尚较为抽象的涉外涉港澳裁判规则予以明晰和固定，包括出台内地法院适用“最密切联系原则”之步骤和标准的详细指引等。

五、结语

随着改革开放和经济发展，粤港澳大湾区建设正如火如荼地进行，我国内地与境外的经济往来日益密切，相关的纠纷亦随之增加。近年来，内地法院受理的涉外涉港澳台案件数量逐年递增，这不仅反映了大湾区内涉外经济活动活跃程度的迅速提高，也意味着有更多涉外当事人选择通过司法途径解决纠纷。[①] 以广州市南沙区人民法院为例，自 2019 年以来，广州市南沙区人民法院受理的涉外涉港澳台案件数量高达 8000 多件，年均增长率近 60%。其中，涉港澳台案件占绝大比例，又以涉港澳案件数量最为集中，占比超过了 70%。[②]

---

① 参见刘天舒、邹润乔、习超：《粤港澳大湾区涉港澳民商事案件的国际私法问题研究——基于深圳前海法院审判实践的实证分析》，载《港澳研究》2021 年第 3 期。

② 数据来源：(1)《跨境商事纠纷解决“优选地”! 广州南沙法院近四年受理境外案件超八千件》，载广东政法网 2023 年 4 月 12 日，https://www.gdzf.org.cn/xbsy/gddt/content/post_131255.html。

(2)《这个法院近 4 年来受理涉外涉港澳台案 8000 多件》，载大洋网，https://news.dayoo.com/guangzhou/202304/08/139995_54457499.htm。

在粤港澳大湾区高质量融合发展的背景下，内地与香港跨境生产、生活与经营交往越发紧密，市场主体（特别是人员）跨境流动更加便利，资金融通需求旺盛，涉及两地的借贷发生愈加频繁，由此产生的涉港民间借贷纠纷逐渐成为其中数量最多的案件类型之一。但目前内地与香港适用不同法律体系，具有明显差异，给这类纠纷的处理带来了不少困境。这是本文围绕涉港民间借贷纠纷类型展开分析和研究的实践动机之一。通过对内地与香港民间借贷领域的实体法律进行比较研究，交流、探讨两地法律规则的差异，有助于引导内地与香港在法律规则的认知上逐步实现衔接或达到统一，减少、消除法律差异给粤港澳大湾区融合发展带来的不利影响，促进大湾区交往深度衔接融合。

本文亦重点探讨了涉港民间借贷纠纷在内地诉讼或仲裁的法律适用问题。明确法律的适用，有利于两地当事人在跨境商业和经济活动中准确预见其法律行为的后果，当事人可依法在合同中约定合同适用的准据法，降低或避免争议解决的额外成本以及法律预期错误或适用错误导致的经济损失，从而维护合同关系的稳定性和确定性，推动合同争议的快速解决。

了解香港和内地关于借贷的法律规定，认识两地法律规则存在的主要差异，从而分清香港和内地两地借贷关系的法律要求和法律风险，有助于指导合法借贷行为的建立、准确把握借贷行为的法律有效性，对涉及两地借贷行为或借贷纠纷的实施和处理以及资金融通具有一定的现实指导意义，亦有助于为健全大湾区跨境民商事纠纷解决机制提供有益经验。笔者基于对上述有关法律问题的认识和实务中的经验，谨以此文就涉港民间借贷纠纷在内地的诉讼与仲裁提出几点思考与刍议，抛砖引玉，期待对该类事务的处理有所启发和帮助。

浅论涉港合同纠纷适用法及争议解决地的选择

刘　莹

一、引言

自改革开放以来，我国内地以其巨大的市场体量、完整的产业链、低廉的人工成本等特有综合优势，成为全球范围内跨境货物贸易的“集散地”之一。尤其是自 2020 年新冠疫情暴发以来，相较全球其他地区，我国内地疫情防控水平整体较高，为生产制造提供了强有力保障，跨境货物贸易交易额不降反增。

中国香港特别行政区（以下简称香港）以其“自由贸易”的天然政策优势，成为我国内地跨境货物贸易主要的域外交易方和资金的来源地。

跨境贸易蓬勃发展，随之而来的还有涉外商事纠纷的频发。即使跨境贸易相关的商事合同已经对于交易双方权利义务、违约责任进行了明确约定和安排，也不可避免地会出现不同原因、不同程度的违约情形。由此，跨境贸易的争议解决问题日益凸显。在中华人民共和国法律允许双方合意约定的范围内，合同设置争议解决的方式，对于交易双方继续履行合同，或者对于守约方能够得到充分的权利救济以及执行，均有重要意义。

本文将针对该类纠纷常见的适用法及争议解决地的选择，分别站在国内主体及香港主体角度具体作出分析，从适用法及争议解决地选择两个方面，对各种争议解决设置方式可能带来的内地法规定的程序要求、各个方式的优缺点进行简要的论述和分析。

二、涉港合同纠纷适用法及争议解决地的组合类型

从司法实践角度出发，涉港合同纠纷适用法及争议解决地存在如下 4 种

组合方式（见表1）。

表1　涉港合同纠纷适用法及争议解决地组合

序号	适用法	争议解决地
1	中华人民共和国法律	内地诉讼/仲裁
2	中华人民共和国香港特别行政区法律	
3	中华人民共和国法律	香港诉讼/仲裁
4	中华人民共和国香港特别行政区法律	

从表1分类不难看出，其中两项组合（第1、4项），都属于适用法与争议解决地统一情形，审判人员均可以直接援引当地法律对争议进行审判，即便争议各方对当地法律存在不同理解，审判人员也可以在综合各方意见与分歧的情况下直接对案件进行判断，不涉及域外法查明。

另外两项组合（第2、3项），都属于适用法与争议解决地分离情形，在此情况下首先需要对域外法进行查明，然后根据查明的域外法律听取双方意见，相较于适用法与争议解决地统一的情形，这类组合的办理成本与难度均有所增加。

三、适用法与争议解决地分离的选择与组合

根据表1第2项和第3项组合，均属于适用法与争议解决地分离的情形，在争议解决过程中，首要解决的是域外法的查明这一问题。

笔者将以第2项情形（适用香港特别行政区法律，在中国诉讼/仲裁）为例，就我国民事诉讼程序中关于域外法查明的相关渠道与司法实践中的常见问题进行相关分析。

1. 法律规定

《涉外民事关系法律适用法》第10条规定，涉外民事关系适用的外国法律，由人民法院、仲裁机构或者行政机关查明。当事人选择适用外国法律的，应当提供该国法律。不能查明外国法律或者该国法律没有规定的，适用中华人民共和国法律。

最高人民法院《关于适用〈中华人民共和国涉外民事关系法律适用法〉

若干问题的解释（一）》（2020 年修正）第 16 条规定，人民法院应当听取各方当事人对应当适用的外国法律的内容及其理解与适用的意见，当事人对该外国法律的内容及其理解与适用均无异议的，人民法院可以予以确认；当事人有异议的，由人民法院审查认定。

2. 司法案例

在司法实践中，按照上述规定，可能会有如下以下几种情况。

（1）法院直接查明情况。

在护生医疗（武汉）发展有限公司与王某良民间借贷纠纷一案中，受理法院在审理案件过程中，自行“通过中华人民共和国香港特别行政区政府网站（www. gov. hk）查明香港特别行政区《放债人条例》”，并以此作为定案法律依据。

该案中的受理法院自行通过公开渠道查明域外法律在司法实践中属于极特殊情形。在笔者经办案件和通过公开渠道检索到的案件当中，法院依赖于当事人提供域外法律的情形还是占比较高。

（2）当事人存在争议情况。

在江苏物华工程技术有限公司（以下简称江苏物华）、香港商旅集团有限公司（以下简称香港商旅）与被告九元航空有限公司（以下简称九元航空）合同纠纷一案中，涉案《意向书》“适用法律”条款约定“意向书受英国法律管制，按照英国法律解释”。

据此，原告、被告双方均提供了《法律查明报告》，在交易标的物所有权对《意向书》“LOI Deposit”条款效力的影响，“暗含条款”构成 Deposit 返还的因素争议焦点上得出了不同结论。

法院经核查，支持了被告提供的域外法律查明结果，并以此作为定案法律依据，最终驳回原告江苏物华、香港商旅的全部诉讼请求。

该案显示，在域外法律查明过程中当事人双方可能对域外法律存在不同理解，这加大了法律理解和适用选择的风险，最终会导致对当事人不利的诉讼结果。

（3）无法查明情况。

在新加坡长荣海运股份有限公司（以下简称长荣公司）与第一产物保

险股份有限公司海上货物运输合同纠纷一案的二审过程中，长荣公司提交了墨西哥加尔萨特罗律师事务所罗杰·马丁·罗德里格斯·欧亚扎巴尔律师（以下简称罗杰律师）于2015年5月18日出具的关于墨西哥法的法律意见，并办理了公证认证手续。罗杰律师在法律意见中援引了《墨西哥合众国商法典》《联邦道路桥梁和车辆运输法》《联邦车辆运输及附属服务条例》的部分条文以及有关《墨西哥联邦公报》部分内容。长荣公司同时提交了上述法律意见和部分相关墨西哥法律条文的中文译本。

但二审法院以长荣公司提供的墨西哥法律不完整为由，对上述法律意见和法律条款内容不予采纳，认定与该案纠纷相关的外国法无法查明，并适用中华人民共和国法律进行了判决。

在该案再审阶段，最高人民法院结合长荣公司补充提供的墨西哥法律及墨西哥法律专家意见，撤销了二审法院“外国法无法查明”的认定，但该案的审理过程仍显示了目前域外法律查明的现实困难。

3. 结论

根据上述援引的法律法规，在涉外司法案件中，法律当事人选择适用域外法律的，法律查明的责任主体应当是人民法院、仲裁机构或行政机关；当事人也依法负有向人民法院、仲裁机构或者行政机关提供适用法律的义务。而在司法实践当中，两者相较，仍以当事人提供法律作为域外法律查明的最主要途径。

另外，香港作为实行普通法的司法管辖区，除法律法规的条例外，还可以提供既往判例作为参考。当事人可以聘请当地执业律师就法律适用及理解问题出具相应的法律意见。由于该等文书属于境外形成的公文，故需办理公证认证手续。

为了应对涉外司法案件域外法律查明的需求，深圳市蓝海法律查明和商事调解中心（以下简称蓝海中心）成立。蓝海中心由深圳市司法局进行业务指导，是全国首家查明域外法的实务机构，被最高人民法院授予“港澳台和外国法律查明基地”，当事人可以聘请蓝海中心提供域外法律查明的服务。在采用该渠道查明域外法律之前，建议先行与主办法官确认是否接受蓝海中心出具的域外法律查明报告，以及需要查明的域外法律关键内容。

域外法律可以通过上述所列途径与渠道进行查明，但适用法及争议解决地分离的情形，无论是从诉讼成本、争议解决效率，还是从风险把控等角度看，似乎均不利于争议的解决。

当然，对于特定类型的纠纷，如金融纠纷，由于涉及贷款资质、贷款利率幅度等较为重要且敏感问题，适用域外法作为准据法判断合同效力对合同拟定方的确定更为有利。此时，则需按实际情况另作分析。

四、适用法与争议解决地统一的选择与组合

对于涉港纠纷案件，前文根据适用法及争议解决地的组合选择进行了分类：第一类为适用法与争议解决地分离情形，第二类为适用法与争议解决地统一情形。

前文已对适用法与争议解决地分离的情形进行了初步讨论，也就在此情形下内地对域外法查明的规定及司法实践情况进行了分析。

以下将着重探讨适用法与争议解决地统一的情形，该类情况不涉及域外法的查明，争议解决地的司法机构可依据当地法律直接对案件作出裁判。该类情形的焦点问题在于，如生效判决需在域外执行，需如何解决后续的法律程序。

本文表 1 第 1 项和第 4 项组合，均属于适用法与争议解决地统一的情形。在诉讼过程中，该情形不涉及域外法的查明工作。较前文适用法与争议解决地分离的情形，该情形在诉讼成本、效力及风险把控等方面，均较为有利。

然而，适用法与争议解决地统一也存在两种选择与组合，这两种组合又应如何选择？通过以下一个小案例，希望能带来一定启发。

1. 案例背景

香港 A 公司向国内 B 公司销售了一批货物。

A 公司在合同草拟之时，由于对中华人民共和国法律及司法实践不甚了解，故要求适用香港特别行政区法律，并选择香港法院解决相关争议。

A 公司向 B 公司交付货物后，B 公司以货物质量不符合要求为由拒绝支付尾款，双方遂起争议。

A 公司获得香港法院出具的胜诉判决，然 B 公司拒绝履行该判决项下义务，且其在港并无可供执行财产，同时香港法院出具的裁判文书无法在内地法院直接申请执行，A 公司遂只能在内地再次启动相关司法程序以保障其利益。

2. 法律规定的相关条件

在香港回归前，由于英国（效力拓展至我国香港地区）和中国均为《承认及执行外国仲裁裁决公约》（以下简称《纽约公约》）的成员国，香港地区仲裁机构作出的生效裁决可依据《纽约公约》在内地申请承认与执行。

在香港回归之后，为了进一步解决两地法院判决的相互认可和执行渠道的问题，最高人民法院发布了《关于内地与香港特别行政区法院相互认可和执行当事人协议管辖的民商事案件判决的安排》（以下简称《内地与香港判决安排》）和《关于内地与香港特别行政区相互执行仲裁裁决的安排》（以下简称《内地与香港仲裁安排》）。

就相关香港生效判决在内地申请认可和执行，《内地与香港判决安排》具体规定如下：

> 第一条　内地人民法院和香港特别行政区法院在具有书面管辖协议的民商事案件中作出的须支付款项的具有执行力的终审判决，当事人可以根据本安排向内地人民法院或者香港特别行政区法院申请认可和执行。
>
> 第二条　本安排所称“具有执行力的终审判决”：……
>
> （二）在香港特别行政区是指终审法院、高等法院上诉法庭及原讼法庭和区域法院作出的生效判决。
>
> 本安排所称判决……在香港特别行政区包括判决书、命令和诉讼费评定证明书。
>
> 第三条　本安排所称“书面管辖协议”，是指当事人为解决与特定法律关系有关的已经发生或者可能发生的争议，自本安排生效之日起，以书面形式明确约定内地人民法院或者香港特别行政区法院具有唯一管辖权的协议。

根据以上规定可知，只有同时符合上述要件的香港判决文书才能在内地法院申请认可。其中“具有唯一管辖权的协议”，则是最容易被遗漏的要件。在交易双方草拟合同之时，如果忽略了上述规定，从弹性角度出发，大部分情形都会优先选择排他性管辖权，如此一来则可能导致该香港判决无法满足《内地与香港判决安排》的规定，导致无法在内地申请认可和执行。而生效判决书的“申请认可和执行”是两个独立的程序，申请人须首先取得认可香港生效判决书的裁定，方可启动申请执行的法律程序。

与《内地与香港判决安排》不一样，《内地与香港仲裁安排》是直接就内地或者香港作出的仲裁裁决，在异地有关法院直接申请执行程序的规定，申请执行前无须就仲裁裁决申请认定。换言之，香港的仲裁裁决在经一定认证手续后，原则上可以在内地法院直接启动申请执行程序。

3. 无法直接申请认可和/或执行的情形与解决

《内地与香港判决安排》和《内地与香港仲裁安排》就内地与香港民商事案件判决/裁决的认可与执行作了详尽的安排，极大地提高了司法便利。但在司法实践中，香港民商事案件生效判决或裁决仍存在可能被不予认可和/或执行的情形，为当事人权利救济的切实落地带来了较大的法律风险。

(1) 无法直接申请认可和执行的情形。

从司法实践角度来看，香港生效判决书无法直接申请认可和执行的情形可以分为如下两种：

①不符合法定的申请条件

该点在前文已有初步分析，在此不作累述。

②即便符合法定的申请条件，但也可能存在法定不予认可和执行的情形

《内地与香港判决安排》第9条规定：“对申请认可和执行的判决，原审判决中的债务人提供证据证明有下列情形之一的，受理申请的法院经审查核实，应当裁定不予认可和执行：（一）根据当事人协议选择的原审法院地的法律，管辖协议属于无效。但选择法院已经判定该管辖协议为有效的除外；（二）判决已获完全履行；（三）根据执行地的法律，执行地法院对该案享有专属管辖权；（四）根据原审法院地的法律，未曾出庭的败诉一方当事人未经合法传唤或者虽经合法传唤但未获依法律规定的答辩时间。但原审法院根据其法律或者有关规定公告送达的，不属于上述情形；（五）判决是

以欺诈方法取得的；（六）执行地法院就相同诉讼请求作出判决，或者外国、境外地区法院就相同诉讼请求作出判决，或者有关仲裁机构作出仲裁裁决，已经为执行地法院所认可或者执行的。内地人民法院认为在内地执行香港特别行政区法院判决违反内地社会公共利益，或者香港特别行政区法院认为在香港特别行政区执行内地人民法院判决违反香港特别行政区公共政策的，不予认可和执行。”

《内地与香港仲裁安排》第7条规定：“在内地或者香港特区申请执行的仲裁裁决，被申请人接到通知后，提出证据证明有下列情形之一的，经审查核实，有关法院可裁定不予执行：（一）仲裁协议当事人依对其适用的法律属于某种无行为能力的情形；或者该项仲裁协议依约定的准据法无效；或者未指明以何种法律为准时，依仲裁裁决地的法律是无效的；（二）被申请人未接到指派仲裁员的适当通知，或者因他故未能陈述意见的；（三）裁决所处理的争议不是交付仲裁的标的或者不在仲裁协议条款之内，或者裁决载有关于交付仲裁范围以外事项的决定的；但交付仲裁事项的决定可与未交付仲裁的事项划分时，裁决中关于交付仲裁事项的决定部分应当予以执行；（四）仲裁庭的组成或者仲裁庭程序与当事人之间的协议不符，或者在有关当事人没有这种协议时与仲裁地的法律不符的；（五）裁决对当事人尚无约束力，或者业经仲裁地的法院或者按仲裁地的法律撤销或者停止执行的。有关法院认定依执行地法律，争议事项不能以仲裁解决的，则可不予执行该裁决。内地法院认定在内地执行该仲裁裁决违反内地社会公共利益，或者香港特区法院决定在香港特区执行该仲裁裁决违反香港特区的公共政策，则可不予执行该裁决。”

在英属开曼群岛商智龙二基金公司与周某庭、周某奎等仲裁裁决纠纷一案中，法院查明涉案仲裁裁决共有21个被申请人，申请人在提起仲裁时，仅请求其中7个被申请人承担赎回、回购义务，但涉案仲裁裁决第1、2项却裁决所有仲裁被申请人承担回购义务，显然超出了申请人提出的仲裁请求。

法院认为，涉案仲裁裁决存在符合《内地与香港仲裁安排》第7条第1款第3项规定的“裁决载有关于交付仲裁范围以外事项的决定”之情形，且涉案仲裁裁决系将所有21个被申请人作为一个整体作出裁决，裁决事项不可分，故根据《内地与香港仲裁安排》的规定，裁定对整个仲裁裁决不予认可和执行。

（2）无法直接申请认可和执行的解决方案。

《内地与香港判决安排》第13条第3款规定，“对于根据本安排第九条不予认可和执行的判决，申请人不得再行提起认可和执行的申请，但是可以按照执行地的法律依相同案件事实向执行地法院提起诉讼”。

上述规定虽然仅指向“不予认可和执行”的情形，但笔者认为如香港生效判决因不符合《内地与香港判决安排》要求的申请条件而无法启动申请认可程序，同样也可以参考该规定，向内地法院重新提起诉讼。此时，香港生效判决则可以作为新案证据，以查明相关案件事实。

五、适用法与争议解决地的选择组合小结

对于4种情形的比较，笔者认为可以简化为适用法与争议解决地的选择组合优缺点比较。对此，笔者总结了如下几个不成熟的小建议：

1. 尽量选择适用法与争议解决地统一情形，避免两者分离引起域外法查明的成本与风险增加；

2. 如因实际情况需要，考虑选择适用法和争议解决地分离组合，在拟定争议解决地条款时，适当考虑选择弹性的“非排他性的管辖”条款；

3. “非排他性管辖”条款虽一方面能为后续管辖选择创造便利条件，但另一方面往往也会导致后续跨地域法院判决文书认可和执行的难度增加，所以在选择适用该类条款之前，需要对后续执行程序进行充分的研究与分析，在起诉之前需要充分考虑案件实际情况，选择恰当的争议解决地；

4. 如案件存在域外法查明需求，建议在制定起诉方案前先就域外法进行初步查明，尽量避免出现查明不能、理解争议等相关风险；

5. 如域外司法文书存在法律“不予认可和执行”的情形，则可以通过考虑向内地法院重新提起诉讼的方式实现权利，域外生效判决则可以作为新案证据，以佐证查明案件事实。

请求权基础分析法的具体操作个案分析

廖育强　廖杰文

请求权基础分析法主要应用在民事案件审理和案例分析中，是通过案件事实，检索当事人的请求是否具有请求权基础（法律依据），确定是支持还是否定当事人请求的方法。王泽鉴老师对此方法的描述是“谁得向谁，依据何种法律规范，主张何种权利”①。请求权基础分析法的重点是请求权基础的寻找和适用。请求权基础分析法在今天的德国民法学界有着非常重要的地位，德国学界产生了很多关于请求权基础的理论，比较有代表性的是权利保护请求权理论、实体私法请求权理论、请求权本质理论、一元请求权理论等。② 请求权基础分析法为何能得到如此的推崇？因为该分析方法相对于法律关系分析法有一些优势之处：首先，在实务中，诉讼的目的都是确认一方当事人是否有对义务人的权利，此方法就是以此为最终结论，思维过程与实务操作相类似；其次，通过逐一检索请求权，很少出现遗漏的情况，使分析更加全面；最后，此方法具有很强的逻辑性，从而在分析案件的时候可以避免过多个人主观的价值判断。下面希望通过一个具体的案例分析请求权基础分析法使用的具体思维过程。

案例：乙骑自行车在××村村道行驶，在途经甲（3岁）家门口路段时，碰撞在家门口的道路上独自玩耍的原告甲，造成甲受伤的事故，甲经鉴定为十级伤残。

---

① 王泽鉴：《民法思维——请求权基础理论体系》，北京大学出版社2009年版，第41页。

② 参见李中华：《请求权基础的本质研究——一种基于德国学说史的考察》，载《研究生法学》2011年第1期。

请求权基础分析法的具体操作方式

一、请求权性质的判断

首先，判断诉的类型。请求权只适用于给付之诉，① 不适用于确认之诉和形成之诉。在确认该诉为给付之诉后，根据案件中的事实判定请求权的主体，主张的对象及内容，即“谁得向谁，主张何种权利”。

其次，按照逻辑顺序检索请求权。根据我国民法的相关规定，请求权可以分为以下几类：一是债权请求权，包括合同履行请求权、违约责任赔偿请求权、无因管理请求权、不当得利请求权等。二是物权请求权，包括返还原物请求权、占有返还请求权、排除妨碍请求权等。三是人格权和身份权上的请求权，主要指在人格权和身份权受侵害时产生的请求权。由于在民法体系中，不同的请求权可能会产生交集或者冲突，各请求权有不同的优先度，为了更加方便快速地进行请求权基础的检索以及避免在检索请求权的过程中出现遗漏，应该按照一定的逻辑顺序进行检索。本文认为，原则上请求权的检索应该按如下的顺序进行：

第一，合同上的请求权。将其作为请求权检索的第一顺位，其原因如下：其一，意思自治是民事活动的核心要素，民事合同的签订是意思自治最重要的体现，基于合同在民事活动中的重要性，应该将其放在第一顺位进行检索。其二，当事人之间签订了合同，明确了双方的权利和义务，可以达到排斥无因管理、不当得利、侵权行为等法律行为的效果。

第二，“类合同”关系上的请求权。“类合同”关系指无权代理请求权，因合同撤销而产生的请求权，因合同无效而产生的请求权，缔约过失请求权。“类合同”关系的产生与合同效力的关系最为密切，应优先于其他的请求权。

第三，无因管理的请求权。无因管理的无因，指的是没有法律上的原因，即没有法定或者约定的义务而为他人管理事务。如果管理事务是有约定

---

① 参见王利明：《民法案例分析的基本方法探讨》，载《政法论坛》2004 年第 2 期。

的，则为“有因”，因此无因管理的请求权排在合同上的请求权后面。另外，无因管理在本质上属于合法行为，根据“合法行为排斥违法行为”的原则，只要成立无因管理，即可排斥不当得利请求权和基于侵权行为产生的请求权。

第四，物权请求权。物权请求权是指，基于物权被侵害或者有可能遭受侵害而产生的请求权。物权请求权之所以优先于不当得利请求权和侵权行为损害赔偿请求权，主要出于以下两种考虑：首一，不当得利请求权和侵权行为损害赔偿请求权其本质是债权，根据“物权优先于债权”的民法原则，物权请求权应该优先于以上两者进行考虑；其二，从诉讼时效的角度考虑，所有物返还请求权和占有返还请求权一般不受诉讼时效的限制，而债权一般有 3 年的诉讼时效限制，所以物权请求权的优先考虑更有利于保护请求权人的合法权益。

第五，不当得利请求权和侵权行为损害赔偿请求权。这两种请求放在以上请求权后面检索，是因为不当得利和侵权行为都是广义的不法行为。若一个行为合法，那么就不会产生这两种请求权，所以应该将这两者排在检索顺序的最后。

在该案中，就请求权的积极构成要件而言，该案不属于确认之诉和形成之诉，而是给付之诉。该案确认的请求权主体是甲，对象是乙，内容是侵权损害赔偿。根据请求权检索的逻辑顺序，没有合同关系，没有“类合同”关系，没有无因管理行为，也没有物权行为，最后确定乙的撞人行为属于侵权行为，检索方向应该锁定侵权行为损害赔偿请求权。

二、请求权基础的分析

请求权基础，即请求权的法律依据，也就是指具体适用的法律条款。请求权基础分析方法有其固定的分析模式，德国法学院要求学生在使用请求权基础分析方法分析案例时都用这种固定的模式，即假设—法律解释—推理—结论。

标题：甲是否依据《民法典》第 1165 条享有要求乙承担责任的侵权行为损害赔偿请求权？

假设：如果以上标题的假设成立。

法律解释：那么乙对甲必须存在一个依据《民法典》第1165条关于一般侵权的侵权行为。一般侵权的侵权行为应该符合以下构成要件：（1）不法行为；（2）过错；（3）损害结果；（4）不法行为与损害结果之间有因果关系。

假设一：假设乙在村道上骑自行车的行为是不法行为。

法律解释一：所谓不法行为是指法律进行否定性评价的行为。行为是否"不法"有两种标准：第一种以被侵害的客体为标准，该客体指法律所保护的合法的利益，即侵犯了法律所保护的合法利益的行为就是不法行为；第二种以行为人的行为性质为标准，指行为人的行为本身是违法的，即如果行为人的行为合法，即使该行为侵犯了他人的合法权益，也不能把该行为认定为不法行为，典型的例子就是民法上的紧急避险。

推理一：假设在村道上骑自行车的行为是不法行为，那么该行为要么侵犯了法律所保护的合法利益，要么行为本身是违法的。但现实情况是，该行为本身没有侵犯任何法律所保护的合法权益，也没有法律规定该种行为是违法行为。

结论一：乙在村道上骑自行车的行为不是违法行为。

假设二：假设乙碰撞甲的行为是不法行为。

法律解释二：同法律解释一。

推理二：《民法典》第110条规定自然人享有生命权、身体权、健康权、姓名权、肖像权、名誉权、荣誉权、隐私权、婚姻自主权等权利。甲虽然只有3岁，但也是自然人，依法享有生命健康权，乙碰撞甲致甲受伤，其行为客观上侵犯了甲的健康权。因此，乙致甲受伤的行为符合不法行为的两种标准，侵犯了法律所保护的合法权益。同时，该行为也违反了《民法典》第120条民事权益受到侵害的，被侵权人有权请求侵权人承担侵权责任；以及第1164条本编调整因侵害民事权益产生的民事关系的规定，是受法律所责难的行为。

结论二：乙碰撞甲的行为是不法行为。

假设三：乙对其碰撞行为具有过错。

法律解释三：根据《民法典》第120条以及第1165条的规定，关于侵权责任的过错，我国采用了双重侵权责任的归责原则。[①] 第一，根据《民法典》第120条的规定，考虑行为人在进行违法行为时的主观心理状态，分为故意和过失两种。故意是指行为人明知自己的行为可能发生危害后果，且主动追求该后果的发生；过失是指行为人应当预见到自己的行为可能发生的危害后果而未预见，或者虽然预见了但轻信危害后果不会发生，最后发生了危害后果的。第二，根据《民法典》第1165条的规定，将过错的概念以及判断标准客观化，指行为人应该尽到一般人所能尽的注意义务而没有尽到该义务。[②]

推理三：尽管甲受伤的结果不是乙所主动追求的，但是乙在村道上骑自行车时应该预见到，村道是人车共用的道路，且村道两端就是民居的门口，较一般的道路更容易发生意外，但甲没有采取足够的措施应对行人突然出现的突发状况，否则他就不会撞上甲。可见，乙没有尽到其所能尽的注意义务。

结论三：乙对其碰撞行为具有过错。

假设四：发生了损害后果。

法律解释四：损害指危害行为作用于他人的财产或者人身造成的不利后果。[③] 损害后果既包括物质性损害和金钱损害，也包括人身伤害和精神损害等不利后果。

推理四：甲被乙撞到，身体受伤，经鉴定为十级伤残，属于法律上的损害结果。

结论四：因此甲的受伤是损害后果。

假设五：乙的碰撞行为与甲的损害后果之间有因果关系。

法律解释五：因果关系，指行为人的行为或者在其管理下的物件与损害后果间的相互关系，[④] 是一种引起与被引起的必然关系。

推理五：乙的碰撞行为作用在甲身上，与甲的损害是引起与被引起的关

---

① 参见杨立新：《中国侵权责任法大小搭配的侵权责任一般条款》，载《法学杂志》2010年第3期。

② 参见孔祥俊、杨丽：《侵权责任要件研究》，载《政法论坛》1993年第2期。

③ 参见孔祥俊、杨丽：《侵权责任要件研究》，载《政法论坛》1993年第2期。

④ 参见江平主编：《民法学》，中国政法大学出版社2000年版，第758页。

系，即没有乙的侵权行为，就必然不会发生甲的损害结果。

结论五：乙的危害行为与甲的损害后果有法律上的因果关系。

结论：甲依据《民法典》第120条以及第1164条享有要求乙承担侵权损害赔偿的请求权。

三、请求权消极构成要件

消极构成要件，指否定请求权的效力或者对请求权进行抗辩的构成要件。归纳起来，有以下3类：（1）权利障碍的抗辩，指直接对抗请求权的产生效力，使其自始不发生效力的抗辩事由；（2）权利毁灭的抗辩，指对于已经成立并且生效的请求权，使其归于消灭的抗辩事由；（3）抗辩权，指义务人对于请求权人的请求拒绝给付的权利。[①]

标题：乙是否可以依据《民法典》第1173条、第1176条“不承担责任和减轻责任的情形”提出抗辩？

假设一：乙可以依据《民法典》第1173条“被侵权人对同一损害的发生或者扩大有过错的，可以减轻侵权人的责任”主张被害人过错的抗辩。

法律解释一：同上文。

推理一：甲是被害人，受伤时年龄是3周岁，属于无民事行为能力人，其认识能力和意志能力都欠缺，因此他在村道上玩耍的行为不存在主观上的过错。

结论一：乙不能依据《民法典》第1173条主张被害人过错的抗辩。

假设二：乙可以依据《民法典》第1175条“损害是因第三人造成的，第三人应当承担侵权责任”主张第三人过错的抗辩。

法律解释二：第三人，指除侵害人与被侵害人之外的，对被侵害人损害的发生或者扩大具有过错的第三人，第三人过错包括故意和过失。[②]

推理二：甲的父母既不是侵害人，也不是被侵害人，应该属于《民法

---

① 参见王泽鉴：《民法思维——请求权基础理论体系》，北京大学出版社2009年版，第135页。

② 参见杨立新、赵晓舒：《我国〈侵权责任法〉中的第三人侵权行为》，载《中国人民大学学报》2013年第4期。

典》第1175条所指的第三人。根据《民法典》的相关规定，甲的父母是甲的监护人，应该履行监护职责。但该案甲的父母放任甲一个人在村道玩耍被撞伤，没有尽到其监护职责，具有过错。

结论二：乙可以依据《民法典》第1175条主张第三人过错的抗辩。

因此，使用请求权基础分析法得出的结论是，甲对乙有侵权行为损害赔偿请求权，乙也可以主张对该请求权的抗辩。

综上所述，本文通过一个具体的个案分析，详细阐述了请求权基础分析法的操作过程。这种分析方法可以帮助我们更深入地理解法律关系中的权利关系，从而为我们提供一个理解和研究请求权法律适用的新视角。

粤港澳企业在大湾区城市参与建设工程投标的若干规则衔接研究

何火日

一、引言

《粤港澳大湾区发展规划纲要》提出，在深圳前海、广州南沙、珠海横琴建立港澳创业就业试验区，试点允许取得建筑及相关工程咨询等港澳相应资质的企业和专业人士为内地市场主体直接提供服务，并逐步推出更多试点项目及开放措施。① 广东省住房和城乡建设厅及深圳前海、广州黄埔、广州南沙、珠海横琴等地也陆续出台了涉及港澳企业、人士参与内地建筑工程服务的政策文件，随着政策进一步深化和市场融合，越来越多的港澳企业将参与大湾区内地城市建设工程项目，相关企业主体参与工程项目的投标活动及由此产生的法律问题也随之而来。

二、港澳企业参与大湾区内地城市建设工程活动的意义

港澳企业参与大湾区内地建设工程投标具有许多积极意义。首先，港澳在建筑业较内地有先进的设计理念、项目管理经验等，通过使港澳企业参与粤港澳大湾区内地城市的工程建设，可以将这些经验引入，推动本地建筑行业的发展，提高内地项目符合国际标准的能力，使内地项目更好地融入国际市场。这有助于促进粤港澳大湾区的经济合作与发展，增强区域经济的互补

---

① 参见中共中央、国务院印发《粤港澳大湾区发展规划纲要》，载中华人民共和国中央人民政府网，https：//www. gov. cn/zhengce/2019 - 02/18/content_ 5366593. htm#1。

性和竞争力。其次，港澳企业在国际商业领域具有一定的优势和特色，参与内地建设工程投标可以为内地引进更多的国际先进技术和管理经验，提高内地建设工程的质量和效率。最后，港澳企业参与粤港澳大湾区建设工程投标还可以带来更多的就业机会和经济效益。随着内地经济的不断发展和建设工程的不断增加，港澳企业的参与可以为粤港澳大湾区提供更多的技术和人才支持，同时内地也可以为港澳企业提供更广阔的市场和商机。这种合作还可以促进两地之间的资源共享和优势互补，实现共同发展和繁荣。港澳企业参与内地建设工程投标还可以促进两地之间的文化交流和沟通。通过参与内地建设工程，港澳企业可以更深入地了解内地的文化和市场环境，同时也可以将港澳的一些先进技术和经验带给内地，从而促进两地之间的交流和合作。这种文化交流和沟通不仅可以推动两地经济的发展，还可以增进两地人民之间的相互了解和友谊，促进两地之间的和谐稳定发展。

总之，港澳企业参与内地建设工程投标对于大湾区的发展具有重要的积极意义和影响。它可以为两地经济的合作和发展注入新的动力和活力，同时也可以促进两地之间的资源共享、优势互补和文化交流，实现共同发展和繁荣。

三、内地与港澳工程建设模式的差异

（一）建设工程规范体系的差异

内地建设工程规范体系由强制性国家规范、国家标准、行业标准、国际标准等方面构成，相应的体系较为完善和清晰，特别是经过长期大量的基本建设项目，积累的工程经验较为丰富，工程规范的数量已经远远大于香港。

我国香港地区的工程规范（Code of Practice）早期沿用英国标准（British Standards），后借鉴内地的国标（GB）、欧洲规范（Euro Code）、美国规范（ACI、ANSI 等），历经反复修改，从而形成现在的规范体系。香港工程规范是由各学会（如香港工程师学会、香港钢结构学会）的专家研究讨论编制，如在工程设计上遇到现有规范查找不到相关规定的情形，一般会借鉴其他地区或者国家的规范，或者请大学实验室进行试验，研究得出合理的方案后，再交审核部门审批。

（二）勘察设计阶段的差异

由于地理范围的原因，内地要求勘察范围较广，调查项目全面，数据收集详细；而香港、澳门的勘察范围相对较窄，调查项目简单，数据收集简化。内地的勘察队伍规模大，专业人员配备充足；香港、澳门的勘察人员较少，多靠个人完成勘察工作。对于设计目标，内地设计注重功能性、经济性、可操作性；香港、澳门设计更看重使用效果、实用性、装修效果。在设计深度方面，内地设计图纸详细，设计说明具体；而香港、澳门设计图纸相对简化，设计说明原则性较强。

（三）施工图审图出图

在香港，施工图的出图相对比较简单。在完成设计图纸后，一般先由注册结构工程师审图签字，再由相关部门审批盖章。相关部门根据工程性质不同对出图流程进行了区分：如普通私人楼宇由屋宇署（Buildings Department）负责，时间较短。而公用建筑则由房屋署（Housing Department）负责，审批流程耗时较长。工程第一次出图走完该流程时间约 2 个月，之后每次报变更需一个月。

而在内地，施工图出图需要经过重重把关。出图单位需要严格遵守《房屋建筑和市政基础设施工程施工图设计文件审查管理办法》的相关规定，施工图未经审查合格的，不得使用。从事房屋建筑工程、市政基础设施工程施工、监理等活动，以及对房屋建筑和市政基础设施工程实施质量安全监督管理，均以审查合格的施工图为依据。从内审的各专业图纸会签、校核、审核、审定到外审的咨询、审核，每一环节都需要修改到无意见为止。图纸经手人数往往超过 10 人。

（四）施工组织与监管的差异

在内地，施工监管由业主单位、勘察单位、设计单位、监理单位、施工单位和政府行业主管部门等多方参与，大家各司其职，相对独立。然而，有时候会出现管理混乱、制度不完善以及责任分工不明确等问题。相比之下，香港的监管制度似乎更加严格，主要因为香港特区政府的干预行为更加频繁。针对每一个工地，无论大小，香港的相关部门一般每1—2个月都会进行突击巡查。如果发现违反规定的项目，可以立即停工整改。各部门的专业分工相对明确，检查内容也有明文规定。此外，工地附近居民对工程监督的参与感更强，一旦工地施工有不合规定、不合法的地方遭受投诉，政府也必须立即处理。总的来说，香港的监管制度相对更加严格和完善。然而，这种严格的监管制度可能导致工程效率低、进度缓慢的问题。

在监理方面，香港工程管理由专业咨询顾问单位负责兼负设计和施工管理，更加体现其专业性。内地监理由于专业深度不够，很少参与设计，对设计把控程度很低。

在施工组织方面，内地注重组织的设计细节，作业面广，流程明确。相比之下，香港和澳门的施工组织设计相对简单，作业面窄，流程更加灵活。

在施工管理方面，内地注重过程管控，特别重视生产案例，并进行频繁的监督检查。而港澳地区的现场管理相对较为宽松，监督检查也更加简化。

四、大湾区内地城市关于港澳企业进入建设工程领域的政策现状

2019年9月27日，珠海市人民代表大会常务委员会通过《珠海经济特区横琴新区港澳建筑及相关工程咨询企业资质和专业人士执业资格认可规定》通告，对于取得香港、澳门建筑及相关工程咨询资质的企业和执业资格的专业人士，具备规定条件并经合法备案，可在横琴新区直接提供服务。

2020年9月23日，深圳市前海深港现代服务业合作区管理局（以下简称深圳市前海管理局）发布了《深圳市前海深港现代服务业合作区香港工程建设领域专业人士执业备案管理办法》《深圳市前海深港现代服务业合作区香港工程建设领域专业机构执业备案管理办法》。2023年6月25日深圳市前海管理局对前述文件进行了修订，前者规定引入在香港取得工程建设领域相关资质的专业人士为前海深港现代服务业合作区市场主体直接提供服务。

2020年11月26日，广东省住房和城乡建设厅制定了《关于香港工程

建设咨询企业和专业人士在粤港澳大湾区内地城市开业执业试点管理暂行办法》，开展香港工程建设咨询企业和专业人士在省内城市开业执业试点工作。

2021 年 6 月 19 日，广州市黄埔区住房和城乡建设局、广州开发区建设和交通局出台《关于港澳建筑工程领域专业企业和专业人士从业服务管理试行办法》，引入香港、澳门的建筑工程领域专业企业和专业人士在广州市黄埔区、广州开发区范围内提供专业服务。

2021 年 11 月 16 日，中国（广东）自由贸易试验区广州南沙新区片区建设和交通局出台了《中国（广东）自由贸易试验区广州南沙新区片区港澳工程及相关咨询企业资质和专业人士执业资格认可管理办法》，规定取得香港、澳门工程及相关咨询资质的企业和执业资格的专业人士，具备规定条件并经合法备案，可以在自贸区南沙片区范围内直接提供服务。

到目前为止，尚未查阅到有关部门或地区出台关于港澳企业进入内地建设工程领域参与投标活动的政策文件。

五、港澳企业在内地投标所面临的法律问题及其解决方法

（一）专业机构投标时的主体认可问题

一般而言，港澳企业没有在内地进行商业主体登记，也无法直接办理营业执照。《外国（地区）企业在中国境内从事生产经营活动登记管理办法》第 2 条规定，根据国家有关法律、法规的规定，经国务院及国务院授权的主管机关（以下简称审批机关）批准，在中国境内从事生产经营活动的外国企业，应向省级市场监督管理部门（以下简称登记主管机关）申请登记注册。外国企业经登记主管机关核准登记注册，领取营业执照后，方可开展生产经营活动。未经审批机关批准和登记主管机关核准登记注册，外国企业不得在中国境内从事生产经营活动。第 3 条规定："根据国家现行法律、法规的规定，外国企业从事下列生产经营活动应办理登记注册：……（二）房屋、土木工程的建造、装饰或线路、管道、设备的安装等工程承包……"第 5 条规定："外国企业申请办理登记注册时应提交下列文件或证件：……

（三）从事生产经营活动所签订的合同（外国银行在中国设立分行不适用此项）……”因此，港澳企业在刚进入内地市场未承接项目签订合同的情况下，无法办理营业执照，参与投标活动存在法律上的障碍。

根据国务院办公厅《关于全面推行证明事项和涉企经营许可事项告知承诺制的指导意见》的规定，对涉企经营许可事项，申请人就其符合许可条件作出承诺，通过事中事后监管能够纠正不符合许可条件行为，有效防范风险的，实行告知承诺制。因此，从政策层面上来说，可以允许港澳企业提供其在港澳的商事登记证明材料以代替营业执照，并在投标时提供承诺，承诺若中标签订合同，在项目开工前办理营业执照。

（二）专业机构资质和专业人士资格互认互通的问题

在广东省住房和城乡建设厅及各个地方政府出台关于香港、澳门工程建设咨询企业和专业人士执业试点政策之前，内地与港澳的专业机构资质、专业人士资格互不相通，港澳企业只能以联合内地企业的形式间接进入市场，而港澳建筑工程专业人士必须参加内地资格考试才可以执业，无法直接在大湾区的内地城市直接执业。在各个城市出台了相关试点政策后，又面临各个地方各自政策不尽一致，香港、澳门的工程企业和专业人士在某一城市或区域得到了专业资格资质认可，在另一城市又需要重新进行专业资格资质认可的情况，不可避免地给工程企业和专业人士造成了一定程度上的限制，浪费了相关行政资源。

以 EPC 工程总承包招标方式开展，可以允许港澳总承包，以“施工企业 + 设计企业（设计师团队）”方式组成联合体进行投标，在资质方面，允许将港澳企业提供的其在广东省建设行政主管部门或南沙建设行政主管部门获得的资质认可备案证书视作企业的资质证书。在香港咨询服务企业中按广东省住房和城乡建设厅《关于香港工程建设咨询企业和专业人士在粤港澳大湾区内地城市开业执业试点管理暂行办法》取得备案的港澳企业，可按其备案范围参与投标；在南沙、前海、横琴 3 个自贸区取得备案的港澳企业，资质备案证书未对资质等级作出具体分级，故在招投标阶段，其可承接工程的规模范围，仍然有待细化确定。

（三）投标时的人员、业绩认可问题

在港澳企业参与招投标时，其所提供港澳企业和人员在港澳完成过的业绩，能否视同其在内地具有同等规模和技术指标的业绩，仍然存在一定疑问。笔者认为，港澳企业在参与招投标时，提供的企业、人员在港澳完成过的相关业绩经验可视为同等条件的内地业绩。

由于目前暂时无法建立境外（含港澳）与国内各等级的奖项的对等关系，因此应当允许对内地、港澳企业分别设置通行的、同类别的奖项。如质量奖，港澳企业可提供：国际（含港澳）指境外官方（如政府）或者非营利性质的官方认可境外通行的建筑和工程行业协会/学会所颁发的工程类奖项；对于设计类的则可以为由境外官方（如政府）或者非营利性质的官方认可境外通行的建筑和工程行业协会/学会所颁发的设计/工程类奖项等。

（四）专业机构的履约保证问题

根据目前内地通行做法，投标单位在中标后，需要提供一定的履约担保。内地通常要求履约担保采用现金担保、履约保函、银行承兑汇票等方式，而港澳企业可能更习惯使用保证书或其他担保方式。

根据国务院办公厅《关于清理规范工程建设领域保证金的通知》，投标保证金、履约保证金、工程质量保证金、农民工工资保证金外仍然保留，该部分保证金如采用现金方式提供，由于资金额度较大，对于港澳企业的财务状况会造成一定的压力。根据规定，建筑业企业可以银行保函方式缴纳，但由于内地银行业对于港澳企业在内地开具工程类保函的政策仍然不甚明确，甚至存在一定的法律障碍，因此，可以考虑通过由港澳企业所在地银行向项目工程所在地的银行出具保函，再由项目工程所在地银行出具保函的方式进行解决。

（五）安全生产许可文件的办理及过程监管问题

目前港澳施工企业暂不能在大湾区内地城市直接办理安全生产许可证。而目前南沙的做法是已备案的港澳施工类企业，在竞投项目时，应向建设单

位承诺投入不低于内地建筑施工企业的安全生产标准和条件，视同取得项目相关竞投资格。有关安全生产条件审查，可放宽至企业承揽工程后，工程开工前进行。

因此，参照前海、横琴、南沙相关案例，在建设工程项目投标阶段，可以允许港澳企业提供投入不低于内地建筑企业的安全生产标准和条件的承诺，在后续监管过程中就其承诺履行情况予以监督落实。另外，在投入安全生产的人员方面，内地目前尚没有对港澳人士对标内地 B 证、C 证人员的直接认可，因此在招投标阶段，也可以考虑允许由港澳企业提供承诺，承诺投入不低于内地建筑企业的安全生产标准和条件（含项目经理安全生产管理能力、专职安全员配备等），在后续监管过程中予以监督落实。

（六）履约过程中的争议解决问题

因建设工程涉及的造价金额及法律关系复杂，如在履约过程中发生招标工程合同纠纷或其他争端，将涉及跨境法律程序和法律体系的问题，如何有效解决争端是一个挑战。根据现在工程行业的做法，对于履约过程争议，有多种处理方式。如对于结算过程中的工程造价争议，发包人与承包人可以共同申请向工程造价站就相关工程费用定额进行审定回复，合同双方当事人可以约定进行仲裁，也可以约定进行诉讼。对于约定诉讼的，则不能违反《民事诉讼法》以及最高人民法院《关于适用〈中华人民共和国民事诉讼法〉的解释》关于建设工程施工合同纠纷专属管辖的规定。

由于工程争议解决有其独有的专业性、复杂性，故从解决争议的效率来讲，应当优先考虑引入工程咨询人士与法律专业人士相结合的专业调解，将相关争议交由相应的专业调解组织，其次再考虑仲裁与诉讼，以上内容在业主方制作招标文件时，需要给予充分考虑。同时，政府部门也应当给予适当的政策引导。

六、结语

港澳建筑企业参与大湾区内地城市建设工程项目，在工程专业资质、法律主体资格、争议解决法律适用、银行担保等方面均有所涉及，相关关系错综复杂。港澳建筑企业参与大湾区内地城市工程项目，港澳相应资质的企业和专业人士为内地市场主体直接提供服务，无疑对于粤港澳大湾区市场的建设和融合有着重大的意义。在招标活动中所面临的问题仅是粤港澳大湾区融合发展所面临的规则对接问题的一个缩影，随着市场的深度融合，内地方面亟待将相关规则衔接问题的解决从政策上升到法律层面，以地方性法规形式固定下来，以确保规则的稳定性、可期待性。

浅析大湾区商事调解制度的发展和完善

邹　荷

一、商事调解的含义

调解、仲裁与诉讼是争议解决的3种主要方式。“调解”一词，英文通常用的是“mediation”，类似的近义词还有“conciliation”。商事调解，是指中立第三方对争议双方就市场主体在交易中发生的争议采取协助沟通、劝说、协商等方式，促使争议双方互相理解，最后自愿达成一致的解决方案。该中立第三方的角色就是调解员，调解员既可以由争议双方选定，也可以由调解机构指派，既可以是一名，也可以是多名。我国有着悠长的调解历史，奉行儒家文化，恪守中庸之道的中国人对于调解制度的理解和接受程度也一直比较高。作为一种友好、高效、低成本的非诉讼争议解决方式，商事调解近年在粤港澳大湾区发展迅速，受到越来越多商业机构与商业人士的欢迎。

在适用的争议类型上，与人民调解不同，商事调解主要适用于贸易、投资、金融、运输、房地产、知识产权、技术转让、工程建设等商事领域发生的矛盾纠纷。商事调解只适用于平等的市场主体在营利性交易活动中发生的争议。对于非商业主体在营利性交易中发生的争议是否适用，目前仍存在一定争议。但是，离婚纠纷、人身损害赔偿纠纷、劳动争议纠纷、行政赔偿纠纷等非商事主体非因营利性交易行为而产生的纠纷被普遍认为不适用商事调解。

在地域类型上，由于粤港澳大湾区包括香港、澳门两个特别行政区，以及内地广州、深圳、东莞、佛山、珠海、中山、肇庆、江门、惠州九个城市，具有“一国、两制、三法域”，争议解决机制各有不同，而商事调解在不同法域下的适用并没有很大的差异，因此商事调解不仅可以适用于国内的商事争议，也可以适用于国际或涉外的争议，以及涉及香港特别行政区、澳门特别行政区和我国台湾地区的争议。内地（大陆）九市中的外商投资企业之间以及外商投资企业与中国其他法人、自然人及/或经济组织之间的争议也适用商事调解。

二、商事调解的优势

与诉讼、仲裁相比，商事调解有着自身天然的优势，包括非对抗性、私密性、高效、低成本等。

商事调解的非对抗性，体现在当事人有权自行选择是否进入或者退出调解程序，在调解的过程中有充分的机会陈述自己的观点，可以自愿决定是否接受协商的方案，最终的结果往往是兼顾了双方利益的解决方案。调解员是中立的第三方，主要责任是了解双方当事人的诉求，协助双方探讨其观点和证据的力量，减少双方的分歧，进而寻求符合双方长期利益的方案。调解员并没有义务基于公平正义对纠纷双方的对错作出裁决。调解需要当事人自愿参与，以民主的方式进行，要求双方进行坦诚的谈判，但不强制必须达成和解方案。商事调解的友好性，有助于当事人之间修复因争议产生的裂痕，合作关系不至于因为一个争议就彻底破裂。而诉讼与仲裁，都是将争议交给司法机构或者仲裁机构进行裁判，结果是由“法官”“仲裁员”这些第三方自行决定的，当事人的对抗性非常强。

商事调解的私密性，体现在调解不公开进行，调解结果也不会向社会公开，能够在不损害当事人商誉，不泄露当事人商业秘密的情况下解决争议。社会公众无法通过法院官方网站、裁判文书网站等公开途径查询到争议解决的进展及裁判结果。基于其私密性，商事调解在化解商业秘密纠纷、不正当竞争、知识产权类商事争议中有着突出的优势。

商事调解的高效，则是因为调解的过程更加灵活、快速，当事人不需要遵循司法程序，不需要等待法院花很长时间来审理这个案件。随着经济发展，各类纠纷的数量也逐步上升，粤港澳大湾区各地法院和仲裁机构案件量都比较大。以广州市为例，根据广州市中级人民法院在官方网站公布的法院年度工作报告：在2018年度，广州全市法院共受理案件464,138件，办结405,798件，法官人均结案357件，同比分别上升8.9%、14.0%和9.8%；[①] 在2019年度，广州全市法院共受理案件623,642件，办结554,296件，法官人均结案450件，同比分别上升34.4%、36.6%和26.1%；[②] 在2020年度，广州全市法院共受理案件711,104件，办结639,855件，法官人均结案519件，同比分别上升14%、15.4%和15.3%。[③] 在如此巨大的案件量下，法院能按照法律规定的审理期限结案已经不易，何况根据法律规定的审理期限，一般民事案件适用普通程序审理期限有6个月。相比之下，商事调解程序灵活，在专业调解员的协调下可以快速找到解决争议的方案，节省大量时间。

商事调解的低成本则是因为费用类型少，收费标准较低。商事调解的成本主要是调解组织的管理费和调解员的报酬。调解费用标准通常显著低于诉讼费、仲裁费标准，且由于商事调解通常以自愿方式进行，当事人可以协商并选择适合自己的调解机构和调解员，这也可以降低调解费用。更为重要的是，商事调解的当事人并不一定需要委托律师，可以节省争议解决中的一笔大额开支。在诉讼和仲裁中，由于程序的复杂性和结果的不确定性较大，当事人往往需要聘请律师来维护自身权益，而商事调解程序较为简单，当事人可以根据企业实际情况和长远规划自行考虑是否让步，是否同意调解员或对方提出的调解方案，聘请律师的需求并不大。

商事调解在解决商事纠纷方面凸显的优势，使其可以适用于解决专业度高、数额较大、涉及面广或者长期纠纷的商事争议。随着全球化和市场经济的发展，商事调解作为一种友好、私密、高效、低成本的争议解决方式，在大湾区内将会越来越受到重视，并被更广泛地应用于商事争议解决。

---

① 参见《广州市中级人民法院2019年工作报告》，载广州审判网，https://www.gzcourt.gov.cn/fybg/2019/03/08114343707.html。

② 参见《广州市中级人民法院2020年工作报告》，载广州审判网，https://www.gzcourt.gov.cn/fybg/2021/02/20100453783.html。

③ 参见《广州市中级人民法院2021年工作报告》，载广州审判网，https://www.gzcourt.gov.cn/fybg/2021/02/20100543518.html。

三、大湾区商事调解发展现状

在粤港澳大湾区中，香港的商事调解起步较早，在全国处于遥遥领先的地位，澳门与内地商事调解起步较晚，内地九市近年对商事调解制度的推行力度不断加大，纷纷设立商事调解机构。

基于香港是高度发达的经济体，具有稳健的法律制度，香港商事调解发展很早。1994 年，香港国际仲裁中心下属的香港调解会（Hong Kong Mediation Council Limited）设立。1999 年，香港首家被政府认可为慈善机构的专业调解机构香港和解中心（Hong Kong Mediation Centre）设立。香港调解会与香港和解中心自设立以来调解处理了大量商事争议。香港已建立完善的商事调解运行与监管体系，其中包括《调解条例》《道歉条例》《香港调解守则》《2017 年仲裁及调解法例》《实务指示 31》《实务指示 6. 1》，香港调解员的资格取得也有着明确的条件和流程。近年，香港着力于建设亚太区国际法律和争议解决服务中心，频繁通过行业培训、论坛、座谈会、自媒体文章等多种途径不遗余力地宣传推广多元化争议解决，也使香港调解的优势被更多人关注和认可。

内地九市的商事调解目前尚处于发展初期。2014 年，中国国际贸易促进委员会及东莞市人民政府批准设立东莞市商事调解中心，这是由中国国际贸易促进委员会东莞市委员会作为业务主管单位的非营利性社团法人组织。同年，深圳市蓝海法律查明和商事调解中心成立，这是在深圳市民政局注册登记的民办非企业单位，由深圳市司法局作为业务指导单位。2020 年，广州市司法局、广州市律师协会共同刊办广州国际商贸商事调解中心，同年，深圳市前海“一带一路”法律服务联合会发起创办深圳市前海国际商事调解中心，它是经深圳市民政局准予登记设立的专门从事商事调解服务的民办非企业单位，由深圳市司法局、深圳市前海管理局、中国国际贸易促进委员会深圳市委员会作为业务主管单位，调解中心面向国内外企业、机构等商事主体提供市场化商事纠纷调解服务，重点解决粤港澳大湾区和“一带一路”建设在贸易、投资、金融、知识产权、房地产、工程建设、海商海事等领域的跨境及国际商事争议。2021 年，中山市律正商事调解中心成立。2022 年，肇庆市正兴商事调解中心成立。2023 年，中国人民银行珠海市中心支行、珠海市司法局、珠海市涉外公共法律服务中心、横琴珠港澳（涉外）公共法律服务中心、珠海市金融消费权益保护联合会、珠海市金融纠纷人民调解委员会共建的金融纠纷横琴（粤澳）调解中心在珠海市涉外公共法律服务中心揭牌。内地九市商事调解机构设立较晚，受理的商事调解案件数量仍比较少。随着独立商事调解机构纷纷设立，商事调解作为商事争议解决的主要方式之一，将会受到更多商业人士的认可。

为推动粤港澳三地法律服务规则衔接和机制对接，推动大湾区高质量发展，粤港澳三地法律部门联席会议（成员单位：广东省司法厅、香港特区政府律政司、澳门特区政府行政法务司）于 2021 年 12 月 30 日发布了《粤港澳大湾区调解员资格资历评审标准》《粤港澳大湾区调解员专业操守最佳准则》，于 2022 年 12 月 30 日发布了《粤港澳大湾区跨境争议调解示范规则》。这三项规则文件对跨境争议范畴、调解程序、调解员选定或指定、调解员义务、调解收费、调解期限等进行统一规范。上述规则的发布是粤港澳三地商事调解制度协同发展的里程碑事件，为粤港澳大湾区的调解制度建设确立了框架指引。

大湾区商事调解组织的蓬勃发展，得益于国家政策对商事调解制度的重视及对大湾区法治建设有力支持。2019 年 2 月，中共中央、国务院印发《粤港澳大湾区发展规划纲要》，其中提出要推动建立共商、共建、共享的多元化纠纷解决机制，完善国际商事纠纷解决机制。2019 年 7 月，广东省委员会、广东省人民政府印发《关于贯彻落实〈粤港澳大湾区发展规划纲要〉的实施意见》，第 49 条明确提出要“建设集国际商事调解、域外法律查明于一体的国际商事调解中心，争取国家支持探索推动香港国际仲裁机构在前海设立分支机构，联动香港打造国际法律服务中心和国际商事争议解决中心”。2019 年 12 月 30 日，广东省高级人民法院、广东省司法厅联合印发《广东自贸区跨境商事纠纷调解规则》（粤高法〔2019〕160 号），规则适用于广东自贸区内涉粤港澳三地跨境商事纠纷的调解，明确商事调解协议可由人民法院进行司法确认，经人民法院确认后的商事调解协议，与裁判文书具有同等法律效力。尽管此规则只适用于广东自贸区内粤港澳三地跨境商事纠纷，但这是广东省高级人民法院首次出台关于商事调解的规则，对大湾区商事调解的发展有着重要意义。

在国家和广东省都出台政策鼓励建立多元化纠纷解决机制，建设国际商事争议解决机构的背景下，深圳市在 2022 年 3 月 28 日通过了《深圳经济特区矛盾纠纷多元化解条例》，条例第四章对商事调解的适用范围、商事调解组织的设立、收费、调解员义务、行业监督等方面进行了具体规定，为深圳地区商事调解的发展提供了法规保障。这也为大湾区其他内地八市推进商事调解的立法提供了有益参考。

四、《新加坡调解公约》对大湾区商事制度发展的启示

《新加坡调解公约》的全称为《联合国关于调解所产生的国际和解协议公约》，它由联合国国际贸易法委员会拟订，于 2018 年 12 月经联合国大会会议审议通过，于 2019 年 8 月 7 日由中国、美国、印度等 46 个国家在新加坡签署，并于 2020 年 9 月 12 日正式生效。中国是《新加坡调解公约》的主要制订国以及首批签署国之一。《新加坡调解公约》共 16 条，主要针对经调解产生的国际和解协议的执行问题进行了规定。《新加坡调解公约》为各国家及地区构建商事调解立法提供了框架参考，它界定了所适用的和解协议范围，也明确了不能被执行的和解协议情形，设置了当事人的救济途径。公约规定，必须是具有国际性的商事和解协议，且协议没有违反当事方所在国的公共政策和法律规定的，才能根据此公约申请执行。如果当事人认为和解协议不应当被执行，那么该当事人应当向主管机关提供相关的证明。

然而，我国还没有正式制订商事调解的专门法律，未将商事和解协议列为可直接执行的法律文书，在司法实践中一般将和解协议视为相当于民事合同的一种法律文件。尽管广东省高级人民法院、广东省司法厅在 2019 年 12 月 30 日联合印发的《广东自贸区跨境商事纠纷调解规则》规定经人民法院确认后的商事调解协议与裁判文书具有同等法律效力，这是国内对于商事调解规则的一个探索，但《新加坡调解公约》并不要求调解协议要获得法院的司法确认。我国目前尚未具备批准《新加坡调解公约》的条件。直至今日，中国尚未正式批准《新加坡调解公约》。

笔者认为，《新加坡调解公约》对大湾区商事制度发展的启示在于，和解协议如果可以直接作为被执行的法律文书，或者转化为可被执行的法律文书的程序比较简捷，那么商事调解的吸引力将会大幅增强。《新加坡调解公约》适用于国际性的商事和解协议，而国内涉港澳的纠纷历来按照涉外纠纷来处理，因此，在粤港澳大湾区内，可率先尝试推进经过粤港澳大湾区依法成立的调解机构促成的调解协议在经过简易的司法确认后，可向法院申请执行。

五、大湾区商事调解制度的完善建议

大湾区由于存在3个法域，商事调解制度的推进也需要考虑3个地区各自的商事调解法律体系的现状，统筹推进3个区域政府、司法机构及调解机构的充分沟通、紧密协作，促进三地调解规则的对接与融合。

（一）加强商事调解的宣传推广

加强对商事调解的宣传和推广，是为了让更多争议当事人了解和认可商事调解，让商事调解成为一种文化，而不仅仅是一种争议解决的工具。中国有着两千多年的儒家文化，崇尚“仁、义、礼、智、信”，且在人民调解领域已经有丰富的经验。中国良好的传统文化氛围是有助于商事调解的推广的。宣传和推广商事调解，可以在政府、法院、律协和公司法务等多个机构、组织同时进行，使社会各阶层尤其是法律界、商界人士更深入了解和认可商事调解，进而选择商事调解。具体的宣传和推广可以通过举办调解相关讲座论坛，加大媒体宣传，举办调解比赛等多种方式展开。

（二）完善地区商事调解立法

目前，香港地区已有专门的《调解条例》，内地仍未制定关于商事调解的法律。近年来，国内呼吁出台商事调解专门法律的声音不断。笔者认为，在全国层面出台商事调解的专门法律是有必要的。在我国尚未出台商事调解专门法律的情况下，大湾区内地九市可以尝试制定区域内关于商事调解的统一地方性法规。《深圳经济特区矛盾纠纷多元化解条例》是推动商事调解地方立法的一个很好的开端，尽管该条例只适用于深圳地区，且该条例规范的是和解、调解、信访、行政裁决、行政复议、仲裁、诉讼等化解矛盾纠纷的多种方式，并不仅仅针对商事调解，但该条例把商事调解和人民调解、劳动争议调解、行政调解用不同章节规定，对商事调解的适用范围、调解组织设立、调解收费、信息公开、保密义务、政府监管、行业自律管理等进行了系统规定，赋予了商事调解独立的法律地位，具有一定的创新意义。如果在大湾区的内地九市制定关于商事调解的专门法规，明确商事调解的适用范围、收费、具体流程、行业管理、调解员的认证、三地调解协议的相互认可等事项，建立涉港澳商事调解协议的执行机制，商事调解的应用将会更加普遍，将会成为商事仲裁、商事诉讼的有益补充。

（三）制定调解员资格认定的专业标准

调解员的专业水平会直接影响争议当事人是否选择以调解来解决争议。作为一名调解员，不仅要掌握一定的法律知识，还要了解基本的商业逻辑，具备一定的心理学、行为学及沟通技巧等。香港的调解能够成为大量商业人士解决争议的首选方式，与香港拥有一批熟练掌握多门语言，熟悉普通法与大陆法规则，了解商业运营逻辑的高水平的专业调解员有着很大关系。早在 2012 年 8 月，香港国际仲裁中心及香港和解中心就与香港律师会、香港大律师公会共同创建了香港调解资历评审协会有限公司，这是一个由业界主导，负责资格评审和处理纪律审裁事宜的单一调解员资格评审组织，目前已有超过 2000 名认可调解员。2021 年 12 月 31 日，粤港澳三地法律部门联席会议发布《粤港澳大湾区调解员资格资历评审标准》，也为粤港澳三地调解员资格的评审提供了概要指引。借鉴香港的经验并结合《粤港澳大湾区调解员资格资历评审标准》，大湾区内地九市也可以设立一个专门的调解员资格评审组织，制定调解员资格认定的专业标准与评审细则，以保障商事调解机构的调解员是专业的，可以胜任商事调解工作。与此同时，还应当构建香港、澳门与内地九市的商事调解员资格互认的制度，使三地调解员可以跨地区进行执业。

（四）加强对商事调解员的执业纪律监督

调解员的职业操守同样是影响争议当事人是否选择调解的重要因素。在调解过程中，调解员一般会分别单独和争议双方进行沟通，了解其具体诉求和顾虑，但不一定会把一方的意见如实全部反映给另一方。如调解员为了促使双方尽快达成和解协议，就有可能隐瞒一些对客户而言非常重要的信息。为了避免类似的道德风险，制定一套完善的调解员执业纪律规范，加强对调解员的执业纪律监督，对于培养出一批专业水平过硬、道德操守良好的高素质调解员是非常必要的。

（五）促进调解机构的相互学习和交流

目前，香港的商事调解制度已经非常成熟，而澳门与内地九市的调解机构大部分近年才设立，地区发展并不均衡。加强调解机构之间尤其是香港、澳门与内地九市调解机构的相互学习交流，有助于各地调解机构借鉴先进经验，完善内部治理，优化调解规则及调解员选聘机制，也有助于商事调解的宣传推广。

粤港澳大湾区是我国经济活力最强的区域之一，也是开放程度最高的区域之一，有着商事调解发展的良好土壤。相信随着商事调解法律体系的进一步完善，商事调解机构治理持续优化，调解员综合素质越来越高，商事调解将会成为越来越多粤港澳大湾区商业人士的首选争议解决方式。

第三篇　大湾区对外贸易及投融资并购问题

中国自由贸易试验区制度创新回顾与展望

曹阳辉

一、引言

2023年是我国自由贸易试验区建设10周年。2013年9月29日，中国第一个自贸区在上海挂牌运行，标志着中国自贸区的发展进入了全新的阶段，即由经济特区向自贸区转变，由单一的经济政策优惠向全方位的制度创新转变。10年间，我国先后分8批部署设立了22个自贸区①，总面积从最初不到30平方公里发展到36，831.93平方公里，形成了覆盖东西南北中，统筹沿海内陆沿边的改革开放创新格局。

自由贸易区也称大自贸。它是我国与其他国家和地区通过签署自由贸易协定，形成的跨越关境的双边或多边贸易自由化区域，是我国延伸出去的对外经贸网络。目前，我国已签署19个自由贸易协定②，1个优惠贸易安排③，

① 22个自贸区及设立时间分别为：上海（2013年9月，2015年4月和2019年7月两次扩容），天津、福建和广东（2015年4月），重庆、湖北、河南、浙江（2020年9月扩容）、陕西、四川、辽宁（2017年4月），海南（2018年10月），山东、江苏、广西、河北、云南、黑龙江（2019年8月），北京、湖南和安徽（2020年9月）以及新疆（2023年10月）。

② 中国—厄瓜多尔，中国—尼加拉瓜，中国—柬埔寨，中国—毛里求斯，中国—马尔代夫，中国—格鲁吉亚，中国—澳大利亚，中国—韩国，中国—瑞士，中国—冰岛，中国—哥斯达黎加，中国—秘鲁，中国—新西兰（含升级），中国—新加坡（含升级），中国—智利（含升级），中国—巴基斯坦（含第二阶段），中国—东盟（含10+1升级），内地与港澳更紧密经贸关系安排（CEPA），《区域全面经济伙伴关系协定》（RCEP）。

③ 《亚太贸易协定》。

正在谈判 10 个自由贸易协定[①]，正在研究 8 个自由贸易协定[②]。

自贸试验区也称小自贸（以下简称自贸区），是在我国境内设立的，实施特殊政策制度的特定区域。设立自贸区的初心就是在小自贸这个试验田率先建立同国际经贸规则相衔接的制度框架，为我国参与新一轮大自贸谈判进行准备，以开放促改革。换言之，设立小自贸的战略意图是通过先行先试，为不断扩大的高标准大自贸网络提供压力测试和风险释放平台。

二、自贸区的制度创新的主要内容

中国自贸区的设立，旨在通过制度创新推动经济结构调整和转型升级，提高对外开放水平，同时，自贸区也是我国深化改革，扩大开放的重要平台，是推动经济高质量发展的重要引擎。22 个自贸区的总体方案均明确将制度创新作为核心任务。

到 2023 年，在国家层面，自贸区累计总结提炼形成了 302 项制度创新成果向全国复制推广，包括以国务院发函等方式集中复制推广的自贸区改革试点经验，国务院自贸区工作部际联席会议办公室（设在商务部）总结印发供各地借鉴的最佳实践案例，以及各部门自行复制推广的改革试点经验；在地方层面，各地结合自身发展实际，自主推广 2800 余项制度创新成果，充分发挥了改革开放试验田作用。

我国自贸区的制度创新主要体现在以下几个方面。

（一）转变政府职能的制度创新

政府职能转变，经历了改革创新政府管理方式，按照国际化、法治化的要求，积极探索建立与国际高标准投资和贸易规则体系相适应的行政管理体系，推进政府管理由注重事先审批转为注重事中、事后监管。

累计推出的创新制度主要有：社会信用体系，信息共享和综合执法制

---

① 中国—海合会，中日韩，中国—斯里兰卡，中国—以色列，中国—挪威，中国—摩尔多瓦，中国—巴拿马，中国—韩国（第二阶段），中国—巴勒斯坦，中国—秘鲁（升级）。

② 中国—哥伦比亚，中国—斐济，中国—尼泊尔，中国—巴新，中国—加拿大，中国—孟加拉国，中国—蒙古国，中国—瑞士（升级）。

度，企业年度报告公示和经营异常名录制度，社会力量参与市场监督制度，引入中介机构开展保税核查、核销和企业稽查，海关企业进出口信用信息公示制度，企业送达信息共享机制，边检服务掌上直通车，简化外锚地保税燃料油加注船舶入出境手续，国内航行内河船舶进出港管理新模式，外锚地保税燃料油受油船舶便利化海事监管模式，保税燃料油供油企业信用监管新模式，海关企业注册及电子口岸入网全程无纸化，“委托公证 + 政府询价 + 异地处置”财产执行“云处置”模式，多领域实施包容免罚清单模式，海关公证电子送达系统，商事主体信用修复制度，融资租赁公司风险防控大数据平台，大型机场运行协调新机制，工程建设项目审批统一化、标准化、信息化，出口货物检验检疫证单云签发平台，航空货运电子信息化，证照分离，企业专属网页政务服务，集成化行政执法监督体系，“关检一站式查验平台 + 监管互认”等。

（二）投资领域的制度创新

负面清单。2013 年 7 月，中美第五轮战略与经济对话在华盛顿举行，双方达成共识，以准入前国民待遇加负面清单模式为基础进行投资协定实质性谈判。中央设立自贸区，一个重要的目的就是试验负面清单管理模式。外商投资准入负面清单于 2017 年推向全国。与 2013 年相比，目前我国外商投资准入负面清单缩减幅度超过 80%，在各个领域的开放水平均有大幅提升：在农业方面，仅种业领域尚有部分限制；在制造业方面，自贸区负面清单制造业条目清零，实现全面开放；在服务业方面，在更多领域允许外资控股或独资经营。

自 2013 年以来，自贸区版的外商投资准入负面清单经过 7 次缩减，从 2013 年的 190 项减少到如今的 27 项，制造业条目已经归零，服务业开放持续扩大。2021 年，海南自由贸易港跨境服务贸易负面清单出台，在专业服务、交通服务、金融服务等领域作出了水平较高的开放安排，实现了跨境服务贸易管理模式的根本性改革。

从 2013 年起，我国开始探索建立负面清单管理模式（上海自贸区），实施自贸区外商投资负面清单制度，减少和取消对外商投资准入限制，提高开放度和透明度（广东自贸区），对外商投资实行准入前国民待遇加负面清单管理制度，着力构建与负面清单管理方式相适应的事中事后监管制度（辽宁自贸区、河南自贸区、重庆自贸区），完善投资促进和保护机制（2019年批复的山东等6个自贸区），全面落实外商投资准入前国民待遇加负面清单管理制度（北京自贸区、湖南自贸区），推动投资自由化、便利化，切实保障外商投资企业依法公平参与政府采购、招投标、标准制定等事项（新疆自贸区）。

累计推出的创新制度主要有：外商投资广告企业项目备案制，涉税事项网上审批备案，税务登记号码网上自动赋码，网上自主办税，纳税信用管理的网上信用评级，组织机构代码实时赋码，企业标准备案管理制度创新，取消生产许可证委托加工备案，企业设立实行单一窗口等，负面清单以外领域外商投资企业设立及变更审批改革，税控发票领用网上申请，企业简易注销，船舶证书"三合一"并联办理，国际船舶登记制度创新，对外贸易经营者备案和原产地企业备案"两证合一"，低风险生物医药特殊物品行政许可审批改革，一般纳税人登记网上办理，工业产品生产许可证"一企一证"改革，公证"最多跑一次"，自然人"一人式"税收档案，网上办理跨区域涉税事项，优化涉税事项办理程序，压缩办理时限，企业名称自主申报制度，出版物发行业务许可与网络发行备案联办制度，绿色船舶修理企业规范管理，电力工程审批绿色通道，以三维地籍为核心的土地立体化管理模式，不动产登记业务便民模式，增值税小规模纳税人智能辅助申报服务，证照"一口受理、并联办理"审批服务模式，企业"套餐式"注销服务模式，医疗器械注册人委托生产模式，工程建设项目审批统一化、标准化、信息化，出口货物检验检疫证单"云签发"平台，航空货运电子信息化。

（三）贸易便利化的制度创新

服务贸易的制度创新以跨境服务贸易负面清单管理模式为代表。

商务部《海南自由贸易港跨境服务贸易特别管理措施（负面清单）（2021年版）》是国家在跨境服务贸易领域的首张负面清单。这张负面清单对接高标准国际经贸规则，是对服务贸易管理模式的重大突破，是一项制度型开放安排，开放度不仅超过我国加入世贸组织时的承诺，也高于目前我国已生效的主要自贸协定相应领域的开放水平。

累计推出的制度创新主要有：全球维修产业检验检疫监管，中转货物产地来源证管理，检验检疫通关无纸化，第三方检验结果采信，出入境生物材料制品风险管理，依托电子口岸公共平台建设国际贸易单一窗口，推进单一窗口免费申报机制，国际海关经认证的经营者（AEO）互认制度，出境加工监管，企业协调员制度，原产地签证管理改革创新，国际航行船舶检疫监管新模式，免除低风险动植物检疫证书清单制度，扩大内地与港澳合伙型联营律师事务所设立范围，国际船舶运输领域扩大开放，国际船舶管理领域扩大开放，国际船舶代理领域扩大开放，国际海运货物装卸，国际海运集装箱场站和堆场业务扩大开放，跨部门一次性联合检查，保税燃料油提供服务船舶准入管理新模式，先放行、后改单作业模式，铁路运输方式舱单归并新模式，海运进境集装箱空箱检验检疫便利化措施，入境大宗工业品联动检验检疫新模式，国际航行船舶供水"开放式申报+验证式监管"，进境保税金属矿产品检验监管制度，外锚地保税燃料油受油船舶"申报无疫放行"制度，"融资租赁+汽车出口"业务创新，飞机行业内加工贸易保税货物便捷调拨监管模式，跨境电商零售进口退货中心仓模式，进出口商品智慧申报导航服务，冰鲜水产品两段准入监管模式，货物贸易"一保多用"管理模式，边检行政许可网上办理。

（四）金融领域的制度创新

从建立与自贸区相适应的外汇管理体制，全面实现贸易投资便利化开始（上海自贸区），推动跨境人民币业务创新发展，推动自贸区与港澳地区开展双向人民币融资等，推动适应粤港澳服务贸易自由化的金融创新（广东自贸区），减少对境外投资者资质要求、股权比例、业务范围等准入限制，推进租赁业政策制度创新，设立天津租赁平台，推进租赁资产公示等试点（天津自贸区）。

累计推出的制度创新主要有：个人其他经常项下人民币结算业务，外商投资企业外汇资本金意愿结汇，银行办理大宗商品衍生品柜台交易涉及的结售汇业务，直接投资项下外汇登记及变更登记下放银行办理等，保理公司接入央行企业征信系统，分布式共享模式实现“银政互通”，绿色债务融资工具创新，知识产权证券化，跨境人民币全程电子缴税，对外承包工程类优质诚信企业跨境人民币结算业务便利化，证券、期货、基金境外金融职业资格认可机制，动产质押融资业务模式，科创企业票据融资新模式，知识产权质押融资模式创新。

总之，自2013年以来，我国在投资便利化、贸易便利化、金融开放创新、事中事后监管等制度方面，不断推出创新成果，体现了自贸区聚焦市场主体关切，对标高标准国际经贸规则，构建开放型经济新体制的成功实践，推动了贸易、投资、金融等领域管理制度的进一步优化和开放水平的不断提升，带动了全国范围内营商环境市场化、国际化、法治化水平的持续进步。

三、自贸区的制度创新的主要特点

（一）实效性显著

各自贸区坚持问题导向，聚焦市场主体关切和诉求，打通难点堵点，不断优化营商环境。目前，商事登记最多跑一次实现100%覆盖；一般企业投资项目前期审批缩减到35个自然日，工程建设项目审批制度改革成为全国样板；建成全国首个船舶无纸化通关口岸，船舶通关时间压减到2小时。这些成果切实服务了企业，释放了改革红利。

天津自贸区开展异地委托监管等保税租赁海关监管创新，显著降低企业成本；吸引多家租赁公司在区内集聚，飞机、船舶租赁业务占全国逾80%。浙江自贸区进一步优化国际航行船舶境内续驶进出港口岸监管流程，实现国际航行船舶转港申报数据复用，有效提升国际船舶进出口岸效率；改革创新后，舟山口岸油船进港手续申报仅用5分钟，申报数据项简化了2/3以上。连云港片区实施“中欧班列保税+出口货物集装箱混拼”新模式，解决了原来中欧班列保税转口离境货物和国内一般贸易出口货物不能混拼发运的问题，满足了货主对小额商品通过铁路班列出口中亚及欧洲等地的迫切需求，为企业节省物流成本70%以上，节约发运等待时间15天以上。

（二）差异化发展

按照中央赋予的战略定位，结合区位特点开展创新。在东部，各自贸区加速集聚优质要素资源，带动新产业、新模式发展。在中西部，各自贸区着力打造内陆对外开放门户，通过内陆畅通对外开放通道。沿边地区找准与周边国家和地区的互补优势，探索跨境贸易、跨境物流、双向投资。

自贸区以创新突破产业发展瓶颈，推动优势产业集聚发展，如上海的集成电路、广东的现代金融、天津的融资租赁、福建的航空维修、浙江的油气产业、江苏的生物医药、湖南的工程机械都已经形成具有国际影响力的产业集群，成为高质量发展的示范者和引领者。

北京自贸区围绕京津冀协同发展需要，建设京津冀国家技术创新中心，打造京津冀联动的全球化协同创新服务模式；与天津自贸区、河北自贸区签署战略合作框架协议，为京津冀协同发展新路径提供机制保障。

湖南自贸区立足中部崛起战略，着力打造联通长江经济带和粤港澳大湾区的国际投资贸易走廊，发展湘港澳直通物流链，打造郴州国际内陆港和粤港澳大湾区保税货物中西部集散第一站。

安徽自贸区在“一带一路”共建国家布局投资项目，通过核心技术和成套生物设备输出，带动国际产能合作。

海南自贸港建设虽然起步晚，但追赶的脚步不停。几年来，我国重点加快构建自贸港政策制度体系，出台实施了放宽市场准入特别措施、外商投资准入负面清单、跨境服务贸易负面清单、两个15%所得税等早期收获政策，配合编制出台了《海南自由贸易港法》；稳步推进极简行政审批改革、行政管理体制改革、人才发展体制机制改革等领域的改革，着力推动制度集成创新等措施。

为推动国企改革，辽宁自贸区在事业单位转企业体制改革的背景下，以沈阳国际工程咨询集团为试点，通过事转企—混合所有制改革—高科技行业转型的三级跳战略，集团经营效率明显提升，成为东北地区同类国有企业中的排头兵，也为我国国有企业体制改革探索了一条新路。

浙江自贸区复制推广至全国的创新涉及油品、铁矿石、粮食等大宗商品领域，系统构建了浙江自贸区以大宗商品为特色，“综合 + 专业”的事中事后监管体系。特别是在船用保税燃料油加注方面，浙江自贸区进行了全流程的改革探索，累计形成 39 项制度创新成果，涵盖资质许可、技术规范等环节。舟山成为全国最大加油港，并首次跻身全球前十大船供油港口行列。目前，国内外保税油加注龙头企业在舟山集聚，区域内保税油结算量占全国一半，并逐步打造船供油舟山价格。

作为我国在沿边地区布局的自贸区，广西、云南、黑龙江自贸区找准与周边国家和地区的互补优势，探索跨境贸易、跨境物流、双向投资，服务“一带一路”建设。

（三）注重复制推广

总结出来的新的试点经验，由国务院发展研究中心等第三方机构进行评估之后，形成可复制改革试点经验建议进行推广。

各自贸区的总体方案均以可复制、可推广为基本要求，把建设发展中积累的很多成功试点经验向全国复制推广，与各地分享改革红利和开放成果，一项项制度创新从自贸区这个开放新高地复制到全国，促进我国构建起全方位、高水平的对外开放新格局。

在上海自贸区运行后的一年之内，各个部门陆续总结推广了 27 项改革试点的经验，同时在上海自贸区试行一年以后，商务部会同上海市和有关部门进行了一次全面的阶段性总结，形成了 34 项试点经验，以国务院文件的形式印发全国进行第一批复制推广。2015 年 2 月，国务院成立了自贸区工作部际联席会议制度，联席会议办公室会同相关部门总结自贸区创新性强、市场主体受益多、反映好的做法，形成了多批最佳实践案例。

在国家层面，先后出台国务院《关于支持自由贸易试验区深化改革创新若干措施的通知》（2018 年）、国务院《关于在自由贸易试验区开展“证照分离”改革全覆盖试点的通知》（2019 年）、国务院《关于支持中国（浙江）自由贸易试验区油气全产业链开放发展若干措施的批复》（2020 年）、《关于推进自由贸易试验区贸易投资便利化改革创新的若干措施》（2021 年）等政策文件，对专项问题进行总结和推广。

到2023年，在国家层面，自贸区累计总结提炼形成了302项制度创新成果向全国复制推广；在地方层面，各地结合自身发展实际，自主推广2800余项制度创新成果，充分发挥了改革开放试验田作用。

复制推广的形式多样，包括自贸区所在省市在省级权限范围内在本省市其他区域复制推广试验成熟的制度创新成果，自贸区周边区域或其他省市同步自主推广，没有设立自贸区的省区主动学习借鉴等。

以政府审批方面的单一窗口制度为例，从2013年推行一口受理、综合审批和高效运作的服务模式（上海自贸区），2015年的一口受理、同步审批（广东自贸区），一颗印章管审批，一支队伍管执法（天津自贸区），2017年的单一窗口、多证合一、一照一码（浙江自贸区、河南自贸区、湖北自贸区），一窗受理、协同审批（四川自贸区），一口受理、并联审批（陕西自贸区），2018年推行极简审批改革（海南自贸港），2019年推行极简审批、不见面审批（服务），深化一次办好改革，“互联网+政务服务”（山东自贸区、江苏自贸区、广西自贸区），一部手机办事通（云南自贸区），政务服务最多跑一次（黑龙江自贸区），2020年开始的一业一证，一件事一次办（湖南自贸区），以全国审批事项最少，办事效率最高，投资环境最优，市场主体和人民群众获得感最强为目标，营造四最营商环境（安徽自贸区），到2023年的数字政府建设（新疆自贸区），体现了自贸区边试点、边总结、边推广的务实做法。

四、自贸区的制度创新的展望：以对标国际规则为突破口

（一）自贸区的制度创新的主要问题和挑战

进入新时代，国内外形势发生深刻变化，受全球技术变革、国际治理体系变化、大国战略博弈等诸多因素影响，全球化进程受阻，国际经贸规则加速重构，大国竞争和技术变革重塑产业链、供应链，安全问题更加凸显，数字化、绿色化成为国际经贸新趋势。自贸区建设面临诸多挑战，包括需要进一步提高开放水平，加强创新，进一步优化营商环境，加强辐射带动。而自贸区的制度创新存在以下问题。

第一，改革较为同质化、浅层化，缺乏制度创新识别与设计，自贸区以优化营商环境为导向的制度创新重点围绕在通关便利，简化政府监管流程，互联网技术应用等方面，在释放自贸区辐射带动经济发展功能方面缺乏深层机制建构。

第二，营商环境综合提升优化缺乏精细化、定制化建设方案，部分自贸区存在政务服务系统集成与地方管理体制协调不畅的问题，部门数据共享问题较为突出，营商环境存在痛点、堵点与难点。

第三，对标前沿国际规则有待进一步提升，主要体现在自贸区应对开放的压力测试和风险测试不足，在知识产权、政府采购、数字贸易等方面对接高标准国际贸易规则具有滞后性，同时开放性配套政策协调性有限。

（二）未来的发展前景展望

展望未来，自贸区未来应深化改革，完善自贸区政策体系，加强国际合作，提升国际影响力。我国目前对接的先进国际规则主要包括 WTO 规则、世界银行营商环境指标体系、《全面与进步跨太平洋伙伴关系协定》（Comprehensive and Progressive Agreement for Trans – Pacific Partnership，CPTPP）、《数字经济伙伴关系协定》（Digital Economy Partnership Agreement，DEPA）以及《区域全面经济伙伴关系协定》（Reginal Comprehensive Economic Partnership，RCEP）等。

CPTPP 于 2018 年 12 月 30 日正式生效，至 2023 年 11 月共有 11 个成员国[①]，中国于 2021 年 9 月 16 日正式提出申请加入 CPTPP，另外英国也申请加入该协定。中国商务部已对 CPTPP 的 2300 多项条款进行了深入、全面的研究和评估，并梳理了中国加入 CPTPP 需要实施的改革措施和需要修改的法律法规。

DEPA 于 2020 年 6 月 12 日线上签署，目前成员国为新加坡、智利、新西兰 3 国，中国于 2021 年 11 月 1 日正式提出申请加入 DEPA。DEPA 是一

① 澳大利亚、文莱、加拿大、智利、日本、马来西亚、墨西哥、新西兰、秘鲁、新加坡、越南。

个比较新且成员国的经济体量相对较小，但也是全球第一个关于数字经济的重要规则安排，是在现有贸易和投资协定之外单独提出的关于数字经济的协定，其中的诸多内容都代表目前该领域的最高标准。

RCEP 于 2022 年 1 月 1 日生效，成员国包括中国、日本、韩国、澳大利亚、新西兰和东盟 10 国等 15 个国家。商务部已经会同有关部门梳理了在 RCEP 中涉及的 701 条约束性义务，包括关税减让、海关程序简化、原产地规则技术准备、产品标准、服务贸易开放措施、投资负面清单承诺、知识产权全面保护承诺以及行政措施和程序合规等，要严格实施与 RCEP 强制性义务对应的国内法律法规。

3 个协定有共同之处，尤其是 CPTPP 和 RCEP 均对货物的国民待遇和市场准入、原产地规则和原产地程序、海关管理和贸易便利化、贸易救济、卫生和植物卫生措施、技术性贸易壁垒、投资、跨境服务贸易、金融服务、人员临时入境、电子商务、知识产权等进行规定。国务院出台《关于在有条件的自由贸易试验区和自由贸易港试点对接国际高标准推进制度型开放若干措施》（国发〔2023〕9 号），在上海、广东、天津、福建、北京自贸区和海南自由贸易港，聚焦若干重点领域试点对接国际高标准经贸规则，提出 6 个方面 33 项措施。这些措施大部分是选取了上述 3 个协定的部分制度和标准进行先行先试，如表 1 所示。

表 1　三个协定的部分制度和标准

国发〔2023〕9 号文	CPTPP	RCEP	DEPA
再制造产品进口	第 2.11 条		
原产地证书微小差错问题	第 3.22 条	第三章第 26 条	
海关预裁定展期	第 5.3 条	第四章第 10 条	
空运快运货物抵达后 6 小时内放行	第 5.7 条	第四章第 15 条	第 2.6 条
关于境外评估机构	第 10.6 条	第八章第 11 条	
进口产品的供应商符合性声明	第 8.9 条		
葡萄酒进口标签问题	附件 8 – A		
新金融服务	第 11.7 条		

续表

国发〔2023〕9号文	CPTPP	RCEP	DEPA
个人跨境购买境外金融服务	第11.6条		
境外专业人员提供服务	第10.8条		
随行配偶和家属临时入境	第10.8条	第九章第3条	
源代码问题	第14.17条		
在线消费者保护	第14.7条		
资金转移	第9.9条		
政府限制性招标	第15.10条		
专利申请信息公布	第18.45条		
知识产权临时措施	第18.75条		
提高环境绩效的自愿性机制	第20.11条		
企业社会责任	第20.10条		

应该注意到，除前述3个协定之外，我国还签署了其他国际协定，尤其是19个自贸协定和1个优惠贸易安排。我国在进行对标有关协定、制度创新的时候，应注意在各协定下的义务，避免不协调甚至矛盾的地方。

发展数字经济是多个自贸区的功能定位之一。2017年批复的陕西自贸区提出数字出版，2019年批复的山东、江苏自贸区和临港新片区提出加快发展数字化贸易，广西、云南自贸区提出发展数字经济，河北自贸区提出建设数字商务发展示范区，2020年批复的几个自贸区更进一步，分别侧重于创新数字经济发展环境（北京自贸区），打造数字经济发展示范区（浙江自贸区），促进制造业数字化、智能化转型（湖南自贸区），设立国家数字服务出口基地和打造数字化制造外包平台（安徽自贸区），2023年批复的新疆自贸区则提出要率先推进数字政府建设，加快数字基础设施建设，构建综合数字服务平台，加快企业数字化转型。

在数字经济方面，CPTPP和RCEP均涵盖无纸化贸易、电子传输免关税、电子认证和签名、个人信息保护、跨境数据流动、网络安全、线上消费者保护、计算设施的位置等内容，CPTPP还引入数字产品非歧视、源代码保护等议题，DEPA则在此基础上进一步就商业和消费者信任、数字身份、新兴趋势和技术、创新与数字经济、中小企业合作、数字包容等内容作出规定。

尤其是在数字经济的国内监管框架方面，3 公约均要求各缔约方应当在考虑《联合国国际贸易法委员会电子商务示范法》（1996 年）、《联合国国际合同使用电子通信公约》（2005 年）或其他适用于电子商务的国际公约和示范法的基础上，采取或维持监管电子交易的法律框架，并应当努力避免对电子交易施加任何不必要的监管负担（RCEP 第十二章第 10 条，DEPA 第 2. 3 条），DEPA 则进一步明确要求各缔约方应努力采用《联合国国际贸易法委员会电子可转让记录示范法》（2017 年）。

上述协定所规定的内容，有些在我国已经发展较为成熟，有些则尚为空白或者很少涉及。CPTPP、DEPA 符合中国数字经济发展和新一轮高水平对外开放大方向，对中国稳步推进制度型开放，加快建设数字贸易强国，提升在数字贸易规则领域的国际话语权具有重要意义。对标这些高标准的制度，可作为我国数字经济制度创新的出发点和目标。

五、结语

党的二十大报告提出，实施自贸区提升战略。对此，将按照党中央的统筹部署，推动加大赋权力度，把更多改革事项优先放到自贸区试点；提升开放水平，高标准对接国际经贸规则，持续提高市场准入水平；增强发展动能，鼓励各自贸区聚焦特色重点产业开展全链条集成创新，打造更多具有全球影响力的现代产业集群。

国有企业境外投资法律实务要点解析

——以投资香港为例

黄志勇

一、引言

根据我国商务部、国家统计局和国家外汇管理局最近一次发布的《2021 年度中国对外直接投资统计公报》，在 2021 年中国对外非金融类投资流量中，非公有经济控股的境内投资者对外投资 699 亿美元，比 2020 年增长 4.1%，占该年度对外投资总量的 46%，较 2020 年占比下降 4.1 个百分点，而公有经济控股对外投资则为 821.2 亿美元，比 2020 年增长 22.8%，占该年度对外投资总量的 54%；从存量来看，截至 2021 年年末，在对外非金融直接投资 24,848 亿美元存量中，国有企业占比 51.6%，比重较上年增加了 5.3 个百分点。由此可见，国有企业作为我国经济发展的重要支柱，在境外投资快速增长的情况下，已成为我国企业落实“一带一路”和“走出去”的主力军。在严峻复杂的国际环境中，国有企业面临发展机遇，也面临风险和挑战，因此，为了最大限度地防范投资风险，掌握国内监管政策及投资地相关政策显得至关重要。

二、国有企业境外投资监管

（一）概述

1. 国有企业的概念。

国有企业，是指国务院或地方人民政府代表国家履行出资人的职责，出资设立的国有独资企业、国有独资公司以及国有资本控股公司，包括中央和地方国有资产监督管理机构和其他部门所监管的企业本级及其逐级投资形成的企业。

2. 境外投资的概念。

本文所指的国有企业境外投资，是指国有企业在中华人民共和国以外地域以及在我国香港、澳门特别行政区和台湾地区，以投入资产、提供融资等方式，取得境外企业法人和非法人项目所有权、控制权、经营管理权及其他权益的行为。主要包括但不限于：新建或改扩建境外固定资产，新设或参股境外股权投资基金，新建境外企业或向既有境外企业增加投资等。

3. 国有企业境外投资主要涉及的法律法规。

国有企业境外投资涉及多方面的法律法规监管，从国家层面来看，针对国有企业境外投资所作出的法律法规，包括国务院、财政部、国家发展和改革委员会（以下简称发改委）、商务部及国家外汇管理局等不同主体制定的行政法规及部门规章。具体的法律法规列举如下（见表1）。

表1　国有企业境外投资的法律法规

序号	发布主体	发布时间	法规名称
1	国务院	2017年8月4日	《关于进一步引导和规范境外投资方向的指导意见》
2	国务院国有资产监督管理委员会	2017年1月7日	《中央企业境外投资监督管理办法》
3	发改委	2017年12月26日	《企业境外投资管理办法》
4		2018年1月31日	《境外投资敏感行业目录》（2018年版）
5		2018年12月26日	《企业境外经营合规管理指引》
6		2021年8月26日	《境外投资核准备案常见问题解答》
7	财政部	2017年6月12日	《国有企业境外投资财务管理办法》
8	商务部	2014年9月6日	《境外投资管理办法》
9		2018年1月18日	《对外投资备案（核准）报告暂行办法》
10		2019年5月16日	《对外投资备案（核准）报告实施规程》

续表

序号	发布主体	发布时间	法规名称
11	国家外汇管理局	2009 年 7 月 13 日	《国家外汇管理局关于发布〈境内机构境外直接投资外汇管理规定〉的通知》
12	广东省商务厅	2021 年 12 月 25 日	《广东省境外投资管理办法实施细则》
13	广东省人民政府国资委	2020 年 2 月 27 日	《广东省省属企业投资监督管理办法（试行）》

（二）国有企业境外投资程序

1. 国有企业境外投资的原则

《中央企业境外投资监督管理办法》（以下简称《央企投资管理办法》）规定了 4 项境外投资应当遵循的基本原则，其中包括以下方面。

（1）聚焦主业，注重境内外业务协同。企业在经营过程中，如果不能突出主营的业务，只顾赚热钱，则会缺乏持续成长的后劲，因此，《央企投资管理办法》要求国有企业原则上不得在境外进行非主业的投资，不少地方出台的国有企业投资监管规定亦明确要求国有企业投资需聚焦主业，严控非主业的投资，以提升国有企业的核心竞争力。

（2）依法合规原则。国有企业在进行境外投资时，除了要遵守国内的法律法规，还应当遵守投资目的地的法律法规，尊重当地的风俗习惯。由于地理和历史的原因，不同的国家和地区的法律法规、风俗习惯、宗教信仰及思想观念都存在差别，这些差别往往给我国企业境外投资工作带来很大的障碍和困难。因此，国企在进行境外投资的过程中，要提前了解当地的法律法规及风俗习惯，尤其是要关注投资目的地的外资法，它也是影响外资进入的重要因素之一。

（3）能力匹配原则。国有企业拟定的投资规模应当综合考虑本企业的资产规模、盈利能力、资产负债水平等，同时也应当考虑本企业的管理能力及人力资源。为此，不少地方国有资产监督管理委员会（以下简称国资委）规定了国有企业境外投资后将造成企业资产负债率的比例等。

（4）合理回报原则。各地国资委设定了投资收益底线，以实现国有资产保值增值。

2. 国有企业境外投资内部决策流程

（1）内部决策基本流程。

我国国有企业境外投资的内部决策基本流程包括：企业内部履行初步决策，首先明确拟投资的目标，针对投资必要性进行研究——报送国资委进行项目立项——对境外投资的可行性研究论证，同时进行尽职调查、资产评估、商务谈判、专家评审等——交由主管的国资委审批——国有企业董事会、股东（大）会最终决策。

其中，在报送国资委立项过程中，国资委将重点审查项目是否符合企业的年度投资计划，是否属于负面清单所禁止的投资项目，是否满足企业的定位及主业管理规定等。

值得注意的是，国有企业在进行内部决策过程中，需要特别注重对境外投资的可行性研究论证及尽职调查等内部审计工作。以中信集团为例，中信集团作为中国企业海外投资的典范，但同时也是我国企业缺少内部审计造成投资亏损的典型。其子公司中信泰富在中澳铁矿项目中，采用了工程总承包的方式，但是在工程前后缺乏有效的审计，缺少对未来钢铁市场的风险评估，导致未能及时发现中澳铁矿项目的各类问题，最终造成投资亏损。因此，企业在进行境外投资的过程中，要做好内部审计工作，同时不能只针对眼前的表象进行审计，还应当关注深层次的问题漏洞。

（2）聘请法律顾问机构。

国企在境外投资过程中，需要做好法律风险的评估工作，因此聘请法律顾问机构协助进行境外投资必不可少。而法律顾问机构在国企境外投资过程中能提供的法律服务包括：

第一，国企在确定投资目标后，法律顾问机构能够提供针对境外地区的外商投资法律政策的咨询服务，并可协助国企完成前期法律可行性的分析及法律尽职调查等内部审计工作，以作好前期法律风险的评估。

第二，国企在境外投资过程中需要由国内政府部门进行审批，而法律顾问机构则能够提供合规法律咨询服务，协助国企更好、更快、更合规地完成相关审批流程。

第三，在投资项目启动阶段，法律顾问机构还能协助国企进行与境外地区目标公司的谈判及相关投资文件的审查等对接服务。

第四，在投资项目的实施阶段，法律顾问机构则能够向国企提供项目实施全流程的法律合规咨询，并可提供常年法律顾问服务。

3. 境外投资国内审批阶段

（1）发改委监管。

第一，敏感类项目核准。

根据《企业境外投资管理办法》的规定，投资主体开展敏感类项目的，包括涉及敏感国家和地区或敏感行业的，实行核准管理。

《国务院办公厅转发国家发展改革委 商务部 人民银行 外交部关于进一步引导和规范境外投资方向指导意见的通知》、《境外投资敏感行业目录》（2018 年版）及《境外投资标准备案常见问题解答》对敏感项目进行了定义，并对敏感类项目的适用范围作出了限制性的解释（见表 2）。

表 2　敏感类项目的适用范围及限制性解释

敏感项目	定义	除外情形
武器装备的研制生产维修	武器装备的研发、生产、维修、保障等	
跨境水资源开发利用	在流经两国或两国以上国境的河流上进行水资源开发利用	
新闻传媒	新建或并购涉及时政且对国家安全有重要影响的境外新闻机构（含新闻网站）、出版机构、广播电视机构等	
房地产	主要是指以下两类境外投资活动：①从境内投入资产、权益或提供融资、担保等，在境外新建或并购住宅、商业地产项目以及并购用于建设住宅或商业地产的土地；②从境内投入资产、权益或提供融资、担保等，在境外新建或并购房地产企业，向境外既有房地产企业增加投资，投资境外房地产信托基金等	不包括以下 6 种境外投资活动：①投资物业管理、房地产中介服务；②新建或并购企业自用的办公场所、员工宿舍等；③投资用于实体产业的基础设施建设和建筑开发，例如产业园、科技园、仓储物流园等；④建筑企业以获取工程承包合同为目的，对拟承建的项目进行小比例投资；⑤已依法合规取得发展改革部门核准文件或备案通知书，但尚未完成的项目；⑥既不涉及境内投入资产、权益，也不涉及境内提供融资、担保等，全部从境外募集资金的项目

续表

<table>
<tr><th>敏感项目</th><th>定义</th><th>除外情形</th></tr>
<tr><td>酒店</td><td>主要是指以下境外投资活动：
从境内投入资产、权益或提供融资、担保等，新建或并购星级酒店、旅游度假村、商务酒店、一般旅馆等</td><td>不包括以下 4 类境外投资活动：
①投资不持有酒店物业资产的酒店管理业；②投资不含住宿的餐饮业；③已依法合规取得发展改革部门核准文件或备案通知书，但尚未完成的项目；④既不涉及境内投入资产、权益，也不涉及境内提供融资、担保等，全部从境外募集资金的项目</td></tr>
<tr><td>影城</td><td colspan="2">主是指以下境外投资活动：
新建或并购境外电影院、院线公司</td></tr>
<tr><td>娱乐业</td><td colspan="2">主是指以下境外投资活动：
①新建或并购境外室内娱乐设施（歌舞厅、电子游艺厅、网吧等）；
②新建或并购境外游乐园、主题公园等；
③新建或并购境外彩票公司</td></tr>
<tr><td>体育俱乐部</td><td colspan="2">主要指以下境外投资活动：
新建或并购雇佣（或租用）运动员从事体育竞技、表演、训练、辅导、管理的组织、机构、企业等</td></tr>
<tr><td>在境外设立无具体实业项目的股权投资基金或投资平台</td><td>主要是指以下境外投资活动：从境内投入资产、权益或提供融资、担保等，在境外设立无具体实业项目的股权投资基金或投资平台</td><td>不包括以下两类境外投资活动：
①既不涉及境内投入资产、权益，也不涉及境内提供融资、担保等，全部从境外募集资金的股权投资基金或投资平台；
②境内金融企业在已取得国内金融监管部门批准的情况下，在境外设立无具体实业项目的股资平台</td></tr>
</table>

其中，《境外投资核准备案常见问题解答》还明确了境内企业以境外发行债券为目的在境外设立特殊目的公司，如为发行债券进行境外融资而设立特殊目的公司，这一活动不属于境外投资的敏感行业“在境外设立无具体实业项目的股权投资基金或投资平台”。

第二，非敏感类项目备案。

投资主体开展的项目如属于非敏感类项目，则实行备案管理。投资主体为央企的，备案机关为国家发展改革委；投资主体为地方国企，且中方投资额 3 亿元以上的，备案机关则为国家发改委，如中方投资额在 3 亿美元以上，则由投资主体注册地的省级政府发改部门负责备案。

第三，未核准、备案的责任。

依据《企业境外投资管理办法》第53条的规定，“属于核准、备案管理范围的项目，投资主体有下列行为之一的，由核准、备案机关责令投资主体中止或停止实施该项目并限期改正，对投资主体及有关责任人处以警告；构成犯罪的，依法追究刑事责任：（一）未取得核准文件或备案通知书而擅自实施的；（二）应当履行核准、备案变更手续，但未经核准、备案机关同意而擅自实施变更的”。

经查询相关案例，企业在存在境外投资未办理发改委核准、备案的情况下，基本不涉及违反第53条的情形，而是需要针对监管机构提出的未办理核准、备案的问题进行回复，由监管机构考量其合理性。以苏州朗威电子机械股份公司为例，依据《关于苏州朗威电子机械股份有限公司首次公开发行股票并在创业板上市申请文件的审核问询函有关财务问题回复的专项说明》，朗威公司针对在设立美国戴维斯、澳大利亚鲨克瑞克、欧洲朗威、香港鲨克瑞克时，未向苏州市发改委履行备案手续的问题进行回复，回复的要点包括了：①境外投资主体并非发行人主营主体，停止营业对发行人业绩影响较小；②已向发改委说明瑕疵情况并申请补办相关手续；③发行人因程序瑕疵而受到发改主管部门责令中止或停止实施项目并限期改正的风险较小；④境外投资主体的成立和经营均符合当地法律法规的要求，未办理备案不影响境外投资主体的持续经营；⑤发行人及控股股东、实际控制人出具相关的承诺。

由此，亦可整理出企业在未办理发改委境外投资备案时，监管机构可能会询问的事项：①境外投资的原因及合理性，是否存在被处罚的可能性及对发行人的影响；②境外投资是否存在补救措施，该程序的瑕疵是否影响境外投资主体的经营；③境外投资的程序瑕疵是否会导致被处罚的风险等。

因此，企业在面对未办理发改委境外投资备案的问题时，可对上述回答的要点进行整理，但为了避免未备案的情形发生，建议企业制定境外投资管理制度，规范公司境外投资的行为。

（2）商务部监管。

根据《境外投资管理办法》的规定，国企进行境外投资时，涉及敏感国家和地区、敏感行业项目的，实行核准管理。除此之外，则实行备案管理。

在实践中，很多的企业在进行境外投资时，会利用境外企业作为平台开展投资，对此，商务部办公厅《关于做好境外投资管理工作的通知》规定，对于已利用境外企业作为平台开展投资的，如果企业办理该境外企业的变更手续，应理顺投资路径，明确投资最终目的地，为每个最终目的地企业换发新的《证书》，旧的《证书》同时交回并作废。以在香港设立境外企业平台为例，企业已先在香港设立境外企业作为境外平台公司，再通过对该平台公司增资的方式最终投资到美国，则应根据实际投资额为其在美国设立的境外企业分别颁发新的《证书》，香港企业的《证书》应交回。

（3）国家外汇管理局登记。

根据国家外汇管理局《关于进一步简化和改进直接投资外汇管理政策的通知》的规定，境外投资的外汇登记手续由银行审核办理，国家外汇管理局及其分支机构通过银行对直接投资外汇登记实施间接监管。境内企业设立或控制的境外企业在境外再投资设立或控制新的境外企业的，则无须办理外汇备案手续。

三、香港投资相关法律要点

国有企业在开展境外投资时，应当充分了解投资目的地的法律体系、外商投资的限制与准入等，仅以香港投资为例，介绍香港投资相关法律要点。

（一）香港法律体系概述

香港的法律制度遵循法治与司法独立的原则，同时在“一国两制”的原则下，香港的法律制度有别于内地的法律制度，以普通法辅以成文法为基础。总的来说，香港现在的法律体系包括基本法，予以保留的原有法律，立法机关制定的法律，在特别行政区实施的全国性法律以及其他普通法适用地区的司法判例。

香港的投资法体系适用的是通用的发达国家外资法体系，无外资领域的专门法，而是通过一般的国内法律、法规来调整外资关系和活动，即主要由公司法、税法和其他法律，如银行法等调整。

（二）香港外来投资的市场准入

1. 禁止进入的行业。

在香港的现行法律规定的允许经营的行业中，只有少量的行业是完全禁止外来投资者参与的。根据香港有关法律规定，赌博业是受管制最严格的行业，允许进行的经营性赌博活动包括由香港赛马会（非营利性机构）主办的赛马、六合彩、足球博彩和由香港特别行政区政府影视及娱乐事务管理处处长批准的其他博彩活动，除此之外的其他所有经营性质的赌博活动都属于违法行为。同时对于赌博业，相关法律还规定了对于香港赛马会的收益，在扣除了派彩、税金、营运开支及储备金后，余额则需作为社会公益慈善用途。

2. 有条件进入的行业。

香港现行法律并未对合法行业的进入条件进行规定，但有明确规定包括餐厅、金融、医药等多个行业，除了需要进行商业登记外，还要另外向有关的政府部门申请相关行业的牌照。

（三）香港公司治理机制

香港的《公司条例》及《合伙条例》对商业主体类型等进行了规定。

1. 公司的形式

外来的投资者可设立个人独资企业、合伙以及公司。个人独资企业及合伙并非独立法团，独资经营者及合伙人须承担无限责任。有限公司是一个独立法团，其成员无须承担无限责任。公司的形式则包括公众股份有限公司、私人股份有限公司、无限公司、无股本的担保有限公司。在香港投资中，私人股份有限公司最为常见，设立私人股份有限公司应注意事项（见表3）。

表 3 设立私人股份有限公司的注意事项

事项	要求
名称	公司名称注册不获准情形包括： （1）公司名称与《公司名称索引》内的名称相同或处长认为该名称与另一名称太相似的； （2）公司名称与根据某条例成立的法人团体或设立的法人团体的名称相同； （3）处长认为公司名称会构成刑事罪行的； （4）处长认为公司名称属令人反感或因其他原因属违反公众利益的
股东	最少 1 名股东，可以由法团或者个人担任；股东没有地域上的限制。股东的责任限于认购股份的金额
董事	除公司章程另有规定外，人数无上限，但须至少 1 名董事是自然人。董事没有地域上的限制
公司秘书	须有 1 名公司秘书，秘书为自然人的，需通常居住在香港；如为公司，则应在香港设有注册办事处或主要办事处
公司章程	通常包括公司名称、宗旨、成员的法律责任、股本、公司组织、股东大会和董事会。 特别注意： （1）如果公司经注册的章程细则没有订明该公司的任何规例，则适合该公司类别的模范章程的条文会构成该公司的章程细则的部分。 （2）如果公司在成立为法团时注册的章程细则没有明确排除或变更模范章程的条文，则该等适合该公司的模范章程的条文将会自动适用

2. 公司合规运营

在境外投资设立公司需要注意公司的合规事项，避免违反规定，导致罚款或者其他严重后果，以香港设立公司为例：

（1）在公司成立后的 18 个月内及此后的每年，均需要在股东大会上呈交经过香港注册会计师审计的公司损益表及资产负债表。

（2）会计及商业记录：对于公司的会计及商业记录，需以英文或中文形式保存，保存期限为从交易日期起 7 年。

（3）法定登记册：公司需要备存公司成员登记册、董事登记册、公司秘书登记册、重要控制人登记册及押记登记册，记录相关的情况及变更的情况。

（4）核数师报告：公司需要由每个财政年度委任的核数师，就有关财政年度的财务报表出具核数师报告。

（5）会议纪要：公司必须备存各项与会议相关的记录，保存期限为从会议纪要产生之日起最少10年。

（6）周年申报：每年公司成立日的周年日后42日内，必须完成法定周年申报表及缴纳相关的年费。

（7）备案登记：在公司的基础资料或者重要方面发生变更时，公司必须在限期内填写相关表格并在公司注册处进行登记。

（8）商业登记证：公司须每一年持有有效的商业登记证。

3. 劳动合规

（1）雇员补偿险。

根据香港《雇员补偿条例》的规定，所有的雇主无论雇员合约期或工作时间长短，抑或雇员为全职或兼职，均必须为雇员购买雇员补偿保险，否则不得雇用雇员从事任何工作。

（2）强积金。

根据香港《强制性公积金计划条例》，除获得豁免的人士，无须参加强积金计划外，雇主应当安排年龄介乎于18岁至64岁，且受雇用60日以上（含本数）的雇员（含全职、兼职），在受雇用60日内登记参加强积金计划。雇员及雇主双方须分别向强积金账户作出雇员有关入息的5%的供款，有关入息的上限是30,000港元。

（3）遣散费及长期服务金。

根据香港《雇佣条例》，对于依连续性合约受雇不少于24个月的雇员，因裁员而遭解雇，或在有固定期限的雇用合约期限届满后，因裁员的理由没有续订合约，抑或遭停工的，雇主应当支付遣散费。

对于依连续性合约受雇不少于5年的雇员，非因犯严重过失或裁员而遭解雇的，或因有固定期限的雇用合约到期未获续约的，抑或者雇员在职期间死亡，因健康理由辞职，65岁以上的雇员辞职的，雇主应当支付长期服务金。

（四）香港主要税费

香港主要的直接税仅对3项分类所得征收所得税，包括薪金、利益所得和租金收入，其中对于利息、股息及资本利得均免税。

此外，香港与内地签署了《内地和香港特别行政区关于对所得避免双重征税和防止偷漏税的安排》，为内地企业在香港进行投资提供了税收的优惠，如该安排规定了香港公司作为收益所有人，直接拥有支付股息公司25%以上（含本数）的，则所征税款不应超过股息总额的5%。

（五）香港外汇管理

香港并无外汇管理局，也无外汇管制，因此，对于货币买卖及资金的流动，都没有限制，资金可以随时进入或者撤出香港。香港的外汇市场成熟并且活跃，与海外金融中心保持着密切的联系，以确保外币交易每天24小时在全球市场不停进行。这也更方便国有企业在香港银行开立多种货币的账户，采用不同货币进行业务往来和投资。

（六）境外国有资产的监管

规范的境外国有资产管理，能够保障境外国有资产安全完整和保值增值，是国企“走出去”的重要任务。

国有企业在进行境外投资时及投资后，都应当按照有关的要求，针对国有资产的管控关注下列问题：

1. 审查是否建立完备的境外资产管理体系，审查境外资产管理相关制度是否完善，资产管理人员是否配备齐全，资产处理审理流程设置是否科学，并自查是否存在盲目开展的境外资产投资行为。

2. 在完成投资后，国企还应当审查国有资产是否管理到位，建设项目人员管控是否存在执行不严等情况，并且定期自查财务投资项目是否存在财务造假等情况，审查是否建立科学规范的财务报告和管理制度，对于参股境外企业还应当在企业管理层和经营层建立有效制约机制等。

作为境外投资的主力军，国有企业肩负重大责任，在开展境外投资的过程中，不仅要满足内地相关机构对内部决策流程的要求，还需要符合投资备案、核准程序的规定，及时关注到投资目的地的法律、政治、文化等风险，以便在投资前做好全面的评估工作。同时，国有企业在“走出去”后，还应当有效地管理境外的国有资产，切实防范国有资产流失，加大前述的监督工作，才能有力维护国有企业的形象，更好地带领中国企业“走出去”。

粤港澳大湾区服务贸易自由化：“负面清单”制度与创新

关婷允

一、引言

2017年7月1日，在习近平总书记的亲自见证下，国家发展和改革委员会和粤港澳三地政府在香港共同签署《深化粤港澳合作推进大湾区建设框架协议》，粤港澳大湾区建设正式启动。自正式成为国家级经济湾区以来，粤港澳大湾区建设逐步从区域经济合作上升到全方位对外开放的国家战略，并在各方面均取得了瞩目的成就，彰显出强劲的活力和韧性，为促进全球贸易畅通，推动国际投资合作注入了新的动力。凭借区位、环境、平台、政策等多重优势，2020年粤港澳大湾区的国际贸易总额已经超过14万亿元，居全球各湾区之首，贸易基础雄厚，发展前景巨大。①

在大湾区贸易未来高质量发展的路径上，不少学者认为服务贸易是重要的提升方向。一方面，当前服务贸易结构存在一定的短板，逆差大，附加值低，劳动密集型产业占比为50%。另一方面，大湾区外向型经济发达，发展服务贸易具有一定的基础和独特的优势，应积极推进传统加工贸易向服务贸易，尤其是高端服务和生产服务转变；运输、建筑、金融这三大传统服务业是粤港澳大湾区服务贸易的顶梁柱，旅游和商业服务近年来发展良好，在高端服务业当中，计算机信息服务贸易顺差在扩大，反映了大湾区服务贸易

---

① 参见《粤港澳大湾区贸易畅通新局：开放合作水平提升争创全球数字贸易发展新高地》，载广东省人民政府港澳事务办公室网2021年12月31日，http://hmo.gd.gov.cn/gzzx/content/post_3752201.html。

的高端化趋势。①

与此对应，大湾区服务贸易未来的高速有序发展离不开良好的营商环境、完善的法治保障和有效的政策支持。在经济全球化背景下，“负面清单”管理模式已成为贸易自由化、投资便利化的全球趋势，被世界主要国家广泛接受，我国于2019年3月15日通过的《外商投资法》也建立了外商投资的“准入前国民待遇加负面清单”管理制度。② 在“一带一路”倡议和粤港澳大湾区建设的背景下，梳理和研究大湾区“负面清单”制度的历史与现状，对于创新大湾区贸易管理模式，促进贸易自由化，深化区域合作，推动高质量发展，对接国际规则具有重要的现实意义。

二、负面清单制度概述

（一）负面清单的含义

研究“负面清单”制度的前提是对其含义的准确把握，与负面清单息息相关的概念是“准入前国民待遇”。在市场准入方面，国际上一般会分成10个环节，其中前面4个环节，就称为“准入前”，指的是企业进入一个市场，在正式经营得到许可之前的程序，剩下的准入后的国民待遇，是指进入市场后能否享受到和当地企业同等的条件。而负面清单全称是“外商投资准入特别管理措施”，即港澳服务业提供者进入内地后，仍然要设定的限制性措施全部都列出来，剩下的就和内地的企业条件完全一致。负面清单又可以理解为“非禁即许”或“非禁即入”，清单列出了禁止外资进入的领域以及涉及外资准入的股权和高管要求等限制性措施，除此之外境外投资者和国内投资者享受同样待遇。在实施负面清单管理模式前，外资进入中国投资都要经过审批，而在实行负面清单管理模式后，外资进入负面清单之外的领域将不再审批，改为备案管理。在《外商投资法》实施后，又将备案管理改为信息报告制度，即负面清单之外的外资企业在市场监管部门注册后，将相

① 参见《构建大湾区国际贸易新格局》，载中华人民共和国中央人民政府网2021年10月19日，https://www.gov.cn/xinwen/2021-10/19/content_5643515.htm。

② 参见《外商投资法》第4条。

关信息报告商务部门即可，更加简化了流程，便利了准入，提高了透明度。总而言之，除了限制性措施之外，港澳企业进入内地都与内地企业享受同等的条件，待遇完全一致。相较于“允许市场主体做什么”的正面清单，负面清单的开放幅度与空间大大提高。①

我国《外商投资法》第4条第2款对“准入前国民待遇加负面清单”管理制度进行了定义：“前款所称准入前国民待遇，是指在投资准入阶段给予外国投资者及其投资不低于本国投资者及其投资的待遇；所称负面清单，是指国家规定在特定领域对外商投资实施的准入特别管理措施。国家对负面清单之外的外商投资，给予国民待遇。”

（二）大湾区“负面清单”制度的特点

1. 建立时间早。

大湾区“负面清单”制度的建立要早于《外商投资法》。实际上，早在2015年3月1日，广东省通过《内地与香港关于建立更紧密经贸关系的安排》《内地与澳门关于建立更紧密经贸关系的安排》《关于内地在广东与香港基本实现服务贸易自由化的协议》《关于内地在广东与澳门基本实现服务贸易自由化的协议》已基本实现内地在广东省与香港和澳门特别行政区之间的服务贸易自由化，随后在此基础上，《内地与澳门CEPA服务贸易协议》《内地与香港CEPA服务贸易协议》于2016年6月1日起实施。2011年，国务院提出，到“十二五”期末，通过CEPA（Closer Economic Partnership Arrangement）基本实现内地和香港服务贸易自由化，其中一个重要的步骤，就是在广东先行先试。上述协议是内地第一次以“准入前国民待遇和负面清单”的形式签署，首次对港澳资企业实行“准入前国民待遇”，极大地提高了内地对香港和澳门的开放度。②

---

① 参见《负面清单是什么意思？市场准入负面清单是什么意思?》，载第一商业网，http://news.001ce.com/jijin/2022/1118/100075241.html。

② 参见《权威解读粤港澳服务贸易自由化协议是“CEPA升级版”》，载中国自由贸易区服务网2014年12月19日，http://fta.mofcom.gov.cn/article/fzdongtai/201508/27713_1.html。

2. 开放水平高。

根据2016年6月1日起正式实施的《内地与澳门CEPA服务贸易协议》《内地与香港CEPA服务贸易协议》，开放部门将达到153个，涉及世界贸易组织（WTO）服务贸易160个部门总数的95.6%，其中58个部门拟完全实现国民待遇；在采用“负面清单”的134个部门中，保留的限制性措施共132项；采用正面清单扩大开放的部门新增27项开放措施，其中个体工商户新增开放行业84个，累计开放行业达130个。① 并且上述协议按照WTO《服务贸易总协定》的服务部门和联合国中央产品分类标准制定负面清单，与国际标准接轨。从服务贸易自由化推进的深度来看，市场准入的自由化程度也逐步提高，国民待遇的限制逐步减少，在金融、物流、文化创意、专业服务、建筑及其相关工程等领域，从资金限制、人员比例、经营范围等方面，进一步降低了港澳服务提供者进入广东的门槛。②

3. 配套措施较为完备。

在“负面清单”制度的配套措施上：一方面，上述协议均包含了最惠待遇条款，意味着今后我国与其他国家和地区签署的自由贸易协定优于或开放水平高于与港澳之间的有关协议的，均将自动适用于港澳，即大湾区会一直保持内地对外开放的最高水平，这是该条款第一次以协议的方式明确下来，有了机制性的法律保障。另一方面，将符合条件的港澳服务提供者的公司设立及变更的合同、章程审批改为备案管理，并制定相应的备案管理办法。过去，所有的外资包括港澳的投资进入内地，合同和章程都需要审批；在上述协议实施以后，港澳服务业提供者按照协议内容，到内地投资，除了有限制性条件的投资和经营行为需要审批，其余的投资和经营行为，只要与内地企业享受同等待遇，都一律改为备案，这将大大提高投资便利化水平。③

---

① 参见张光南主编：《粤港澳服务贸易自由化——“负面清单”升级版：清单方案、政策创新、示范基地》，中国社会科学出版社2018年版，第4页。

② 参见《粤港澳服贸自由化协议签署6年推动市场准入自由化》，载广东省人民政府网2014年12月19日，https://www.gd.gov.cn/gdywdt/tzdt/content/post_67975.html。

③ 参见《权威解读粤港澳服务贸易自由化协议是“CEPA升级版”》，载中国自由贸易区服务网2014年12月19日，http://fta.mofcom.gov.cn/article/fzdongtai/201508/27713_1.html。

4. 主体多元。

粤港澳大湾区最显著的特点之一即在于主体多元，可以概括为“一个国家、两种制度、三个关税区”，因此上述协议相比其他经济体之间的自由贸易协议，在法律性质上具有其特殊性。传统意义上的区域性贸易安排都是在主权国家之间达成的，而粤港澳大湾区自由经贸协定却是在一个 WTO 的主权国家成员方与隶属于该主权国家的单独关税区之间签订的，是 WTO 区域性贸易安排的新模式。因此，适宜将粤港澳大湾区自由经贸协定归入自成一类的特殊自由贸易区协议，并将其“一国主权范围内的区域性自由经贸制度安排”的基本法律性质和特征在粤港澳大湾区自由经贸协定中给予明确规定。①

（三）大湾区“负面清单”制度的重要意义

1. 提升粤港澳大湾区市场一体化水平，打造国际一流营商环境。

随着广东制造业转型升级以及港澳拓展发展空间的需求日益迫切，粤港澳服务贸易互补性明显增强。一方面，香港在以金融、研发、商务服务等为重点的现代服务业方面具有明显优势。另一方面，广东已经进入工业化后期，但产业结构与工业化后期的现实需求不相适应，突出表现在生产性服务业发展相对滞后。实现“负面清单”全领域实施是区域深度合作和湾区经济发展的内在要求。未来，香港要稳固其金融、航运、贸易三大中心地位，澳门要破解“一业独大”的产业弊端，广东要实现制造业转型升级适应现实需要，最直接、最有效的途径就是依托广东作为港澳重要经济腹地和进入内地的重要桥梁的地位，加快实现粤港澳服务贸易一体化，在拓宽港澳服务业发展空间的同时，带动广东制造业转型升级，由此实现《粤港澳大湾区发展规划纲要》提出的“打造高质量发展的典范”。② 粤港澳大湾区建设迫切需要通过体制机制的改革创新突破政策障碍和制度壁垒，实现服务贸易自

---

① 参见李猛：《“一带一路”背景下制定高标准粤港澳大湾区自由经贸协定研究》，载《亚太经济》2018 年第 2 期。

② 参见迟福林：《提升服务贸易自由化水平　促进粤港澳大湾区建设》，载《光明日报》2019 年 3 月 19 日，第 16 版。

由化和贸易投资便利化。实施全面“负面清单”制度，深化湾区经济合作，有利于促进湾区内要素有序自由流动，资源高效配置，市场深度融合。[①]

2. 助力国家整体建设与发展，不断提升对外开放水平。

实施“负面清单”制度，提升粤港澳服务贸易自由化水平将带动形成我国全面开放新格局。当前，在全球经济服务化与服务贸易较快发展的大趋势下，服务贸易不仅成为全球自由贸易进程的重点与焦点，也日益成为衡量一个国家、一个地区经济发展水平的重要标志。港澳地区是全球公认的自由港，在服务贸易发展方面积累了诸多可供借鉴的经验。加快推进粤港澳大湾区服务贸易一体化，在广东率先对标国际服务贸易新规则与管理新举措，由此闯出一条服务贸易创新发展的新路子，成为开放层次更高，营商环境更优，辐射作用更强的开放新高地，将带动我国在以服务贸易为重点的新一轮全球自由贸易中赢得主动。[②]

中国特色社会主义进入新时代，我国经济已由高速增长阶段转向高质量发展阶段。在过去40年中国经济发展是在开放条件下取得的，未来中国经济实现高质量发展也必须在更加开放的条件下进行。党的十九大明确提出，实行高水平的贸易和投资自由化、便利化政策，全面实行“准入前国民待遇加负面清单”管理制度，大幅度放宽市场准入，扩大服务业对外开放，保护外商投资合法权益；凡是在我国境内注册的企业，都要一视同仁、平等对待。[③] 李克强强调，中国将持续打造市场化、法治化、国际化营商环境，中国将进一步压缩外资准入负面清单，实现自由贸易试验区负面清单制造业条目清零，持续放宽服务业准入。[④]

---

① 参见张光南主编：《粤港澳服务贸易自由化——“负面清单”升级版：清单方案、政策创新、示范基地》，中国社会科学出版社2018年版，第6－7页。

② 参见迟福林：《提升服务贸易自由化水平 促进粤港澳大湾区建设》，载《光明日报》2019年3月19日，第16版。

③ 参见《关于〈中华人民共和国外商投资法（草案）〉的说明》，载中华人民共和国中央人民政府网，https：//www. gov. cn/xinwen/2019－03/09/content_ 5372190. htm。

④ 参见《中国将清零自贸区负面清单制造业条目，研究阶段性减税缓解下游中小微企业成本压力》，载中华人民共和国中央人民政府网，https：//www. gov. cn/xinwen/2021－10/16/content_ 5643053. htm。

3. 对接国际经贸规则，推动体制机制创新。

改革开放40多年给我们的重要启示就是：开放带来进步，封闭必然落后。我国发展仍处于并将长期处于重要战略机遇期，我国与其他国家开放合作、互利共赢的空间十分广阔。面向未来，我国经济要实现高质量发展，就必须抓住机遇，用好机遇，以扩大开放推动改革，带动创新，促进发展。[①]"负面清单"全面实施是以习近平同志为核心的党中央关于全面深化改革的实践，是对经贸合作制度的创新，是建立开放型经济的探索，是推动政府职能的改革与完善。"负面清单"模式正在被国际社会广泛接受，实施全面"负面清单"制度，有利于中国与国际贸易和投资规则接轨，有利于加快建立与国际通行规则接轨的现代市场体系，有利于营造法治化的营商环境。[②]

三、大湾区服务贸易"负面清单"制度的主要内容

在粤港澳大湾区内，港澳特别行政区与内地在外商投资管理制度上存在一定的差异。与内地采用大多数发展中国家的内外资有别的"双轨制"法律制度不同，港澳特别行政区采用发达国家的立法模式，没有专门的外商投资立法，而是通过一般国内法如公司法、税法等对所有市场主体予以规制，对内资和外资均实行非歧视待遇。不过，随着内地高水平自我开放和以"准入前国民待遇加负面清单"为核心制度的《外商投资法》的实施，粤港澳大湾区投资体制差异大大缩小。[③]

在《外商投资法》实施之前，大湾区服务贸易"负面清单"制度主要体现在上述CEPA框架下的服务贸易自由化协议及其附件当中。以《〈内地与香港关于建立更紧密经贸关系的安排〉服务贸易协议》为例，该协议是首个内地全境以"准入前国民待遇加负面清单"方式全面开放服务贸易领域的自由贸易协议，标志着内地全境与香港基本实现服务贸易自由化。该协

---

① 参见《关于〈中华人民共和国外商投资法（草案）〉的说明》，载中华人民共和国中央人民政府网，https://www.gov.cn/xinwen/2019-03/09/content_5372190.htm。

② 参见张光南主编：《粤港澳服务贸易自由化——"负面清单"升级版：清单方案、政策创新、示范基地》，中国社会科学出版社2018年版，第7页。

③ 参见宁红玲：《粤港澳大湾区法制协调及其实现路径——以外商投资法制为视角》，载《华南理工大学学报（社会科学版）》2021年第1期。

议正文对与 CEPA 的关系、适用范围、双方义务、国民待遇、最惠待遇、金融审慎原则、保障措施、例外条款、保留的限制性措施、跨境服务、电信及文化专章、特殊手续和信息要求、投资便利化等分别作出原则性规定。[①] 该协议第 3 条规定“内地对香港服务和服务提供者的具体措施载于本协议附件 1”，这意味着除了附件 1 中列明的具体措施和内地有关法律法规和行政规章，不对香港（澳门）的服务及服务提供者进行限制性措施。但应注意的是，该协议附件 1 仅对“商业存在”这一服务贸易形式采取“负面清单”模式，对于“跨境服务”以及电信、文化领域仍然采取的是“正面清单”的承诺模式。[②]

随着《外商投资法》的颁布实施，我国建立了“准入前国民待遇加负面清单”的外商投资管理制度。尽管《外商投资法》第 2 条将外商投资定义为“外国的自然人、企业或者其他组织（以下称外国投资者）直接或者间接在中国境内进行的投资活动”，并未提及港澳投资，但同步实施的《外商投资法实施条例》第 48 条第 1 款规定“香港特别行政区、澳门特别行政区投资者在内地投资，参照外商投资法和本条例执行”，最高人民法院《关于适用〈中华人民共和国外商投资法〉若干问题的解释》（法释〔2019〕20 号）亦明确港澳投资者在内地投资产生的纠纷参照适用此解释。如此，既可以有效保障港澳投资者的利益，又能在粤港澳大湾区规划下为港澳融入祖国发展大局预留法律与政策空间。[③]

自 2020 年以来，国家发展和改革委员会、商务部经党中央、国务院批准，每年发布市场准入负面清单。在“全国一张清单”与 CEPA 服务贸易自由化协议并存的情况下，应注意二者“负面清单”之间的关系。正确理解二者的关系应当综合《外商投资法》、《市场准入负面清单（2022 年版）》和 CEPA 服务贸易自由化协议考虑。一方面，《外商投资法》第 4 条第 4 款

---

① 参见《〈内地与香港 CEPA 服务贸易协议〉在香港签署》，载中华人民共和国商务部网 2015 年 11 月 27 日，http://www.mofcom.gov.cn/article/ae/ai/201511/20151101196064.shtml。

② 参见《〈内地与香港关于建立更紧密经贸关系的安排〉服务贸易协议》附件 1《内地向香港开放服务贸易的具体承诺》表 2 至表 4。

③ 参见宁红玲：《粤港澳大湾区法制协调及其实现路径——以外商投资法制为视角》，载《华南理工大学学报（社会科学版）》2021 年第 1 期。

规定："中华人民共和国缔结或者参加的国际条约、协定对外国投资者准入待遇有更优惠规定的，可以按照相关规定执行"（港澳投资依照《外商投资法实施条例》第48条的规定参照执行），即"从优+裁量适用"；另一方面，《市场准入负面清单（2022年版）》规定"我国参加的国际公约、与其他国家签署的双多边条约、与港澳台地区达成的相关安排等另有规定的，按照相关规定执行"，即另有规定一律适用。从字面上看，上述二者在"负面清单"的适用模式上采取了"从优+裁量适用"和"一律适用"两种模式，但综合CEPA服务贸易自由化协议中的"最惠待遇"条款考虑，应采取"从优适用"的模式，即《市场准入负面清单（2022年版）》和CEPA服务贸易自由化协议下的"负面清单"何者更优惠，则按照其规定执行。为了避免在准入待遇上适用的混乱及其引发的法律争端，我国也应考虑适时更新CEPA服务贸易自由化协议下的"负面清单"和具体承诺，从而与我国《外商投资法》和相应的外商投资管理制度相适应，推进粤港澳三地机制的有效对接和深度融合，提升大湾区市场一体化水平，从而更好地促进大湾区经济融合发展。

四、大湾区服务贸易"负面清单"制度进一步完善的设想

（一）提高开放的广度和深度

当前，粤港澳三地在贸易自由化、投资便利化、金融开放等各方面都形成了一系列的制度创新成果，大湾区开放合作水平和国际影响力显著提升。港澳企业在法律、会计、建筑等领域投资营商享受国民待遇，基本实现广东与港澳服务贸易自由化。未来应充分发挥粤港澳大湾区在深化改革、扩大开放、促进合作中的试验示范作用，发挥先行先试的制度优势，在CEPA框架下，探索对港澳实施更短的负面清单。[①] 一是拓展开放的广度。政府可以根据内地同港澳服务贸易的实际需要，适度开放一些部门或行业，删减原来服

---

① 参见《粤港澳大湾区贸易畅通新局：开放合作水平提升 争创全球数字贸易发展新高地》，载广东省人民政府港澳事务办公室网2021年12月31日，http://hmo.gd.gov.cn/gzzx/content/post_3752201.html。

务贸易“负面清单”的部门或子部门，使其成为完全开放部门，或者适当调整服务贸易“负面清单”一些部门的限制条件和准入标准，向部分禁止或限制部分过渡。二是增强开放的深度。在服务贸易“负面清单”升级中去除规定不明确的条款。对于仍需要加以限制的部门，在限制条款数量不变的情况下，可以进一步细化和明晰限制条款的规定，使“负面清单”更易执行，更能落地。[①]

（二）进一步完善配套措施

为更好地落实“准入前国民待遇和负面清单”的开放形式，需要进一步建立、健全与“负面清单”模式相适应的配套管理制度。除了将上述公司设立及变更的合同、章程审批改为备案管理之外，在投资便利化措施上，粤港澳大湾区依托“数字政府”平台，珠三角实现港澳企业商事登记“一网通办”。近年，广东新引进港澳资企业 5 万多家，实际利用港澳资金 3400 多亿元。[②] 未来应落实党的二十大对市场准入制度体系建设的新要求，进一步完善市场准入负面清单动态调整机制，健全清单落地实施机制，建立完善违背市场准入“负面清单”案例归集和通报制度，加力破除各类隐性壁垒，探索更加规范高效的放宽市场准入改革路径，推动形成更加健全完善的市场准入制度体系，开展市场准入效能评估，在评估工作机制、工作方案、指标设计、结果运用等方面进行探索，努力营造更加公平畅通的市场准入环境。[③]

（三）构建高效的投资争端解决机制

服务贸易中的商业存在模式多数需要通过直接投资实现，因此公正高效

---

① 参见张光南主编：《粤港澳服务贸易自由化——“负面清单”升级版：清单方案、政策创新、示范基地》，中国社会科学出版社 2018 年版，第 9 页。

② 参见《粤港澳大湾区贸易畅通新局：开放合作水平提升　争创全球数字贸易发展新高地》，载广东省人民政府港澳事务办公室网 2021 年 12 月 31 日，http://hmo.gd.gov.cn/gzzx/content/post_3752201.html。

③ 参见《国家发展改革委负责同志出席建设全国统一大市场国务院政策例行吹风会　介绍相关情况并回答记者提问》，载中华人民共和国国家发展和改革委员会网，https://www.ndrc.gov.cn/fzggw/wld/lichunlin/zyhd/202306/t20230605_1357294.html。

的投资争端解决机制对于促进粤港澳大湾区服务贸易融合发展和自由化具有重要的制度保障作用。《CEPA 投资协议》在 CEPA 联合指导委员会机制下设立了投资工作小组，负责协调两类争端：一是协商解决协议双方之间关于《CEPA 投资协议》的解释、实施和适用方面的争端；二是负责通报和协调处理港澳投资者与内地政府之间的投资争端以及内地投资者与港澳特别行政区政府之间的投资争端。对于投资者与当地政府之间的投资争端，《CEPA 投资协议》还规定了其他争端解决机制，包括争端双方友好协商，由当地外商投资企业投诉受理机构协调，在内地行政复议，提交当地调解机构调解以及在当地通过司法程序解决。总之，无论是《CEPA 投资协议》缔约双方之间的争端，还是一方投资者与另一缔约方之间的投资争端，均不能通过国际投资仲裁机制解决，这与我国缔结的中外投资协定存在不同。

《CEPA 投资协议》在投资争端解决方面采取协商、投诉、协调、调解以及当地司法救济方式，是坚持“一国”原则的体现。粤港澳大湾区进一步制度性融合宜通过内地与港澳特别行政区在立法、执法和司法上更加密切地交流、沟通与合作来实现，正如《粤港澳大湾区发展规划纲要》明确“加强粤港澳司法交流与协作，推动建立共商、共建、共享的多元化纠纷解决机制，为粤港澳大湾区建设提供优质、高效、便捷的司法服务和保障，着力打造法治化营商环境”。未来可以借鉴《北美自由贸易协定》等区域自由贸易协定争端解决机制的成功经验，在粤港澳大湾区内引入并构建区际投资仲裁机制，从而为区域内的服务贸易提供多元法律服务和争端解决机制。

五、总结

服务贸易是粤港澳大湾区未来高质量发展的重点提升方向，“负面清单”是促进大湾区服务贸易自由化，推动区域经济深度融合发展的重要制度保障。当前粤港澳大湾区的“负面清单”制度不仅包括 CEPA 框架下的服务贸易自由化协议，还有《外商投资法》及其实施条例和依据该法制定的《市场准入负面清单（2022 年版）》等法律法规及规章。未来“负面清单”制度应继续提升对外开放的广度和深度，进一步完善配套措施并构建高效多元的投资争端解决机制。

国际货运代理应对目的港无人提货的措施与维权思路

张志洪

【案件简介】

2020 年 1 月 10 日，出口商向货运代理出具《出口货物代运委托书》，委托出运 3 个 40 英尺集装箱货柜至土耳其。货运代理安排货物出运并签发提单交给托运人。同年 3 月 11 日货物运抵目的港，后一直无人提货，货运代理多次通知、催促出口商及时处理货物，并提示目的港免箱期至 2020 年 3 月 31 日结束，之后需收取集装箱超期使用费，收取的金额与实际承运人向货运代理收取的金额一致。2020 年 5 月 28 日托运人出具“弃货申明”，6 月9 日寄回了正本提单，3 个集装箱于同年 10 月空箱运回中国。因货物长期滞留目的港口，产生了大量费用，实际承运人向货运代理收取了目的港滞留的集装箱的超期使用费 66,330 美元（约 460,000 元人民币）。货运代理认为，出口商作为发货人及托运人，应当承担该笔因目的港无人提货而产生的费用，请求法院判令：托运人向货运代理支付因目的港无人提货而产生的集装箱超期使用费 66,330 美元，并支付相应利息（自起诉之日起计算至实际付清之日止）。

法院判决托运人向货运代理支付集装箱超期使用费人民币 105,000 元（相当于同时期购置 3 个新集装箱的费用）及相应利息。

目的港无人提货是在国际海上货物运输纠纷中货运代理面临的主要风险之一。目的港无人提货主要有如下原因：（1）卖方未及时向买方提交正本提单等货物的权利凭证；（2）买方经济困难无力支付货款等，从而无法获得货权凭证；（3）承运方运达目的港的时间远远超过了买方的预期时间，从而让季节性的货物（比如时装）错过了销售旺季；（4）不可抗力，比如天灾、战争、罢工等。无论是何种原因导致目的港无人提货，货运代理都面临多方面的损失，包括运费、堆场费、仓储费、保管费、集装箱超期使用费等；除了金钱方面的损失，货运代理还得消耗大量时间、人力处理留置权、清关、货值评估、拍卖以及应对法院程序等环节引发的后续事项。

在前述案例中，货运代理向实际承运人支付了各种费用共计 66,330 美元（约 47 万元人民币），但法院只支持托运人向货运代理支付人民币 105,000 元，可谓损失惨重。那么，有什么方法可以避免或降低目的港无人收货给货运代理带来的损失呢？笔者参照了中国裁判文书网和一些专业网站公开的判例，提供以下几个思路供从业者参考。

思路一：让出口商成为托运人。

最高人民法院 2021 年公布并实施的《全国法院涉外商事海事审判工作座谈会会议纪要》第 61 条明确规定：提单持有人在目的港没有向承运人主张提货或者行使其他权利的，因无人提取货物而产生的费用和风险由托运人承担。承运人依据运输合同关系向托运人主张运费、堆存费、集装箱超期使用费或者其他因无人提取货物而产生费用的，人民法院应予支持。依照该规定，让出口商成为托运人角色并承担托运人义务是国内货运代理的一个合适选项。

在 CIF 贸易方式下，出口商需要承担运费，是无可争议的托运人。在 FOB 贸易方式下，通常由出口商根据进口商的指示将货物送至进口商指定的货运代理的货场或码头，其义务和风险承担止于船舷。因此，在 FOB 贸易方式下，进口商才是真正的货物运输的托运人。FOB、CIF 等类似的国际贸易术语针对的是在国际货物贸易中买方和卖方在装货港与目的港关于运费承担、保险购买、货物毁损灭失风险转移、装卸货物等责任的分配，但并不解决在目的港无人提货时产生的相关问题。就法律的角度而言，国际贸易的买方和卖方签订买卖合同，无法对作为第三方的货运代理和实际承运人产生有效的约束。

当货物到达目的港后收货人（进口商）不提货的情况发生，货运代理和实际承运人出于成本效益的角度考虑，通常不愿向收货人（进口商）主张权利。对于国内的货运代理而言，当货物到达目的港后无人收货的情况发生，如果由其向境外的进口商（收货人）追讨运费及相应的费用，由于不熟知目的港所在地的法律规定，以及在境外进行诉讼或仲裁耗费的时间和金钱都无法预测和控制，因此最佳途径就是让同处国内的出口商成为国际海上货物运输的托运人，从而向国内的出口商追讨运费和因目的港无人收货而产生的仓储、保管、集装箱超期使用等其他费用。在前述案例中，由于出口商与货运代理签订了《出口货物代运委托书》，所以在货物到达目的港后出现无人提货造成损失的情况下，货运代理可以依据国内的法律规定和司法实践向国内的出口商追讨相应的费用。

无独有偶，另外一个案例也发生了类似的情况：2020 年，香港出口商与加拿大公司签署沙发产品出口销售协议，约定贸易术语 FOB。协议签署后双方合作较为顺利，加拿大公司多次指定某货运代理公司负责货物运输。应该货运代理的要求，香港出口商与其签署了一份《国际货运代理运输合同》。尽管约定适用 FOB 贸易术语，每次货物订舱仍然由香港出口商负责。因加拿大公司与货运代理就运费支付期限问题产生了纠纷，2020 年 12 月装船的一批货物在到达目的港后无人提货。货运代理要求香港出口商承担集装箱占用费、运费、港口费、仓储费等相关费用。该案最终以调解结案。

在前述两起案件中，由于出口商和货运代理签署了货运代理运输合同，从而让出口商承担了托运人的义务。因此，当目的港无人提货的情况出现，货运代理依据《全国法院涉外商事海事审判工作座谈会会议纪要》第 61 条规定，理所当然就可以找出口商主张相应的费用。

思路二：及时地书面通知与反复告知警示。

货运代理作为运输服务的参与提供方，有义务向实际承运人了解货物在途、到港情况并及时通知托运人和收货人，不得以任何理由拖延。在以下不同的阶段，货运代理有不同的告知事项：

1. 当货物到达目的港后，货运代理应当以书面方式及时通知收货人和托运人以下事项：（1）货物已经到达目的港的事实及实际存放点；（2）货物在目的港的免费存放期间（从 7 天到 30 天），让收货人及时提取货物；

(3) 超过免费存放期间后的收费项目及收费标准，以及可能面临的港口方或海关的处罚措施。

2. 在货物在目的港存放超出免费期间当天，货运代理应当再次以书面方式通知收货人和托运人，并每隔一段时间（可以5天或10天）将逾期天数、需要支付的费用项目、需要支付的费用金额与总额列成清单发送给收货人和托运人。定期、多次发送告知书的目的有3个：(1) 提示提货时间已经逾期，督促托运人和提货人尽快提货；(2) 提示逾期提取货物需要支付各项费用，并且逾期时间越长，支付的费用越多；(3) 为以后维权收集证据。

3. 当货物逾期超过30天时，货运代理的告知事项除了前述事项外，还应将《海商法》第87条、第88条关于承运人的货物留置权、留置货物的拍卖条件、行使留置权的时间等规定告知收货人和托运人，催促收货人尽快提取货物。如果确实联系不上收货人或者收货人明确表示拒绝收取货物，货运代理应当催促托运人尽快决定对货物的处置方案，比如托运人自提和转卖他人，或者运回给托运人，或者委托货运代理等相关主体在目的港变卖，或者弃货……货运代理应当充分告知托运人各种处置方式可能产生的后果，特别是可能涉及的费用项目与金额。

在示例案件中，实际承运人将各种费用项目和金额合并在一起，以单一的"集装箱超期使用费"向货运代理收取费用。而货运代理亦未要求实际承运人提供收费项目和收费标准清单就按其要求支付了所有费用。最高人民法院2022年1月24日发布并施行的《全国法院涉外商事海事审判工作座谈会会议纪要》第65条第2款规定："根据民法典第五百八十四条规定的可合理预见规则和第五百九十一条规定的减损规则，承运人应当及时采取措施减少因集装箱超期使用对其造成的损失，故集装箱超期使用费赔偿额应在合理限度之内。人民法院原则上以同类新集装箱市价1倍为基准确定赔偿额，同时可以根据具体案情适当浮动或者调整。"因此，法院判处托运方按照当时同类新集装箱市价标准向货运代理支付集装箱超期使用费并无不当。如果货运代理全过程保持与实际承运人、托运人沟通，按照上述告知要求做足功夫，并且在诉讼请求中分项列明各项费用，则人民法院完全有可能判令托运人按照货运代理和实际承运人已经支出的各项费用补偿给货运代理。

思路三：在多次告知无果后，及时采取措施减损。

在前文第一个案例中，一审法院认为，出口商作为空白指示提单的托运人，于提单签发后向承运人发出交付指示，既是其权利，也是其配合承运人完成货物交付的义务。出口商未能指定目的港收货人，未发出交付指示，导致承运人无法完成货物的正常交付，无法及时收回集装箱。在超过货物免费存管期间后，出口商既未能成功将货物转卖，将提单流转至新的收货人，也未及时采取将货物回运或者自行去目的港提货等方式处理货物，造成了集装箱货物在目的港长时间无人提取的结果，因此判令出口商（托运人）需要承担合理金额的该项损失。

《海商法》第88条规定："承运人根据本法第八十七条规定留置的货物，自船舶抵达卸货港的次日起满六十日无人提取的，承运人可以申请法院裁定拍卖；货物易腐烂变质或者货物的保管费用可能超过其价值的，可以申请提前拍卖。拍卖所得价款，用于清偿保管、拍卖货物的费用和运费以及应当向承运人支付的其他有关费用；不足的金额，承运人有权向托运人追偿；剩余的金额，退还托运人；无法退还、自拍卖之日起满一年又无人领取的，上缴国库。"

设置该条法律规定的目的在于授权货运代理和实际承运人对留置货物行使处分权，通过货运代理和实际承运人对无人提取货物及时采取处置措施，从而最大程度实现减少各方损失。

为了避免争议，货运代理或实际承运人依据该条法律规定授权，在处置货物前应当与托运人进行充分的沟通，包括但不限于思路二所提及的各项告知与提示。通过沟通，货运代理或实际承运人取得托运人就滞留目的港货物进行处置的书面授权是最为稳妥的处理方式。当然，在沟通的过程当中，由于通常情况下出口商在目的港缺乏足够的人力资源和渠道来处理滞港货物，因此，从维护客户关系的角度出发，货运代理和实际承运人应当尽可能帮助托运人以最有利于托运人利益的方式处置货物，比如将滞港货物转卖给目的港所在地的第三方等。由于货物跨境流通，处置货物还涉及当地的海关清关费用、关税和其他税项、文件费用、拍卖费用等，托运人可能难以查询和了解相关的规定，无法明确需要支付何种费用项目和具体的金额标准，因此，货运代理和实际承运人应当尽可能罗列费用项目，供托运人决策参考。

在第一个案例中，如果出口商和货运代理及实际承运人能够充分沟通，同心合力，及时决策，出口商完全可以避免损失的不断扩大。

货运代理和实际承运人应当完整地保留与托运人的沟通记录，包括电子邮件、传真、手机短信、微信等即时通信应用的聊天记录等；另外，货运代理和实际承运人还应当收集和妥善保管所有货物处置环节的文书、合同、公告、评估或鉴定报告、报价单、发票与收据等，以备争议发生时提供完整的证据。

思路四：及时提起诉讼或仲裁，求偿内容尽量详尽完整。

无论是向法院提起诉讼，还是向仲裁机构提起仲裁申请，货运代理都应当明确诉讼时效涉及的期间，并保证在诉讼时效内提出。如果超出了诉讼时效，再合理的诉讼或仲裁请求都失去了胜诉权，货运代理的权益就无法获得满意的保障。

海事海商法律的诉讼时效有别于《民法典》的规定。比如对于集装箱超期使用费的诉讼时效，《全国法院涉外商事海事审判工作座谈会会议纪要》第 66 条明确规定为一年，自集装箱免费使用期届满次日起开始计算。

在求偿过程中，货运代理应当尽量详细罗列其求偿的事项，提供完整的证据。对于在中华人民共和国境外生成的证据，比如货物处置环节产生的文书、合同、公告、评估或鉴定报告、报价单、发票与收据等，还需要根据该国与我国的司法协助协议，在产生该证据的国家寻求公证或律师见证，必要时甚至还需要取得我国驻该国使领馆的确认。

思路五：参与专业的组织，缴纳相应的费用。

国际海上货物运输的兴起催生了各种各样的互保组织和协会，比如成立于 1968 年的联运保赔协会（Through Transport Club，TT Club）是一家专业为货运代理、无船承运人（NVOCC）、物流公司、港口及码头经营人和集装箱运输公司提供责任保险及风险管理服务的互保协会，拥有 40 多年的承保经验、专业的服务团队和全球化的理赔网络，在 150 个国家拥有 7500 家运输企业会员。该协会在对有意参加的企业进行承保风险评估后，会将企业的经营范围纳入“承保服务”中，提供适合的保险保障，最大限度地保护运输经营人的利益，规避风险。

向专业的协会或组织寻求风险分担，对于国内的货运代理而言，不失为一个高效的选项。

国际海上货物运输过程涉及多方主体，货物在不同主体之间流转时，所有权、实际控制权等权利的转变，以及相关的保管义务的转变都有可能产生纠纷。货运代理（无船承运人）应当与托运人（出口商）、收货人（进口商）、实际承运人等国际货物贸易参与主体保持及时、充分的沟通，在发生争议时尽量协调各方利益，解决实际问题。当然，在这个过程中，首要的任务是保证自己的合法权益不能受损，在利益受损时收集、完善各方面的证据，以便日后通过诉讼或仲裁等方式维护自身的权益。

Incoterms 2020 的准确含义及相关法律风险防范

刘 莹

一、引言

Incoterms 2020 已于 2020 年 1 月 1 日正式生效，它是迄今为止关于国际贸易术语含义国际惯例的最新版本。

那么 Incoterms 2020 到底有什么变化？在新术语出台后，之前的术语是否自动失效？我们对每一个国际贸易术语的真正含义、法律地位的了解又是否正确呢？

本文将分成两部分向读者介绍相关的法律知识点：

首先，通过图表比对方式，向读者解读 Incoterms 2020 当中的 11 个贸易术语；

其次，通过案例分析的方式，纠正常年积累的“错误经验”。

二、国际贸易术语的法律地位和准确含义

（一）Incoterms 在国际贸易中的法律地位与作用

1. 国际贸易术语的法律地位

首先必须明确 Incoterms 是贸易条款，不是法律法规，不具备必然的法律效力。

国际商会（International Chamber of Commerce，ICC），是国际民间经济组织。ICC 作为由世界上一百多个国家参加的经济联合会，包括商会、工业、商业、银行、交通、运输等行业协会，同时也是联合国经社理事会的一级咨询机构。

ICC 本质上就是一个民间组织，非官方的属性注定了 Incoterms 只是辅助国际贸易，通过制定通行标准协助从事国际贸易的主体以简单通俗的方式表达价格。一旦出现纠纷，双方的具体权利义务还是要看当时签订的合同。

2. 国际贸易术语具体内容

国际贸易术语，又称贸易条件或价格术语，通过约定俗成的方式，利用简单的 3 个字母组合，规定了以下 6 项内容（见图 1）。

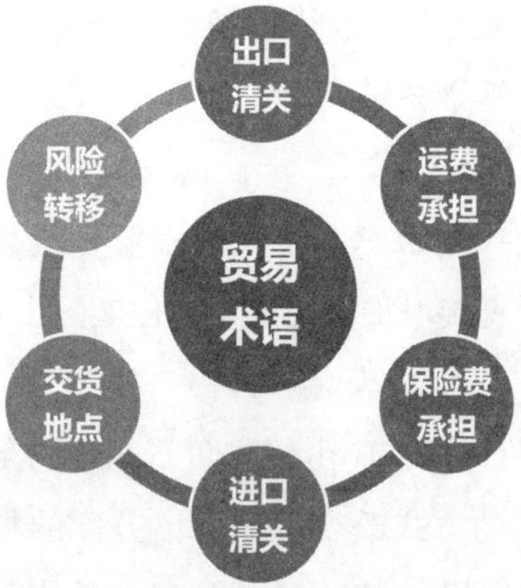

图 1　国际贸易术语六大主要内容

3. 国际贸易术语与国际货物买卖合同之间的关系

一份完整的国际货物买卖合同起码应当包括如下条款：交易主体、货物描述、包装要求、货物质量、价格条款（Incoterms）、付款条件、不可抗力、违约责任、法律适用及争议解决……

由此可见，Incoterms 仅仅是其中一个条款，或者一系列条款，一份完整的国际货物买卖合同还应包括更多、更完善的内容。

4. 贸易术语与国际货物买卖合同冲突的处理

对于贸易术语与国际货物买卖合同的冲突如何处理，这点大家应该都不难下结论——合同效力优于贸易术语。然而，在合同履行当中，很多时候客户会混淆了这一点。笔者在此分享以下一个小案例，希望读者在正确选用贸易术语以后，也注意切勿在合同履行过程当中“无意”地改变了相关术语规则。

案例：

买卖双方以 FOB 上海进行交易。

卖方在合同签订后接到买方来电，买方称其租船较为困难，遂提出由卖方承担租船责任，但有关费用仍由买方承担。

卖方认为这个要求并没有增加合同成本，为了方便合同履行，卖方接受了这个要求。

装运期将至，卖方却无法在上海港订到合适的船，遂提出改港。此时买方表示不同意改变装运港。

最后，在装运期届满之后，买方因销售情况发生变化，遂以卖方未按期租船履行交货义务为由解除合同。

法律分析：

在这个案件中，从一开始卖方便没有必要答应买方承担租船责任的请求，即便这一请求并未直接增加交易成本，但实际上却增加了卖方的履约风险。

按 FOB 条件成交的合同，应由买方负责租船订舱。该案买方提出的请求，实际系以补充合同的方式改变了原术语分配的权利义务，按照“合同效力优于贸易术语”的原则，卖方已将租船订舱责任转移至自己身上，一旦无法租船订舱，便构成违约。卖方可以接受买方的委托代为租船订舱，但卖方应明确告知对方自己并不承担租不到船的责任。

（二）Incoterms 2020 的主要修订变化

在 Incoterms 2020 版本中存在许多新增或调整内容，笔者在此总结几点较为突出和重要的内容与大家进行分享。

1. FCA 术语项目下可约定承运人在装货前向卖方签发 B/L

在 FCA 术语下，货物系在装船之前完成交付的，但根据运输合同，承运人一般只会在货物实际装船后签发提单。故卖方在向承运人交货之后，不可能马上从承运人处获得“已装船提单”。而信用证议付条件往往包括提交“带装船批注的提单”，故在实际操作上往往会出现矛盾。

为了解决这个问题，Incoterms 2020 的 FCA A6/B6 条款提供了一个附加选项。买卖双方可以约定，买方可指示其承运人在货物装船后向卖方签发装船提单，然后卖方有义务向买方提交该提单（通常是通过银行提交）。

但必须注意的是，该点仅在买卖双方达成一致约定之时方会使用，而并不代表选择 FCA 术语便必然使用。

2. 明确规定了 CIF 与 CIP 的最低保险范围

在 11 个贸易术语当中，CIF 与 CIP 两个术语存在的保险范围争议最大，究其原因无非是在现有术语当中只有这两个术语项下的货物运输途中保险的投保人和受益人系分离的。

为解决这个常见争议，Incoterms 2020 明确规定：

在 CIF 价格术语中，卖方的责任仍然是“自费投保符合协会货物保险条款（LMA/IUA）的（C）条款或任何类似条款所规定的货物险”。

在 CIP 价格术语中，卖方的责任是（如果没有另外的协议），“自费投保符合协会货物保险条款（LMA/IUA）的（A）条款或适用于所用运输工具的任何类似条款所规定的货物险”。

3. FCA/DAP/DPU/DDP 自有运输工具的使用

Incoterms 2020 规定了在 FCA 货交承运人、DAP 目的地交货、DPU 卸货地交货、DDP 完税后交货这 4 个术语项下，可用自有运输工具安排拖车。

其中，在 FCA 术语中，系指买方可以使用自己的运输工具；在 DAP、DPU 和 DDP 术语中，系指卖方可以使用自己的运输工具。

4. DPU 出台，DAT 退出

在 Incoterms 2010 中，术语 DAT 与术语 DAP 之间的唯一区别在于——在 DAT 术语中，卖方将货物“从到达的运输工具中卸下后即交付给 Terminal”；在 DAP 术语中，卖方“在将货物交给买方处置时交付了货物”。

Incoterms 2020 进行了两项更改：

第一，术语的排列顺序发生了改变，在 Incoterms 2020 版本中 DAP 列在 DPU 之前，而在 Incoterms 2010 中 DAT 列在 DAP 之前。

第二，术语名称也从 DAT（在终端交付）更改为 DPU（在卸货的地方交付）。

这个变更旨在强调目标位置可以是任何位置，而不一定是在某个 Terminal，既可以是港口或空港，也可以是任何地点。当然，在选择使用这个术语时，卖方必须确保这个地点具备卸货的能力，这也是现有 11 个术语当中，默认卖方承担目的地卸货责任的唯一术语。

除上述分享内容外，Incoterms 2020 还存在许多变化。但是，考虑到篇幅关系以及相关重要程度，本文暂无法一一尽录。

（三）Incoterms 2020 中的贸易术语的分类

1. 一表看尽 Incoterms 2020（见图 2）

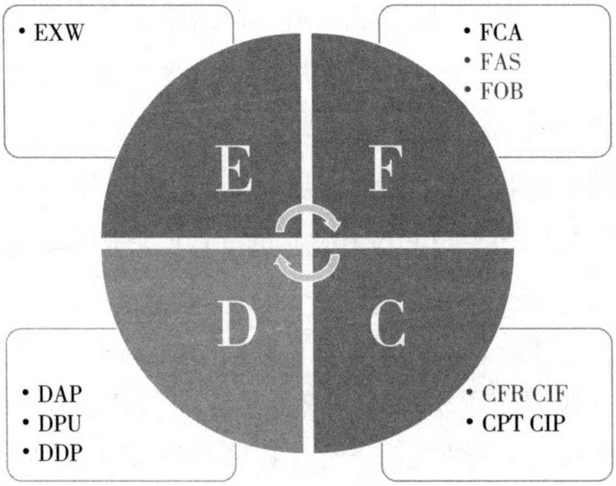

图 2　主要贸易术语分类

2. Incoterms 2020 的分类

（1）按责任轻重分类。

Incoterms 2020 分为 4 组术语，E \ F \ C \ D。其中：

E 组术语（只有 EXW），卖方责任最小，买方责任最大。

D 组术语，卖方责任最大，买方责任最小。

在同组术语下，卖方责任逐步增加，买方责任逐步降低。如 F 组的顺序为 FCA、FAS、FOB；D 组的顺序为 DAP、DPU、DDP。这两组的分列顺序，均符合上述总结的责任规则。

（2）按照适用的交通工具分类。

①仅适用于海运以及内河航运——FAS、FOB、CFR、CIF 4 个术语。

②适用于海陆空及多式联运——其他 7 个术语。

（四）Incoterms 2020 中的贸易术语的具体解析

为了便于读者对 Incoterms 2020 中的贸易术语的理解与比对，笔者将通过几个简单的表格，针对术语规定的 6 大方面（出口清关、运费、保险、进口清关、交货地点、风险转移）作出直观比较，希望帮助读者正确了解与掌握这些贸易术语。

1. E 组（见表 1）

表 1　E 组贸易术语简述

术语	出口清关	运费	保险	进口清关	交货地点	风险转移
EXW	买方	买方	买方	买方	卖方 指定地点	买方 收货时

2. F 组（见表 2）

表 2　F 组贸易术语简述

<table>
<tr><th>术语</th><th>出口清关</th><th>运费</th><th>保险</th><th>进口清关</th><th>交货地点</th><th>风险转移</th></tr>
<tr><td>FCA</td><td rowspan="3">卖方</td><td rowspan="3">买方</td><td rowspan="3">买方</td><td rowspan="3">买方</td><td>指定装运地</td><td>货交承运人</td></tr>
<tr><td>FAS</td><td>装运港船边</td><td>装运港船边</td></tr>
<tr><td>FOB</td><td>装运港船上</td><td>装载船上时</td></tr>
</table>

3. C 组（见表 3）

表 3　C 组贸易术语简述

<table>
<tr><th>术语</th><th>出口清关</th><th>运费</th><th>保险</th><th>进口清关</th><th>交货地点</th><th>风险转移</th></tr>
<tr><td>CFR</td><td rowspan="4">卖方</td><td rowspan="4">卖方</td><td rowspan="2">买方</td><td rowspan="4">买方</td><td>装运港船上</td><td>装载船上时</td></tr>
<tr><td>CPT</td><td>指定装运地</td><td>货交承运人</td></tr>
<tr><td>CIF</td><td rowspan="2">卖方</td><td>装运港船上</td><td>装载船上时</td></tr>
<tr><td>CIP</td><td>指定装运地</td><td>货交承运人</td></tr>
</table>

4. D组（见表4）

表4 D组贸易术语简述

<table>
<tr><th>术语</th><th>出口清关</th><th>运费</th><th>保险</th><th>进口清关</th><th>交货地点</th><th colspan="2">风险转移</th></tr>
<tr><td>DAP</td><td rowspan="3">卖方</td><td rowspan="3">卖方</td><td rowspan="3">卖方</td><td rowspan="2">买方</td><td rowspan="3">买方所在地指定地点</td><td rowspan="3">运输工具上</td><td>不卸除</td></tr>
<tr><td>DPU</td><td>卸除</td></tr>
<tr><td>DDP</td><td>卖方</td><td>不卸除</td></tr>
</table>

三、Incoterms使用过程中的常见错误及案例分析

（一）FOB/CFR/CIF老三样的误用

很多企业在选择空运贸易术语时，极少规范地使用ICC以及学术界所提倡的FCA、CPT、CIP等，居于主导地位的依然是老三样——FOB、CFR、CIF。

而实际上，在老三样术语的使用过程中，存在大量的误用案例——老三样连同FAS等4个术语仅适用于海运及内河航运，不适用于陆运、空运或多式联运。

1. 误用的原因

经调查发现，该类贸易术语被误用的原因主要有以下3点：

（1）习惯问题。

FOB、CFR、CIF等贸易术语历史悠久，进出口企业都对该类术语非常熟悉，老三样术语对于买卖双方的权利义务分配也较为清楚，不易出错，所以一直沿用。

从理论上来说，虽然与FOB、CFR、CIF对应的FCA、CPT、CIP更适用于当前实际物流情况——集装箱运输、空运、多式联运等新兴运输方式，但一直以来普及力度有限，外贸从业人员对该类术语认识不深，或者根本没有认识，不清楚买卖双方的权利义务分配，担心因选择错误而引起商业风险，故根本不会将该类术语纳入备选术语之中。

（2）认知错误。

尽管ICC已明确规定FAS、FOB、CFR、CIF这4个术语仅适用于海运

以及内河航运，但是在实际业务中，仍有不少企业在空运条件下选用该类术语。

相关的承运人、银行、海关等部门在审查单据时也没有根据 ICC 的有关规定严格要求企业修改对应的贸易术语。

如此一来，就传递出一个错误的信号——企业认为将该类术语应用于海运以及内河航运以外的物流渠道（如空运、多式联运等）属于“国际惯例”，买卖双方的权利义务分配可以推定适用。

（3）境外买家的阻力。

为更大程度保障自己的权益，很多时候境外买家即便清楚知悉其选用的术语并不正确，但考虑到自身的情况，仍坚持选用错误的贸易术语。

如此一来，境内卖家为了促成这单生意，也只有妥协。

2. 术语误用引起的法律风险

案例一：

郑州高新区卖家要空运一批货物到美国纽约，需要从北京空运出去。买卖双方经协商，采用 FOB 北京作为交易条款。

法律分析：

乍看之下，都认为该案是双方对贸易术语认知不足而导致的选择错误——FOB 术语仅能用于海运模式，不能用于空运、陆运或多式联运。单从这点来看，该次交易确实存在贸易术语选用错误。

从实际情况来看，该票交易选择 FCA 郑州仓库更为合适。

然而，在现实交易中，境外买家一般会坚持选用 FOB 北京，即便其清楚知悉该术语并不正确，原因在于选择错误的术语，往往能为境外买家带来更多的保障。

我们试想一下，选择错误的 FOB 北京，则意味着在北京将货物交付承运人之前的风险，均由中国卖家承担，即便在中国境内出了意外，也由中国卖家自行解决，境外买家无须担心。境外买家只承担飞机从起飞到落地期间的风险——空运的事故率远远低于多式联运。

反之，选择正确的 FCA 郑州仓库，则意味如果在中国境内陆路运输阶段出了意外，境外买家只能自己想办法解决——在人生地不熟的中国面对陌生的运输企业和法律环境，这种选择风险还是很大的。

从上面的综合分析不难看出，对于境外买家而言，这种错误的术语选择，实际上却能带来更好的保障。

案例二：

中国卖家向印度买家通过空运模式销售货品，价格术语为 CFR 北京，物流路线为北京—新加坡—孟买。

货物发出一段时间后，印度买家仍未收到货物。

经查发现，该批货物并未装机，航空公司愿意按照一定标准进行赔付，但赔偿额度远低于货值。

中国卖家与印度买家就差价问题进行协商，并提出如下观点：

第一，CFR 术语虽然常用于海运以及内河航运物流模式，但可参照对应的 CPT 术语处理有关权利义务。按照当前国际航空货物运输惯例，卖方在货交承运人时即完成了交货任务，货物风险即转移给买方，卖方无须保证货物安全装上飞机。

第二，货物在装机前的仓储期间以及装机过程中如发生货物损坏或灭失等情况，应由买方向航空公司或保险公司索赔。故在该案中，卖家已将货物交付航空公司，风险也已随之转移至买家，应由买家与有关各方交涉赔偿事宜，卖家有权按照合同约定收取货款。

但是，印度买家断然拒绝这一要求，最终只能通过司法程序解决本次纠纷。

法律分析：

经过审理，法院认为 CFR 与 CPT 是完全不同的贸易术语，无法套用 CPT 的规定将货交承运人作为货物风险转移的节点。

鉴于该次交易不正确地使用了只适用于海运方式的 CFR 术语，且买家确实未收到货物，因此无充分证据能够证明卖方已正确履行了交货义务，相关损失应由卖方自行承担。

该案例所述的是航空货物运输中常见的风险情形。FAS、FOB、CFR、CIF 这 4 个海运术语系以船边交货或船上交货作为风险转移的节点。与之对应的空运术语（FCA、CPT CIP）则并无类似规定——空运术语并未将机边交货或机上交货作为风险转移节点，而是统一以货交承运人作为风险转移的节点，卖家按照约定的日期将货物运至机场指定地点交给航空承运人或其代理人即可。

如无意外发生，这类误用一般没有直接影响。也正因如此，不少企业在选用术语之时一直偏向 FOB 等老三样，麻痹大意，发生了上述案例情形，才意识到术语误用存在的重大影响。通过上述案例，我们不难发现错误的术语，往往为境外买家带来更多的保障。在此情况下，中国卖家的律师，在审查该类合同时，笔者建议可遵循如下策略为客户提供更全面的保护：

第一，注意交易的实际情况，为客户选择真正合适交易的贸易术语；

第二，如客户无法在谈判之中占据优势，我们则需要“退而求其次”，尝试在合同条款中作出平衡约定，毕竟“合同约定效力优于贸易术语”；

第三，需要向客户明确指出错误术语可能产生的潜在风险，提醒客户做出更为合理的商业安排。

（二）表达不规范引起的风险

1. 常见的表达不规范情形

我们看看以下的表述，是不是非常眼熟：

（1）DAP 首尔 2020。

【错误：DAP 术语后应接具体地址，而非城市】

（2）CIF 北京 2010。

【错误：CIF 仅适用于海运及内河航运，北京并不符合条件】

（3）FOB 上海。

【错误：未明确术语版本】

（4）EXW 广州……

【错误：EXW 术语后可接具体卖方仓库地址，但未明确术语版本】

以上贸易术语的表述，都是错误的。但在实际国际买卖合同当中，这类错误经常发生。

2. 正确的表达方式

（1）术语表达的公式。

在书写贸易术语时，我们不能简单地写上3个英文字母便了事，而应遵循相关规范，正确完整地表述。

正确的表达应包括三部分内容：选用术语、指定港口/指定地点、术语版本。

英文完整列为：

[Incoterm rule] + [Named port/place] + Incoterms 2020。

举例说明：

CIF Shanghai Incoterms 2020。

DAP No. 15 Zhujiang W. Road，Guangzhou China Incoterms 2020。

（2）特别注意事项。

在表述术语时，很多人都忽视了术语后面的【指定港口/指定地点】，对于这部分内容，笔者根据术语适用的实际情况，分类说明如下：

第一，港口（PORT）vs 地点（PLACE）。

港口（PORT），FAS、FOB、CFR、CIF 4个术语仅适用于海运以及内河航运，因此该4个术语后应接具体港口，故“FOB SHANGHAI”，这里是指“上海港”；而“CIF NANJING”，这里是指“南京港”。

地点（PLACE），除了上述4个仅适用于海运以及内河航运的术语外，其他通行术语后应接具体地点。此时，我们就不宜简单表述为“DAP GUANGZHOU”，而应写上具体地址，如“DAP No. 15 Zhujiang W. Road, Guangzhou China”。

第二，起运地（港）vs 目的地（港）。

在E组和F组术语项下，都系由买方承担运费的。因此这两组术语项后接的港口或地点，实际上是起运地（或者起运港）。

在C组和D组术语项下，都系由卖方承担运费。因此与这两组术语项后接的港口或地点，实际上是目的地（或者目的港）。

四、结语

Incoterms 2020 的出台，为从事进出口贸易的企业提供了新的选择。

建议进出口企业在订立合同时，谨慎选择和使用国际贸易术语。严格遵照国际贸易术语的定义和使用规范，选择真正合适的术语，并正确表达术语。在商业谈判不占优势的情况下，尝试加入其他平衡双方权利义务的合同条款，以最大限度保护自己的权益。

文化产业融资中的无形资产评估法律问题研究

李云超

文化产业的资产结构具有相对的独特性，文化产业和其他产业相比，其核心的资产不是固定资产，而是通过研究和开发而形成包含智力成果的文化产品，主要表现形式为无形资产，文化产业的竞争优势来源于创新力。文化企业价值创造过程显示大部分文化企业属于"轻资产"类型的企业，著作权等无形资产是文化产品的真正价值来源，构成了文化企业的核心贡献资产。[①] 由于无形资产价值隐性且价值波动较大，因此评估工作困难而复杂，加上我国在关于无形资产评估的管理机制、评估依据的准则、资格准入等方面都没有相关完善的法律进行规制，无法保证文化企业无形资产评估结果能够真实反映价值，这既是文化企业融资的障碍，也是文化产业发展的障碍。因此2014年3月14日国务院发布了《国务院关于推进文化创意和设计服务与相关产业融合发展的若干意见》，提出要完善文化创意和设计服务企业无形资产评估体系。

一、无形资产评估的特点及意义

（一）无形资产评估的特点

无形资产具有独特性，是指所有能直接或间接带来经济利益的无物理形

① 参见王家新、刘萍等：《文化企业资产评估研究》，中国财政经济出版社2013年版，第40页。

态的资产。[①] 无形资产评估是对无形资产在价值形态上的评估，是依照法定或者公认的程序和标准，采用专业而科学的方法，为满足特定目的而对无形资产所做出的评定和估算。在研究无形资产评估时首先需要区分成本、价格和价值。成本是制作一个产品或提供一个服务整个过程需要花费金钱的数额，价格是购买一个商品或接受一个服务所必须支付的金钱的数额，而价值是在特定环境下购买商品或服务愿意支付金额的数额。[②] 本文所研究的无形资产评估是以无形资产转让、投资、融资为目的的资产评估，通过评估从而以货币的形式来反映无形资产的价值。其具有如下特点：

1. 价值的隐形。

所谓价值的隐性是指无形资产价值或者说部分文化产品或服务给人的感觉是无形。一般体现为心理情感的反应，是人思想和情感的认同和回应，而且不同的人反应是不同的。虽然文化企业资产大部分属于无形资产，但是对于进入市场的文化产品来说，不但需要每个投资人或鉴定者心中有自己的价格，而且需要一个被社会总体认知所接受的公认价格，因此对于文化产品的价值鉴定远比一个事实的认定要复杂，它是一种预估、评价和判断。[③] 正因为文化企业资产价值的隐性，所以对于文化企业资产价值很难进行量化。由于文化创意企业的无形资产具有创意性和新颖性，因此很难在市场中找到相近或相仿的同类品，无法找到相近的价格作为价值评估的参照，难以确定其市场价值。无形资产评估首先要确定哪些资产属于无形资产，其次要给这些无形资产确定价值。有些无形资产是通过他人的授权书确定，有些无形资产是通过主管机关颁发的证书予以确认，[④] 还有些无形资产没有明确的证据予以证实。每项文化产品的价值评估都涉及版权本身的专业性、复杂性。例如

---

① See Necsulescu Ekaterina & Onose Valeriu - Laurenþiu, *Particularities of the Intangible Assets Evaluation in Terms of Financial Crisis*, Ovidius University Annals, Vol. XI, Issue 2 Economic Sciences Series, 2011, p. 901.

② See Luca Escoffier, *Reinterpreting Patent Valuation and Evaluation: The Tricky World of Nanotechnology*, European Journal of Risk Regulation Impact Factor, Vol. 67, 2011, p. 70.

③ See Ralphe. Lerner & Judith Bresler, *Art law Guide for Collectors, Artists, Investors, Dealers, and Artists*, Third Edition, Volume 3, Practising Law Institute, 2005, p. 1507.

④ See Jody C. Bishop, *The Challenge of Valuing Intellectual Property Assets*, Nw. J. Tech. & Intell. Prop, Vol. 1, 2003, p. 60.

在电影和电视剧价值评估中，主要演员、导演、编剧的知名度，以及该影视公司以前制作的作品的美誉度都会影响其价值评估结果，除了作品外，评估时的时尚潮流和观众的年龄层次、消费能力也会对评估结果产生影响。在现实中，有些小成本制作的电影由于迎合了观众的喜好，因此收获了较高票房，而有些电影由于没有迎合大众的喜好，虽然投入巨大却票房惨淡。而且文化产品作者、表演者个体的不确定性与文化产品的市场价值紧密相关，作者或表演者的健康、精神状态及社会美誉度都直接影响文化产品的价值。由于无形资产评估难，金融机构在决定是否向文化企业提供贷款时顾虑重重，从而阻碍了文化产业的投融资规模和速度。

2. 价值波动较大。

文化产品的价值取决于消费者的情感和心理体验及认同，与时尚潮流及审美情趣紧密相关。在文化创意产业的交易中，一项文化产品的价格极大程度上取决于市场、投资者、社会大众对于该产品的需求。在审美情趣和时尚潮流相吻合的情况下，同一件文化作品，因为完全符合市场的需求，可能价值很高；但如果该文化产品与审美情趣和时尚潮流错过，与市场需求不匹配，则可能一文不值。文化创意企业无形资产的盈利能力和市场寿命受市场因素、技术发展因素、法律政策影响较大，因而具有较大的不稳定性，从而在很大程度上影响文化创意企业无形资产价值的确定。而且我国文化产业以中小型企业为主体，其资产规模小，运营和管理不规范，导致评估机构对贷款的风险很难做出正确的评价。① 文化企业资产主要体现为专利权、著作权、商标权等无形资产，而上述权利的行使都受到法律限制，具有法定的存续期限。目前在我国知识产权保护体系不太完善且保护力度不强的情形下，知识产权极易被侵犯，也容易陷入权利纠纷之中。现阶段文化创意产业还处在初级发展阶段，各类知识产权纠纷案件频频发生。作为文化企业主要资产表现形式的知识产权一旦陷入侵权或其他权利纠纷中，对于文化企业的经营将造成毁灭性的打击。由于文化企业资产具有无形资产的特征，上述侵权或

---

① 参见郭利华：《资产价值评估：文化产业与金融市场对接的关键》，载《光明日报》2013年4月5日，第5版。

权利纠纷很难预见和控制。

3. 价值的裂变。

所谓无形资产价值的裂变主要包括两方面内容：其一，在文化项目中文化产品或文化服务的投入与产出比很难确定，并不是完全成正比。有时可能一个很小的项目，由于开发时机恰当、创意新颖便可以带来成倍的财富增长。由于文化产业的产业关联度较广，对于上下游产业辐射带动力较强，因此一个成功的文化创意项目可以带动许多行业的发展，从而实现文化企业资产价值的倍增裂变。例如，由广东原创动力文化传播有限公司制作的童话题材原创动画作品《喜羊羊与灰太狼》，该作品在电视台播出后获得巨大成功，其后又改编为电影在各大影院上映，动漫作品本身获得成功后又带动了衍生产品图书、玩具、服饰的市场热销，从而使得公司资产价值和财富急剧增加。其二，部分文化企业资产的价值呈现逆增长，即有些文化产品的价值与一般产品的价值随着时间增大而折旧减少相反，而是随着时间的增长在增加。例如，对于有些文化产品尤其是书画作品，影响其价值鉴定的一个重要因素就是作品的历史价值。文化产品的历史价值指文化作品作为某个特定历史阶段时代特征、文化、科技发展的见证，不仅有较强的观赏性还有较高的历史研究价值。上述文化产品的历史价值随着收藏保有时间的增长而不断增加，从而在对其进行价值评估时所采取的评估方法与一般产品具有极大的不同。

除了以上所述的特点外，文化产业包括广告设计、大众传播、图书出版、艺术品收藏等诸多方面，使无形资产评估由于行业不同而在考量的侧重点和价值上存在差异。因为行业不一样，无形资产主要的具体表现方式也不一样，无形资产占整个文化企业的价值比例也不相同。例如广告设计行业的无形资产更多地表现在人力资源结构和技能方面，大众传媒行业的无形资产可能更多地表现在其发行方式和发行渠道上，而图书出版行业的无形资产更多地表现在著作权方面。这就使文化产业整个产业没有一个相对固定的评估元素，更增加了文化企业资产的评估难度。

（二）无形资产评估对于文化产业的意义

无形资产评估对于文化企业具有重要的作用，决定着财务报告的准确性，是确定知识产权授权价格的依据，决定着交易价格以及收藏价格，是获得投融资以及确定投融资金额的基础，是纳税、保险以及索赔的计算依据。①

首先，无形资产评估有利于文化企业掌握自身资产状况，维护企业资产的完整性。文化企业与一般企业不同，自身资产多体现为知识产权、著作权等无形资产，而一般企业虽然对有形资产的评估、利用和管理具有有效的机制和管理制度，但是对于无形资产具体的价值及其所占企业总资产的比例认识模糊，从而无法有效地利用、管理、整合企业资产。只有同时做到对无形资产的评估才能使企业管理者对于资产总量做到心中有数，从而使资产管理规范化，保证企业资产完整性。

其次，无形资产评估有利于促进文化企业的融资。目前企业的融资主要有贷款、风险投资及上市融资三大渠道，但是无论哪种融资渠道都需要一定的资产作为融资额度和是否能得到融资的基础。对于文化企业尤其是中小文化企业而言，很难匹配融资机构的要求，因为文化企业资产大多数属于“轻”资产，没有厂房、土地、设备等抵押物。由于我国无形资产评估体系不完善，缺乏专业的风险评估体系，而且在征信建设和监管环境方面不健全，这些对融资机构来说都是极大的风险，从而制约了文化企业的融资。而无形资产评估不仅可以为文化企业融资提供价值的担保，也可以为金融机构的投融资决策提供科学而有效的依据，从而有效地促进文化企业融资的发展。

最后，无形资产评估可以推动文化企业低成本扩张，促进文化企业的快速做大做强。企业快速扩张的一个重要途径就是兼并重组其他企业，从收购方角度来看，其可以减少现金的投入而用无形资产投资，以较少的现金投入换来较大规模的经营和较大的收益；而且在收购其他公司后可以扩大使用注册商标的商品或服务，有助于提升商标价值，从而扩大品牌的影响力。

二、无形资产评估中的具体法律问题

（一）监管体制

无形资产评估是一项单独的评估，包括专利、商标、著作权，有些无形

---

① See Johannesburg, *The Valuation of Copyright*, S. Afr. Mercantile L. J., Vol. 16, 2004, p. 355.

资产还包括专有技术、域名等。[1] 无形资产价值的隐形及波动性，决定了评估结果极易失真且难以察觉，因此对评估机构及评估师的监管显得尤为重要。

在美国，对于评估师的监管与其他职业不同，在一般情况下对于专业职业（如医生、律师和建筑师等职业）和普通职业的监管都属于州政府的职权范围。但是对于评估业的监管，联邦政府承担着监管职责。美国国会1989 通过了《金融机构改革、恢复和强制执行的法案》（Financial Institutions Reform，Recovery and Enforcement Act，FIRREA），该法案对美国评估管理体制进行了较大的改变，实现了联邦政府监管，州政府负责注册登记，行业协会负责有关专业技术准则的制定，金融监管机构负责建立评估规则。该法案建立了美国特色的资产评估体系，也建立了美国特色的评估行业监督管理体系。[2]《金融机构改革、恢复和强制执行法案》要求各个州对评估师进行监管，成立一个由 5 位到 10 位成员和候补成员组成的委员会，对公众就评估师的评估行为提出的有关申诉做出调查，并采取适当的措施，对评估机构的注册、经营和评估行为进行监管，[3] 从而使美国在资产评估师的教育培训、考试准入、评估行为监管方面都形成了完整的体系。《欧洲评估准则》第一部分规定评估师应该避免利益冲突并保持独立性。评估师应该在接受委托前向当事人询问利益相关方，以防止与评估师、评估师的合伙人或评估师家人产生利益冲突。评估师应该保持独立性，应该在评估过程中客观而职业，对于评估报告的相关利益各方应该具有独立性。如果评估师失误而导致客户损失，则客户可以采取司法措施要求评估师承担责任；关于评估师承担责任的范围和程度可以在委托协议中约定，也可以在评估报告中说明。[4]

我国无形资产评估机构虽然近年来有了较大发展，但管理相对滞后，还

---

① See Phillip A. Beutel & Bryan Rray, *Grasping the Value of Intangible Assets*, International Tax Journal, Vol. 30, 2004, p. 36.

② See The European Group of Valuers, Associations, *European Valuation Standards* 2012, p. 48.

③ See *Financial Institutions Reform, Recovery and Enforcement Act of* 1989, https://www.fdic.gov/regulations/laws/rules/8000-3100.html，最后访问时间：2014 年 12 月 23 日。

④ See The European Group of Valuers, Associations, *European Valuation Standards* 2012, p. 48.

不完善。由于历史的原因，我国大多数的评估机构都挂靠于行政机关，导致行政干预评估严重，表现为行政干预评估标准，影响评估结果的客观公正，评估机构与行政机关的脱钩改制问题亟待解决。评估机构挂靠于行政机关，也导致了地方和行业保护，这些依附、挂靠于行政机关的评估机构垄断了评估市场，违背了市场规律，剥夺了其他评估机构的竞争机会，因而这些评估机构所做的评估结果无法保证客观公正，也就缺少了权威性。由于对评估机构无信誉等级评定，因此无论评估机构是否具有相应领域的评估技术和专业知识，只要取得评估资质，就可以进行全方位多领域的竞争业务，导致了恶性竞争。加之无形资产评估市场大，利润较高，一些行政机关出于对部门利益的考虑，各自为政地把无形资产评估管理的权限控制在自己手中，从而更加剧了评估市场的混乱。

（二）评估师的资格准入

无形资产评估与其他资产评估有极大的不同，在评估过程中不仅需要会计财务知识，也需要工程技术、法学、市场分析多门学科，知识含量较高。作为知识、智力密集型产业的无形资产，其本身具有很强的学科专业内容，如果不了解有关知识就无法进行有效的评估。在 20 世纪 80 年代，美国 8 个主要的全国性评估组织开始联合起来以建立一套可以供所有评估师使用的通用的资格认证和评估准则。1987 年，这 8 个全国性的评估机构成立了美国资产评估促进会（The Appraisal Foundation，AF），该资产评估促进会属于非营利性的组织，其任务是通过制定评估准则和建立评估师的资格认证来提高美国评估师的专业水平。而这一任务是由两个独立的委员会承担的，即评估师资格认证委员会和评估准则委员会。《金融机构改革、恢复和执行法案》规定各州政府负责评估师资格考试，从 1995 年起，各州举行的评估师资格考试难度不得低于评估师资格认证委员会制定的大纲水平。《欧洲评估准则》第一部分规定了评估师的资格和经验：评估必须由取得资格的评估师按照评估规范进行；评估师必须具有大学或以上学历，或者达到欧洲评估师协会联合会要求的最低评估专业职业教育水平；评估师必须具有 2 年以上资产评估经验，对于评估的资产的地域和种类具有足够的知识和经验，或者在接受当事人委托前已经向当事人披露其不具备足够知识或经验的事实，或者能够得到具有相关知识和经验的人的协助。

我国无形资产评估人员知识结构无法满足现实的评估需要。我国无形资产种类较多，相互间可比性很低，而且非专利技术和商业秘密需要严格保密，因此关于评估对象的信息资料和技术经济参数的搜集比较困难，增加了无形资产评估工作的复杂性。而我国目前评估机构中的评估大多数是在会计、财务专业方面，没有无形资产相关领域的专业知识，从而可能会导致在评估中不按照规则操作，所做的鉴定不科学，有关数据不准确，评估的质量不高。[①] 目前我国资产评估行业队伍很不完善，存在以下问题：

首先，资产评估人员知识构成不合理，结构单一，懂艺术，懂知识产权，能进行文化无形资产评估的评估师十分匮乏。为了应对无形资产复杂的评估工作，首先需要保证资产评估人员具有丰富的知识结构。但由于评估从业人员知识结构单一，很难开展新型的资产评估业务，限制了评估业的发展。

其次，资格准入和实际工作相脱节。通过执业资格考试获得执业资格只是证明其理论知识达到了要求。由于评估师是一门需要丰富实践工作经验的职业，因此，更注重实践经验的积累。近年来也有许多非会计专业的其他专业人才通过了考试获得了注册资产评估师的执业资格，改变了我国评估师队伍专业单一化问题。但是由于缺乏坚实的统计、会计等基本的理论基础，这些非会计专业人才在获得执业资格后依然不能独立地对资产进行评估。甚至有些人员在通过资格考试后，实际并未从事评估工作，而产生“挂证”现象。

（三）评估过程管理的法制化

无形资产的特殊性使得无形资产评估复杂而多变，更容易受到评估师个人专业知识、职业态度的影响。为了确保评估结果尽可能客观而合理，制定科学的评估准则和完善的法律监管体系是无形资产评估健康发展的前提。

---

① 参见刘然：《无形资产评估存在的问题及对策》，载《中国证券期货》2010 年第 8 期。

20 世纪 60 年代美国评估师协会（The American Society of Appraisers, ASA）根据美国经济社会发展的需要，结合专利、商标、著作权在经济发展和企业资产中所占比例越来越大的实际情况，为了开拓评估业务的发展并保障无形资产评估的科学和真实，设立了无形资产评估委员会。美国评估师委员会考虑到企业价值评估和无形资产评估的方式、步骤以及相关考虑因素都有类似之处，因而用企业价值评估委员会取代了无形资产评估委员会，由企业价值评估委员会负责组织、协调、管理无形资产评估和企业价值评估。1986 年美国的评估专业协会与加拿大的评估协会联合制定了《专业评估执业统一准则》（Uniform Standards of Professional Appraisal Practice, USPAP）。通过总结和分析泡沫经济导致的危机，美国国会于 1989 年通过了《金融机构改革、恢复和强制执行法案》，要求评估人员在进行评估业务时，将《专业评估执业统一准则》作为评估工作的依据，必须按照《专业评估执业统一准则》的规则进行操作。目前，《专业评估执业统一准则》已经成为美国评估行业公认的评估规则，而且随着资产评估业的全球化发展，逐渐发展成为在国际评估界最具有影响力的评估准则之一。[①] 2009 年美国评估师协会结合《专业评估执业统一准则》和《评估实践原则和道德准则》（the Principles of Appraisal Practice and Code of Ethics）修订了《企业价值评估准则》（ASA Business Valuation Standards），在《企业价值评估准则》第九部分无形资产的评估（Intangible Asset Valuation）中规定了无形资产价值评估的内容。

无形资产评估准则应重点规定以下内容：

1. 无形资产范围的界定。

确定无形资产的范围是进行无形资产评估的前提，因此美国《企业价值评估准则》要求评估师在进行无形资产评估时，首先要确定与资产评估相关的无形资产。而我国台湾地区的“无形资产之评价准则”对无形资产的界定为：无形资产是指无实际形态、可辨认性，具有经济效益的非货币资

---

① 参见中评协标准部：《境外企业价值评估准则概览之一——美国专业评估执业统一准则》，载《中国资产评估》2004 年第 8 期。

产以及商誉。无形资产主要包括：商标、商品外观、网站域名、竞业禁止协议、服务或供货协议、授权协议、订单、聘用协议、客户关系、资料库、配方、工艺流程、设计、艺术相关之无形资产（电影、音乐、书籍、戏剧所产生的收益权及著作权的保障）。我国财政部所制定的《企业会计准则——应用指南》（2006 年版）（以下简称《企业会议准则》）对无形资产进行了如下定义：无形资产是指企业拥有或者控制的没有实物形态的可辨认非货币性资产。① 而中国资产评估协会所制定的《资产评估准则——无形资产》（2009 年版）（以下简称《资产评估准则》）对无形资产定义为：无形资产是指特定主体所拥有或者控制的，不具有实物形态，能持续发挥作用且能带来经济利益的资源。从以上《企业会计准则》和《资产评估准则》对无形资产定义的差异可以看出，我国目前评估工作的主管机关与行业自律组织对于无形资产范围的界定存在差异，没有统一的尺度，必然会给评估工作造成一定程度的混乱。

2. 在评估中应考虑的因素。

无形资产是一种新型的、价值巨大而且变化速度很快的资产，因此传统资产评估所考虑的因素必须适应无形资产的变化而进行相应的调整。② 美国《企业价值评估准则》要求评估师应当搜集、分析、判断进行评估所必需的与评估相关的信息。这些信息主要包括：无形资产的特征，包括权利种类、特权、条件、影响管理的因素，以及限制销售或转让的各种协议；无形资产的性质、历史以及前景；无形资产历史财务信息；基于无形资产的债权以及所担负的债务；对无形资产能产生影响的相关产业的类型与状况；影响无形资产的经济因素；能够提供相关信息的资本市场，包括投资回报的情况、相关的证券市场信息、有关并购信息；无形资产以前的相关交易情况；评估师认为需要的其他相关信息等。在进行无形资产评估时，评估师应该考虑如下因素：对所评估的无形资产进行保护或限制的有关法律权利种类；无形资产

---

① 参见中华人民共和国财政部：《企业会计准则——应用指南》，中国财政经济出版社 2006 年版，第 180 页。

② See Andrew J. Maas, esq, *Valuation & Assessment of Intangible Assets, and How the America Invents Act Will Affect Patent Valuations*, J. Pat. Off. Soc'y. , Vol. 94, 2012, p. 328.

的历史；无形资产未来的经济（效用）和法律生命期限；在无形资产存续期间，该文化带给所有人的有关直接及间接经济利益；与无形资产相关的已经发生或正在进行的诉讼；共有权或许可协议导致的无形资产整体利益与部分利益之间的划分；无形资产潜在的商业开发可行性及性质；与特定种类的无形资产评估相关的其他因素。美国评估师协会《企业价值评估准则》第九部分的附则还对无形资产评估应当考虑的因素，分类进行了详细规定。在进行专利价值评估时，评估师应该考虑如下因素：专利保护的范围；专利开发所面临的风险例如侵权、无效或技术及经济障碍；有关的专利的公共或私人信息。在对一个专利组合体进行评估时，评估师应当考虑相关专利集合体的权利情况。在对商业秘密进行评估时，评估师应当考虑为保护商业秘密所采取措施的合理性及有效性；商业秘密被合法披露或被竞争对手独立开发出来的可能性；在商业秘密存在被授予专利的可能性的情况下，需要考虑申请专利权与作为商业秘密保护，在潜在的利益、付出的成本和面临的风险上的区别。在对商标评估时，评估师应当考虑该商标在不侵犯其他商标权及其他权利的情况下，向相关产品或服务扩展运用的可能性；因任何注册或延展所产生的商标保护的性质和范围；未使用导致商标注销的可能性；商标丧失显著性的可能性；关于该商标及竞争者商标的任何公共或私人信息。在对版权评估时，评估师应该考虑著作权保护的范围，著作权登记状态，著作权来源于原创或者来自他人转让；关于该著作权的任何公共或私人信息。①

3. 评估方法。

美国《企业价值评估准则》规定评估师应当综合考虑采取如下适当的方法进行评估：收益法（Income Approach）：在采取收益法进行评估时，评估师应当主要考虑与无形资产相关的合理的经济利益，以及该利益实现可能存在的相关风险；应当考虑为计提所得税，无形资产价值摊销而产生的经济利益；应当考虑无形资产实际经济上的存续周期是否与其法律规定权利周期不同等。市场法（Market Approach）：在采取市场法进行评估时，评估师应

---

① See American Society of Appraisers, *ASA Business Valuation Standards* (2009) *BVS - IX*, p. 21 - 23.

当考虑无形资产在不同的市场经济环境中的差异。成本法（Cost Approach）：在采取成本法进行评估时，评估师应该考虑，在重作或更换产品时可能产生的直接或间接成本，功能或经济价值损毁导致价值损失。2012年出版的《欧洲评估准则》第7版规定评估师在进行评估时，应当确保所选用的评估方法与评估的目的、评估师的身份相适应。财产评估的方法主要有3种：收益法（income approach）、资产基础法（asset based approach）和比较法（comparison approach）。不论运用哪种评估方法，评估师应当确保评估与评估目的和评估所期望的用途，在评估基准日能够获得的有关信息相匹配。评估师应当对各种评估方法得出的结论进行综合分析，而不应当对不同的评估方法所得到的结论进行简单的加权平均计算。

4. 信息披露。

美国《专业评估执业统一准则》对评估报告作出了专门的规定。关于评估报告的形式，既可以是书面形式，也可以是口头形式，但无论何种形式，在表述无形资产评估结论时，应当以不会引起误解的方式说明每一项分析、判断和结论。评估报告无论是书面形式还是口头形式应至少包括以下内容：说明委托方以及任何预定使用者的名称；被评估企业的信息；被评估企业股权构成情况；评估目的；评估基准日以及评估报告日；进行评估业务所涉及的工作范围；影响评估分析、结论的各种假设和限定。① 评估师应当在评估报告中做出诚信评估的保证，说明评估师的报酬以及其他利益没有影响评估结论，并说明委托方和任何期望使用者的名称或类型。《欧洲评估准则》规定评估报告应披露以下信息：工作说明；评估师的资格；评估的依据和目的；评估日期；关于资产的描述；有关法律内容的总结，例如占有、租赁等；对于资产有关市场状况的评述；关于评估方法和分析的描述；做出的任何假设；对于评估报告的任何限定。② 我国台湾地区要求评估人员在出具评估报告时，应该遵守评价准则的规定，在评估报告中应当说明无形资产是单独评估或者与其他资产合并评估，若是合并评估，应当说明合并评估的

---

① 参见中评协标准部：《境外企业价值评估准则概览之一——美国专业评估执业统一准则》，载《中国资产评估》2004年第8期。

② See The European Group of Valuers，Associations，*European Valuation Standards* 2012，p. 62.

理由及合并评估的资产。①

三、完善我国无形资产评估管理体系的法律建议

为完善我国无形资产评估管理体系，切实提高无形资产评估的水平和公信力，应加快《资产评估法》的修订进程，完善资产评估准则。其中应着重解决以下几方面的问题。

（一）健全资产评估行业的管理体制

目前，我国的资产评估业主要由以下几方面构成：财政部管理下的综合类资产评估，住房和城乡建设部监管下的房地产价值估价，自然资源部管理的土地价值估价和矿产价值评估，商务部管理下的旧机动车鉴定估价和国家金融监督管理总局监管下的保险评估等。这种监管分散，容易造成行业垄断，从而妨碍了评估行业的发展。除了以上主管机关外，各级国有资产监督管理机构负责对国有资产的评估进行备案登记，中国证券监督管理委员会也被赋予了资产评估项目监督管理的权力。虽然上述多个部门对于资产评估都有监督管理的权力，但是法律并没有明确监管机关的法律责任，因此造成权责不清，监管不力。由于评估行业管理协会既是民政部门批准成立的社团组织，同时又是隶属于政府部门的事业单位，协会领导由政府部门任命或推荐，因此行业协会要在相应的政府部门的领导下开展工作，这就使其实质上的独立性不足。对资产评估行业采用行政管理模式不利于无形资产评估业的发展。首先，评估机构隶属于或者挂靠于各级行政机关，不可避免会受到行政干预以及垄断。其次，评估业是市场经济中的重要的中介行业，随着经济全球化的发展，评估行业也日趋国际化，采取行政管理会妨碍评估行业参与国际交流和国际合作。最后，对评估行业采用行政管理模式，评估机构在业务开拓、财务支出以及人事编制等方面都没有充分的自主权，在发展质量和发展规模上都受到了限制。

---

① 参见台湾会计研究发展基金会、评价准则委员会：“无形资产之评价准则”（评价准则公报第七号草案），http：//www. ardf. org. tw/html/opinion/av007. pdf。

欧美国家对无形资产评估行业一般是采用行业自律性管理。由于无形资产评估属于专业性的职业，只有依靠行业自律管理，才能实现“内行”管理“内行”的目的。这也是符合行业发展规律的较为合理的管理模式。资产评估机构是市场经济的重要中介组织，无形资产评估是文化产业融资过程中的重要环节，无形资产评估机构的管理模式不仅关系到评估行业本身的健康发展，也关系到我国整个文化产业的快速稳定发展。为充分发挥评估机构作为市场经济中介的服务职能，应该改变资产评估行业管理模式。为促使我国无形资产评估管理走向科学化，应将资产评估行业管理体制转变为政府与行业自律组织——中国资产评估协会双方共同管理的结合模式。这种模式是在政府的宏观监督、指导下以行业自律管理为主体的资产评估行业管理体制。[①] 应该在立法中改变资产评估行业多头管理、职责不清的状态。应明确规定在国家和省级财政部门的监督和指导下成立各级资产评估行业协会，并在各级资产评估行业协会内部设立专业委员会，以促进评估行业的自律管理。应通过立法赋予行业自律组织一定的监管权限：组织拟定注册评估师职业道德准则、注册评估师资格全国统一考试办法、执业管理办法、评估机构管理办法；行业自律组织可以对违反职业道德准则的评估师及评估机构予以训诫、通报批评、公开谴责、取消会员资格等形式的处罚。同时应明确由省级以上财政部门依据法定职责，负责监督资产评估行业自律管理，对注册评估师和评估机构进行设立批准、资格授予，并对违法行为依法实施处罚。

根据《资产评估机构审批和监督管理办法》的相关规定，当前我国资产评估机构可以采取的组织形式为有限责任公司制、特殊普通合伙制和普通合伙制 3 种。资产评估机构作为市场经济中的专业中介机构，其角色定位要求评估师应该具备较强的责任意识和执业防范意识，因此评估师的专业知识和技能应在评估机构内部的决策中起主导作用，而不应以投资额的大小区划分评估机构内部的话语权。有限责任公司制是“资合”形态的公司，而不是“人合”形态的公司，因此在有限责任公司中，股东权力的大小以及股

---

① 参见石恺：《我国资产评估行业管理方面存在的问题及对策》，载《商情》2013 年第 3 期。

东的话语权都依据股东在公司中的投资金额来决定，而且评估机构对外承担责任也仅以公司的全部资产为限。这种组织形式容易导致评估机构中的有专业能力和职业精神的股东无法掌控公司，容易忽略注册资产评估师劳力和智力在资产评估机构内部治理中的作用，所有权和决策权的分配更多地依据合伙人投入的资金资本额,① 而且对外承担有限责任不利于评估机构及评估师形成风险意识和责任意识，这与资产评估机构的合伙治理文化要求是不相适应的。因此，在《资产评估法》中应该取消有限责任公司制评估机构的组织形式，健全合伙人进入与退出制度。为了保证评估机构的专业性，在评估机构的权力机构设置中，应该借鉴律师事务所的管理办法，要求评估机构的合伙人应该具备评估师资格；而且合伙人必须满足一定的执业年限要求和具备一定的专业评估资历。应当通过立法赋予评估行业协会行业自律的权力，授权其制定评估机构以及评估师的年度考核管理办法。规定评估机构和评估师的双重注册制度，也就是说，从事资产评估的评估机构和评估师必须注册成为评估行业协会的会员。规定评估机构必须在注册后才可从事评估业务，而且每年评估机构应参加评估行业协会组织的年度考核，并根据考核成绩予以分级评定。根据《资产评估执业质量自律检查办法》等相关法规，政府主管机关应当做好外部的监督和指导，行业协会应充分发挥自律组织作用，全面提高评估师的评估技能，并且建立和完善评估机构的信用档案、评估师的信用记录，通过奖优罚劣合理的奖惩机制和投诉异议机制形成完善的行业协会自律管理体系。

（二）强化资产评估师资格准入和考核机制

文化产业的发展使得以技术和专业为基础的新型知识产权快速增加，例如数据、信息、组织架构、专有技术、问题解决技巧及创意等。对于这些无形资产的评估更多地依赖评估师的专业知识和技术而不是硬件设备。② 在

---

① 参见修雪嵩：《优化资产评估机构组织形式与内部治理初探》，载《中国资产评估》2014 年第 9 期。

② See Wagdy M. Abdallah & Athar Murtuza, *Transfer Pricing Strategies of Intangible Assets, E-Commerce and International Taxation of Multinationals*, International Tax Journal, Vol. 32, 2006, p. 6.

《资产评估法》的修订中应充分考虑我国现实需要和未来发展趋势，并合理借鉴国际上的通用专业分类方式，科学合理地划分资产评估专业类别。参照发达国家的经验，可以采用“一个行业、多种专业”的资产评估行业发展模式及法律制度，由财政部制定注册资产评估师的考试管理办法，授权资产评估行业协会联合具体的专业委员会负责考试题库建立、考试科目设置、监考、阅卷等。在《资产评估法》中应严格规定资产评估师注册管理制度，任何人未经执业注册，不得以注册资产评估师名义执业。通过注册资产评估师资格考试并取得资格证书的人员，在符合法定资质的评估机构具有 1 年以上评估实习工作经历并被该评估机构认定为合格的，可以向资产评估行业协会提出执业注册的申请，同时每年资产评估行业协会应该对评估师进行年度考核，并对评估师后续教育管理制度作出规定。法律授权资产评估行业协会制定“注册资产评估师注册及考核管理办法”，规定注册资产评估师每年应达到一定的培训时间，完成一定的评估量，根据考核成绩分别给予注册资产评估师优良、合格、不合格的等级评定。

（三）细化评估准则推进评估管理的法制化

评估业在中国经过 20 多年的发展，主要是通过以下法律、法规、司法解释及部门规章进行调整。20 世纪 90 年代初的《国有资产评估管理办法》对于国有资产占有单位应当进行资产评估的情形予以了规定。《企业国有资产评估管理暂行办法》对于国有企业应该进行资产评估的情形进行了明确。《国有土地上房屋征收与补偿条例》规定被征收房屋的价值应由具有相应资质的房地产价格评估机构，按照房屋征收评估办法评估确定。原建设部、中国人民银行、原中国银行业监督管理委员会《关于规范与银行信贷业务相关的房地产抵押估价管理有关问题的通知》规定商业银行在发放房地产抵押贷款前，应当确定房地产抵押价值。房地产抵押价值由抵押当事人协商议定，或者由房地产价格评估机构进行评估。最高人民法院《关于人民法院委托评估、拍卖和变卖工作的若干规定》对评估工作也做出了司法解释。除此以外，各地也通过地方性法规、地方政府规章对评估制定了相关的条例或办法。当前世界经济越来越以知识经济为基础，无形资产的数量在不断增加，而且无形资产的表现形式也越来越多样化，这不仅增加了在无形资产交易中判断标的物是否转移的难度，也增加了在文化产业融资中，对企业价值和还贷能力的评估难度。① 由于我国无形资产评估的实务和理论研究都较晚，因此我国无形资产的评估不仅与发达国家相比存在较大差距，而且也远远不能满足我国企业经营和经济发展的需求。无形资产评估体系不完善并不妨碍文化创意的产生，但是却阻碍了文化创意进入市场。而完善的无形资产评估体系，可以为文化企业融资提供更多资源，从而支持文化企业在不同阶段的发展。②

目前我国对于无形资产评估存在评估对象和内容不明确，评估方法落后，评估质量不高的问题。对于专利、商标、商誉等无形资产只注重权利证书而忽视实际获利能力。一些评估由于在过程中不按照规范操作，评估报告中的可供检验的数据过少，评估报告严重受评估师个人的主观影响。③ 无形资产的特性使然，无形资产评估结果受评估师个人主观因素影响较大，评估价值的弹性空间很大，容易导致评估结果的不真实。甚至在有关利益关联的情况下，评估师为迎合有关利益方的需要而故意作出虚假的评估。宏观而原则性的法律规定和职业道德要求无法抵御私欲的膨胀，应该细化评估过程管理。应当在无形资产评估管理中对评估方法、评估程序作出科学而明确的规定，要求评估师必须按照操作规则进行评估，从而合理限制评估师的自由判断和主观倾向，尽可能地使评估结果客观化。应当吸收借鉴发达国家成熟的管理经验和做法，由资产评估行业协会制定统一的执业标准和规范，进一步细化无形资产评估准则和指南，形成完整合理的无形资产评估准则体系。另外，信息不充分是无形资产评估面临的一个突出问题，对于知识产权、商誉、艺术品实际价值的判断是评估师在进行无形资产评估时面临的重要问题。对此，应构建无形资产评估信息网络服务体系，由资产评估行业协会建立资源分享平台，整合在技术市场收集到的各种专利、商标的价格信息供评

---

① See Stephen T. Black, *Capital Gains Jabberwocky: Capital Gains, Intangible Property, and Tax*, Hofstra Law Review, Vol. 41, 2012, p. 396.

② See Beverly A. Beneman, *Financial First Aid for the Research and Development of Intellectual Property Assets*, Landslide, Vol. 3, 2011, p. 49.

③ 参见马晓君：《促进无形资产评估健康发展》，载《科技智囊》2014 年第 8 期。

估人员分享使用。在涉及艺术品的价值评估时可以由专业的艺术品鉴定机构出具鉴定意见，作为评估师评估的参考，并将艺术品鉴定机构出具的艺术品鉴定意见书作为评估报告书的附件予以列明。

粤港澳大湾区跨境担保适用法律和管辖的选择

陈　希

一、引言

2019 年 2 月 18 日，中共中央、国务院印发《粤港澳大湾区发展规划纲要》，该纲要强调构建具有国际竞争力的现代化产业体系是粤港澳大湾区的重要发展目标，加快发展金融这一现代服务业是实现该目标的核心措施。深圳前海深港现代服务业合作区、广州南沙粤港澳全面合作示范区、珠海横琴粤澳深度合作区作为粤港澳合作发展的重要平台，党中央、国务院在相应的建设方案中再次强调金融产业的重要性。

在上述政策背景之下，粤港或粤澳之间的融资业务发展蓬勃，融资款项的流动极大地激活了多个企业甚至行业的发展。但融资业务发展蓬勃的背后，资金安全问题需要得到关注。通俗来说，资金安全问题就是债权人可能无法实现其债权。特别是在后疫情时代，各行各业仍未从寒冬之中恢复，债务人无法偿还债务等违约情形显然有所增多，担保则是解决资金安全问题的主要方法。在跨境融资的场景下，无论担保人在境内抑或境外，无论是何种形式的担保，都可能产生资金跨境收付或资产所有权跨境转移等国际收支交易行为，根据《跨境担保外汇管理规定》第 2 条之规定，该担保行为称为跨境担保。

担保能否为债权提供逾期保障的前提是其能否有效设立，而能否经裁判得到有效执行是其关键。跨境担保往往涉及两个甚至三个法域，[1] 法域的不

---

① 本文仅探讨粤港或粤澳之间的跨境担保适用法律和管辖的选择。

同带来的是法律制度在实体和程序层面的不同，为前述目的的实现带来更高的挑战。在实体层面，不同法域关于担保制度的法律规定往往存在差异，关乎担保能否有效设立，进而影响担保能否为债权提供保障。在程序层面：一方面，“目前涉港澳台案件参照涉外审判程序处理，导致港澳当事人在内地法院参与诉讼，涉港澳证据审查认定，港澳判决在内地的认可和执行等存在一定不便，不利于涉港澳纠纷的高效化解，制约了司法服务粤港澳大湾区建设作用发挥”[①]；另一方面，跨境因素的存在要求债权人必须充分考虑管辖的方便性和执行的可行性。因此，跨境担保的适用法律和管辖选择的重要性不言自明，且无疑需要站在债权人的角度进行考虑。

鉴于在笔者经办的多起大湾区跨境担保案件中，债权人多为境外金融机构，形式多为内保外贷和其他形式跨境担保，[②] 本文将从港澳金融机构债权人的角度，探讨粤港澳大湾区跨境担保在内地法律背景下的适用法律和管辖选择。

二、跨境担保适用法律的选择

本文探讨的跨境担保类型是抵押、质押和保证。一方面，非典型担保形式多样且在跨境担保的情形下较少出现，因此本文的跨境担保针对的是典型担保；另一方面，在跨境融资的情形下，担保的设立基于当事人的意思表示，而非基于法律规定，因此对典型担保中的留置担保不予讨论。

（一）抵押担保

跨境融资的金额相对较大，对应的风险相应也会较大。与人的担保相比，以优先受偿效力发挥担保效能的物上担保手段更具稳定性，更能促成债权实现的目的；[③] 而相比于其他类型的物上担保，不动产具备价值大且稳定的特质。因此，在大多情况下，抵押担保的客体多为不动产，债权人亦更为

---

① 参见时任最高人民法院院长周强于2022年10月28日在第十三届全国人民代表大会常务委员会第三十七次会议上作出的《最高人民法院关于人民法院涉外审判工作情况的报告》。

② 主要指债权人为澳门金融机构，债务人为内地企业，担保人为内地企业或澳门企业。

③ 参见刘家安：《民法物权》，中国政法大学出版社2023年版，第252页。

青睐不动产抵押。

提及抵押担保，很多人自然而然想起《涉外民事关系法律适用法》（以下简称《法律适用法》）第36条①的规定，认为不动产抵押担保应当适用物之所在地法即内地法律，无须在抵押合同中约定适用法律；即便做出了约定，根据最高人民法院《关于适用〈中华人民共和国涉外民事关系法律适用法〉若干问题的解释（一）》（2020年修正）（以下简称《法律适用法解释一》）第4条②的规定，该适用法律选择也属于无效。笔者认为，该观点漠视了不动产抵押担保不仅仅涉及不动产物权，还涉及不动产债权，而二者指向的冲突规范是不一致的。

《法律适用法》第36条的冲突规范的范围不包含不动产债权。对于《法律适用法》第36条中的"不动产物权"的理解是一个识别的过程，我国对于识别的方法采取的是法院地法说，③ 而我国法律秉持物债二分的原则。④ 关于不动产物权和债权的区分，最高人民法院在《民事案件案由规定》给出了一定的标准，⑤ 最高人民法院指出区分应当秉持物权变动原因与结果相区分的原则；在具体适用时，人民法院应根据当事人诉争的法律关系的性质，查明该法律关系涉及的是物权变动的原因关系还是物权变动的结果关系，以正确确定案由。当事人诉争的法律关系性质涉及物权变动原因的，即因债权性质的合同关系引发的纠纷案件，应当选择适用第二级案由"合同纠纷"项下的案由，如"抵押合同纠纷"案由；当事人诉争的法律关系性质涉及物权变动结果的，即因物权设立、权属、效力、使用、收益等物权关系引发的纠纷案件，应当选择第二级案由"物权纠纷"项下的案由，如"抵押权纠纷"案由。因此，在《法律适用法》第36条的冲突规范不适用于不动产债权的情况下，抵押合同双方当事人不对适用法律作出约定存在一

① 《法律适用法》第36条：不动产物权，适用不动产所在地法律。

② 《法律适用法解释一》第4条：中华人民共和国法律没有明确规定当事人可以选择涉外民事关系适用的法律，当事人选择适用法律的，人民法院应认定该选择无效。

③ 《法律适用法》第8条：涉外民事关系的定性，适用法院地法律。

④ 《民法典》第215条：当事人之间订立有关设立、变更、转让和消灭不动产物权的合同，除法律另有规定或者当事人另有约定外，自合同成立时生效；未办理物权登记的，不影响合同效力。

⑤ 最高人民法院《关于印发修改后的〈民事案件案由规定〉的通知》（法〔2020〕347号）。

定的风险，主要风险点在于抵押登记的履行和抵押权未有效成立的责任承担，特别是在债权人为境外银行的情况下，能否成功办理抵押登记目前仍存在规范空缺。

尽管目前没有明确的法律文件限制境外银行作为不动产的抵押权人办理抵押登记，但同时也欠缺统一的、明确的文件指导境外银行办理抵押登记，导致各地登记机关办理标准不一，主要在于境内分支、代表机构的设立要求及金融许可证的要求。需要注意的是，广东省自然资源厅于 2020 年 8 月 4 日印发了《关于明确港澳银行在大湾区内地九市办理不动产抵押登记有关事项的通知》，该通知指出自 2020 年 9 月 1 日起，港澳银行在粤港澳大湾区内广州、深圳、珠海、佛山、惠州、东莞、中山、江门、肇庆九市所辖的不动产登记机构申请办理不动产抵押登记时，不再受原有规定的限制，港澳银行以经公证、转递的设立文件或注册证明作为身份证明材料便可在粤港澳大湾区内地九市办理不动产抵押登记，无须提交境内设立分支机构或代表机构的批准文件和注册证明以及《金融许可证》；同一港澳银行在同一不动产登记机构再次办理不动产抵押登记时，不再重复提交上述材料。大湾区这一政策利好减缓了风险，但仍存在其他抵押合同风险。因此，对抵押合同的适用法律进行事先约定仍存在必要性。在适用法律的选择上，笔者认为应当在充分考虑当事人的利益后，根据《法律适用法》第 41 条作出选择。①

（二）质押担保

质押担保的适用法律选择同理于抵押担保，需要区分质押物权和质押债权进行讨论。对于前者，权利人根据客体属性选择对应的冲突规范（《法律适用法》第 37 条②或第 40 条③）即可：若为动产抵押（如生产设备、原材料等），则协商优先，未协商的则适用法律事实发生时动产所在地法律；若

---

① 《法律适用法》第 41 条：当事人可以协议选择合同适用的法律。当事人没有选择的，适用履行义务最能体现该合同特征的一方当事人经常居所地法律或者其他与该合同有最密切联系的法律。

② 《法律适用法》第 37 条：当事人可以协议选择动产物权适用的法律。当事人没有选择的，适用法律事实发生时动产所在地法律。

③ 《法律适用法》第 40 条：权利质权，适用质权设立地法律。

为权利质押（特指股权、应收账款），则适用股权质押登记地和应收账款质押登记地的法律。对于后者，其适用法律的选择与前述不动产抵押债权的适用法律选择考量因素一致，此处不再赘述。

另外需要注意的是，在质押物权适用内地法律，质权人为港澳银行，质押人为国内主体的情况下，因为跨境因素的存在，无论是动产质押抑或权利质押都需要第三方的介入。对于动产质押，质押人提供的动产多半是生产设备、货物等，而我国动产质权的设立采交付要件主义。[①] 此处的“交付”不仅指现实交付，还包括简易交付和指示交付。显然，将生产设备、货物运输至港澳现实交付给债权人并不现实。因此，境外债权人大多会选择引入第三方对质押物进行监管，质押人直接将质押物交付给第三方，动产质权通过指示交付的形式得以设立。对于权利质押，本文的权利质押物特指股权和应收账款，这两种质押物亦是在跨境担保中最为常见的，我国对该两种质押物的质权设立采登记要件主义。[②] 港澳债权人作为境外的金融机构，其办理质押登记同样受到办理不动产抵押登记的阻碍，境外金融机构无法以其名义直接在中国人民银行征信中心动产融资统一登记公示系统办理，给跨境融资项目造成极大不便。此外，目前并没有关于质押登记的大湾区政策倾斜，所以仅能通过委托第三方作为显名登记人代为持有权利质权。

（三）保证担保

保证担保是通过合同设立的，不涉及物债二分原则，因此其适用法律的选择相对简单，直接适用《法律适用法》关于合同之债的冲突规范。根据《法律适用法》第 41 条，双方协议选择优先，没有选择的，适用特征履行地法律或其他最密切联系的法律。

三、跨境担保争议管辖的选择

担保债权实现的功能决定了担保的从属性，担保不能脱离一项被担保的

---

① 《民法典》第 429 条：质权自出质人交付质押财产时设立。

② 《民法典》第 441 条：以汇票、本票、支票、债券、存款单、仓单、提单出质的，质权自权利凭证交付质权人时设立；没有权利凭证的，质权自办理出质登记时设立。法律另有规定的，依照其规定。

主权利（债权）而独立存在，其从属性还体现在管辖的选择上。选择管辖地仅是跨境债权实现的第一步，基于跨境因素的存在，债权得以实现还需要经历判决以及认可和执行两个步骤。

（一）诉讼管辖

在境内担保中，根据最高人民法院《关于适用〈中华人民共和国民法典〉有关担保制度的解释》第 21 条①之规定，若债权人一并起诉债务人和担保人，根据主合同确定管辖法院，除非主合同或者担保合同约定了仲裁条款，人民法院对约定了仲裁条款的合同当事人之间的纠纷无管辖权；若债权人依法可以单独起诉担保人且仅起诉担保人，应当根据担保合同确定管辖法院。

根据《全国法院涉外商事海事审判工作座谈会会议纪要》第 4 条及《第二次全国涉外商事海事审判工作会议纪要》第 8 条、第 9 条之规定，跨境担保的管辖与境内担保的管辖有如下几点不同。

其一，在一并起诉的情况下，主合同和担保合同分别约定不同国家或者地区的法院管辖，且约定不违反民事诉讼法专属管辖规定的，应当依据管辖协议的约定分别确定管辖法院，而不能根据主合同确定管辖法院。②

其二，在一并起诉的情况下，内地法院仅对主合同纠纷或者担保合同纠纷享有管辖权，人民法院可以对主合同纠纷和担保合同纠纷一并管辖，但主合同或者担保合同当事人订有仲裁协议或者管辖协议，约定纠纷由仲裁机构仲裁或者外国法院排他性管辖的，人民法院对订有此类协议的主合同纠纷或者担保合同纠纷不享有管辖权。③

其三，仅起诉担保人且主债务人在我国境外的，人民法院应根据《民事诉讼法》的相关规定行使管辖权。在审理过程中，如发现依据担保合同

① 最高人民法院《关于适用〈中华人民共和国民法典〉有关担保制度的解释》第 21 条：主合同或者担保合同约定了仲裁条款的，人民法院对约定仲裁条款的合同当事人之间的纠纷无管辖权。债权人一并起诉债务人和担保人的，应当根据主合同确定管辖法院。债权人依法可以单独起诉担保人且仅起诉担保人的，应当根据担保合同确定管辖法院。

② 参见《全国法院涉外商事海事审判工作座谈会会议纪要》第 4 条。

③ 参见《第二次全国涉外商事海事审判工作会议纪要》第 8 条。

的准据法，担保人享有先诉抗辩权或者该案需要先确定主合同债权额，可以根据不同情况分别作如下处理：（1）人民法院对主合同纠纷享有管辖权的，可以要求原告在一定期限内追加主债务人为共同被告。（2）人民法院对主合同纠纷不享有管辖权的，应裁定中止审理，并指定一定的期限，告知债权人对主债务人提起诉讼或仲裁，或者以其他方式确定主债权额。债权人在指定的期限内对主债务人提起诉讼或仲裁，或者经其他方式可以明确主债权额的，人民法院应在债权人提交相应的生效裁判文书或者其他证明文件后恢复审理。债权人在指定的期限内拒绝申请追加主债务人为共同被告，或者未对主债务人提起诉讼或仲裁，或者经其他方式仍未能明确主债权额，且人民法院调解不成的，裁定驳回债权人的起诉。①

（二）判决承认与执行

域外法院判决的承认与执行是域外民事诉讼程序在域内的继续，是整个域外民事诉讼程序的归宿，是有关司法程序的实质所在。② 尽管债权人通过适用法律和管辖的选择取得了符合自己利益的判决，但是其还需要通过执行来真正实现自己的债权，执行的前提是域外的判决得到域内有关部门的承认。根据我国《民事诉讼法》及相关司法解释的规定，我国人民法院与有关外国法院之间在相互承认与执行对方所作判决时，一般须以两国缔结或共同参加的国际条约或互惠原则为依据，外国法院作出的离婚判决除外。港澳特别行政区与内地之间的判决承认与执行则建立在双方之间达成的相关安排之上。

关于内地与香港的相关安排，最高人民法院于 2008 年 8 月 1 日实施《关于内地与香港特别行政区法院相互认可和执行当事人协议管辖的民商事案件判决的安排》（以下简称《协议管辖判决安排》）；最高人民法院与香港特别行政区政府律政司分别代表两地于 2019 年 1 月 18 日签署《关于内地与香港特别行政区法院相互认可和执行民商事案件判决的安排》（以下简称

① 参见《第二次全国涉外商事海事审判工作会议纪要》第 9 条。

② 参见李双元、欧福永主编：《国际私法》，北京大学出版社 2022 年版，第 415 页。